U1010442

21 世纪法学系列教材　　普通高等教育"十一五"国家级规划教材

宪法学

Constitutional Law

| 第四版 |

董和平 著

法律出版社
——北 京——
始创于 1954 年

图书在版编目(CIP)数据

宪法学 / 董和平著. -- 4 版. -- 北京 : 法律出版社, 2018(2024.12 重印)
普通高等教育十一五国家级规划教材
ISBN 978-7-5197-2586-0

Ⅰ. ①宪… Ⅱ. ①董… Ⅲ. ①宪法学-中国-高等学校-教材 Ⅳ. ①D921.01

中国版本图书馆 CIP 数据核字(2018)第 185113 号

宪法学(第四版)
XIANFAXUE(DI-SI BAN)

董和平 著

责任编辑 陈 慧
装帧设计 凌点工作室

出版发行 法律出版社
编辑统筹 法律教育出版分社
责任校对 杨锦华
责任印制 刘晓伟
经　　销 新华书店

开本 710 毫米×1000 毫米 1/16
印张 24.25　　字数 450 千
版本 2018 年 8 月第 4 版
印次 2024 年 12 月第 6 次印刷
印刷 三河市龙大印装有限公司

地址:北京市丰台区莲花池西里 7 号(100073)
网址:www.lawpress.com.cn
投稿邮箱:info@lawpress.com.cn
举报盗版邮箱:jbwq@lawpress.com.cn
销售电话:010-83938349
客服电话:010-83938350
咨询电话:010-63939796

书号:ISBN 978-7-5197-2586-0　　定价:48.00 元

凡购买本社图书,如有印装错误,我社负责退换。电话:010-83938349

出版说明

法律出版社作为中国历史最悠久、品牌积淀最深厚的法律专业出版社，素来重视法学教育图书之出版。

原“21 世纪法学规划教材”系列作为本社法学教育出版的重心，延续至今已有十余年。该系列一直以打造新世纪新经典教材为己任，遍揽名家新秀，因其卓越品质而颇受瞩目并广受肯定。当前，根据法学教育发展变化的客观需要，本社将原有教材系列调整重组，形成新编“21 世纪法学系列教材”，以便更好地为法学师生服务。

中国的法学教育正面临深刻变革，未来的法学教育势必以培养高素质法律人才为目标，以知识教育与应用教育相结合、职业教育与素质教育相结合、精英教育与大众教育相结合为导向，法学教育图书的编写与出版也将由此进入变革与创新的时代。

为顺应未来法学教育的改革方向和发展趋势，本社将应时而动，为不同学科、不同层次、不同阶段、不同需求的法学师生量身打造法学教材及教学辅助用书。在教材方面，将推出课堂教学系列、实训课程系列、通识课程系列、简明本系列、双语教学系列等；在教学辅助用书方面，将推出案例教程系列、法规教程系列、练习与测验系列、法学讲座系列、专业培训系列等。或革新，或全新，以厚基础、宽口径、多元化、开放性为基调，力求从品种、内容和形式上呈现崭新风采，为法学师生提供更好教本与读本，同享规划教材之盛。

“好书，同好老师和好学生分享”。本社在法学教育图书出版上必将继往开来，以精益求精的专业态度，打造全新“21 世纪法学系列教材”，传播法学知识，传承法学理念，辅拂法律教育事业，积累法律教育财富，服务于万千法学师生和明日法治英才。

法律出版社

作者简介

董和平

1963年生，陕西省大荔县人，现为青岛大学法学院院长、教授、博士生导师，兼任中国宪法学研究会副会长、国际宪法学协会理事、山东省法学会副会长、法治青岛建设研究会会长、青岛市人大常委会委员、青岛市法治智库负责人。1998年9月至1999年9月，美国哥伦比亚大学法学院高级访问学者；2005年2月至5月，英国牛津大学法学院高级研究学者；2008年1月至7月，澳大利亚墨尔本大学法学院高级访问学者；2012年3月至9月，瑞典隆德大学高级访问学者。

研究领域：宪法学原理和中国宪法改革问题。在宪法制度中国化、人民代表大会制度完善、党和国家权力关系、合宪性审查与宪法监督、人权研究、香港澳门基本法、中亚宪法制度等方面均有建树。

主要论著：《宪法学》（“十一五”国家级规划教材）、《执法效果研究》（国家社科基金项目）、《香港基本法概要》、《中亚地区宪法体制变迁研究》（国家社科基金项目）、《也论宪法学理论体系和学科体系的重构》、《比较宪法学的目的、对象和方法》、《宪法规范若干问题研究》、《关于宪政概念的再认识》、《论宪法的价值及其评价》、《论宪政评价》、《关于中国宪政改革的若干思考》、《理顺“党”“国”关系是中国宪政改革的关键》、《中国违宪审查制度设计的存在问题及解决思路》、《加入WTO对中国宪政的影响》、《宪政问题研究》、《民生关怀是中国宪政改革的现实基础》、《从体制内宪政微调到体制本身的宪政优化》、《宪政建设要树立中国品牌》、《宪法修改的基本经验与中国宪法的发展》、《关于中国人权保障问题的若干思考》、《中国宪政三十年：成就与展望》、《依宪治国应该树立的基本理念》，以及宪法教学法系列研究论文等。共计出版著作与教材21部，在国内外公开发表学术论文93篇，获国家级、省部级、校院级奖励25项。

第四版说明

2018 年 3 月,第十三届全国人民代表大会第一次会议通过了宪法修正案,这是现行宪法颁布以来的第五次宪法修改,也是历次宪法修改中幅度最大、力度最大的一次修改。宪法学教材一定要与时俱进,如实反映宪法治理实践的发展和宪法学理论研究的最新成果。

《宪法学》(第三版)自 2015 年 3 月出版以来,三次重印,累计印数达 11000 册,皆为读者厚爱,本人荣幸之至。

本次修订,保持了本教材一贯秉承的“理论性”、“规范性”和“教材性”的特点,突出宪法修正案所带来的宪法规范和宪法理论的新变化,突出中国宪法制度和宪法理论的新特色,突出中国宪法学研究的新动向和新思路。务求表述宪法学教育的现实,满足宪法学教学之急需。

具体修改,一是以宪法修正案为基本依据,修正增删教学内容;二是充实基本理论教学内容,例如,人民民主专政制度的内在结构、党的领导、社会主义核心价值观、“五个文明”协调发展、国家监察制度改革等内容,力求在基本理论上保持与时代同步,在制度说明上保持准确严谨;三是更新数字资料,规范文字表述。

期待此次修订能满足现阶段宪法学教学的需要。同时,也希望读者不吝赐教,多多提出使用中发现的问题,以便在以后的修订中继续完善。

最后,感谢法律出版社丁小宣分社长和责任编辑陈慧对本次修订的支持和辛勤劳动!

董和平

2018 年 6 月 19 日

第三版说明

《宪法学》(第二版)自2007年7月出版至今,已历七载,六次重印,广受师生好评,为我国高等法学教育尽了分内之力。在当下法学学科蓬勃发展、法治建设不断推进,尤其是十八届四中全会《关于全面推进依法治国若干重大问题的决定》颁布之际,本书修订恰逢其时。

本次修订,在保持本教材一贯秉承的"理论性"、"规范性"和"教材性"写作原则的基础上,更突出教材内容在法治人才培养方面的"引领性",即从中国国情出发,针对中国现实宪法问题,于博采众长基础上发掘中国制度特色,在传统知识讲评中突出主流观点,以期实现引导学生和读者形成正确的宪法意识和法治观念之效益。

基于上述原则,此次修订在原教材基本体系方面没有重大变化,而着力于以下几个方面的完善:

第一,梳理基本观点,吸收学术新成果。一是反映学术进步,对近年来学术研究中的共识性观点进行合理吸收;二是对原有学术观点进行梳理,突出学术界主流观点,体现中国国情教育;三是剔除不周延的理论与制度,务求在基本理论上保持先进性,在制度说明上保持正确性。

第二,增删教学内容,体现时代新要求。去除已经明显失去现实教育意义的教学内容,比如加入WTO对中国宪政的影响、计划经济向市场经济转型的地方立法等等。同时,补充了理论研究、制度发展和现实法治教育需要的新内容,诸如依宪治国应该树立的基本理念、司法改革与司法公正、十八届三中与四中全会决定中相关主要内容说明等。

第三,优化版式体例,服务教学新需要。一是根据教学实践中反馈的信息,改进语言表述,尽量以简洁易懂的方式说明问题;二是对容易混淆或者要点较多的教学内容,增加了关系示意图、流程图或比较表格,方便学生和读者理解教学内容;三是弥补文字用语错漏;四是更新资料数据。

期待此次修订,能满足现阶段宪法学教学的需要。同时,也希望读者不吝赐教,多多提出使用中发现的问题,以便我们在以后的修订中继续完善。

最后,感谢法律出版社丁小宣分社长和责任编辑陈慧对本次修订的支持和辛勤劳动!

董和平

2015年2月9日

第二版说明

本教材自2004年5月第1版出版发行以来，承蒙读者厚爱，四次重印，被许多高校法律院系选用为本科生或研究生教材，或者作为硕士、博士研究生入学考试或专业学习的主要专业参考书。作为作者，深感荣幸之至。然时代发展，研究进步，唯有不断修订，才能适应现实教学需要。

本教材在编写之初，就力图在博采和保持前人同类教材优点的基础上，形成自己"理论性"、"规范性"和"教材性"的特点，笔者深知这也正是广大读者对该教材编写的殷切期望和肯定之处。本次修订，我们在保持本教材第一版的基本体系和主要内容、坚持前述编写原则和特点的基础上，主要做了下面几个方面的工作：

一、查找错漏。我们根据教材使用中读者提出的意见，纠正内容和印刷错误，添补遗漏词句，使整个教材在表意和形式上更加规范和准确。

二、规范表述。尽量减少意识形态色彩，强化教材用语的法律性和专业性。

三、更新资料。根据近年来宪法实现的新发展，更新相关法条内容和统计数字，总结实践新做法，突出教材的现实性和时代性。

四、补充内容。我们注意在研究新问题和吸收学术界新的研究成果的基础上，对原有教材相应章节予以充实完善。比如，宪法实施保障中增加中国违宪审查的制度的完善问题、宪法实现部分增补加入WTO对中国宪法的影响问题、爱国统一战线中增加社会主义事业建设者问题、国体中增加"三个文明"协调发展与人民民主政权建设问题、民族区域自治制度部分增加支持帮助民族自治地方的经济文化建设和民族区域自治制度的完善、特别行政区制度中增添中央与地方关系问题以及"行政区划"章节次序的调整、经济制度中增加社会保障制度的内容、公民基本权利和义务中增加中国人权保障的现状与完善问题，等等。

通过这些修订，我们希望本教材能够与时俱进，常用常新，更好地为我国现阶段的宪法学教学服务。

董和平

2007年7月9日

目　　录

导　言 ……………………………………………………………… (1)
一、宪法学的研究对象 ………………………………………………… (1)
二、宪法学的理论体系 ………………………………………………… (2)
三、宪法学的学科体系 ………………………………………………… (4)
四、宪法学的历史发展 ………………………………………………… (6)
五、宪法学的教学体系 ………………………………………………… (9)
六、宪法学的学习目的 ………………………………………………… (12)
七、宪法学的学习方法 ………………………………………………… (13)

宪法学总论

第一章　宪法概念 ………………………………………………… (17)
第一节　宪法的形式特征 ……………………………………………… (17)
第二节　宪法的本质属性 ……………………………………………… (22)
第三节　宪法的定义 …………………………………………………… (27)
第四节　宪法的分类 …………………………………………………… (31)

第二章　宪法历史 ………………………………………………… (36)
第一节　近代宪法的起源和发展 ……………………………………… (36)
第二节　旧中国宪法发展简史 ………………………………………… (51)
第三节　中华人民共和国宪法的历史发展 …………………………… (59)

第三章　宪法规范 ………………………………………………… (84)
第一节　宪法规范的特点 ……………………………………………… (84)
第二节　宪法规范的形成和演变 ……………………………………… (87)

第三节 宪法规范的逻辑结构和分类 …………………………………（94）
第四节 宪法规范的效力和适用 ……………………………………（101）
第五节 宪法规范的形式和构成体系 ………………………………（105）

第四章 宪法价值 …………………………………………………（114）
第一节 宪法价值及其实现系统 ……………………………………（114）
第二节 宪法功能和宪法原则 ………………………………………（118）
第三节 宪法作用和宪法评价 ………………………………………（124）

第五章 宪法实现 …………………………………………………（131）
第一节 宪法实施 ……………………………………………………（131）
第二节 宪法保障 ……………………………………………………（139）
第三节 中国宪法的实施与保障 ……………………………………（150）
第四节 中国依宪治国的基本理念 …………………………………（158）

宪法学分论

第六章 人民民主专政制度 ………………………………………（167）
第一节 国体概述 ……………………………………………………（167）
第二节 我国的国体 …………………………………………………（168）

第七章 人民代表大会制度 ………………………………………（183）
第一节 政体概述 ……………………………………………………（183）
第二节 我国的政体 …………………………………………………（187）

第八章 民族区域自治制度 ………………………………………（202）
第一节 国家结构形式概述 …………………………………………（202）
第二节 我国是多民族的单一制国家 ………………………………（205）
第三节 我国的行政管理区域划分 …………………………………（208）
第四节 我国的民族区域自治制度 …………………………………（211）

第九章　特别行政区制度 ……………………………………………………（222）
第一节　我国的中央与地方关系概述 ………………………………………（222）
第二节　我国的特别行政区制度 ……………………………………………（229）

第十章　选举制度 ……………………………………………………………（246）
第一节　选举制度概述 ………………………………………………………（246）
第二节　我国选举制度的基本原则和程序 …………………………………（251）

第十一章　政党制度 …………………………………………………………（264）
第一节　政党制度概述 ………………………………………………………（264）
第二节　我国的政党制度的基本内容和特点 ………………………………（266）

第十二章　经济制度 …………………………………………………………（274）
第一节　经济制度概述 ………………………………………………………（274）
第二节　我国经济制度的基本内容 …………………………………………（277）
第三节　我国的经济体制和经济政策 ………………………………………（283）

第十三章　基本权利 …………………………………………………………（291）
第一节　基本权利概述 ………………………………………………………（291）
第二节　我国公民基本权利立法的特点 ……………………………………（300）
第三节　我国公民基本权利立法的内容 ……………………………………（308）

第十四章　国家机构 …………………………………………………………（328）
第一节　国家机构概述 ………………………………………………………（328）
第二节　全国人民代表大会及其常务委员会 ………………………………（333）
第三节　中华人民共和国主席 ………………………………………………（343）
第四节　国务院 ………………………………………………………………（346）
第五节　中央军事委员会 ……………………………………………………（349）
第六节　国家监察委员会 ……………………………………………………（350）
第七节　地方各级人民代表大会和人民政府 ………………………………（352）
第八节　人民法院和人民检察院 ……………………………………………（357）

导　　言

一、宪法学的研究对象

宪法学是以宪法规范和宪法实现作为研究对象的一门法律科学，是法学的一个重要分支学科。作为社会科学的一门学科，宪法学研究主要是通过对宪法规范和宪法实现过程的分析，把握宪法这一社会现象的本质及其产生和发展的规律性，而不仅仅是对宪法内容的介绍和对宪法条文的注释。作为法学的一个分支学科，宪法学研究是以宪法这一部门法为基础而展开的，但它又不同于一般的部门法学科研究，它是从法学基本原理向一般部门法专业领域过渡的中介和桥梁，属于法学理论体系中的基础理论学科。

宪法，亦即宪法规范，是宪法学研究的静态对象，也是宪法学研究展开之基础及其初级研究阶段。宪法规范是指体现统治阶级意志和民主施政要求，对国家生活和社会生活具有现实的普遍约束力的宪法条文系统，它不但包括宪法典本身，而且还包括与之相关的国家机关组织法、代表机关选举法、地方自治法规、民族权利保障法规以及其他宪法性法律。宪法学研究宪法规范，就是要研究宪法规范的体系、结构和内容，分析宪法规范的制定规则及其立法本意，说明宪法规范的适用及其功能与价值。同时，宪法学不但要研究现行的宪法规范，还要研究历史性宪法规范；不但要研究中国的宪法规范，还要研究外国的宪法规范；并且要把宪法规范与特定的背景、根源、阶级本质、社会特点结合起来进行研究，以便从中总结规律，提炼经验。

宪法学的动态研究对象则是宪法实现，在以往的表述中也被"宪制"，这是宪法学研究的深化和高级阶段。宪制，就是民主政治，就是国家生活和社会生活按照宪法所规定的民主和法治原则健康运行的秩序。

宪法学研究宪法实现问题，首先要研究宪法制度的现实实现状态，亦即宪法规范在现实生活中的落实实现所形成的客观存在，这才是宪法规范的"动态"所在和价值表现。由于各国的基本国情不同，政治、经济、文化的历史与现实背景差异，宪法规范的落实情况及其形成的现实宪法制度状态也呈现千姿百态，现实宪法制度与宪法规范之间总是存在或大或小的距离，任何国家均不例外。宪法学研究就是要通过比较、分析,对现实宪法制度与宪法规范的距离的大小、成因及如何解决不相符合的状态等问题进行说明,以期为现实宪法实践过程提供对策和依据。

其次,宪法学研究宪法实现问题,还要对宪法政治运作和宪法实现的具体状况进行研究。宪法政治运作就是通过一定的方式、方法、制度、措施使宪法规范落到实处以实现宪法治理和民主治理的过程,提高到理性化层次来认识它,就是宪法实施问题。而宪法实现的具体状况又有自身的指标体系、评价方法与尺度及其固有内涵。对宪法实现的研究,不但要研究现实宪法制度的表现,还要研究宪法政治运作亦即宪法实施的措施和宪法实现状态的分析与评估,这是宪法实现的保障。

如果说对宪法规范的研究是"立宪研究",对现实宪法制度的研究是"行宪研究",而对宪法实施的研究是"护宪研究",那么,宪法学研究就是从静态和动态的结合角度对"立宪—行宪—护宪"问题的全方位研究,这就是宪法学的研究对象。

二、宪法学的理论体系

宪法学的理论体系,就是宪法学理论研究的具体内容及其内在结构。宪法学理论体系的形成和发展是与特定的政治、法律需要和具体社会环境相联系的,有一个历史的客观的过程。在资本主义以前的人类早期历史中,虽然曾有许多学者对后来属于宪法学领域的若干问题进行理论研究,但其主要是从政治学的角度来研究的,而不属于宪法学的范畴。只有到了资产阶级革命以后,有了近代宪法与宪政,才开始了严格意义上的宪法学历史,宪法学理论体系也由此构建起来。

在资本主义时代,宪法学理论研究的首要内容是人权,其所以如此,是由人权在资产阶级民主政治和宪法立法中的基础地位所决定的。人权是资产阶级在反封建的过程中提出的一个政治口号,是资本主义经济发展的内在要求在政治上的集中反映。资产阶级启蒙思想家提出了"天赋人权"的理论,用以论证封建专制统治的黑暗、愚昧和压制人性,用以说明资产阶级革命的合理性及其政治目标的高尚与无私,用以鼓励同受专制压迫之苦的劳苦大众追随资产阶级进行反封建的斗争。当革命胜利以后,维护基本人权便成为资产阶级构筑其民主政治统治的基石,成为资产阶级民主政治的一项重要内容和标志。宪法既然为确认和维护这一民主政治制度而设立,人权便必然地成为其首要内容,并且成为决定宪法其他内容的核心。正是从人权保护的角度出发,资产阶级的思想家考察了封建时代人权遭受践踏的实际情况,认为封建社会人权得不到应有保障的根本原因在于封建的皇帝和官吏享有不受限制的权力,对人权的侵犯主要来自握有专制权力的国家机关,因而要保障人权就必须首先对政府的权力有所限制,由此形成了著名的"有限政府"理论。宪法既然要保障人权,自然就必须担负起限制政府权力的法律职能,"国家机构"

遂成为资产阶级宪法的又一项重要内容，这就是资产阶级宪法理论研究的第二块内容的由来。当然，与国家机构职能、职权的研究相联系，资产阶级宪法学还包括国家政体、国家结构、选举与政党等国家制度内容的研究。所以确切地讲，资产阶级时代的宪法学理论体系是由人权和国家体制两大部分构成的，人权是其研究的基点和核心内容。

社会主义国家的宪法学者从马克思主义阶级论和经济决定论的观点出发研究宪法，不但在宪法学研究的具体内容上有所增补，而且研究的重心也发生了变化。从研究内容上看，在人权、国家机构、国家政体、国家结构、政党与选举的基础上，加进了阶级本质和经济制度两大内容。因为在马克思主义看来，国家和法都是阶级斗争不可调和的产物和表现，是维护阶级统治的工具。从来就没有抽象的超越于阶级之上的国家，受国家保护的人权也必然是带有阶级性的。研究国家问题和人权问题，形式上的分析说明是必要的，但关键是要从阶级本质角度把握其作用的方向及其在阶级统治过程中的功能。因此，宪法学研究的首要内容应该是国家的阶级性质，亦即通常所谓的国体问题。同时，马克思主义还认为，一切政治现象都是建筑于经济基础之上的上层建筑，是由经济基础决定并为之服务的。政治现象的产生、发展和变化都有其经济原因，应从社会经济结构出发分析政治现象存在和发展的必然性与合理性。这样，国家经济制度亦成为宪法学理论研究的一项重要内容。研究内容的上述变化最终导致了宪法学研究重心和基点的变化，宪法学研究从以人权保障为核心转而成为以国家统治结构及其政治功能的法律调整与优化为核心。

中华人民共和国成立以后的宪法学研究，无论是在研究内容上还是在研究重心上，都继承了社会主义宪法学理论体系，并且有新的发展。发展之一在于研究内容上增添了精神文明建设，这是我们在进行社会主义现代化建设的过程中对社会主义内涵的认识逐步深化的结果。对于社会主义的认识，过去我们仅仅局限于经济上的生产资料公有制和政治上的人民当家做主。党的十一届三中全会以后，我们认识到社会主义制度还应该表现为具有高度发达的社会生产力，因而强调物质文明建设。宪法作为规范国家基本制度和基本国策的根本法，自然负有推进精神文明建设的功能，并做了若干具体规定，宪法学理论研究的内容范围随之扩大，由此形成了我国宪法学理论体系基本包括国体、政体、国家结构、经济制度、精神文明、公民基本权利义务和国家机构七大部分的总体结构。

然而，仔细审视前述传统的宪法学理论体系，可见其存在两大缺陷：

第一，缺少“宪法实施”的内容，从而使宪法学研究基本处于一种静态研究的状态。宪法学是以宪法规范和宪法实现作为研究对象的理论学科，是静态研究和动态研究的结合。作为静态研究,主要是对宪法规范的学理研究,分析说明宪法规范的法理结构、逻辑联系、法律内涵及立法优劣利弊;作为动态研究,则主要是对现实宪法制度特别是对宪法实施亦即通常所谓的"宪治"的研究,以分析说明宪法制度在现实生活中的表现、宪法规范与宪法政治现实制度之间存在的差距的成因及其改进办法、宪治的标志、形成要素、基本条件等问题。只有将宪法的静态研究与动态研究有机结合起来,甚至主要致力于宪法制度的动态研究,才能把握民主宪制的精髓,并使宪法理论研究发挥实际效用。

第二,固有内容的排列理论层次混乱,导致宪法学研究基点的偏差。宪法学理论体系固有的内容包括国体、政体、国家结构、经济制度、精神文明、公民基本权利义务和国家机构七大部分,但这七个部分在排列上的理论层次是混乱的。首先,国体、政体、国家结构、经济制度、精神文明和国家机构都是宪法上国家管理体制的具体表现,应该统称为宪法国家制度而与规范宪法权利的人权属于同一理论层次。将宪法国家制度的各具体内容分列而与人权并列,不但搞乱了理论研究的层次,而且势必冲淡人权研究的重要性。而将人权研究降低为国家具体制度的一个小的分支,在理论上和实践中都是有害的。其次,将宪法国家制度研究置于比宪法权利研究更为优先的地位,扰乱了宪法学理论内容的内在秩序。宪法是民主制度的法律化,是人民权利的保障书。无论从历史的逻辑还是从政治的逻辑来看,确认和保障人权都是宪法的首要内容和核心所在,宪法制度的有关规定从根本上讲应该服务于人权保障。所以,宪法学理论研究应以人权保障为基点,应该将宪法权利置于比宪法制度更为优先和基础的地位。

据此,我们认为,宪法学理论研究内容应包含四个相互联系的基本部分:宪法基础—宪法权利—宪法体制—宪法实施。宪法基础是通过对宪法和宪法学基本理论问题的研究,辨析宪治精神和宪治机理;宪法权利是对人权要求具体化的公民基本权利的研究;宪治体制是对国家基本制度设置与运行的民主机理研究;宪法实施则是对宪治要素与其实现条件的研究。就其内在结构而言,第一部分是基础;第二、三部分是主体,第四部分是重点,四者结合构成宪法理论研究的完整体系,而这一体系的研究基点是民主与人权保障。

三、宪法学的学科体系

宪法学不是一门单一的理论学科,而是包括若干研究分支的有机联系的学科群,宪法学各分支的基本构成及其内在联系就是宪法学的学科体系。关于宪法学学科体系的构成,伴随着宪法学研究的逐步深入,中外学者曾提出过多种有价值的见解。在我国,宪法学的学科体系多年来基本包括中国宪法、外国宪法、宪法发展史三个学科分支。近年来,虽然学术界已经开始对比较宪法进行研究,但从研究的现状与成果来看,尚不足以构成一门单独的比较宪法学分支。这样的学科状况不但就宪法和宪法问题的全方位研究而言在体系上是不全面的,而且制约了宪法学研究在研究深度上的进展,与国外宪法学研究发展的差距越来越大,也极不适应我国宪法与民主政治建设的实际需要。

构建宪法学的学科体系,就要科学划分宪法学各子学科的构成并界定其间的理论关联。我们认为,宪法学学科体系的构建,必须先从研究角度的不同出发然后再结合具体研究内容差别划分各具体的子科学的构成,同时要揭示学科体系各部分的内在联系。宪法学是以宪法规范和宪法实现为研究对象的法学学科,而对宪法规范和宪法制度的全面研究包括历史研究、社会研究、本体研究和比较研究,它们从不同的角度形成对宪法及其制度的全方位认识,探索其存在与发展变化的规律,并由此衍生出宪法学的各个具体学科。对宪法的历史研究是从自身纵向发展的角度探讨宪法与宪法制度产生、发展和变化的规律,由此形成中国宪法思想史、外国宪法思想史、中国宪法制度史和外国宪法制度史及国别宪法史等学科。对宪法的社会研究是从周边社会因素与宪法制度的相互渗透、相互影响和作用的角度,分析宪法规范和现实宪法制度发展、变化和存在、生效的原因和规律,研究宪治的构成与实现,由此产生宪法社会学、宪法政策学和宪法意识、宪法文化、宪治秩序与宪治学研究分支。对宪法的本体研究侧重于从宪法规范和宪法制度的现状总结其一般特点和规律,由此形成宪法学原理、中国宪法、外国国别宪法、宪法规范学、宪法立法学等研究分支。对宪法的比较研究则是将宪法规范和宪法制度置于人类政治发展的历史过程和各种复杂的政治、经济、文化等社会联系之中,将一国宪法制度置于各国宪法制度的同类之中,通过对特定宪法制度在各国不同历史时期立法和运转状况的全面比较分析,研究宪法制度发挥效用的具体条件和规律,找出宪法立法和宪法政治运作的最佳途径、方法和质点,由此形成国别比较宪法史、各国比较宪法史、宪法规范比较研究、宪法制度比较研究、宪治环境比较研究和比较宪法学原理等分支学科。宪法学就是由上述四个研究角度形成的各个分支学科构成的一个纵横联络、有机联系的学科群。

必须特别指出的是,宪法学原理和比较宪法研究在整个宪法学学科体系和理论研究中具有特殊地位和重要功用。宪法学原理虽然属于宪法本体研究的一个分支,但却具有整个宪法学研究"元科学"的地位,它所包含的学科内容和研究的基本方法构成其他角度研究的基础和指导;同时,从另一种意义上讲宪法学原理又吸收升华各分支研究的最优成果,其研究的进展标志着整个宪法学理论研究的水平,可谓宪法学科的"龙头"所在。比较宪法学研究则是属于宪法学研究中的综合应用学科。在整个宪法学学科体系中,比较宪法研究纵横联络、融会贯通,它以历史、社会和本体研究中发现的规律为指导,从一般到具体,于个别对比与鉴别中发现一般规律在各个特殊环境中的作用方式和条件,总结具体宪法立法和宪法政治运作中的经验和教训,为本国的宪治政治实践提供指导和借鉴,既可深化理论研究,又具有重大的实践意义。所以,如果说对宪法的历史、社会和本体研究是宏观抽象研究,则比较宪法研究属于对宪法的微观具体研究,因为其目的不在于揭示和表述一般规律,而在于分析一般规律在各种特定状况下的具体作用,深化认识。如果说对宪法的其他研究属于理论研究,则比较宪法在更大意义上属于应用研究,因为它并非对宪法规律的静态研究,其意义恰恰在于通过对宪法制度的动态研究,为本国宪法立法和宪法政治运作提供最佳选择。正因为比较宪法研究具有这种特殊的研究与应用功能,它已经成为现代各国宪法学研究的热点和宪法学研究发展的主要方向。所以,笔者认为,建设较高水准的宪法学原理和比较宪法两大分支学科,也是我国现阶段重构宪法学科体系、深化理论研究的主要任务和当务之急。

四、宪法学的历史发展

近代宪法学是资产阶级革命和民主宪治制度确立以后的产物。在整个法学体系中,宪法学是一门比较年轻的学科,是随着近代民主制度的确立和资产阶级宪法的产生而逐步形成的法学理论分支,其目的是适应新兴的资产阶级的政治需要,从理论上阐明资产阶级民主制度的优越性,论证用"人权"取代"神权"、用"民权"取代"君权"、用"民主"取代"专制"、用"法治"取代"人治"等观点的合理性,并由此形成了最初的宪法学理论框架。在前资本主义时代,虽然也曾经存在过不同形式、不同范围的所谓"民主政治",一些古代著名的思想家如柏拉图和亚里士多德等也曾对这些"民主制度"作过或多或少、这样那样的研究,甚至他们的一些研究内容如选举、国家组织、行政规则等也属于后世宪法学的范畴,他们提出的研究方法及所取得的观念成果也与近代宪法学中的某些观点有惊人的相似之处或明显的历史联系,但是,由于在奴隶制和封建制国家里根本不具备实行近代具有普遍形式的民主政治的条件,作为国家根本法意义的宪法也不可能产生和存在,因而,真正的宪法学研究和宪法科学也不可能建立和发展起来。至于古代思想家对国家组织法和选举等问题的研究,只能属于原始政治学研究的范畴,其目的也只是为奴隶主阶级的政治统治提供理论基础和现实对策,充其量也只为后世宪法学某些问题的研究提供了某些思想资料,而与真正的民主政治和宪法学没有实质性联系。

在早期的宪法学研究中,资产阶级宪法学家无论在宪法学理论体系的构建、宪法学基本问题的探讨,还是对宪法规范的具体研究方面,都做了大量的开拓性工作,成就巨大。但是,资产阶级宪法学家总是从唯心主义历史观出发研究宪法问题,坚守其固有的政治观和法律观,只注重宪法规范与宪法制度的形式研究,而忽视了宪法的本质及其深刻的社会经济根源,忽视了宪法与宪法政治现象产生与发展的客观规律性,这就使资产阶级宪法学在研究的科学性和发展空间方面具有了一定的局限性。马克思主义的唯物史观和辩证方法为宪法学奠定了科学基础,马克思主义宪法学揭示了宪法产生、发展和消亡的历史规律,阐明了宪法同经济基础的相互关系,理顺了被资产阶级学者颠倒了的宪法对国家权力的依赖关系,指明了宪法和宪法学的阶级属性,从而弥补了早期宪法学发展中只重形式研究而缺少本质研究的致命缺陷,使宪法学研究首次达成了内容与形式、政治性与科学性的高度统一,从而进入科学发展时代。

纵观世界范围内宪法学产生与发展的整个历史过程,我们可以看出其中存在四个明显的并带有渐进性的历史分期:

(一)政治宪法学时期

政治宪法学时期,即20世纪初以前宪法学研究的早期时代。这一时期是人类宪法学的初创时期,也是资产阶级宪法学逐渐形成并长足发展、独步天下的时期。这一时期的宪法学研究有以下几个特点:(1)从其研究目的来看,主要是为新生的资产阶级民主政治及附属于它的宪法实施服务;(2)从其研究基础来看,主要是以早期资产阶级自然法学说为基础,用以论证资产阶级代议民主的合理性和合"法"性,并由此构建起资产阶级宪法学理论研究由人权和国家机构两部分组成的基本框架;(3)从研究的方法来看,主要是注释方法和政治学的方法,重视宪法制度的政治功能研究,重视人权中参政权和财产权的研究,重视对宪法立法本意的诠释。

(二)社会宪法学时期

社会宪法学时期,即从20世纪20年代至40年代末期,大概经历三十年左右的时间。这一时期是人类宪法学研究的深化时期,也是资产阶级宪法学与马克思主义宪法学并存发展的时期。这一时期的宪法学发展有以下几个特点:(1)从研究方法上看,主要运用社会学的方法、阶级分析的方法和实证方法来研究宪法问题,从孤立地对宪法规范与宪法制度的政治性考察转向了对宪法现象的经济、社会、本质等全方位研究;(2)研究内容也发生了重点转移,注重对宪法与其他社会现象关系的研究,注重经济人权和社会保障、集体公益的宪法研究,注重对宪法立法的扩展性理论解释;(3)开始形成了一些宪法学的分支学科,如经济宪法学、社会宪法学、宪法政策学等。

(三)意识形态宪法学时期

意识形态宪法学时期,即从20世纪50年代至80年代末期。这一时期从整个国际局势来讲,处于政治上的“冷战”时期,资本主义和社会主义两种意识形态的对立渗透到了政治、经济、社会、文化的各个方面,宪法学研究与之相应地呈现出以下特点:(1)从研究目的来看,宪法学研究绝对意识形态化,资产阶级宪法学和马克思主义宪法学壁垒分明、水火不容,都直接地为相互政治攻击和各自政治实践服务;(2)从研究方法来看,主要是形而上学的研究方法和僵化的政治学研究方法,在一些资本主义国家则倾向更为具体的实证研究,在社会主义国家则使阶级分析走向绝对化和僵化状态;(3)从研究的实际情况看,社会主义国家的宪法学研究经历了“发展—停滞—恢复”的历史过程,先是在强化宪法学意识形态研究的指导下,发掘马克思主义宪法学的独特内容和完善本国宪法政治体制研究,使马克思主义宪法学呈现出体系严谨、特色鲜明、研究繁荣的局面;继而在60年代中期以后随着“冷战”升级使宪法学研究的意识形态化走向极端,马克思主义宪法学研究在体系和思路上趋于僵化,在内容上趋于空洞,与现实生活中的民主政治需要越来越远,纯粹成为阶级斗争的工具,理论研究几乎停滞甚至倒退;到了80年代的后期,“冷战”缓和,社会主义各国的宪法学研究逐渐恢复,开始寻回马克思主义宪法学的基本方法,开始注重宪法具体问题研究,呈现出务实的特点。在资本主义国家,宪法学的研究则经历了一个从意识形态化到实证化的转变过程。“冷战”时期的资产阶级宪法学研究普遍带有意识形态对立的色彩,但总的来讲,“冷战”后资产阶级宪法学并没有停止宪法学理论问题的研究,而是更趋具体化和细化,特别是重视从实证角度研究宪法问题,如宪法监督、宪法诉讼、宪法判例、宪法解释和比较宪法等问题均是研究重点,而且成果较丰,成为宪法学理论研究的主流派。

(四)多元化宪法学时期

多元化宪法学时期,即20世纪90年代以后的宪法学。这一时期,就世界范围内来看,“冷战”结束,政治局势趋于和平稳定,国际间的经济政治往来越来越多,改革、开放、交流和共同繁荣已经成为各国共识和历史潮流。随着各国宪法立法、宪法政治运作、宪法学学术方面的交流与借鉴日益增多,宪法学研究必然进入多元化和空前繁荣的新时代,这既是一个正在进行的过程,也是宪法学发展的历史趋势。

用“多元化宪法学”来命名现今这个宪法学发展的时代,并非要淡化或抹杀宪法和宪法学研究的政治性,而是要表述在宪法学研究领域已经出现的一种事实,即宪法学研究中那种简单的、绝对化的意识形态壁垒已经被打破并被彻底抛弃,社会主义国家宪法学和资产阶级国家宪法学再也不是水火不相容,而是在绝大多数宪法研究和宪法实践的操作层面上均可相互借鉴、互相交流与切磋。传统的马克思主义宪法学和资产阶级宪法学在基本观念和研究方法上的分野与各自特点仍然存在,但都有一个多样化、具体化发展和相互取长补短、共同完善的问题。"多元化宪法学"的提出并不是要取消和否定马克思主义基本观点和基本方法在我国宪法学研究中的主导地位,而是意味着在坚持马克思主义基本观点和基本方法为指导的前提下,避免空谈宪法的政治性和阶级性,更加注重借鉴和发现新方法、新思路研究宪法制度和宪法政治实践的具体问题,为我们的现实民主政治建设服务。具体来讲,宪法学发展多元化的现状和趋势表现在:

一是研究思路的多元化。在早期宪法学时代,资产阶级学者主要是以个人权利本位来研究宪法制度,导致个人权利保护的绝对化,忽视宪法的政治功能。在马克思主义宪法学的基本思路中,又是以政治权力为本位来研究宪法问题的,容易被导向极端工具论,而忽视个人和社会权利,从而失去民主宪法基础。在现代宪法学研究中,还可从社会均衡、政治均衡,或者从个人与国家社会的协调等角度思考宪法问题,甚至可以从人与自然的关系角度来思考宪法的功能及其完善措施。从宪法的经济功能、科技功能等方面研究宪法学,也是新的思路。

二是研究方法的多元化。在较为宏观的研究层面,可以用历史的方法、社会的方法、阶级分析的方法、本质与形式结合的方法来研究宪法问题。但在微观的宪法学研究方面,多种研究方法的引进与应用已成为一种趋势,如定量分析方法、利益分析方法等,也不排除将某些自然科学研究方法或新科技方法引入宪法学研究的必要性。宪法比较研究将成为宪法学研究中的主流方向。

三是研究内容的实用化和新颖化。从宪法学的发展来看,在研究内容上除保持理论宪法学研究的传统领地外,也呈现出应用宪法学研究学科细化和问题具体化,以及重视研究新技术革命和科技发展带来的在人权保障、政治管理等方面的新的宪法问题。宪法诉讼、宪法解释、宪法惯例、权力制约等问题将成为宪法学研究的热点问题。比较宪法学、经济宪法学、科技宪法学将成为较为发达的宪法学科。对人权保障的研究也将会更多地倾向于与现代科技新发展有关的新权利和新问题,如信息权、环境权、净水权、信息侵权、隐私权、了解权等,经济社会权利将成为宪法学研究关注的焦点之一。

四是学术交流与学术联系多元化。由于信息技术和电子科学等高科技发展,由于意识形态壁垒的打破,宪法学研究中国际交流的障碍已经越来越少,未来的宪法学研究将进入一个信息共享、国际协作、多行业多学科参与、成果转化快、应用性实践性极强的发展时代。我们期待着这一时代的到来,并愿为此而共同努力、共同参与。

五、宪法学的教学体系

自从近代宪法产生、宪法学成为法学研究的重要分支学科以后,宪法学也成为法学教育的主要课程。就宪法学课程的教学内容来讲,基本与前述宪法学理论体系相吻合,即在资产阶级宪法学教育中突出宪法形式教育,以人权和国家机构教学为主要内容;而马克思主义宪法学教育则突出宪法本质教育,形成了国体、政体、国家结构、经济文化制度、公民权利义务、国家机构等内容体系。就宪法学的课程结构来讲,形式不一,各有特点。在资本主义国家,有的侧重于对宪法的政治特征说明,先讲政治权力、国家与法、民主主义、权力结构、政府形态,然后讲人权和国家机构;有的则侧重于对宪法的全方位说明,包括宪法学基础概念(人权和国家权力)、宪法学方法、宪法历史、宪法思想等;还有的是从国家要素的组成和作用的角度编排宪法学课程体系。在社会主义国家,宪法学课程结构一般是先讲宪法概念和历史,随后依次讲解本国宪法内容。

我国法学教育中的宪法学教学,在1949年中华人民共和国成立以前,教学内容和课程结构基本参照欧美国家模式安排,特色不明显。在中华人民共和国成立以后,基本参照苏联模式编写教材,经过20世纪50年代中期起步、"文化大革命"停顿、70年代末恢复几个阶段,到1983年以国家司法部法学教材编辑部组织编写的高等法律院校统编教材《宪法学》(吴家麟主编,群众出版社1983年版)为代表终于形成了较为系统并具有中国宪法学教育特色的宪法学教学体系。从此以后,历经十余年宪法学界的研究完善、增删损益,形成了宪法学课程由十章组成的结构模式,即第一章宪法基本理论、第二章宪法的产生和历史发展、第三章国体、第四章政体、第五章国家结构形式、第六章经济制度、第七章精神文明、第八章公民的基本权利和义务、第九章国家机构、第十章国家标志。多年来,我国宪法学教材版本繁多,但大同小异,小幅创新较多,大的突破没有。

这一现行的宪法学教学体系基本上是以我国宪法立法的条文顺序为排列主线,同时参照宪法学理论的逻辑要求而形成。但从高等法学教育的性质和中国推进民主法制教育的实际需要分析,现行宪法学教学体系存在以下不足:第一,宪法学基本理论在整个教学体系中所占比例较小,降低了高等法学教育宪法学教学的层次。高等法学教育中的宪法学教学应以培植学生的民主、法治、宪法意识和深厚的宪法治理理论基础为教育目标,而不仅仅是传授简单的宪法应用知识。而达到这一目标,只有通过加大理论教学比例、提高教学内容层次来完成。传统宪法学教学体系设计中简单介绍基本理论、重点讲授中国宪法规范的指导思想应予修正。第二,外国宪法规范与宪法制度的基本知识介绍太少,不利于拓宽学生的思路和知识面。第三,没有突出宪法治理、宪法实施、公民基本权利等宪法学主体教学内容。

弥补以上缺憾,恰是我们建构新的宪法学课程教学体系基本思路的出发点和归宿。作为一种尝试,我们立足于新时期培养法学人才的需要,广泛借鉴已经出版的各种各类宪法学教材的有益创新和经验，合理吸收我国宪法学界近年来学术研究的最新成果，并结合我国现阶段本科生和研究生教育的特点，对宪法学课程结构和基本内容做了一些探索性调整，试图一方面贯彻加大宪法原理、突出主干内容、增加信息量的基本思路，另一方面也要强化中国宪法制度特色及其立法内容的教学，并反映出我们的研究优势和编写特色。

本教材在体系结构上分为导言、宪法学总论和宪法学分论三部分，共十四章。

导言：主要说明宪法学的基本问题和基本知识。包括宪法学的概念和研究对象、宪法学的理论体系和学科体系、宪法学的课程体系和内容以及学习宪法学的目的和方法。

宪法学总论：主要涉及宪法的基本理论层面，内容包括宪法概念、宪法历史、宪法规范、宪法价值、宪法实现五章。从教学思路来讲，试图从宪法概念说明出发，由宪法形式（宪法规范）到宪法内涵（宪法价值）逐层深化对宪法这一社会现象的认知，最后通过宪法实施归结到宪法实现，说明宪法的立法目的和终极价值的实现，形成对宪法规范与宪法制度内在精神和作用过程的完整把握。宪法学总论的教学目的在于帮助学生培养宪法理论基础，确立宪法民主意识。

宪法学分论：主要涉及宪法制度立法层面，特别是强化对中国宪法立法内容及其特色的教学，包括人民民主专政制度、人民代表大会制度、民族区域自治制度、特别行政区制度、选举制度、政党制度、经济制度、公民基本权利和义务、国家机构共九章。从教学思路来讲，宪法学分论是以中国宪法制度为主线，介绍说明中国宪法的立法内容和立法特色。就教学目的而言，则是帮助学生全面准确地认识中国宪法制度，培养其在中国特定环境中的制度操作能力和依宪维权意识。

与我国现有同类宪法学教材相比，本教材力图体现"理论性"、"规范性"、"教材性"和"引领性"的编写原则和特点，以增强其教学适用性。主要表现在：

第一，将宪法的理论教学内容和制度教学内容明确分开，形成"宪法学总论"和"宪法学分论"两大块对应平衡的宪法学教学体系。在现有的各类宪法教材中，结构上有三编、四编和五编之分。"三编"法通常将宪法教学内容分为宪法基本理论、宪法基本制度和宪法实施三部分；"四编"法的宪法教学体系一般包括宪法基本原理、宪法基本制度、基本权利和基本义务、国家机构等内容，"五编"法则是在前述四编内容的基础上将"宪法实施"单列一编。应当说，这些不同的教学思路和教学内容排列方法都是对我国传统宪法学教学体系的完善和创新，在其特定角度和特定时期都推进了我国宪法学教育改革的发展。然而，我们在宪法研究与教学过程中发现，"三编"、"四编"和"五编"诸种编写方法虽然各有优势，每一种教学内容体系中的各部分教学内容也都有某种内在的联系，但却从整体上割裂了宪法知识传授的系统性,不利于学生树立宪法概念和知识从理论到应用的一贯性。我们认为,就宪法学的教学内容来讲,无论结构章节如何排列,其内在性质无非是理论教学和制度教学两大类,本教材以“总论”和“分论”的形式将二者对应起来并有机结合,不但在宪法教学体系的逻辑结构上更为科学合理,而且也体现出宪法学教学体系从理论到制度、从宏观到微观、从抽象到具体的完整性和全面性。

第二,在总论中补充了宪法基本理论的内容,分论中则规范和简化了若干内容,形成了总论部分突出理论性、分论部分突出说明性和中国实践性的特点。这表现在,我们在总论中吸收了近年来宪法学研究的新成果,对宪法和宪法学的基本理论问题从形式到内容逐层进行系统说明。先讲“宪法概念”,再通过“宪法历史”深化学生对宪法概念的理解,这是入门;然后讲“宪法规范”,让读者从形式层面对宪法有更具体的把握和认识;再讲“宪法价值”以使学生透过宪法现象认知宪法的本质;最后讲“宪法实现”,将宪法的“实施”和“保障”从理论和制度上分立,形成完整的从宪法概念到宪法实现的思维轨迹。在分论中,我们强调较为规范、准确、简明扼要地介绍和说明中国宪法立法的内容,依据宪法学基本理论、以中国特色的制度为主线进行说明,保留公认的理论说明,较少涉及争议较大的“完善思路讨论”,给教师教学和学生学习中的个性思考留足发挥的余地,也压缩了教材的篇幅。在所有内容的说明和讲授中,突出主导性理论的正确性、准确性和前沿性,对学生掌握宪法学知识发挥“引领性”的作用。

第三,突出教材写作的规范性。一是强调突出概念表述的准确性和首要性,以避免同类教材中很多理论和制度说明时没有概念或者概念模糊的情况,以便教学和测试;二是力图将教材和教学大纲区别开来,不加“内容提要”、“教学重点”和“思考题”,以减少学生阅读负担;三是慎重取舍教学内容,主导性教学观点和思路要明确,介绍性观点和资料要有所选择,要突出国情意识和社会责任感,同时介绍性观点和资料要为主导性教学内容服务。所有教学内容的设计和取舍,既要注重宪法知识传授,又要注重正确的宪法意识培养,以收教学和育人之双重功效。

六、宪法学的学习目的

首先,学习宪法学能够掌握从宪法角度认识社会的独特方法,提高学生分析问题和解决问题的能力。学习宪法学,在学到丰富的宪法基本知识的同时,亦能学到从宪法学和宪法治理角度观察和分析社会问题的方法,有助于拓宽学生的思路,使其触类旁通,认识到周围各种社会问题的相关政治因素及其对宪法政治提出的新需要,认识到政治与经济、社会发展甚至个人生活之间的密切关系,从而起到深化认识、提高能力的作用。

其次,学习宪法学有助于全面准确地掌握我国宪法制度的基本精神和内容,增强宪法意识,提高遵守宪法的自觉性。宪法是国家的根本法,是规范国家生活和社会运行的基本准则和尺度。宪法学的学习,一方面能够使学生充分理解我国社会主义宪法制度的合理性和优越性,明确自身的社会政治地位,增强其社会政治意识和主人翁责任感;另一方面亦能够培养学生基本的宪法意识,确立民主与法制观念和权利义务相一致的准则,增强其遵守宪法和依法办事的自觉性和主动精神。

最后,学习宪法学有助于巩固和加深对法学基础理论的理解,为学习法学专业课打好基础。如前所述,在法学理论体系中,宪法学是从一般法学理论向专业部门法学知识过渡的中介和桥梁。相对于一般法学理论而言,宪法学既渗透法学原理的要素,又包容法学原理溶于社会政治生活的实践内容,因而学好宪法学能够加深和巩固对法学基础理论的理解。相对于具体的部门法而言,由于宪法学是各部门的立法基础和依据,所以,学好宪法学又能起到深化对部门法原则和立法精神的理解、指导部门法学习过程的作用,同时亦能起到将部门法专业问题与法学原理精神和法制建设总体联系起来学习掌握的独特作用。宪法学的这种独有的承上启下的性质,决定了宪法学学习在整个法学知识学习中的重要地位和作用,是法学课程学习中不容忽视的重要环节。

七、宪法学的学习方法

学好宪法学,在方法上,除去个人的独特经验与体会外,应该注意几个基本的方面:

第一,将政治分析与历史分析结合起来。政治分析与历史分析都是社会科学研究的基本方法。政治分析强调在分析和认识社会现象的过程中,要从政治力量对比关系的角度透过社会表象把握其政治实质,认识特定社会现象的政治内涵和政治功能。历史分析的方法则要求在认识社会现象的过程中,要从具体的历史环境和现实条件出发,反对用理想化的抽象概念生搬硬套。用政治分析和历史分析结合的方法学习宪法学,一方面要认识到宪法是统治阶级意志的最集中表现,是社会经济关系的内在要求的政治表现,其产生和发展变化都根源于社会经济关系和阶级关系的决定性作用,因而对任何宪法规范和宪法制度都要用阶级分析的方法认识其政治根源和实质;另一方面又要用历史的眼光客观分析特定的宪法规范和制度,不能将阶级性的政治影响绝对化,合理评估特定宪法制度产生和发展的客观条件及其历史作用,以辩证唯物主义和历史唯物主义的观点认知宪法现象。

第二,将宪法规范与宪法实践结合起来。宪法规范是宪法制度的静态,宪法实践是宪法制度的动态,由于宪法规定在具体实践中要受到各种复杂社会因素的影响和制约,因而宪法规范与宪法实践往往存在一定的距离。学习宪法学,既要通过对宪法规范现状及其历史沿革的考察认识其理论合理性,把握其精神实质和立法要求;同时又要对宪法规范在实践中的具体运作加以重点考察,分析它与宪法规定的差距和原因,进一步思考如何完善宪法制度与宪法保障。这样,才能把宪法知识学活、学透,并能运用它认识具体社会问题。

第三,将本国宪法与外国宪法结合起来。宪法制度是人类民主政治经验的结晶,有内在的宪法民主精神和客观的评价标准。但是,宪法制度又是具体的,各国的不同国情使其呈现出不同的表现形式和优势。要真正认知我国宪法制度的合理性和优越性,就必须在学习宪法学时广泛涉猎外国宪法制度及其实践情况,从比较分析中发现差异和共同性,再从差异中找出我国宪法制度的特色和不足,形成对我国宪法制度的客观正确认识。

第四,将宪法条文与宪法教材结合起来,宪法学在体例、结构和内容上都是以宪法典及有关的宪法性文件作为依据的,教材是对条文内涵的具体解释和理论阐发,条文是教材理论的高度浓缩与概括。学习宪法学,只有将条文和教材结合起来比照学习,才能熟悉我国现行宪法规范并加深理解,才能用简单而准确的宪法条文将庞杂繁多的教材理论统串起来,有利于学习与掌握教学内容。

注意了以上几个方面的结合,就能真正学到宪法知识,学到从宪法角度认识问题的方法,从而收到丰富知识、拓宽视野、提高认识、强化能力的功效。

宪法学总论

第一章　宪法概念
第二章　宪法历史
第三章　宪法规范
第四章　宪法价值
第五章　宪法实现

第一章 宪 法 概 念

第一节 宪法的形式特征

一、"宪法"一词的来源

在人类的历史上,"宪法"一词的出现和使用,可以追溯到远古时代。在我国的古代典籍中,就有多处使用"宪法""宪""宪令"的例证。例如,《国语》有言"赏善罚奸,国之宪法也";《左传·襄公二十八年》中所谓"此君之宪令";《尚书》中有"监于先王而成宪,其永无愆"的说法;《汉书》中也提到"作宪垂法,为无穷之规";等等。但这里的"宪"或"宪法"都指的是法律、法令、典章等一般法律规则。日本和其他一些东方国家就其文化根源来讲属于中华文化的范畴,因而在文化移植的过程中亦将"宪法"一词从形到义完全照搬。如公元 604 年日本的《圣德太子十九条宪法》,以及 18 世纪德川时代所编纂的《宪法部类》《宪法类集》等法规典籍中的"宪法"也只是指一般的律令规则。

在欧洲,"宪法"一词来源于拉丁文的 Constitutio,其含义还有一个历史的演变过程。Constitutio 原意是组织、规定、确立的意思。作为一种法律用语,最早出现在古代罗马帝国的立法中,用以表示皇帝所颁发的"敕令""诏令""谕旨"等,以区别于当时市民会议所通过的法律文件。到了欧洲中世纪(封建时代),Constitutio 又被用来表示规范封建主和教会特权的法令。如英王亨利二世于 1164 年颁布的国王与教会关系的法令就称为《克拉伦敦宪法》。但是,这时的"宪法"(Constitution)一词,其基本的含义仍然是一般的法令、规则和章程。

17 世纪中期,英国发生了资产阶级革命,逐步形成了以人民主权原则为基础的近代民主代议制度,这种制度是国家主权由君主手里转归民众享有的标志,是资产阶级掌握和行使国家权力的基本形式和保障,因而成为资产阶级的政治生命线。为了保障代议制度的巩固和发展,资产阶级就必须运用法律的形式使其制度化和程序化,使其不致被随意侵犯和破坏,那么,这一与资产阶级政治存亡攸关的法律必然具有最权威的地位和最高法律效力,理应与其他普遍的法律区别开来,这时,人们便再次想到并援用了 Constitution 一词,并将其译为“宪法”或“根本法”,以表明它与普通法律的根本不同。后来,随着近代民主革命和民主制度的普及,近代意义上以规范民主制度为内容的具有国家根本法性质的宪法越来越多,“宪法”一词逐渐传遍世界各地。这就是近代“宪法”一词的由来。

从“宪法”一词的历史演变过程,我们可以得出两点结论:

第一,作为与普通法律相区别的法的类别,宪法是资产阶级革命的产物,它是确认代议制度的法律,因此,人们通常将宪法称作“近代意义上的宪法”。在近代以前,根本不存在宪法这一法的类别和法律现象。

第二,宪法是人类法律制度发展到一定的历史阶段以后,为适应社会法律调整的实际需要,从普通法律中逐渐分离出来的一个法的部门,因此,宪法必然具有与普通法律的共同性和区别点。如果二者没有共同性,宪法就不会属于法的范畴和部门之一。倘若二者没有区别点,宪法亦不会从普通法律中分离出来。厘清宪法与普通法律的共性和区别,是把握宪法形式特征的关键。

二、宪法与普通法律的共性

宪法与刑法、民法、诉讼法等法律一样,都是法的一个部门,它们共同构成特定国家的法律体系。了解宪法与普通法律的共同特性,是我们全面掌握宪法现象特质的基础和重要部分。具体说来,宪法与普通法律的共同特性主要有:

第一,宪法与普通法律一样,都是由国家强制力保证实施的行为规范。在人类社会发展的历史长河中,作为衡量人们行为尺度的行为规范古已有之,民族习惯、道德信条、宗教规约、民间协议、法律制度、技术规则、集团纪律等都在不同的范围和条件下对人们的行为有指导和约束作用,而且都具有不同程度的强制力。然而,正是由于强制力的来源和强弱程度的不同,构成了法和其他行为规范的本质区别。法由国家强制力保证实施,以监狱、军队、法庭、警察等国家暴力机器督促执行,从而使其获得了一体遵行的权威效力。这是法不同于其他行为规范的首要特征,也是所有部门法规范都具有的共性,宪法也不例外。

第二,宪法与普通法律一样,都是统治阶级意志的体现,都是阶级统治的工具。马克思主义法学理论告诉我们,法不是从来就有的,也不是永恒存在的,它是人类历史发展到一定阶段以后,伴随着私有制的出现、阶级的产生和阶级矛盾的不可调和,为维护在经济上居于支配地位的阶级的根本利益,而与国家同时产生的一种新型社会规范,它只表现国家化了的统治阶级的意志,是统治阶级对社会实行阶级领导和压迫的工具。当法律发展到资产阶级时代,由于保障有利于资产阶级统治的近代民主制度的需要,宪法这一新的法部门应运而生。所以,宪法虽然在形式上以规范民主制度和民主原则为内容,但在本质上却是为特定统治阶级的根本利益服务的工具,是特定统治阶级意志和要求的体现。

第三,宪法与普通法律一样,其内容都主要取决于有利于统治阶级的社会物质生活条件。社会物质生活条件,就是指一定发展水平的生产力同以这种生产力为内容的生产关系的统一,但直接构成政治法律上层建筑之基础者,实质上是统治阶级在其中居于支配地位的生产关系的总和,这是统治阶级政治统治得以存在的经济基础。所有的政治统治手段和法律制度都是为维护和发展这一经济基础而存在的。因此,所有的法律,包括宪法在内,其内容的设计及其程度最终都是基于维护有利于统治阶级的社会物质生活条件的需要而进行的,都必须体现这一主体性生产关系的内在要求,并在其所有容许的范围以内存在与发挥作用。

认识了上述宪法与普通法律的共同特性,就认识了宪法特征的一半,但这并不是宪法特征的全部,甚至不是最典型的宪法特征。要真正搞清宪法既不同于其他社会现象又不同于普通法律的特质,只能到宪法与普通法律的区别中逐项掌握。

三、宪法与普通法律的区别

(一)宪法的内容与普通法律不同

普通法律规范国家生活和社会生活某一领域内的事项和问题,为人们的具体行为提供尺度和指导。如刑法规定犯罪与刑罚问题,婚姻法规定婚姻与家庭关系问题,民法则规范财产关系和一定范围内的人身关系,等等,它们都与公民的个人生活和个人行为直接联系,某种意义上讲属于对社会生活的微观规范和调整。而宪法规定的是有关国家制度和社会制度的基本原则和主要问题,为国家生活和社会生活的总体运行提供规范和约束,它主要与国家机关、政党、各种政治力量和公民的社会活动和政治活动直接联系,属于对社会生活的宏观的政治调控。正因如此,我们通常将宪法称作治国安邦的"总章程"或"根本法"。毛泽东同志就曾说过,"一个团体要有一个章程,一个国家也要有一个章程,宪法就是一个总章程,是国家的根本大法"。[1] 我国宪法在序言中就明确宣布:"本宪法以法律的形式确认了中国各族人民奋斗的成果,规定了国家的根本制度和根本任务,是国家的根本法。"这是对宪法内容和性质的规范性表述。

作为国家生活和社会生活的总章程,宪法主要规范以下内容:一是国家的主权归属和政治统治之形态和基础,如人民主权原则、国体、政体和经济制度等,这是最基本的国家政治关系,是宪法规范的根本制度层面。二是有关国家生活中的基本

---

〔1〕《毛泽东选集》(第5卷),人民出版社1977年版,第129页。

体制和原则,如国家结构、行政区划、选举、政党、国家标志等。在社会主义国家,特别重视规定国家的阶级性质和社会经济制度。个别国家的宪法还规定国家的具体区域名称,有的还规定国家的总任务和基本国策。这一类内容是宪法规定的国家和社会运作的体制层面。三是公民权利和国家机构权力的范围界限和具体内容,这是宪法规定的操作约束层面。正是通过这三个层次的内容规定,宪法才能发挥"总章程"的统率作用。

(二)宪法的效力与普通法律不同

宪法在国家法律体系中居于最高地位,具有最高的法律效力。宪法的效力与普通法律不同,是由宪法内容的重要性和权威性所决定的。正因为宪法是国家的总章程和根本法,才必须赋予其最高的法律效力,使其取得一体遵行的效力,达到规范社会生活和国家生活运行的目的。具体讲,宪法的最高法律效力表现在两个方面:

第一,对法的最高效力。宪法对法的最高效力,首先表现在宪法是普通法律的制定依据和基础,为普通立法提供立法原则。在我国,各个具体的基本法律在制定时均必须贯彻宪法的基本原则和精神,严格地依照法定程序将宪法条文具体化,并且都必须在条文中明确标出"本法以中华人民共和国宪法为依据制定"。正因为宪法是国家的根本法,规定其他普通法律的立法原则,为整个国家的法律体系的构建提供准据和基础,因而宪法又被称为"母法",而普通法律则被称为"子法"。实际上,在古希腊时期,著名思想家亚里士多德就将法律划分为普通法律和国家组织法两大类,并认为后者是最高法,普通法律应以最高法为依据。这一思想在近代宪法产生以后,为资产阶级法学家普遍接受,并为国家宪法政治实践所采纳。其次,宪法对法的最高法律效力还表现在,普通法律不能与宪法相抵触,否则无效。宪法是国家的总章程,是规范国家生活和社会生活运行的基本原则,普通法律是将宪法的原则规定具体化为可操作性规则,目的是促成宪法规范的落实和实现。相对于国家政治统治的总目标而言,宪法是将其具体化的第一个层次,普通法律体系则是将其具体化的第二个层次以及更为具体的层次。要使国家政治统治目标顺利准确实现,就必须保证具体化各层次的统一性和连贯性。下级层次必须准确反映和体现上级层次的内涵和要求,绝不允许任意演绎。一旦出现下级层次法律违背宪法的情形,亦即通常所谓的"立法违宪",就应当确定其无效。所以,在国家的整个法制体系的构建和运作中,宪法是其核心和原则,具有最高的法律效力,一切普通法律规范的有效与否及其存废都应以宪法为确定和取舍的依据。

第二,对人的最高效力。这里的"人"是一个抽象的广义的概念,而不仅仅是个体的自然人,它是一切参与国家生活和社会生活的能动主体的概括和通称。

宪法对人的最高法律效力，就是指宪法是一切国家机关、政治力量、政治组织、政权相关机器以及一切社会组织和个人的根本活动准则，任何组织和个人均无超越宪法之上的特权。国家活动和社会活动从根本上讲是各种社会力量和人的能动活动，要使国家生活和社会生活按照宪法规范有秩序进行，要使那些体现宪法要求的法律有效发挥作用，最终还必须落实到各参与主体的依法活动上。也就是说，要把一切政治力量和社会力量的行为，特别是握有重要政治和社会权力从而足以影响社会生活和国家生活的个人的行为，置于宪法规范的有效约束之下，通过宪法规范使各类主体的活动有序化和良性化。据此，必须保障宪法对人的最高法律效力。

宪法对人的最高法律效力也为各国宪法立法和普通立法所确认或尊重。如日本宪法第99条规定："天皇、摄政、国务大臣、国会议员、审判官以及其他公务员，都负有尊重和拥护本宪法的义务。"有的国家的宪法还明确规定宪法监督机关有权受理和解决针对国家领导人和高级官员的违宪控告。我国现行宪法总结中华人民共和国成立以后法制建设的历史经验，也在序言中规定："全国各族人民、一切国家机关和武装力量、各政党和各社会团体、各企业事业组织，都必须以宪法为根本的活动准则。"在中国共产党党章等规范性文件中，还特别规定了执政党必须在宪法和法律的范围内活动。这表明，在我国，宪法对人的效力也是至高无上的，任何组织或个人都没有超越宪法之上的特权。

（三）宪法的制定和修改程序与普通法律不同

宪法在制定和修改程序上与普通法律不同，是由宪法内容的重要性和宪法具有最高法律效力的特点决定的，是一个带有派生性的宪法法律特征。由于宪法是国家的根本法，需要有相对的连续性和稳定性，因此，制定宪法和修改宪法就须特别慎重。世界上大多数国家为保障宪法的权威，都对宪法的制定和修改规定了不同于普通法律的特殊程序，这一区别的基本表现就是宪法的制定和修改程序更加严格。

第一，宪法的制定程序与普通法律不同。这表现在：其一，制定机关不同。普通法律是由国家立法机关制定的，而宪法则是由专门的制宪机构制定的。普通的立法机关之所以不能拥有制定权，在于它的存在和职权本身源于宪法的设定和授予，它当然无权创制宪法。制宪权只能属于经过选举产生的专门机构，在实行成文宪法的国家中均不例外。如美国宪法就是1787年由第二次大陆会议转化为制宪会议起草而成的，法国的第一部宪法即1791年宪法也是由当时正在召开的等级代表会议转化为制宪议会负责起草的，我国1954年宪法也是由专门成立的宪法起草委员会起草而成。其二，草案通过程序不同。普通立法案通常由立法机关以相对多数票即过半数通过，而宪法草案则是由制宪机构或立法机关以绝对多数票才能通过,有的是 2/3 以上多数,有的是 3/4 以上多数,还有的甚至要经公民投票才能议决。如我国 1954 年宪法就是由第一届全国人民代表大会第一次会议以全体代表的 2/3 以上多数赞同议决的程序通过的,当时全票一致通过。

第二,宪法的修改程序与普通法律不同。这表现在:其一,修宪提案权主体有特别限制。普通法律的修改案的提出,依照立法机关的工作程序,由通常在议会拥有提案权的主体提出,而修宪提案的主体则完全不同。有的国家为议会绝对多数提出,有的国家规定由总统提出,也有的国家规定达到法定数量的公民也有修宪提案权。我国宪法规定,宪法修改案只能由全国人大常委会或者 1/5 以上的全国人大代表提出。其二,宪法修改案的通过程序比普通法律严格,通常要求以立法机关绝对多数票或特定方式通过。如美国宪法规定,经过国会两院 2/3 议员的同意,或者 2/3 州议会的请求,可以提出宪法修改案;宪法修改案在两年之内若获 3/4 州议会或修宪会议的批准,得以发生法律效力。在我国,宪法修正案须经全国人大以全体代表的 2/3 以上多数通过方得有效。有的国家还规定,在一定情况下宪法修正案还须以公民投票方式通过方得有效。其三,在有的国家还规定有修宪内容的限制,有的国家虽然没有明文规定但却存在事实上的修宪内容限制。如在我国,社会主义制度就不得成为修宪内容。

上述有关宪法在内容、效力和制定修改程序方面与普通法律的区别,是宪法作为国家根本法的法律性质的具体表现,是我们界定和认识宪法的形式依据和形式特征。但是,全面地把握宪法的概念,仅此形式特征还远远不够,更重要的是要了解宪法的本质特征,形式和本质的有机统一才能形成对宪法的科学认识。

第二节　宪法的本质属性

宪法的本质属性,就是宪法通过其内容表现出来的、区别于一般社会规范和其他部门法规范的内在的质的规定性,它决定宪法的规范内容、表现形式和作用方向。具体讲,宪法的本质属性,一是宪法是民主施政规则的确认,二是宪法是各阶级政治地位的确认,三是宪法依存于特定的社会物质生活条件。宪法本质属性的三个层次是有内在的统一性和层次间递进关系的,第一层次是民主形式,第二层次是民主内容,第三层次是民主根源,所以,宪法的本质就是民主法。

一、宪法是民主施政规则的确认

在人类发展的历史长河中,就政治运作的方式而言,有专制政治和民主政治两种形态。专制政治奉行主权在君，君主个人的权力至高无上，一切政治运行围绕保证君主独裁来进行；而民主政治奉行主权在民，民众权力至高无上，国家政治的方方面面均是围绕人民主权原则的实现而运行。宪法就是在近现代民主政治状态下集中规范民主施政规则的法律，它是民主政治要求的法律体现，是民主政治的法律化和保障。

宪法确认民主施政规则，首先表现在它规定了代议制和普选制，为人民主权的实现构建了政治运行机制。遍览世界各国宪法之生成与演进，无一不是与民主革命和民主政治密切联系，都是在民主革命胜利以后建立起一种人民当家做主的民主代议制度，然后颁布宪法，以根本法的形式保障其不受侵犯。毛泽东在《新民主主义的宪政》一文中就明确指出："宪政是什么？就是民主的政治。""世界上历来的宪政，不论英国、法国、美国，或者是苏联，都是在革命成功有了民主事实之后，颁布一个根本大法，去承认它，这就是宪法。"[2]毛主席在这里所说的"民主事实"，就是人民当家做主的政治权力，而宪法确认它的具体形式和内容就是代议制和普选制。有了代议制度，就彻底否定了主权在君和个人独裁，就为人民共掌政权提供了政治规则和政治场所。而有了普选制，就为人民参与政治、推选自己信赖的代表行使代议权力、监督代议过程运行提供了制度和程序保障。所以，代议制和普选制是内在统一、连为一体的，是近代民主政治的主要形式和关键机制。宪法确认代议制和普选制就是确认了民主施政的方式。因此，人们常说，宪法是民主政治的"圣经"。

宪法确认民主施政规则，还表现在它以根本法的形式赋予人民以广泛的政治权利和其他社会、经济、文化权利，这些权利既是人民当家做主的政治地位在其他社会生活领域的具体表现，同时也是人民政治权利实现的保障。宪法确认和保障广泛的人民权利，实际上为民主施政构建起了坚实的社会基础。因为民主施政首先需要人民积极的政治参与，同时还必须有人民广泛而有效的政治监督，所以，没有人民的基本政治权利和其他社会权利的存在，民主施政就是一句空话，就会导向个人独裁。因而，我们常说，宪法是人民权利的保障书。

宪法确认民主施政规则，还表现在它具体规范了国家机构的职权和行使程序，为国家权力的运行提供了法定界限。在资产阶级民主理论中有一种著名的学说和原则，叫"有限政府论"。这一理论的核心内容就是认为政府的权力来源于人民权利的让与；人民权利的让与是有界限的和附带条件的；政府的权力一旦超出其法定范围，就对人民权利构成了侵害，因而政府的权力必须依法限制。最初的资产阶级

---

〔2〕《毛泽东选集》（第2卷），人民出版社1991年版，第735页。

宪法关于国家机构的规范,就是以此为理论依据的。当然,这一理论中将政府权力与人民权利对立起来的思路是不可取的,但它主张对国家权力予以规范则为民主政治所必需。因为权力本身具有扩张性和侵犯性的特点,只有依法对其予以规范,才能确保其在民主施政中各司其职,发挥作用。宪法规范国家机构及其权力界限就是对民主施政的保障,反映了民主政治的内在要求。

二、宪法是各阶级政治地位的确认

宪法是民主权利行使的法制化,但谁是特定民主权力的政治主体,以及各阶级在民主施政中的地位如何,从来都是与社会各阶级利益攸关的问题,也是民主政治的核心和关键所在。马克思主义认为,民主首先是一种国家制度,是特定统治阶级以民主方式行使国家权力的政权,从来不存在抽象的超阶级的民主。作为国家制度的民主是国体和政体的统一,国体民主就是指占全社会人口大多数的"多数人"作为统治阶级行使国家权力,政体民主则是指国家权力行使的方式是民主的而非个人专断独裁,这两方面均是民主政治的应有之义,不可割裂。宪法既然是民主政治的法律化,那就不仅仅要规定民主施政的规则,因为这只是民主政治的政体含义,还应该规定和反映民主的实质,即谁是民主主体,社会各阶级在民主政治中的地位和关系如何,这才是民主政治的国体方面。

宪法确认社会各阶级的政治地位,首先表现在宪法是在社会政治斗争中取得胜利并掌握了国家政权的那个阶级的意志和利益的集中表现,是统治阶级以根本法的形式确认本阶级斗争成果、巩固本阶级已经取得的在政治上和经济上的统治地位的法律武器。在有阶级社会,阶级利益及由此决定的政治观点的不同,决定了社会政治斗争和政治协调的经常性。只有在政治斗争中获得胜利的阶级,由于它掌握了国家政权,才拥有实行民主、制定宪法的权力。统治阶级制定宪法的目的就在于要以根本法的形式确认反映本阶级意志和利益的民主统治模式,建立适合于本阶级政治经济和维持社会秩序需要的各种制度,从而使全体社会成员都能在这一统治秩序以内各安其位,最终实现统治阶级的政治要求和统治目的。正因如此,民主政治从来都有资产阶级民主和社会主义民主之分,宪法也必然有资产阶级宪法和社会主义宪法之别,从来没有超阶级的和对社会各阶级都一视同仁的宪法。当我们研究宪法本质的时候,不但要看到宪法确认民主政治的施政规则,还要看到宪法所确认的民主政治的主体,即在宪法规定的民主政治的运作中究竟哪个阶级处于主导地位、民主政治最终反映的是哪些阶级的意志和利益,这是决定宪法本质的根本因素。

宪法确认各阶级的政治地位,还表现在宪法的内容和形式要受阶级力量对比关系的决定和影响，这是各阶级社会政治地位的动态反映。宪法是民主政治的法律化，一国民主政治运行中政治主体的力量对比和关系发生了变化，民主政治的内容和规则当然亦随之有所调整，因而宪法的内容和形式总是随着阶级力量对比关系的变化而变化，从来没有一成不变的宪法。我们说宪法有相对的稳定性，并不排斥客观条件已经发生变化、民主力量和民主条件已经发生变化的情况下宪法的相应变化。当然宪法内容和形式发生变化的原因和影响因素是多方面的，但最根本的和决定性的因素是阶级力量对比关系。对此，列宁说过，“宪法的实质在于：国家的一切基本法律和关于选举代议机关的选举权以及代议机关的权限等等的法律，都表现了阶级斗争中各种力量的实际对比关系”。[3]

阶级力量对比关系的变化引起宪法的内容和形式发生变化，大致有以下几种情况：其一，当阶级力量对比关系发生根本性变化导致政权更迭或政权性质实质变迁的情况下，宪法的内容和形式将会随之完全变化，发生宪法类型的更替。比如，中国共产党领导中国人民取得革命胜利之后，建立了新的人民民主专政政权，制定中华人民共和国宪法取代国民党时代的旧宪法，这就是阶级力量对比关系发生质变引起的宪法类型的必然变化。其二，当阶级力量对比关系在同一类型的民主政治范围内尚未发生根本性变化，但已经引起民主政治发生量变的情况下，宪法的内容和形式将会随之作部分调整、修正或补充。比如，美国宪法自从 1789 年正式生效后已经形成了 27 条宪法修正案，这其中最主要的影响因素当然是阶级力量对比关系的变化所带来的民主政治规则的调整。又如，中华人民共和国成立以后颁布过四部宪法，现行宪法 1982 年颁布以后迄今已修改过四次并形成了 31 条宪法修正案，一些宪法性法律如选举法、组织法等也多次修改，这些并不表明我国社会主义民主政治的根本性质有所变化，而只是我国阶级结构变化所带来的阶级力量对比关系和国家基本政策的变化的反映。其三，确认同一类型民主政治的宪法，由于不同国家现实阶级力量对比关系的影响，在内容和形式上也会呈现出不同特点。比如，美国摆脱了英国殖民统治之后，建立了资产阶级共和国，制定了民主共和制宪法，反映了美国没有封建势力的特点，同时宪法上确认种植园奴隶主的利益又是当时美国国内阶级力量对比关系现实情况的反映；而英国资产阶级革命胜利以后，制定了君主立宪制宪法，这反映了英国封建势力比较强大、资产阶级与封建贵族政治妥协的特点。同样，同属于社会主义类型的宪法，在不同的国家，由于各自当时阶级力量对比关系不同，它们的具体内容也不尽相同。例如，我国 1954 年制定的第一部宪法同当时苏联实行的 1936 年宪法相比，虽然都是社会主义类型的宪法，

---

〔3〕《列宁全集》（第 15 卷），人民出版社 1972 年版，第 309 页。

都确认了无产阶级和广大劳动人民在国家民主政治中的统治地位,但其具体内容有所不同,前者反映了资本主义私有制尚未消灭的阶级力量对比关系,而后者则反映了社会主义所有制在一切经济部门中已经牢固地建立起来、社会主义已经取得重大胜利时期的阶级力量对比关系,而且两部宪法在形式上也是各有特色的。

总之,无论是确认统治阶级的意志和要求,还是反映社会各阶级力量对比关系,都是宪法确认阶级政治地位的表现,宪法就是通过规范各阶级的地位及其相互关系制约和控制它们在民主政治体系中的作用及其发挥作用的方式的,这就是宪法阶级性的表现,也是民主政治内在本质之所在。

三、宪法依存于特定的社会物质生活条件

宪法是采取民主制形式实行统治的阶级意志的反映,并不是说这种意志是凭空产生和存在的,而是以它所依存的社会物质生活条件为基础的。统治阶级的意志与决定这种意志内容的物质生活条件是不可分离的。离开统治阶级意志的物质生活条件,其需要无从得以表现;没有物质生活条件的统治阶级意志,则会失去具体内容而无从谈起。因此,要深刻认识和准确把握宪法对民主政治规范的形式、内容及其程度的原因,还必须到宪法所依存的特定的社会物质生活条件中去寻找。

资本主义国家宪法依存的物质生活条件是摆脱经济外强制,以生产资料私人占有制为基础的资本主义市场经济。生产资料的资本主义私人占有制,消除了资产阶级内部的政治特权,实现了资本投放和分配利润原则的平等。这正是资产阶级成员得以共同决定国家制度、管理国家大事的深层根据,是资产阶级意志被奉为宪法的根本物质生活条件与这种生产资料所有制相结合,并以它为基础,资产阶级实行了资本主义市场经济,即以市场作为配置资源的手段,劳动力也作为一种商品进入市场,从而使资产阶级成员相互间经济上的平等地位实现于同广大无产者进行劳动力商品的平等、自由买卖之中。这使本来很狭隘的资产阶级民主却取得了囊括着广大无产者的普遍民主的形式。资本主义国家宪法所肯定的民主,仅属于资产阶级,但却以普遍民主宣称,欺骗性很大,其根源就在这里。也就是说,从经济制度的根源上看,这种民主只属于资产阶级;而从市场经济体制上看,则取得了普遍平等的民主形式。

社会主义国家宪法依存的物质生活条件,最基本的是在消灭剥削制度的基础上建立起来的生产资料公有制。广大劳动者成为生产资料的主人,这是使社会主义民主成为占人口绝大多数人的广泛民主的根本物质条件。然而在社会主义制度

建立起来之后，在相当时期内实行了计划经济体制，主要依靠行政手段配置资源，长官意志的作用突出。这虽然有它存在的历史原因，在推动经济和社会发展中起过巨大作用，但是由于它使社会主义内在的真正人民民主，反而要通过掌握行政手段的长官意志来实现，因而在那个时候社会主义民主和法制建设虽然也曾经是我们的愿望，但是在实际生活中总是不尽如人意，巩固民主制的宪法精神不振作，作为法制核心的宪法的作用难以充分发挥。

在实行社会主义市场经济体制之后，这种情况发生了巨大变化。社会主义市场经济是在国家宏观调控下使市场成为配置资源的主要手段。市场经济本身就倾向民主，凡进入市场的主体都有平等、自主地按市场规律办事的权利，并履行相应的义务。市场经济又是一定意义上的法制经济，它需要有法律来规范、保障市场运行中的每个环节，国家的宏观调控也必须主要采取法律手段间接地进行。而这种市场经济与社会主义基本制度结合在一起，以生产资料公有制为基础，刚好与作为社会主义制度本质属性的民主与法制相吻合，使之获得了较为适宜的表现形式，使社会主义民主与法制从本质到形式全面获得充分实现的社会物质生活条件。作为民主制度化和法制核心的宪法，其地位必将日益突出，社会主义民主与法制建设亦将逐渐完善。

第三节　宪法的定义

一、关于宪法定义的各种观点和表述

关于宪法的概念，历来众说纷纭，但有一点是得到肯定和公认的，这就是资产阶级学者对宪法的定义主要是从宪法的形式特征或抽象意义来界定的；而社会主义宪法学者则是重在揭示宪法的阶级本质和政治功能，从宪法的形式和内容的结合上来下定义。从宪法概念的历史来考察，据考证在西方最早谈论宪法且影响最大的是古希腊的哲学家亚里士多德，他是从国家组织法的意义上来理解宪法的，并据此提出应将宪法与普通法律区别开来，提出宪法的效力应高于普通法律。从此以后，西方国家的各法学流派都对宪法概念有过自己的解释和说明。在东方国家，近代意义上的宪法概念是从西方传来的，但各国学者都对宪法概念提出过颇有特色的论说。在中国，古代意义上代表“法律”“法令”之意的宪法用语最早输出日本等国，而近代意义上的宪法概念则是从日本移植而来的。在 1949 年以前的旧中国，关于宪法的概念基本援用西欧解释；中华人民共和国成立后，关于宪法的概念才形成与本国国情相一致的学理定义。

综观中外各国关于宪法概念的观点,主要有以下诸种:

(一)道德说、政治说和法律说

道德说就是从伦理规范的意义上定义宪法,如J. 奥斯汀认为,宪法是一种实定的道德,它反映一种道德要求。

政治说是从宪法规范政治权力和政治过程的意义上来定义宪法概念,法国学者多采此说。法国百科全书对宪法的定义是:宪法规定一个国家的一整套政治制度。按狭义来说,它是在一定的庄严隆重的形式条件下制定的一项法律,专门用来规定一个国家的政治制度及其职能。〔4〕还有的学者认为,宪法是一种政治统一过程的原理,是有关政治动态的基本程序。也有学者认为宪法是确认一国事实权力关系的规范。〔5〕英国的蒲莱士也持此说,认为宪法就是通过法制加以组织的政治社会结构,包括规定的政体以及人民同政府之间相互关系的权利义务的规则或法律。芬纳也认为,"宪法就是在各政府机构及其官员之间分配职能、权利和义务,规定其与公众关系的法典"。〔6〕

法律说主要是从宪法作为法律规则和行为规范的意义上定义宪法的,如英国牛津法律大辞典中将宪法定义为,宪法是法律规则的总称,它确定某特别政治团体和政体的法律结构的基本的和根本的成分,他们之间的关系、权力分配及其职能。宪法可被认为是用来论及国家最高权力运行的结构和主要原则。〔7〕

(二)实质意义说和形式意义说

这是资产阶级学者提出的关于宪法概念的两种学说。实质意义说,是以宪法规定的主要内容和作用为根据说明宪法定义。如美国百科全书中指出:宪法是治理国家的根本法和基本原则的总体。宪法规定政府体制、政府及其各部门和官员的一般职能和权限,以及如何行使这些职权,宪法是整个国家的法律安排,并且既有公认的惯例,也有未经法律规定的习惯。〔8〕

形式意义说则是从宪法作为法律的形式特征来给宪法下定义,认为宪法是指经立法机关按一定程序通过并公布的成文法典,其制定和修改有不同于普通法律的特别程序,效力上高于普通法律。

---

〔4〕《法国拉鲁斯大百科全书》(第6卷),第3250~3251页,转引自上海社会科学院法学研究所编译:《宪法》,第44页。

〔5〕徐秀义、韩大元:《宪法学原理》,中国人民公安大学出版社1993年版,第61页。

〔6〕S. E. 芬纳:《比较政府》(英文版),第145~146页。

〔7〕《牛津法律大辞典》,光明日报出版社1988年版,第202页。

〔8〕《美国百科全书》(全7卷),第658页,转引自上海社会科学院法学研究所编译:《宪法》,第41~42页。

（三）抽象意义说和具体意义说

抽象意义说是指不涉及宪法的具体内容和具体特征，笼统地就宪法的综合特点而下定义，如有的学者认为宪法是“国家根本法”，或认为“宪法是集中表现统治阶级意志的国家根本法”。[9] 具体意义说则是从宪法规范的内容如国家的基本组织与权限、人民的权利和义务等出发来给宪法下定义，类似于前述宪法概念的实质意义说。

（四）近代意义说

近代意义说又称立宪主义说，是从民主立宪精神的角度来把握宪法概念，认为宪法是确认权利保障和权力分立的法。从形式上讲，近代意义宪法就是指近代立宪国的宪法，并认为近代宪法形态有英、美、法、苏等类型。

在近代意义宪法概念中，又有侧重人权内涵的表述和侧重国家制度规范特点的表述两种情况。从人权价值出发确定宪法定义者，如陈独秀认为“盖国家组织，著其于宪法，乃国民总新意之表征也。”[10]“宪法者，全国人民权利之保证书也。”[11]胡适说，宪法的功用不但在于规定人民的权利，而且在于给政府各机关一个不得逾越之法定权限，使其不能侵犯人民的权利。[12] 罗隆基将法律分为宪法和普通法，认为“宪法是人民统治政府的法”，而普通法是政府统治人民的法。[13] 侧重于宪法规范国家制度特征的宪法定义，如孙中山持“五权宪法说”，认为宪法就是把一国的政府分作几部分，各部分都是各自独立、各有专司的。政治上的宪法就是支配人事的大机器，也是调和自由和专制的机器。[14] 张友渔将宪法表述为：“宪法是规定国家体制，政权组织，以及政府和人民相互之间的权利义务的基本法”，[15]宪法是一种强制力，是一大部分或一小部分社会力量的表现。[16] 张友渔的这一宪法概念已经不仅仅局限于宪法的形式，而涉及了宪法的阶级本质。日本东京大学教授小林直树也持这种观点，认为“宪法是规定国家统治机构和组织的规范。特别是近代宪法规定了以权力的分立为中心的国家重要机关的组织及其运

〔9〕 何华辉：《比较宪法学》，武汉大学出版社1988年版，第17页。

〔10〕 陈独秀：《答汪叔潜》。

〔11〕 陈独秀：《宪法与孔教》。

〔12〕 胡适：《人权与约法》，载《中国近代政治思想史资料选辑》，第827页。

〔13〕 罗隆基：《论人权》，载《中国近代政治思想史资料选辑》，第827页。

〔14〕 孙中山：《五权宪法》，载《中国现代政治思想史》（上册），第379、388页。

〔15〕 参见张友渔：《宪政论丛》（上册），群众出版社1986年版，第98、99页。

〔16〕 参见张友渔：《宪政论丛》（上册），群众出版社1986年版，第98、99页。

行的方法,并以确定国家政权应遵循的基本准则为主要目的”。[17] 甚至有人把宪法概括为“强调对政府进行限制,给予公民最大限度自由的强制性规范”。[18]

(五)形、意结合说

形、意结合说亦即从宪法的形式特征和宪法的阶级本质相结合的角度来给宪法下定义,前述张友渔关于宪法的定义就是从这一意义上说明宪法概念的。我国马克思主义宪法学者均采此说。

在现阶段,我国宪法法学界关于宪法的形意结合概念又有两种具有代表性的定义方法。一种是均衡结合法定义,以吴家麟教授为代表,认为“宪法是国家的根本大法,是民主制度的法律化,是阶级力量对比关系的表现”。[19] 这一三段式定义将宪法的法律特征、政治内容和阶级实质结合了起来。另一种是侧重本质定义法,以张光博教授为代表,认为宪法是国家的根本法,规定国家根本任务和根本制度,是以民主形式实行阶级统治的统治阶级意志的反映,其内容最终决定于统治阶级的物质生活条件。[20] 这一定义法在表述宪法形式特征的同时,重在发掘宪法的本质特性及经济根源。当然,也有一些学者对上述定义法提出个人看法和修正意见,但都未超出这两种定义的方法论范畴。

二、宪法的定义

我们的宪法定义综合了现行两种定义法的基本方面,同时有所侧重和创新。综合本章的理论说明,我们认为,所谓宪法是规范民主施政规则的国家根本法,它是有关国家权力及其民主运行规则、国家基本政策以及公民基本权利与义务的法律规范的总称,它是阶级力量对比关系及现存社会经济结构要求的集中反映。

这一宪法定义就其基本方法来讲仍然属于形意结合定义法,但与以往的定义相比有以下不同:其一,突出了“宪法是规范民主施政规则的法律”,这就特别强调了宪法是民主政治法的特征,点明了宪法与其他部门法规范在形式和本质上的根本区别;其二,加进了关于宪法规范内容的表述,使宪法概念具体化和精确化;其三,将阶级力量对比关系和现存社会经济结构要求并列作为隐藏于宪法民主规范之后的实质性决定因素。通过这三点说明,就将宪法的形式方面和本质方面有机地统一了起来。

---

〔17〕 [日]小林直树:《宪法讲义》(上册),东京大学出版会1980年版,第10页。

〔18〕 [英]布朗戴尔:《比较政府导论》(英文版),第266页。

〔19〕 吴家麟主编:《宪法学》,群众出版社1983年版,第46页。

〔20〕 张光博:《宪法学》,吉林人民出版社1997年版,第21~26页。

第四节　宪法的分类

宪法分类,就是从总体上对作为根本法规范的宪法进行归类分析、提炼特点的认识方法。通过分类,可以清楚认识同一类别宪法所具有的共同特点,也可以准确把握不同类别宪法的区别、联系和优劣利弊,为宪法立法和宪法实施提供理论和对策基础。宪法的分类有形式分类和实质分类之分,二者各有其分类的原则和标准。

一、宪法的形式分类

宪法的形式分类,是资产阶级宪法学者从宪法形式上的某些特点出发对宪法进行的分类。形式分类的优点在于,它能够拓宽人们认识宪法的视野,更全面地了解各种宪法在形式上的共性和差异。形式分类的不足在于,它没有涉及宪法的本质方面,而宪法的本质才是认识宪法的关键。光从形式上对宪法进行分类认识,永远不可能达到对宪法的科学认识,它必须与宪法的本质分析相结合。所以,宪法的形式分类有其合理性和科学因素,但作为认识宪法的方法论则是不科学的。

(一)成文宪法与不成文宪法

这是按照宪法在法律形式上是否具有统一的法典形式对宪法进行的分类。成文宪法是指以统一的宪法典的形式表现出来的宪法,它具有规范明确、条文系统、便于执行和监督的特点。世界上第一部成文宪法典是1787年的美国宪法,但成文宪法的雏形则可追溯到1621年的英国清教徒在赴美船上起草的《“五月花”号公约》和1776年弗吉尼亚州宪法。现在世界上绝大多数国家的宪法都是成文宪法。不成文宪法则是指没有统一的法典形式而由带有宪法性质的各种政治文件、法律文件、宪法惯例和宪法判例而组成的宪法,它具有弹性较大、适应性强的优点,但也具有规范不系统、相互重复矛盾的不足。英国宪法是不成文宪法的代表。

成文宪法和不成文宪法的划分只是提供了一种从形式上认识宪法的理论方法,切不可将之绝对化理解,因为在现代,事实上不存在绝对的成文宪法国家。即使在有统一的宪法典的国家,通常也承认宪法惯例和宪法判例或某些权威性的政治文件对宪法典的补充作用。但是,如果据此就彻底否定这一宪法分类方法的认识意义则是不可取的,因为成文宪法和不成文宪法的含义是固定的,完全的不成文宪法国家也是客观存在的。

(二)刚性宪法和柔性宪法

这是按照宪法的效力和修改程序是否与普通法律相同而对宪法进行的分类,

为英国法学家布赖斯(James Bryce)在1884年写的《历史与法学研究》一书中所首创。刚性宪法,是指在效力上高于普通法律、在修改程序上比普通法律严格的宪法。刚性宪法有利于保证宪法的权威性和稳定性,有利于宪法的实施与保障。现在世界上绝大多数国家的宪法都是刚性宪法,美国宪法和日本宪法是刚性宪法的代表。柔性宪法,则是指无论在效力上还是修改程序上都与普通法律相同的宪法,一般来讲,不成文宪法都是柔性宪法,但成文宪法并不一定都是刚性宪法,有的成文宪法也是柔性的,如中南美洲的哥伦比亚、智利、秘鲁及大洋洲的新西兰等国的宪法就是这样。柔性宪法也有好处,就是灵活性较强,能适应现实不断变化的要求。当然,对刚性宪法也不可作机械化理解,同属刚性的宪法在修宪方式和修宪的难易程度上也不尽一致,有时差异还很大,但总是比普通法律严格。这一点都是共同的。

(三)钦定宪法、协定宪法和民定宪法

这是根据宪法制定机关的不同对宪法所作的分类。钦定宪法,就是由君主制定、颁赐给臣民的宪法。现行最古老的钦定宪法是1814年5月17日的挪威王国宪法。1889年的大日本帝国宪法和1871年的德意志帝国宪法是钦定宪法的代表。协定宪法,是由君主和人民代表通过谈判达成协议而制定的宪法。1830年法国君主路易·菲利浦与国会协定产生的宪法就是协定宪法。现存最古老的协定宪法是1809年6月6日的瑞典王国宪法,又称政体书或政府组织法。民定宪法就是由代表人民的议会、制宪会议制定的宪法或按照公民投票方式制定的宪法,世界上绝大多数的现行宪法都是民定宪法,如美国宪法、法国宪法等。

(四)原始宪法和派生宪法

这是以宪法内容是否具有首创性而进行的宪法分类,由卡尔·娄文斯坦(Karl Lowenstein)1951年在其论文《我们革命时代里宪法的价值之反映》中首次提出。原始宪法,又称创制性宪法,是指根植于本国政治革命和政治权利行使的实际需要而创立的、所载制度带有本源性和首创性的宪法。派生宪法,又称模仿性宪法,是指以国内外已经存在的宪法为原型、结合本国现实情况而设定之宪法。当然,创制性宪法往往不是指该部宪法的每一条文的设计都具有原始性和本源性,而是指一些独特的制度设计。按照娄文斯坦的分析,以下宪法为原始宪法或创制性宪法:英国议会主义宪法体制、美国宪法、1793年的法国国民公会制、1918年苏俄宪法、孙中山五权宪法等,除此之外的宪法则属于派生性、传来性或模仿性宪法。

(五)纲领性宪法和实用性宪法

这是依据宪法是否具有实用性内容而进行的宪法分类,也是由卡尔·娄文斯

坦在1951年的论文中提出的。所谓纲领性宪法是指那些标榜意识形态性方针、目标和口号而无实际规范内容的宪法。而实用性宪法则是指在意识形态上中立，只规定实用性规范的宪法。

（六）规范宪法、名义宪法和语义宪法

这是以所谓“存在论分类法”对现有宪法进行的分类，是由卡尔·娄文斯坦于1969年在《东西方国家的宪法和宪法性法律》一文中提出的。他以宪法规范是否对现实权力运作过程有实际约束作用为标准将现代成文宪法划分为三种：规范宪法是指对国家权力组织过程具有标准化规范作用、权力过程服从于宪法规范的宪法，名义宪法是指从欧美输入宪法制度但实际上又缺乏其精神实质，从而导致宪法具有形式意义而无实际约束权力作用的宪法，语义宪法即仅具有宣传手段意义的宪法。他进一步认为，欧美多数国家的宪法属规范宪法，亚非拉后进国家的宪法属名义宪法，苏联及其卫星国的宪法则属语义宪法。娄文斯坦的这一分类显然带有“冷战”时期宪法研究意识形态化的色彩，因而他对各国宪法的分析评价是带有阶级偏见的。

资产阶级学者关于宪法的形式分类除了上述六种分法以外，还有多种。如英国学者卡·C.惠尔在《现代宪法》一书中提出，按照修宪是否被纳入普通立法程序，可将宪法划分为高于立法机关的宪法和低于立法机关的宪法；按照中央政府和地方政府的权力划分方法，可将宪法划分为联邦制宪法和单一制宪法，以及邦联宪法；按照政治权力分立的划分方法，可将宪法分为总统制宪法、议院内阁制宪法和会议制宪法。日本学者稻田正次提出，按照地域特点可将宪法划分为西欧型宪法、拉美型宪法、韩国型宪法、缅甸印度型宪法和人民民主型宪法。此外，还有学者提出按照历史年代或政党政治是否存在对宪法进行分类的观点。这些分类虽然也具有一定的认识意义，但由于它们或者与本书的其他章节的内容相重复，或不具有典型的或普遍的分类意义，我们不再详作介绍。

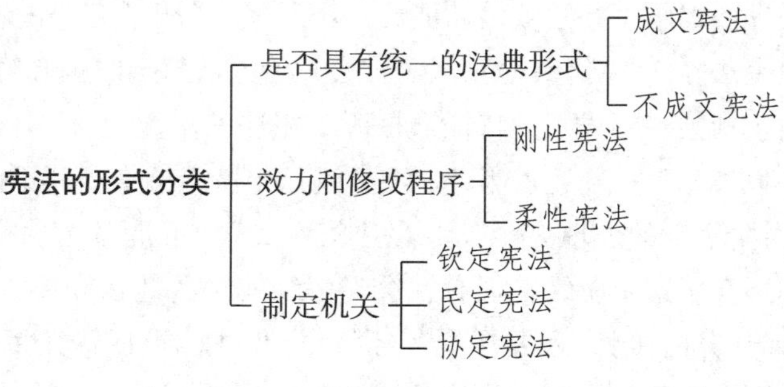

图1-1　宪法的形式分类

二、宪法的实质分类

宪法的实质分类,是指马克思主义宪法学者从宪法的阶级本质和经济基础出发而进行的宪法分类。按照这种分类方法,把宪法划分为资本主义类型宪法和社会主义类型宪法。资本主义宪法,就是建立在生产资料资本家私人所有制基础之上、体现占社会人口极少数的资本家阶级的意志和利益的宪法,如美国、英国、法国、日本等国宪法即属此类。社会主义宪法则是建立在生产资料社会主义公有制基础之上,体现占社会人口绝大多数的无产阶级和其他人民群众利益和意志的宪法,苏联和我国宪法都属于社会主义宪法。资本主义宪法制度的核心是保护和发展资本家的个人财产权及其相关制度,社会主义宪法制度的核心则是保护和发展社会主义公有财产及以此为基础的人民当家做主的政治制度。资本主义类型宪法包括老牌资本主义国家宪法和新独立的民族主义国家宪法,后者是摆脱了殖民统治走上独立道路的亚非拉国家制定的宪法,它们在本质上虽然也是资本主义宪法类型,但具有反帝、反殖、反霸的进步性质。社会主义类型宪法又可分为人民民主宪法和完全的社会主义宪法,前者是向社会主义宪法过渡的宪法,如1918年的苏俄宪法和1924年的苏联宪法,以及我国1954年宪法;后者是指完全胜利建成社会主义的国家的宪法,如1936年苏联宪法和1982年我国宪法。

马克思主义的宪法分类是科学的分类方法。首先,它揭示了两类不同宪法的阶级本质和政治功能。马克思主义认为,国家和法都是阶级矛盾不可调和的产物表现,都是统治阶级对社会进行统治和领导的工具。宪法的工具性质决定了我们只能通过其作用方向和服务对象才能准确地认识它、界定它和说明它。抛开宪法的阶级本质和政治功能,只从宪法的形式来分析比较,永远也不可能解释清楚什么是宪法、宪法何以具有特定的形式特征这些问题,那么,也就达不到通过分类认识宪法现象的目的。所以,纯粹的形式分类也就不具有权威的和科学的意义。其次,这种分类方法进而揭示了宪法政治功能的经济基础,指明了宪法内容和形式表象的经济根源。宪法是一种政治规范,属于社会政治上层建筑的核心组成部分,宪法的功能和作用包括某些形式上的特征都根源于宪法的阶级性,但相对于经济基础来讲它还是一种表象。一部宪法为什么要体现这个阶级的意志而不体现其他阶级的意志、宪法对阶级性的表现为什么要采用这种形式而不是那种形式,起根本性和决定性作用的还在于这个阶级在现有社会经济结构中的地位和要求。因而,认识宪法,不光要抓住其阶级性,还要深究其经济根源,才能形成深刻而准确的理解。马克思主义的宪法实质分类法正是从这两点出发,才形成了对宪法的科学认识,这也正是这一分类法的科学性所在。

当然,马克思主义的宪法实质分类法是一种从总体上认识和把握宪法现象的科学方法,并不意味着它是一种排他的、绝对化的、终极的宪法认识方法。它不但不能取代其他的对宪法形式进行具体研究分析的分类方法,而且应该与之相结合,这样,才能将其阶级分析的方法贯穿于整个宪法研究,也才能使宪法分类研究内容充实而丰富,给人们认识宪法提供理论基础和门径。

第二章 宪法历史

第一节 近代宪法的起源和发展

一、宪法原型

宪法的历史是研究近代宪法产生发展的一般过程,从中分析出宪法民主精神和宪法制度形成发展的基本线索以及其中的规律,而不涉及古代或其他意义上的宪法。但是,近代宪法民主制度不是凭空产生的,它是人类政治历史逐步发展的结果,在历史上应该有着深远的根源和渐进的脉络,有的还以成形文献的形式留存至今,对我们来说,这些都是现代宪法必须珍视的宝贵财富,因为它们体现着宪法精神的起源和本意。这些与近代宪法和宪法政治直接联系的宪法雏形虽然不是宪法,但对其说明理解应属于宪法历史研究的范畴。这就是设立"宪法原型"的本意所在。

宪法原型,就是指那些在近代宪法产生以前所形成的、在一定程度上包含近代宪法的精神因素或具有类似近代宪法形式特征的规范性文件。它们是近代宪法形成的基础,有的甚至是早期宪法直接援引的规范和精神渊源。

宪法的原型究竟有哪些,中外学者说法不一。据笔者手头见到的资料,关于宪法原型有以下几种说法:

(一)1215 年英国的《自由大宪章》

这是一种被广泛接受的说法。其依据在于,认为英国是人类宪政宪法的母国,而大宪章又是英国近代宪政的源头,是英国最早产生的宪法性文件。从大宪章的内容来看,主要是限制王权的,这被认为是开启了制约君权、伸张民权的先河,因而,有的学者称之为"人类最早的宪法"。

(二)1639 年北美洲英国殖民地的《康乃狄格根本章程》

这一宪法原型也是得到广泛认可的。《康乃狄格根本章程》是英国在北美殖民地的开发公司从英王那里获得特许状后,同殖民地居民协议制定的自治规范。由于殖民地的开发公司不单纯是一个营利集团,而同时是一个享有土地所有权、课税权、贸易独占权,以及军队统率权和审判权的团体,甚至可以说是一个政府,因而,这个自治规约实际上就是这个准政府及其管辖下的殖民地居民进行活动的根本性成文法规,后来就成为美国成立前各殖民地制宪的参考性雏形。

(三)1606～1776年英王的美洲特许状

在这一历史时期中,美洲英国殖民地中具有最高法律效力的规范性文件就是英王的美洲特许状,殖民地的一切管理制度包括行政管理、司法制度、立法和官员任免都是据此规范的,《康乃狄格根本章程》就是据此制定的。有的学者还罗列了英王的美洲特许状具有的类似于后来近代宪法的特点:(1)根本性法律,规范各方面基本原则;(2)具有最高的法律效力,殖民地机构的任何指令和文件都不得与特许状发生冲突,如果发生冲突也可上诉到英国枢密院解决;(3)修改方式不同于普通法律,采取修正案附后并改动特许状原件的方式进行;(4)法院有权监督特许状的实施。上述特征在很多情况下为后来的美国宪法及在此以前的各州宪法立法所模仿。而且,美洲殖民地独立后,正是在特许状失效产生法治空白的基础上制定宪法的。

(四)1621年美洲殖民地的《"五月花"号公约》

这是英国清教徒在赴美开拓殖民地途中,在其所乘坐的"五月花"号船上仿照清教徒的教约起草的一份简单的约法。在这个协约上,包含着一些处理殖民地关系的基本规则,因而被有的人称作宪法的原型。

(五)1579年荷兰的《乌得勒支同盟》

这个盟约是当时独立的荷兰各省结成联盟的依据,也是荷兰共和国政治法律基础,该共和国从1579年一直存在到1795年,是那个时代对政治制度进行成功选择的典范。由于这个盟约规定了一系列政治原则和制度,因而被认为是宪法的原型。

(六)公元604年日本的《圣德太子十七条宪法》

上述列举的宪法原型当然不是人类宪法原型的全部,但我们从中可以看出,它们虽然都是在不同国家不同的历史条件下产生的,其内容规范的侧重点有所差异,立法的完善程度更是各有特点,然而却都或多或少地与近代宪法有着某种精神上或形式上的联系,它们所体现的精神要素大致包括:(1)限制王权,保障民权;(2)确认和规范统治关系;(3)规定统治机构;(4)规定社会活动准则;(5)根本性法律应该具有最高效力和不同于普通规范的修改程序。在笔者看来,这些就是人类宪法精神和宪法规范设计模式的本源。正是在这个基础上,经过漫长的历史演变和历史积累,才逐步形成了近代宪法精神,并且在具备了相应的历史条件后近代宪法才得以应运而生。

二、近代宪法的产生

英国是世界上最早发生资产阶级革命的国家,英国宪法是人类历史上最早出现的宪法;法国宪法是欧洲大陆最先产生的宪法,且其宪政确立过程独具特点;美国宪法是世界上第一部成文宪法,其规范的精确与民主为世界各国立宪所效仿。这三个国家宪法的产生标志着世界范围内宪法和宪政制度的最终确立。

(一)英国宪法

17 世纪中期,英国爆发了资产阶级革命。由于当时英国的工业还不很发达,资产阶级的地位还不很巩固,而封建贵族的势力还很强大,一部分新贵族又倒向资产阶级方面,所以,资产阶级与封建贵族妥协,就成为英国资产阶级革命的一大特点。这一特点决定了英国宪政制度的确立,是通过逐步限制王权和扩大资产阶级政治权力的途径实现的。资产阶级每夺得一些权力,就以法律文件的形式确认下来,英国宪法就是由这些各个历史时期颁布的宪法性文件和形成的宪法惯例所构成的。有的历史性文件虽然是中世纪遗留下来的,但被资产阶级重新解释,赋予了新的维持资产阶级政治统治的内容,因而仍然属于英国宪法的重要组成部分。也正因为英国没有制定统一的、完整的宪法典,我们才称其为不成文宪法。标志英国宪政制度逐步确立的宪法性文件主要有:

1. 1215 年的自由大宪章

13 世纪初,英国的王权十分强大,对内实行高压政策,对外则穷兵黩武,连年征战,人民负担重不堪言。1215 年,对王权过于强大感到不满的英国贵族诸侯,趁约翰王对外战争失利并受到教皇处分的有利时机,联合对国王不满的教士、骑士和城市市民,进行反对国王的斗争。在强大的压力下,英王约翰被迫于 1215 年 6 月 15 日签署了《自由大宪章》。大宪章共有 63 条,大部分条文是重申封建贵族和教士权利的,如国王承认教会选举自由;保障贵族和骑士的封地继承权;国王非经贵族和骑士组成的"大会议"的同意,不得向封建主征收额外税金;非经贵族的合法裁判,国王不得逮捕或监禁任何领主并剥夺他们的土地和财产等。有少数条文体现了对城市上层市民的一些让步,如承认伦敦等城市已经享有的权利、保护市民的商业自由、同意自由人享有同等审判权等。

从性质上讲,大宪章是一个封建性的政治文件,这不仅是因为其主要内容是保障封建主的权利,而且也是因为它并未确认近现代意义上的民主制度。但是,大宪章的基本精神是限制王权,把王权置于封建法律的约束之下,这就迈开了寻求实现民主宪政的第一步;同时,大宪章还创立了"大会议"的组织形式,与以后的国会也有历史联系;此外,大宪章中关于保障自由民某些权利的规定,随着农村人身依附关系的解除,也逐渐具有普遍的意义。因此,1215年的大宪章对后来的英国宪法与民主政治有着重要历史影响。英国资产阶级革命以后,资产阶级根据其自身政治利益的需要,对大宪章的内容做了新的解释,利用它作为建立资产阶级民主制度和法治原则的法律依据,大宪章最终被列入英国宪法性法律的范畴。

2. 1628年的权利请愿书

权利请愿书,是英国资产阶级革命发生以前的另一著名政治文件。1628年,国王查理一世强制借债,与国会发生冲突。在财政困难的情况下,查理一世被迫召开国会。国会趁机向国王提出"权利请愿书",作为同意拨款35万英镑的前提条件。权利请愿书的主要内容是:(1)未经国会同意,不得向人民募债或征税;(2)非依据国家法律或法庭判决,不得逮捕任何人或剥夺其财产;(3)和平时期不得根据戒严令任意逮捕公民;(4)不得强占民房驻兵。查理一世迫于财政需要,接受了请愿书。第二年,国会又被解散,反对派议员也被逮捕。查理一世的背信弃义和倒行逆施使人民革命情绪日益高涨,到1640年终于爆发了资产阶级革命。"权利请愿书"标志着国会对王权斗争的又一次胜利。

3. 1679年的人身保护法

1679年,新国会与国王之间因王位继承问题发生激烈冲突。资产阶级和新贵族反对詹姆士为王位的法定继承人,向国会提出"排斥法案"。代表工商业资产阶级利益的辉格党拥护"排斥法案",代表地主贵族利益的托利党反对"排斥法案"。为了防止国王采取高压措施和保护本身的安全,辉格党人使国会通过了"人身保护法"。这个法令规定:没有法庭的逮捕令,不得捕人;对于依法逮捕的人,必须在20天以内提交法庭审讯,逾期必须释放。这是从14世纪起就开始存在的保护人身权利制度的法律化。查理二世于1679年5月26日签署了这一法令。

4. 1689年的权利法案

1688年,国会中的辉格党人和托利党人都面临天主教会恢复势力的威胁,因而联合起来反对国王。国会派遣代表去荷兰迎接信奉新教的玛丽和她的丈夫荷兰执政者威廉,詹姆士二世逃往法国,威廉和玛丽被立为国王和女王。这次废立事件在英国历史上称为"光荣革命",其实是资产阶级和新贵族发动的一次政变。由于这次政变,在英国推翻了斯图亚特王朝,确立了建立在土地贵族和大资产阶级妥协基础上的君主立宪制。1689年国会通过的"权利法案",就是大资产阶级和土地贵族的妥协在法律上的反映。该法案规定:国王未经国会同意,不得废止法律,不得征收赋税,不得在平时招募和维持常备军;臣民有权向国王请愿;议员在国会中的言论在会外不受法院或其他机关的弹劾和质问,议员应自由选举;国会必须按时召开;

等等。法案大大限制了王权,确认了君主立宪的民主制度,标志着英国从封建专制制度向资产阶级议会制度的真正转变,因而是英国民主宪政史上最重要的宪法性文件。

5. 1701年的王位继承法

为了加强资产阶级在国家中的权力,使国会更能控制国王,保持国会和法院对王权的独立,英国国会又于1701年通过了"王位继承法",其主要内容是:(1)规定了王位继承的条件,安排了王位继承的顺序,以排除信奉天主教国王复位的可能性;(2)国王批准法律、法令须经国会同意;(3)担任王室职务和领取王室抚恤金的人,不得为平民院议员;(4)法官终身任职;(5)对大臣的弹劾案由平民院提出,由贵族院审判,国王的赦免权对弹劾案无效;等等。王位继承法不仅仅是规定王位继承的条件,而且是对国王权力的进一步限制。因此,它是"权利法案"的补充和继续,也是英国历史上重要的宪法性文件。

英国宪政史上的上述五个宪法性文件,通过逐步地限制王权、争取和确认英国资产阶级的权力和地位,最终使民主宪政制度在英国得以确立,标志着英国近代宪法的产生。从王位继承法到现在的近三百年间,英国同样是采取适应政治统治需要颁布宪法性文件的方式对其宪法制度予以完善的,其间著名的宪法性文件有1832年的改革法、1911年的国会法、1918年的国民参政法、1972年的共同体法等,它们不断地丰富着英国宪法制度的内容,推动其适应现代、走向未来。

(二)美国宪法

美国宪法是世界上第一部成文宪法,它不但开启了以根本法形式集中规范民主政治制度的历史性时代,而且就其对民主宪政原则确认的准确、全面和科学而言至今仍具有全球范围内的典范意义。这部宪法于1787年制定、1789年正式生效。从规范结构上来讲,它由宪法正文和宪法修正案构成。除此之外,由于1776年的《独立宣言》在美国历史上具有重要地位,实质上是美国宪政精神的政治说明,是宪法立法的基础,因而下面一并分别简要说明。

1.《独立宣言》

《独立宣言》是英属美洲十三块殖民地人民举行独立革命初期发表的申述其民主思想和革命要求的政治性文件,美国建国以后即成为美国宪法的序言,是美国民主宪政制度的政治基础。《独立宣言》由第二届大陆会议于独立战争的第二年即1776年7月4日正式通过。宣言以卢梭的"社会契约论"为理论依据,杰出的资产阶级民主主义者杰弗逊、富兰克林等参加了宣言的起草工作。宣言的第一部分是宣布人人生而平等,每个人都有"造物主"赋予的不可转让的权利,包括生存、自由与谋求幸福的权利;为了保障这些权利,人们才建立政府;政府的权力来自被统治者的同意;任何政府一旦损害这些权利,人民就有权变更或者废除它,建立新的政府。宣言的第二部分历数英国政府掠夺殖民地人民的27条罪状,说明殖民地人民是在忍无可忍的情况下才进行独立战争的。宣言的最后部分庄严地宣告:"这些联合殖民地从此成为、而且名正言顺地应当成为自由独立的合众国;它们解除对于英王的一切隶属关系,而它们与大不列颠王国之间的一切政治联系亦应从此完全废止。"这部充满革命精神的宣言不仅是殖民地人民反英斗争的旗帜,而且在历史上第一次以政治纲领的形式宣布了民主共和国的原则。虽然在杰弗逊起草的宣言初稿中原有谴责奴隶制的内容由于南部奴隶主的反对而被删除,反映出独立宣言最终确认和维护的主要是资产阶级和蓄奴贵族的利益,但这一宣言所倡导的民主原则和民主精神仍然具有前所未有的广泛宪政意义,极大地鼓舞了全世界为独立和自由战斗的殖民地人民,被马克思誉为第一个人权宣言。

2. 宪法正文

美国宪法正文全称为《美利坚合众国宪法》,它是美洲殖民地人民独立战争胜利的产物,也是美利坚合众国成立的标志。1783年,英国正式承认美洲十三块殖民地独立。1787年5月,在费城召开了由55名代表组成的制宪会议,经过长达4个月的艰难起草与讨价还价,于1787年9月17日由到会的53名代表签字通过了宪法草案,送交各殖民地议会批准。直到1789年3月4日第一届联邦国会开会的第一天,才宣布这一宪法正式生效。这部宪法一方面反映了美国资产阶级和种植园奴隶主迫切要求加强中央权力以对付日益增长的人民群众的反抗情绪的愿望;另一方面,也是统治集团内部联邦派和州权派激烈斗争的结果。这种政治背景决定了美国宪法正文主要以确认资产阶级统治权力运行为主要任务,事实上所有条文均是有关国家政权组织和国家机构活动的内容。

在美国宪法正文中,主要体现了以下几个原则:(1)人民主权和有限政府的原则;(2)权力分立和制约与平衡原则;(3)联邦与州的分权原则;(4)对军队的文职控制原则。在上述四个原则中,尤以权力分立与制衡原则体现最为具体、科学并富有特点。它明确规定国会由参议院和众议院组成,立法权属于国会。众院任期二年按人口比例选出代表组成;参院任期六年,每两年改选总数的1/3,由各州各选出两名代表组成。行政权属于总统,总统每四年选举一次,实行间接选举制度。司法权属于最高法院。国会两院通过的法案须提交总统签署,总统如不同意享有否决权,并可将法案退还国会两院重新审议,只有两院各以2/3以上议员维持原案,使其正式通过成为法律;总统经过参议院同意任命高级官员和最高法院法官;最高法院对具体案件适用的法律有违宪审查权,可以裁决该法律是否违反宪法,如果违宪即失去效力;国会对总统拥有弹劾权。正是上述三权分立与制衡的具体规定及其实施,保障了美国国家机器的有效运转,使美国的资产阶级民主制度得以巩固和发展。

3. 宪法修正案

以宪法修正案的方式对宪法进行修改和完善是美国民主宪政实践中的独创,现已为许多国家所借鉴和移植。宪法修正案也是美国宪法的重要组成部分。美国自从宪法正文颁布以来的二百余年中,共颁布过27条宪法修正案。其中前10条修正案专门规定公民权利,后17条修正案则规定有关宪法制度的补充内容或修正,包括司法管辖、总统选举、禁止蓄奴或强迫劳役、国会选举、公民选举权、总统任期与补缺、男女平等权以及议员增薪法案通过限制等。尚待批准的第28条修正案则是有关哥伦比亚特区享有州一级法定权力与地位的问题。

在美国所有的宪法修正案中,前十条有关人民权利的修正案最为著名,又称"权利法案"。由于美国宪法颁布的当时,革命高潮已过,新的资产阶级政府对人民的革命要求持反对态度,甚至镇压了人民起义,因而宪法中就没有保障公民基本权利和自由的条款。这不仅引起广大人民群众的极大愤慨,而且资产阶级民主派领袖杰弗逊对此也深表不满。在人民群众的压力和法国大革命的影响下,1789年9月,统治集团不得不在宪法中增订十条关于人权的补充条款,这就是前十条修正案的由来。这十条修正案的主要内容可分为关于个人自由权利、诉讼权利和权利保护三个方面。个人自由权包括宗教信仰自由权、言论出版自由权、和平集会和请愿自由权、人民有佩带武器权、民房不得驻军权、人身住宅不受侵犯权和财产权等。诉讼方面的权利包括:陪审权、律师辩护权、不得强迫被告自证其罪、一事不再理等。关于权利保障的规定,实际上也是联邦与各州分权的具体化,如第10条规定:"本宪法所未授予合众国或未禁止各州行使之权力,皆由各州或人民保留之。"第9条还规定:"不得因本宪法列举某种权利,而认为人民所保留之其他权利可以被取消或轻忽。"美国宪法经过此十条补充,其历史进步意义更加巨大,它所创立的新的民主宪政体制和较为完备的人权保护条款后来为许多国家所效仿。

(三)法国宪法

法国是欧洲大陆制定宪法最早的国家。1789年7月14日,武装起来的巴黎人民攻破象征封建统治的巴士底狱,起义取得了胜利,政权从王室转到制宪会议手中。8月27日,制宪会议通过了《人和公民的权利宣言》(以下简称《人权宣言》),这是法国资产阶级在反封建斗争中提出的纲领性文件。宣言共17条,它规定了资产阶级民主政治的一些基本原则,如宣布私有财产神圣不可侵犯,提倡人权与法治;宣布人生而平等,法律是公共意志的体现,在法律面前人人平等;规定以"人民至上"的原则代替"国王至上"的原则,以法治代替专制,把"反抗压迫"视为"天赋人权";确认了分权原则,宣称"凡权利无保障和分权未确立的社会,就没有宪法"

等。尽管《人权宣言》所宣布的民主和自由是资产阶级性质的,有很大的局限性和虚伪性;但是,宣言在打击封建专制制度和进一步启发人民革命意识方面具有重要作用,它对当时封建制度还占统治地位的欧洲产生了巨大的影响。

1791 年制定的法国第一部宪法,把《人权宣言》列为它的序言。这个宪法所确立的是君主立宪制,而不是民主共和制,就此而言比美国宪法后退了一步。宪法保留了一个世袭的国王,但国王的权力受到了宪法的严格限制。例如,国王不得自由动用国库款项;未经国会同意,国王不得对外宣战和签订任何条约;国王保有暂时的否决权,可以否决议会通过的法律,但否决权不能用于宪法条文和关于税收的法律。宪法赋予国王一定的权力,反映了当时法国资产阶级实行的还是对王权妥协的政策,所以,宪法只限制王权而不废除王权。

一院制的议会握有国家的最高权力,不仅有立法权,还有监督各部部长、处理财政和控制外交的权力。议员任期两年。宪法还规定国王不得解散议会。

宪法的反民主性质突出地表现在将公民分为消极公民(被动公民)和积极公民(能动公民)两类,划分的标准是财富的有无和多寡。宪法剥夺了消极公民的选举权,享受选举权的积极公民在全国只占少数,资产的贵族制代替了封建的贵族制。

从此,法国和美国一样,有了一部成文宪法。美国 1789 年宪法和法国 1791 年宪法的颁布,标志着资产阶级国家成文宪法的正式产生。

(四)宪法产生的社会历史条件

上述宪法产生的一般过程,不但说明作为国家根本法的宪法是近代资产阶级革命胜利的产物这一历史事实,而且我们还可以从中看出,宪法在近代产生不是偶然的,有其由一定的社会政治历史条件决定的客观必然性。

首先,宪法是近代资本主义经济发展的必然结果。在封建社会末期,资本主义经济势力不断壮大和发展,这种生产关系同封建制度的地方特权、等级特权以及人身束缚是不相容的。资产阶级为了迅速发展资本主义经济,迫切要求废除封建土地所有制以及其他各种限制,发展商品生产,扩大自由贸易市场,占有更多的生产资料,获取更大的利润。但是,封建的生产关系严重地束缚着资本主义经济的发展,这种生产关系与生产力的矛盾最终导致了资产阶级革命的发生。资本主义生产关系的确立和发展,就是资本主义宪法产生的社会经济基础。而宪法的产生,一方面反映了资本主义经济发展的客观要求,另一方面又对资本主义经济的进一步发展起了保障和推动作用。

其次,宪法是资产阶级政治发展要求的必然结果。政治是为经济服务的,是经济要求的集中表现。资产阶级一切政治活动的目的就是自由发展资本主义。而要达此目的,就必须废除种种封建束缚,推翻封建专制统治,最终确立资产阶级的政治统治。为了打破封建专制的压迫与束缚,新兴的资产阶级不断掀起争取民主、自由和平等的斗争。资产阶级在长期的反封建斗争中建立了以普选制、议会制为核心的民主政治制度,这种政治制度能够使资产阶级以全体人民代表的名义进入议会和国家机构,反映了资产阶级的政治利益和要求。资产阶级在革命胜利以后便将这种政治制度以根本法的形式固定下来,借以维持自身政治统治和经济利益。因此,资产阶级革命的胜利和资产阶级专政政权的建立是资产阶级宪法产生的政治基础。

最后,宪法是资产阶级民主宪政理论发展的必然结果。资产阶级要夺取政权、建立自己的政治统治,必须提出一系列的理论学说来论证革命的必要性和未来资产阶级政治制度的合理性。适应这一政治需要,代表新兴资产阶级利益的先进启蒙思想家如英国的洛克(1632~1704 年)、法国的孟德斯鸠(1689~1755 年)和卢梭(1712~1778 年)等提出了"天赋人权""人民主权""三权分立""社会契约论""法治主义"等学说,从天赋人权的不可剥夺出发,论证了人民主权的原则和社会契约产生国家,提出了反对封建王权、等级特权和一切封建压迫;从人民主权理论出发又提出禁绝专制独裁、实行法治的主张,进而推出了权力分立、制约均衡的原则。这些早期民主宪政理论,不仅为资产阶级组织革命力量、取得革命胜利起了指导性的作用,而且为资产阶级夺取政权之后制定资产阶级宪法发挥了重要的作用。资产阶级夺取政权之后,有必要用宪法把已经在革命斗争中争得的民主制度条文化,使本阶级的利益得到有效的保障,上述启蒙思想家的政治主张就成为制定宪法的理论基础,为近代宪法的产生造就了思想条件。这些早期民主宪政思想虽然没有超出资本主义时代的局限性,但却是人类文明与进步的产物,成为近现代民主宪政存在和发展的基础,它在近代宪法产生乃至后来宪法发展过程中的历史作用是必须充分肯定的。

三、宪法的发展及其历史趋势

(一)宪法普及时期

这一历史时期从 18 世纪末一直持续到 20 世纪初的第一次世界大战。在这一长达一个世纪有余的历史过程中,宪法伴随着各种类型民主革命的不断爆发和新政权的相继确立,在世界范围内得以普及,民主政治逐渐取代了专制制度。宪法的普及时期以 1848 年欧洲革命为界,又可分为前后两个阶段,各自呈现出不同的特点。

从 18 世纪末美国和法国相继制定宪法起,立宪活动就同资产阶级革命紧密地联系在一起,成为民主政治的象征。到了19世纪,那些资产阶级革命取得胜利的国家纷纷以美国和法国为榜样制定成文宪法来巩固资产阶级革命的成果,建立适合资产阶级统治需要的民主政治制度。一些实行专制的国家迫于这种民主潮流所形成的维持自身统治的需要,也纷纷制定宪法,以标榜民主化。这一阶段在法国大革命的影响下,德意志南部各邦相继制定了具有资产阶级民主色彩的邦宪法。此外,瑞典、西班牙、智利和利比里亚等也相继制定了成文宪法。1814年法国波旁王朝复辟后,虽然实行君主专制,但仍制定了钦定宪法以装门面。这一阶段就世界范围来讲,立宪呈现出的特点是,民主共和制的宪法只占少数,大部分都是君主立宪制宪法,这也是由民主政治初创时代资产阶级与封建势力的实际力量对比关系所决定的。

1848年欧洲大陆上爆发的革命运动将宪法普及时期推向高潮。作为当时欧洲革命摇篮的法国,在1848年制定了共和宪法,结束了奥尔良王朝的统治。德国资产阶级也着手起草民主共和制的宪法,由于软弱的德国资产阶级斗不过强大的容克贵族,这个宪法草案未能成为正式宪法。尽管这一时期世界各国专制势力同民主势力的斗争还很激烈,但要原封不动地保持封建专制制度的统治已经是不可能的了,因此从1848年欧洲革命起到1914年第一次世界大战爆发,短短六十多年,世界上就有几十个国家制定了宪法。在1848年到1849年两年里,制定或起草宪法的国家就有法国、德国、意大利、匈牙利、瑞士和丹麦共六个国家。这一阶段立宪的特点是,绝大多数宪法所确认的都是美国式的共和制宪法和英国式的虚君制宪法,它们承认主权在民原则,废除君主制或对君主的权力加以严格的限制。当然,仍有少数封建势力强大的国家由于种种历史和现实原因,颁布了主权在君的钦定宪法,1871年的德意志帝国宪法和1889年的大日本帝国宪法就是这一类宪法的典型。

(二)宪法社会化时期

这一历史时期从第一次世界大战结束到第二次世界大战,共约三十年时间。

19世纪末20世纪初,科学技术的迅猛发展和资本主义制度的有力刺激,以资本家对劳动者的残酷压榨为代价,人类社会的生产力得到空前的发展和提高。资产阶级在短短几十年中所创造的财富,远远超过了在此以前人类社会千百年来所创造的所有财富的总和。资本主义发展到鼎盛时期,开始进入帝国主义阶段。财富的积累与膨胀使帝国主义国家之间矛盾重重,摩擦冲突与大规模的战争随之而来,最后导致了第一次世界大战。战争的结果激化了资本主义国家内部的种种矛盾,各种类型的革命不断爆发,其中最具有深远历史意义的是1917年的苏俄社会主义革命,开创了人类历史的新纪元。它不但诞生了一种前所未有的新型民主制度——社会主义制度,而且还随之制定了确认和保障这一新型民主制度的社会主义宪法,从而使宪法史的发展也进入了一个新时期。

1918年7月10日,第五次全俄苏维埃代表大会通过了《俄罗斯苏维埃联邦社会主义共和国宪法(根本法)》(以下简称《苏俄宪法》),这是世界上第一部社会主义类型的宪法。苏俄宪法共有6篇17章90条,列宁起草的《被剥削劳动人民权利宣言》共4章8条作为宪法的第一篇。第二篇总纲部分规定了苏维埃国家的基本制度和基本政策。第三篇规定苏维埃政权的组织结构。全俄苏维埃代表大会为最高国家权力机关;在代表大会闭会期间,全俄中央执行委员会为最高权力机关;在全俄中央执行委员会闭会期间,由主席团处理日常事务。人民委员会为最高国家管理机关,即中央人民政府,对最高国家权力机关负责。第四篇选举权及被选举权。宪法剥夺剥削阶级分子、僧侣及宗教祭司、警察和宪兵头目以及旧俄皇族等的选举权,而将选举权和被选举权赋予了占人口绝大多数的无产阶级和劳动人民,并规定选民有权随时罢免代表。第五篇是预算法。第六篇规定国徽和国旗的图样。列宁在谈到这个宪法时指出:"苏维埃宪法和苏维埃一样是在革命斗争时期产生的,它是第一个宣布国家政权属于劳动人民、剥夺剥削阶级即新生活建设者的敌人的一切权利的宪法。这就是它和其他国家宪法的重要区别……"[1]

社会主义制度和社会主义类型宪法的产生,以其实实在在的民主条款使资本主义制度的固有弊病相得益彰。各资本主义国家为了适应维持政治统治的需要,遂纷纷参照社会主义制度的优越之处对资本主义制度予以改良。这一改良主义和民主主义的浪潮,使资本主义各国政治制度的若干环节和政治统治的手段发生了历史性的转折,宪法和法律制度就全球而言进入了社会化的历史时期。在这一制宪高潮时期,产生了一大批宪法。仅从1918年第一次世界大战结束到1928年的10年间,就产生了二十部以上的资产阶级宪法。这一时期所产生的宪法的共同特点是:强调社会权益的保护;扩大人民的经济文化权利;加强政府对社会生活特别是经济生活的干预和控制。如果说宪法的社会化时期发端于社会主义宪法的产生和科学技术进步的影响,则其最典型的代表就是1919年8月德国的魏玛宪法。

德国是第一次世界大战的战败国,战后国内的阶级矛盾更加激化。1918年11月,人民举行革命,推翻了霍亨索伦王朝的反动统治,但由于社会民主党右翼的叛卖,武装起义被镇压下去了。以社会民主党右翼领袖艾伯特为首的资产阶级政府在镇压了人民起义之后,于1919年2月在远离革命中心柏林的魏玛城召开了立宪会议,8月通过了资产阶级共和国式的宪法,史称"魏玛宪法"。魏玛宪法全称《德

---

[1] 《列宁全集》(第27卷),人民出版社1990年版,第520页。

意志国宪法》,1919年8月11日颁布,共两编181条。第一编为“联邦之组织及其职责”。下分联邦及各邦、联邦国会、联邦大总统及联邦政府、联邦参政会、联邦立法、联邦行政、司法共7章;第二编“德国人民之基本权利及基本义务”,下分个人、共同生活、宗教及宗教团体、体育及学校、经济生活共5章,此外还有过渡规定及终结规定16条。魏玛宪法在德国历史上首次确认了人民主权原则,废除了君主专制,建立起资产阶级共和政体,具有历史进步意义。它在世界宪法史上的地位和历史影响则源于其反映了下述社会化特点:一是扩大了公民基本权利的范围,规定了公民经济和文化方面的权利。在此以前,所有的立宪对公民人权的确认都仅集中于公民的个人自由权利和民主参政权利,而这些权利的实现必须有公民在经济文化方面所享有的权利的实现作为基础和保障,将公民权利范围扩及经济文化权利是宪法社会化时代的一大特点。魏玛宪法在第二编专门规定公民的基本权利和义务,内容广泛,条文多达56条,占全部宪法条文的1/3,关于公民社会经济文化方面的权利规定更是具体。二是强调保护社会公共利益,对公民的个人权利特别是私有权的行使予以必要的限制,这是进入21世纪以后科技发展和社会生活与国家管理的实际需要,也是宪法社会化的又一重要表现。三是扩大了行政权力,特别是总统权力,这反映了宪法由资本主义时代发展到帝国主义时代的一个历史趋势,也是加强政府对国家生活和社会生活干预的实际需要。在德国,魏玛宪法设置的权力极大的总统与行政体制,为后来的法西斯势力上台铺平了道路。

客观地评价宪法的社会化运动,首先应当肯定其历史性的进步意义,这一方面是因为这一过程是基于社会主义类型宪法制度的民主性和先进性而产生的对其他宪法固有制度的改良,借鉴了社会主义类型宪法中的一些优越之处,适应了历史发展和科技进步的需要;另一方面也是因为社会化的主要内容和趋势既是人权政治实践的发展和进步,也是促进社会经济政治有效管理的重大举措。其次,我们还应该看到,宪法社会化运动中形成的缺少民主制约的强大行政权力不符合民主与法治的原则,尤其是自20世纪20年代起被欧洲各国法西斯势力利用以后,实际上导致许多国家民主政权的崩溃,使整个资产阶级宪法陷于严重的危机状态,而法西斯在世界各地的发展最终将人类又一次拖入了世界大战的灾难之中。

(三)宪法民主化时期

这一时期是指从第二次世界大战开始,至今仍在持续的宪法发展过程。

1945年反法西斯战争的胜利,导致了德、意、日等国反民主的法西斯政治体制的彻底破产。一些国家取得了社会主义革命的胜利,建立了社会主义民主制度;一些国家摆脱了帝国主义殖民统治体系,建立了民族民主国家;德、意、日等法西斯国家以及一些被占领的国家迅速恢复了资产阶级民主制度,它们都制定了能够体现其政治要求、满足其政治需要的宪法。鉴于各国人民对第二次世界大战中遭受法西斯专制蹂躏的情景和教训记忆犹新,各国立宪在这一时期都呈现出民主化的特点。具体表现:一是民主宪政意识深入人心,公民权利范围更为扩大,并且注意到宪法公民权的保障制度的建设;二是社会主义性质的宪法大批产生,社会主义民主思想大为传播,社会主义宪法逐渐成为世界立宪过程的主流方向之一,使世界立宪史趋向更高层次的民主发展;三是就宪法确认的政治制度而言,民主化的色彩更浓,虽然个别国家宪法仍确认君主立宪制,但实质上都属于民主共和制的宪法。

20世纪40年代末以后直到70年代末80年代初,以苏联为首的社会主义阵营和以美国为首的资本主义阵营尖锐对立,使世界处于"冷战"时期。东西方的政治对立,使世界范围内宪法民主化的进程逐渐减慢。西方资本主义国家出于政治斗争需要,常常采取一些违反民主政治原则的措施,构成对本国民主政治的破坏。而以苏联、东欧为首的社会主义国家,普遍流行极"左"思想,不但人为地大搞阶级斗争扩大化,而且轻视法治,忽略人权的保护和政治制度的民主化建设,其宪法民主化进程实际上处于停滞甚至倒退状态。

从20世纪80年代中期开始,世界政治局势趋于缓和,随着美、苏关系解冻和苏联东欧国家经济政治民主改革的深入发展,世界范围内民主宪法建设逐渐复苏。特别是苏联、东欧解体以后,世界范围内"冷战"结束,进入了和平稳定发展的新时期,宪法民主化建设日趋活跃。表现在宪法制度建设上,一是在公民权保护方面,不但公民权的范围更为扩大、权利种类更为细密具体、权利保障制度更具有可操作性(如出现了阳光日照权、环境权等新的权利类别,宪法诉讼制度更为健全以适应人们维护民主权利之实际需要,等等),而且更为重视人权和公民权的国际保护及国际间的相互协作;二是在国家政治制度建设上更重视权力之间的分立制约,以防止权力滥用对民主构成破坏;三是更注重宪法实施的自身保障制度的建设,力求实现宪治。上列几点,不但是现阶段宪法民主化发展的表现,而且也是今后一个长的历史时期内各国宪法发展的历史趋势。

四、社会主义类型宪法的历史地位和历史命运

随着20世纪90年代初期苏联解体和东欧剧变,世界范围内社会主义的高潮时代基本结束,转而走入低谷,曲折图存。大变动以后的原社会主义国家,除中国、古巴、朝鲜、越南等少数国家以外,均恢复了资本主义制度,就宪法类型来讲也都彻底变更,颁布了资本主义性质的宪法。在现今世界,虽然仍然是资本主义和社会主义两种类型宪法并存,但二者的地位差距甚大,即使继续实行社会主义宪法的国家

也都在进行宪政改革。因此,社会主义类型宪法的历史命运如何,它在人类宪法史上占有什么样的历史地位,需要予以不带偏见地说明,其中的历史性经验教训也必须予以恰当的总结。

在人类宪法史上,社会主义宪法是一段充满了光辉和悲哀的历程。社会主义宪法的发展经历了四个历史阶段:(1)初创时期,这是以1918年苏俄宪法和1936年苏联宪法为代表的时代。这一时期,社会主义宪法与它所依存的社会主义制度一样富有生气,展现出无与伦比的生命力和非凡的优秀业绩,使当时世界资本主义类型宪法相形见绌,从而引发了波及整个资本主义世界的宪法社会化运动。应当说,它开辟了人类民主宪政历史的新纪元,无论是内在精神还是规范设计上都具有时代感、感召力和优越性。(2)蓬勃发展时期。20世纪40年代中期到50年代,随着世界反法西斯战争的胜利,社会主义制度迅速普及,社会主义国家纷纷建立,产生了一大批社会主义类型宪法。在欧洲有波兰、捷克斯洛伐克、南斯拉夫、保加利亚、罗马尼亚、匈牙利和阿尔巴尼亚相继制定了宪法。在亚洲有中华人民共和国、越南、朝鲜,还有战前就已立宪的蒙古。在美洲有古巴等国。这些国家宪法的产生,标志着社会主义类型的宪法发展进入全盛时期,已经成为世界民主宪治运动的并行主流。(3)意识形态化时期。这一时期主要指20世纪50年代中期以后到20世纪80年代中期,这是以苏、美两个超级大国为代表的资本主义阵营与社会主义阵营尖锐对立的"冷战"时期,这一时期社会主义国家宪法完全被意识形态化了,大规模的阶级斗争使社会主义各国宪法基本上成为意识形态斗争和宣传的工具,真正的宪法建设处于停滞状态。(4)改革、发展与大量转型时期,这是指20世纪80年代中期直到20世纪90年代中期社会主义宪法发展的基本状况。80年代中期以后,两大阵营的"冷战"趋于缓和,宪法建设与发展的意识形态化程度逐年降低,并且由于种种原因,社会主义各国的宪法建设开始逐渐走向务实和与国际接轨的时代,改革发展成为主流。由于在一些国家,对社会主义宪制的改革走向极端,遂出现以苏联东欧剧变为代表的社会主义宪法大量转变为资本主义宪法的情况。目前,我国社会主义类型宪法正在不断进行改革,在保持社会主义宪法精神和本国特色的同时,合理地吸收中外各国宪制发展的历史经验,它的生命力和发展前景都是无限的。

社会主义宪法在人类宪法史上具有不可否认的崇高的历史地位,对人类宪制发展作出了伟大的贡献。社会主义宪法与资本主义宪法相比,其基本设计上的优越性和民主性在于:(1)本质上的绝大多数社会成员享有,尤其是给予劳动者在民主政治中最优越的地位,这在资本主义宪法中是没有的;(2)重视集体权利和社会权益的保障,强调个人利益要服从于集体、社会和国家利益;(3)重视实质平等是社会主义宪法的一大特色;(4)重视民族发展权与公民生存权是社会主义人权建设的重点;(5)强调权责、权利义务之间的统一;(6)宪法实施的基础定位为人民的政治觉悟,依靠人民群众的自觉性和主动性,这虽然有轻视制度建设的弊端,但从人类民主政治发展的总方向上来讲是正确的;(7)宪法立法中有关国体、经济制度和精神文明的内容是社会主义宪法的特色和贡献。

社会主义宪法建设的历史教训是沉痛的,这主要包括:(1)完善的宪制体制是民主政治实现的根本保障。在社会主义国家宪法建设中,忽视具体政治体制的科学化建设是普遍存在的弊端,诸如权力制约机制、权力监督机制、新闻舆论约束机制、宪法解释和违宪审查机制等均属于薄弱环节,正是这些基本民主制度的不健全,导致了民主设想流于形式,民主权力出现异化,腐败低效长期存在,甚至最后出现逆反转型,这个历史教训是最深刻的。(2)执政党的执政行为要受宪法约束,并被法制化、秩序化,这是民主政治实现的关键。在社会主义国家政治运行中,一个最突出的特点就是有一个法定的执政党,执政党的核心政治地位和巨大政治权力以宪法惯例的形式存在,这本来是一种保持民主政治稳定有力的好的体制。但是,任何权力都应该是有约束和监督的,如果执政党长期处于一种直接决策而又责任不明、约束不力的状态下,腐败和强权破坏民主政治的现象就必然发生。因而,必须要对执政党的地位、执政方式和程序予以法制化,使其带头遵守宪法和法律,否则,不但起不到应有的理想作用,反而会对社会普遍守宪守法起到负作用。(3)宪法立法的实用性和可操作性是宪法实施的基本条件。过去各社会主义国家的宪法立法受意识形态对立时代的影响,总是纲领性、原则性特点突出,规范性条件较少或不太具体,缺少实用性和可操作性,这是造成宪法实施不力、权力滥用、权利无法保障的症结所在,这也导致了宪法在国家政治生活中没有权威性和法定效力。(4)人权保障是民主政治发展的主要表现。马克思主义经典作家多次强调过宪法对人权应具有的保障和发展作用,社会主义宪法制度的原始设计中在人权保障方面也曾呈现出一系列更为民主的特点,但多年来由于受宪法阶级斗争工具论的影响和意识形态时代行宪意识的影响,人权保障一直得不到应有的重视,从而导致民主政治秩序的建立缺乏应有的社会基础,导致权力运行中恶性循环,最终降低了人民群众对民主宪治的认同感和积极参与的责任感。而缺少了人民的信任,任何的民主政治都是不会存在的,它必然会走向民主的反面。总结这些经验教训是痛苦的、尖刻的,但却是社会主义宪法走出低谷再行发展的必由之路。

社会主义宪法制度将在改革中不断完善和发展,这也是我们可以预见的光明前景。我们深信,只要我们从社会主义宪法由盛转衰的历史过程中找出存在的问题,致力于民主政治的制度建设和思想建设,并且注意发扬社会主义宪法的优越设计和基本精神,注意多方吸收借鉴他国的历史现实经验,社会主义宪法必然会积蓄力量,迎来大发展的新时代。

第二节 旧中国宪法发展简史

中国是一个专制历史特别漫长的国家。几千年来的封建专制统治下,既无民主传统,又无现实的民主政治基础,所以,中国历史上素无产生民主宪法的土壤。虽然在中国的古代典籍中很早就出现过"宪法"一词,但其基本含义只是指普通律令,与作为根本法的宪法有严格的区别。这种愚昧落后的政治制度压制民主文明,践踏人权法治,使中国人民陷入黑暗的深渊,国势衰弱,民不聊生,至19世纪40年代以后终于沦为半殖民地状态。为了革新中国政治,寻求救国救民的真理,封建知识分子中的有识之士转向西方,学习西方先进的民主思想,并试图移植西方的民主宪制,近代意义上的宪法的概念正是伴随着这一过程传入中国的。在中国,最早使用"宪法"一词的是19世纪80年代改良主义思想家郑观应,他在其所著的《盛世危言》一书中提出立宪和实行议会制的主张。随后,1900年康有为、梁启超实行"戊戌变法",提出"伸民权、争民主、开议院、定宪法"的政治要求,使民主、宪法的观念得以大规模传播。康梁变法虽然失败了,但民主立宪成为代表人民政治要求的政治口号,成为人民革命追求的目标,中国才有了真正的民主立宪运动。而慑于这种民主立宪运动的压力或者作为这一运动胜利的结果,制宪才成为中国政治生活中的一大内容。

一、旧中国宪法发展过程

(一)清朝末年的立宪活动

清朝末年,君主政治在世界范围内已经开始走向没落。清朝统治者对外丧权辱国、割地赔款,没有丝毫的国际地位和主权完整;对内则实行高压专制,企图延缓其灭亡的时日。但是,人民起义与革命并未给它喘息的时机,先有太平天国运动,继有义和团运动和戊戌变法,最后是国内外联合、由具有民主思想的革命者领导的民主革命,清朝政府可谓穷途末路、四面楚歌。为了欺骗人民、苟延残喘,清朝统治者也作出一副要实行民主宪政的态度。1905年派出五大臣出洋考察宪政,得出中国立宪要以日本为效仿对象的结论;1908年颁布《钦定宪法大纲》,宣布实行预备立宪;1911年11月在行将灭亡之际又颁布《重大信条十九条》,这一宪法性文件尚未来得及实施,就被人民革命扫入了历史的垃圾堆。纵观清末的立宪活动,完全是清朝统治者为维护反动专制统治所采取的一种欺骗舆论的手段,毫无积极意义可言。但就中国宪法的历史发展而论,清末立宪又是一个事实上的开端,特别是《钦定宪法大纲》,它是中国历史上第一个宪法性文件。

《钦定宪法大纲》于1908年9月颁布,当时宣布以9年为预备立宪期,9年以后这一所谓"宪法"才得生效,后来在人民革命斗争的压力下预备立宪期改为5年。《钦定宪法大纲》全文共23条,分为"君上大权"及"臣民权利义务"两部分。"君上大权"是正文,有14条;"臣民权利义务"是附录,只有9条,可见这一宪法性文件的重心在于维护专制皇权。《钦定宪法大纲》确立了皇帝至高无上的地位和权力。它规定,"大清皇帝统治大清帝国万世一系,永永尊戴","君上神圣尊严不可侵犯";皇帝有权颁行法律、发交议案,法律虽经议会通过而未经皇帝批准颁行者不得施行;皇帝有权召集、开闭、停展及解散议院;有权发布命令,在议院闭会期间遇有紧急之事,得发代法律之诏令;皇帝有权设官制禄、黜陟百司;有权统率海陆军、调遣军队、编定军制;有权宣战、媾和、定约、派遣及接受使臣;有权宣告戒严、爵赏恩赦。司法权属于皇帝,审判官由其委任。臣民有"得为文武官吏及议员"之权利,但须"合于法律命令所定资格者";臣民有言论、著作、出版、集会结社等自由,但要"于法律范围内"进行;臣民非按照法律所定,"不加以逮捕、监禁、处罚";"臣民之财产及居住,无故不加侵扰"。臣民有纳税、当兵、守法之义务。从上述规定可以看出,《钦定宪法大纲》是一个具有浓厚封建性质的宪法性文件,虽然设立了议院和审判机关,承认了臣民的一些自由权利,但民主分权与民主权利毫无保障,纯粹是以根本法的形式来确认、巩固专制君主的绝对权力。至于后来的《重大信条十九条》,虽然比《钦定宪法大纲》略为民主,但皇权保障依然为其主体内容,所以,清末的立宪最终未能挽救其覆亡的命运,反倒成为专制历史的一个见证。

(二)中华民国的立宪活动

中华民国是一个大的历史概念,其中包括南京临时政府时期、北洋军阀时期和国民党统治时期,时间涵盖从1912年中华民国南京临时政府成立至1949年中华人民共和国成立以前的整个区间。

南京临时政府从1912年1月1日算起,实际上只存在了大约三个月的时间。孙中山领导的这一革命政府的成立,标志着中华民国的诞生和封建专制王朝的彻底覆亡。但是,由于民族资产阶级的软弱性,革命果实不久便被北洋军阀头子袁世凯篡夺。革命党人为挽救革命政权,保卫革命成果和自身在政权运作中的主导地位,于1912年3月11日由临时大总统孙中山颁布了《中华民国临时约法》。《中华民国临时约法》是中国历史上唯一的一部资产阶级共和国性质的宪法性文件,是辛亥革命胜利成果的总结。

《中华民国临时约法》共7章56条，在正式宪法未制定以前，具有与宪法同等的法律效力。总纲部分规定了“主权在民”的资产阶级民主共和制度，宣告“中华民国之主权，属于国民全体”，并且确认，“中华民国人民一律平等，无种族阶级宗教之区别”，从而彻底否定了封建君主专制和等级特权。第二章规定人民的基本权利和义务，以根本法的形式确认了人民的民主权利和自由。它规定，人民享有人身、住宅、财产及营业权；有言论、著作、游行、集会、结社、书信、居住迁徙、信教之自由；有请愿、陈诉、任官考试、选举与被选举之权；同时规定有在为“增进公益，维持治安，或非常紧急必要”时，才能对人民之权利和自由依法限制。第三章至第六章规定中央国家机关的设置，实际上确认的是“三权分立”的政治体制。它规定，参议院是最高立法机关，行使立法、任命、选举、决定之权；总统领导之国务院为行使行政权的最高行政机关，总统之权力要受参议院之限制；法院为行使司法权之司法机关，法官独立审判并终身任职。其基本精神在于扩大议会职权，限制总统权力，以防止造成个人独断专行的局面。当然其最终目的还在于限制袁世凯的专断独裁，维护中华民国之民主国体。但仅凭此一纸约法，并不能束缚袁世凯的手脚，最后还是被袁世凯撕毁了。

从1912年4月袁世凯掌握了中华民国临时政府执政大权开始，中国历史便进入到北洋军阀统治时期。这一时期历经袁世凯独裁统治、洪宪帝制和军阀割据混战，一直持续至1927年4月蒋介石国民政府成立，共约15年的时间。北洋军阀统治时期是中国近现代史上最黑暗的时期之一，军阀混战连年不断，政府更迭十分频繁，政治腐败，民不聊生，而每一军阀窃取政权以后都大搞立宪骗局。先有袁世凯的“天坛宪草”（1913年10月31日）、“袁记约法”（《中华民国约法》，1914年5月1日颁布），再有曹锟的“贿选宪法”（1923年10月），然后是胎死腹中的段祺瑞的《中华民国宪法草案》（1925年12月），但其中最值得一提的是曹锟的“贿选宪法”。

“贿选宪法”又称“猪仔宪法”，原名为《中华民国宪法》，它于1923年10月10日曹锟就任大总统的同时颁布，是中国历史上第一部正式颁布的宪法。这部宪法是“天坛宪草”和“袁记约法”的混合物，同时由于它是在“洪宪帝制”“张勋复辟”迅速垮台以及“贿选丑闻”原形毕露的情况下出笼的，不得不高唱“民主”“共和”的调子以欺骗群众、平息民愤，故而又加进了一些资产阶级民主宪政的词句和内容。宪法全文共分13章141条，前三章分别为“国体”“主权”“国土”，规定“中华民国永远为统一民主国”，“中华民国主权，属于国民全体”。第四章“国民”规定了人民的基本权利和义务。权利计15条，包括平等权、人身权、住宅权、通信秘密权和选择住居及职业、集会结社、言论著作出版、宗教信仰等项自由，以及财产权、诉讼权、请愿与陈诉权、选举与被选举权、从事公职权等。人民的义务包括纳租税、服兵役和接受初等教育三项。第五章“国权”，规定中央与地方的权限划分；第六、七、八、九章分别规定了国会、大总统、国务院和法院，按照三权分立的原则规范了其间的关系，但在三权之间突出了大总统的权力，如规定“中华民国的行政权，由大总统以国务院之赞襄行之”，“大总统为民国陆海军大元帅，统率陆海军”，“大总统得停止众议院或参议院之会议”并有权解散众议院，这实际上是以资产阶级民主制作招牌，用根本法的形式确认军阀的专制独裁。第十至十三章分别规定法律、会计、地方制度和宪法之修正解释及其效力。“贿选宪法”颁布后，在全国范围内引起一致反对，1924年10月冯玉祥把曹锟赶下台，这一宪法也就连同其维护的军阀政权一起寿终正寝了。

1927年4月18日，蒋介石在南昌重建国民政府，开始了其一党专政和一人独裁的新民国时代，这一时期从1927年到1949年共22年。在整个国民党统治时期，为了掩饰其专制统治，也是不断地制造立宪骗局。

按照孙中山关于中国民主宪政的基本思想，中国的宪政制度与西方国家的宪政制度应有所不同，虽然同本于民主精神和权力分立，但西方为“三权分立”，中国则须于立法、行政、司法之外再加考试、监察两权，实行“五权宪法”；中国实行宪政的过程也与西方有所差异，须分军政、训政、宪政三步走。军政时期，即以军事手段夺取政权，争取民权，构成实行宪政之政治基础；训政时期，即开启民智，训导国民认识民主，为宪政实行准备社会基础；宪政时期，即是还政于民，实行五权宪政制度。

蒋介石建立国民党政府以后，依据孙中山的行宪思想，当时即认为军政时期已经结束，应该进入训政时期。1928年，颁布《训政纲领》；1931年6月1日，在《训政纲领》基础上正式由国民会议通过了《中华民国训政时期约法》，颁布施行。《中华民国训政时期约法》分为8章共89条，在形式上抄袭了资产阶级宪法的一些民主词句作为伪装，但实质上具体内容却确认的是国民党一党专政和蒋介石个人独裁的反民主政治制度。首先，约法规定了国民政府对国民党的隶属关系，确认“训政时期由中国国民党全国代表大会代表国民大会行使中央统治权”；而在国民党全国代表大会闭幕期间，“以政权付托中央执行委员会执行之”；在中央执行委员会内部设有“中央政治会议”，作为全国“训政”的最高指导机关；蒋介石则是中央政治会议和国民政府的主席。其次，约法设立了权限巨大的五院制政府，由这一国民政府“总揽中华民国之治权”。最后，约法虽然也规定了人民的政治权利，但同时又规定“选举、罢免、创制、复决四权之行使由国民政府训导之”，从而在事实上对这些权利的行使附加了限制。因此,《中华民国训政时期约法》是一部反民主的宪法性文件。这一约法是国民党统治时期的一个重要法律文件,其有效期一直延续至1946年《中华民国宪法》的公布实施。

1931年"九·一八"事变发生,中华民族处于生死存亡的重要关头。全国人民响应中国共产党"停止内战,一致抗日"的号召,展开了声势浩大的抗日民主运动,要求结束国民党的"训政"。1932年12月5日,国民党四届三中全会被迫宣布定于1935年3月召开"国民大会"议决宪法。1933年1月,成立了"宪法起草委员会",6月完成了宪法初稿。1934年10月16日,立法院三读通过了第一次宪法草案,但并未公布。后来又几经修改,制定出新的宪法草案,于1936年5月5日由国民政府公布,通称"五五宪草"。这部宪法草案的主要内容就是设立了一个大权独揽的总统,把国民党一党专政和个人独裁合法化了。即便如此,国民党还是将召开"国民大会"的时间一拖再拖,到1940年干脆宣布"无限延期",继续对人民实行"训政"。

经过八年抗战以后,实行宪政问题仍然是中国政治生活中的核心问题。1946年1月,蒋介石慑于人民要求和平民主的压力,在重庆召开了有中国共产党和民主党派参加的政治协商会议,讨论实行宪制问题,国民党力图维持"五五宪草",而共产党等民主革命力量要求重新起草。1946年6月,国民党发动内战,实行民主宪制化为泡影。同年11月15日,国民党撕毁政协协议,非法单独召开"制宪国大",12月15日三读通过了所谓《中华民国宪法》,并于1947年元旦公布实施。这是国民党统治时期制定的唯一一部正式宪法,也是其逃离大陆以前策划的最后一起制宪闹剧。

《中华民国宪法》共14章175条,基本上是"五五宪草"的翻版,还掺杂进去曹锟"贿选宪法"的一些条文,基本特点仍与以前的训政约法和"五五宪草"一样,即把一党专政和个人独裁的法西斯政治制度用国家根本法的形式巩固了下来。在政体问题上,这部宪法和"五五宪草"形式上有点不同,采取了责任内阁制的形式,但总统仍握有很大的权力,如统率陆海空军、公布法律、发布命令、任免文武官员,行使宣战及媾和、缔约之权,有发布紧急命令及经济上的紧急处置之权,行政院、司法院和考试院正副院长及各部、会首长都是由总统提名或直接任命,总统不向任何机关负责。在"五五宪草"中国民大会本来已经没有实际权力,这个宪法更加降低了国民大会的地位和作用。关于人民的权利和义务,这个宪法在形式上比"五五宪草"增加了一些词句,如"在法律上一律平等"前加上"无分男女、宗教、种族、阶级、党派",还增加了人民的工作权、生存权应予保障,删去了"非依法律不得限制"的字样等。"五五宪草"中的重要条文如财产权及权利保障与限制的规定,在宪法中仍予保留。总之,“人民无权,独夫集权”就是这部宪法的精髓和实质。然而历史是无情的,这部宪法公布不到三年时间,随着人民解放战争的胜利和蒋介石逃离大陆,也就被历史所淘汰了。

(三)新民主主义宪政运动和宪法性文件

1919年“五四”运动的爆发和1921年中国共产党的成立,标志着中国由旧民主主义革命转变为新民主主义革命。从此,中国的宪政运动和宪法问题随着中国革命的发展,也进入了一个新的阶段。

什么是新民主主义宪政?毛泽东同志指出,它不是欧美式的、资产阶级专政的所谓民主政治,同时又不是苏联的、无产阶级专政的民主政治,它是“几个革命阶级联合起来对于汉奸反动派的专政”。新民主主义宪政与旧民主主义宪政根本不同,它既不同于孙中山领导的旧民主主义宪政运动,更不同于康有为领导的改良主义的旧宪政运动,它是无产阶级领导的争取人民民主政治的革命群众运动。新民主主义宪政运动是同革命武装斗争和建立人民民主政权分不开的,而民主政权的建立与巩固又是由宪政立法来确认和保障的。所以,新民主主义宪政运动与宪法的根本要求就体现在我党领导的各革命根据地所颁布的许多重要的宪法性文件之中,其中具有代表性的有以下几个:

1.《中华苏维埃共和国宪法大纲》

1931年11月,在江西瑞金召开的第一次全国苏维埃代表大会通过了《中华苏维埃宪法大纲》,1934年1月召开的第二次全国苏维埃代表大会又对其做了补充修改,这是中国历史上由人民政权制定并公布实施的第一个宪法性文件。宪法大纲全文共17条,其主要内容,一是规定了革命政权的性质和基本政治制度。它规定中华苏维埃政权是“工农民主专政的政权”,宪法的任务即是保证这一政权将来“转变为无产阶级专政”;红色政权的基本政治制度是民主集中制的工农兵代表苏维埃大会制度;同时还规定了苏维埃政权的各项基本政策,如消灭封建剥削制度,不承认帝国主义在华的政治经济上的一切特权等。二是确认了工农劳动群众的各项基本民主权利,如平等权、选举权与被选举权、言论出版集会结社自由、婚姻自由等,第一次将民主人权实际赋予了受压迫的占全国人口绝大多数的劳苦大众。虽然这一宪法性文件在各方面规定上还很不完善,但其民主性和真实性是以往一切剥削阶级宪政骗局所无法比拟的,对后来革命根据地政权建设提供了重要的历史经验。

2.《陕甘宁边区施政纲领》

《陕甘宁边区施政纲领》是由陕甘宁边区第二届参议会于1941年11月正式通过的,全文共21条,是边区时期重要的宪法性文件之一。它在政权性质上适应抗日民族统一战线的需要,确认和保障的是“三三制”民主政权;在人权保障方面则是保证一切抗日人民(包括地主、资本家、农民、工人等)的人权、政权、财权及各项民主自由权利;并且提出了许多基本的经济、政治政策和民主与法制原则,如推行消灭文盲的政策和国民教育、“改进司法制度,坚决废止肉刑,重证据不重口供”、严惩公务人员贪污行为、男女平等、一夫一妻制、各民族平等、民族区域实行自治等。施政纲领的颁布,对于巩固和发展革命根据地、团结各阶层人民进行抗日战争起到了积极作用,为其他革命根据地的宪法立法提供了基础和经验。

3.《陕甘宁边区宪法原则》

1946年4月23日,陕甘宁边区第三届参议会第一次会议根据抗日战争胜利后革命形势和阶级关系所发生的重大变化,总结几年来边区民主政权建设的经验,制定并正式通过了《陕甘宁边区宪法原则》。全文共分五个部分24条。第一部分规定政权组织,确定各级人民代表会议为人民管理政权机关,人民按普遍、直接、平等及无记名投票原则选举各级代表,组成代表会议,各级代表会议选举同级政府,政府向同级代表会议负责,这就将政权建设中的民主集中制原则法制化了。第二部分,规定了人民的基本人权,确认人民享有政治、经济、文化等各项自由权利,确认了民族平等、男女平等和少数民族聚居区的民族自治权。第三部分规定司法制度,宣布各级司法机关独立行使职权,除服从法律外不受任何干涉;禁止司法、公安机关以外的任何机关团体行使逮捕审讯之权,保证人民有控告失职之任何公务人员的权利。第四部分规定边区的经济政策。第五部分规定文化教育政策。《陕甘宁边区宪法原则》既是对以前新民主主义立宪经验的总结,又为中华人民共和国成立以后人民民主宪政立法提供了基础和立法经验,所以,无论是对于当时边区的经济政治建设,还是对于中华人民共和国成立以后的宪法和政权建设都具有重要的历史影响和重大意义。

二、旧中国宪政运动的历史经验

纵观自近代以来旧中国一百余年的宪政宪法历史,我们可以看出,革命势力同反革命势力的激烈斗争反映在国家制度问题上,就表现为三种不同政治势力所要求的三种不同性质的宪法。

第一种宪法是从清朝末年,经北洋军阀,直到国民党统治时期专制政府所制定的宪法和宪法性文件,它是大地主大资产阶级所要求的。其特点是:(1)就这类宪法产生的基础来看,都是与民主制度相脱节的。宪法是民主制度的法律化,是为确认和保障民主政治服务的。失去了民主政治这一基础,真正的宪法就无以产生和存在。旧中国反动政府制定的宪法和宪法性文件,从清末的《钦定宪法大纲》《重大信条十九条》,北洋军阀的《中华民国约法》、“贿选宪法”,直到国民党时期的训政时期约法、“五五宪草”和《中华民国宪法》,均无民主政治作为基础,都是反动统治者基于维持专制独裁需要而搞的宪政闹剧,自然也无任何民主意义和作用可言。(2)确认的是封建地主和买办资产阶级的政治统治,在政权运行上多突出统治者个人的专制独裁权力,而人民毫无实质性的民主权利。无论是清末的皇帝,还是后来的总统,宪法和宪法性文件都规定了巨大的不受实质限制的政治权力,毫无对权力的民主制约。而对于人民民主权利的规定,要么没有,要么变相限制和取缔,既无法律形式上的切实保障,更无实际生活中的全面兑现,其反动性和虚伪性是显而易见的。(3)从立法技术上来看,主要是抄袭欧美国家特别是日本和德国的宪政立法。这一方面源于旧中国反动统治下根本没有现实的民主政治经验可资总结与提炼,另一方面也是反动统治者假托民主词句实行专制独裁的政治需要。

第二种宪法是中国民族资产阶级所要求的资产阶级共和国式的宪法,其唯一的代表即是孙中山临时政府时期所颁布的《中华民国临时约法》。这种宪法,一方面就其性质来讲具有历史的进步性,它否定了封建君主专制而实行民主共和制度,确认了一系列民主与法制原则,如权力分立、人民主权、法治主义等,规定了人民的广泛政治、经济、文化权利,虽然在现实生活中并未真正实现,但其民主与进步意义是巨大的;另一方面就其前途来讲在中国是行不通的。中国从来就不是一个法治国家,在没有人民政权和军队保障的情况下仅凭一纸宪法来限制独裁、维护人权是民族资产阶级的幼稚想法。只有以革命的方式和军事手段真正使人民当家做主,并根据政治需要和中国国情颁布宪法,才能实现真正的民主宪政。孙中山企图以临时约法限制袁世凯独裁而终被撕毁的历史事实,宣告了资产阶级民主政治制度试验在中国的破产。

第三种宪法是广大的无产阶级和劳动人民所要求的人民民主宪法,这种宪法以民主革命时期共产党所领导的各革命根据地制定的宪法性文件为其代表,最后发展为社会主义类型宪法。这种宪法在当时的特点,一是以反帝反封建为主要内容,反映了广大劳动人民的根本政治要求;二是确认的是革命民主政权,尊重和保护劳动者的民主权利;三是带有革命时期的特点,在政治内容上有左的倾向,在规范制定上显得粗糙和不完善。

在这三种不同政治势力所要求的三种宪法中,第一种宪法是为维护专制统治制定的,是与民主的本意背道而驰的,具有反动性和虚伪性,其前途只能是为人民所唾弃、为历史所淘汰;第二种宪法虽有民主意义但却不符合中国特定的国情要求,所以在中国是行不通的;只有第三种宪法才符合中国的基本政治和社会发展需要,能够体现广大无产阶级和劳动人民的根本政治利益,也是在中国唯一能够行得通的宪法，其发展的方向即是社会主义宪法。这就是中国近代宪政运动的历史经验。

旧中国三种不同性质的宪法
- 专制宪法
  - 清末:钦定宪法大纲（1908年）、十九信条（1911年）
  - 北洋政府:天坛宪草（1913年）、袁记约法（1914年）、贿选宪法（1923年）、中华民国宪法草案（1925年）
  - 国民党政府:中华民国训政时期约法(1931年)、五五宪草(1936年)、中华民国宪法（1947年）
- 进步宪法—中华民国临时约法（1912年）
- 人民民主宪法
  - 中华苏维埃共和国宪法大纲（1931年）
  - 陕甘宁边区施政纲领（1941年）
  - 陕甘宁边区宪法原则（1946年）

图2－1　旧中国三种不同性质的宪法

第三节　中华人民共和国宪法的历史发展

一、起临时宪法作用的《中国人民政治协商会议共同纲领》

1949年人民革命解放战争的胜利，标志着中国现代民主政治史的历史性转折。阶级力量对比关系的这种根本性变化，使我国广大劳动人民首次摆脱了受压迫被剥削的阶级地位，当家做主成了新中国的主人。不但这一变化的事实和经验需要确认和总结，而且这种变化以后新中国的民主政治如何推行与实现更为重要，制定一部人民民主宪法已经成为当务之急。但是，由于当时全国还没有完全解放，大陆的军事行动尚未结束；半殖民地半封建的残余还没有肃清，人民民主制度还没有巩固，社会还不稳定；长期战争带来的创伤也需要医治和恢复，百业待兴，百废待举；加之人民的觉悟和组织程度有待于提高和加强，因此，举行选举、召开全国人民代表大会制定宪法的条件还不成熟。在这种情况下，中国共产党邀请各民主党派、人民团体、人民解放军、各地区、各民族以及国外华侨等各方面的代表635人，召开中国人民政治协商会议，代表人民的意志在普选的全国人民代表大会召开以前行使最高国家权力机关的职权。1949年9月29日，中国人民政治协商会议第一届全体会议选举了中央人民政府委员会，宣告了中华人民共和国的成立，并且通过了《中国人民政治协商会议共同纲领》起临时宪法的作用。

共同纲领既是新中国的建国纲领，又是一部临时宪法，这一双重性质决定了共同纲领既要总结中国人民近百年来反对帝国主义、封建主义和官僚资本主义的革命斗争的历史经验,提出建国方略和基本目标,又要确立新中国社会制度和国家制度的基本原则和基本政策。共同纲领除序言外,共分7章60条。第一章总纲规定中华人民共和国的性质、任务以及人民的基本权利和义务,还规定了民族政策、外交政策和军事政策的基本原则。第二章规定政权机关的设置及其相互关系。规定新中国的政权机关按照民主集中制的原则组织,“中华人民共和国的国家政权属于人民,人民行使国家政权的机关为各级人民代表大会和各级人民政府”。并且根据当时的实际情况规定了过渡措施,即在普选的全国人民代表大会召开以前,由中国人民政治协商会议全体会议执行全国人民代表大会的职权,制定中央人民政府组织法,选举中央人民政府委员会,并付之以行使国家权力的职权。地方各级人民代表大会和地方各级人民政府是地方政权机关。在普选的地方人民代表大会召开以前,由地方各界人民代表会议逐步地代行地方各级人民代表大会的职权。第三、四、五、六、七章分别规定了新中国的经济、文化、教育、军事、外交、民族等各项基本政策。

共同纲领在中华人民共和国成立后的宪法史上是一个十分重要的宪法性文件,是中华人民共和国成立初期全国各族人民团结奋斗的共同政治基础和大宪章。它在保卫新生的人民民主政权、推动和加强民主法制建设、促进国民经济的恢复与发展等方面,都发挥了极其重大的历史作用。

二、1954年宪法

自共同纲领颁布至1952年,我国国内情况发生了巨大变化。大陆的军事行动已经结束,全国出现了空前的统一和各民族的团结;民主革命的遗留任务彻底完成,土地改革使农村生产力大为解放;抗美援朝取得了决定性胜利,为国家的独立和安全提供了可靠保障,和平建设顺利进行;恢复了被长期战争破坏的国民经济,稳定了财政经济状况,为全面开始社会主义改造和社会主义建设创造了前提条件;经过土地改革、“三反”、“五反”、“镇反”等一系列民主改革运动,人民群众的觉悟大大提高,组织性大大加强,社会治安状况良好;加强了政权建设的民主化,完成了基层政权的普选,逐级召开了地方各级人民代表大会。上述事实表明,我国当时已经具备了制定正式宪法的成熟条件。

1952年12月24日,在全国政协常委会第43次会议上,周恩来代表中央正式向人民政协全国委员会常务委员会提出建议,由人民政协提请中央人民政府于1953年开始宪法草案的准备工作,获得常委会委员的一致赞同。1953年1月13日,中央人民政府委员会第20次会议通过了关于召开全国和地方各级人民代表大会的决议,并决定成立中华人民共和国宪法起草委员会。1954年3月23日,在宪法起草委员会第一次会议上,毛泽东同志代表中共中央提出宪法草案初稿,会议经过讨论决定接受这个初稿作为正式起草宪法的基础;随后,在北京成立了17个讨论组,在各大行政区、省、自治区和直辖市成立了58个讨论组,共计有8000多人讨论了草案,提出了8900多条修改意见;宪法起草委员会根据讨论所提意见对原宪草进行了大幅度修改后,提交中央人民政府委员会第30次会议讨论通过,于1954年6月14日公布交付全国人民讨论;全民讨论进行了两个多月,约1.5亿多人参与讨论,提出修改补充意见一百多万条;最后根据群众意见,宪法起草委员会再次对草案认真修改,中央人民政府委员会又进行了两次讨论才决定提交全国人民代表大会。1954年9月20日,第一届全国人民代表大会第一次全体会议在对宪法草案进行讨论修改的基础上以无记名投票方式表决一致通过。中华人民共和国成立后的第一部宪法终于诞生了。

1954年宪法除序言外,分为总纲、国家机构、公民基本权利和义务以及国旗、国徽、首都共4章106条。其主要内容是:第一,规定了我国国家制度的基本原则。它确认了中华人民共和国是工人阶级领导的、以工农联盟为基础的人民民主国家;规定了我国政权组织形式是实行民主集中制的人民代表大会制度;确认我国的国家结构是单一制,在少数民族聚居区域实行区域自治。第二,它规定了我国的基本经济制度,确认生产资料的全民所有制、合作社所有制、个体劳动者所有制和资本家所有制四种基本形式,确立了公有制经济的基础地位和国营经济的领导地位。第三,规定了向社会主义过渡的方法和步骤,指出"要依靠国家机关和社会力量,通过社会主义工业化和社会主义改造,保证逐步消灭剥削制度,建立社会主义社会"。第四,确认了公民广泛的民主权利和自由,以根本法的形式保障公民在经济、政治、文化和社会生活中的一系列权利和自由不受侵犯。

1954年宪法体现了以下三个主要特点:一是本国经验和国际经验的结合。1954年宪法是中国人民革命胜利的产物,是中国百余年民主政治经验特别是中国共产党领导人民进行的新民主主义宪政运动历史经验的深刻总结,因而它在实质上要为中国现实的民主政治经济建设服务,反映我国过渡时期的特点。但是,这部宪法又属于社会主义类型宪法,与其他社会主义国家宪法在本质和基本原则上是一致的,加之我国人民民主立宪历史不长,在某些方面还缺乏经验,因而1954年宪法立法时在以总结中国经验为主的前提下还充分借鉴参考了苏联和各人民民主国家的立宪经验。二是原则性和灵活性的结合。1954年宪法确认的基本原则有两个:人民民主原则和社会主义原则。但鉴于我国当时正处于新民主主义社会向社会主义社会的过渡阶段,宪法在原则规定的前提下,又体现出灵活性的特点。在坚持社会主义原则上,宪法规定国家过渡时期的重要任务是"逐步实现"社会主义工业化和“逐步完成”对农业、手工业和资本主义工商业的社会主义改造,并且在实现生产资料所有制的社会主义改造的步骤和方法上创造了各种灵活的形式。在坚持人民民主原则方面,我们创设了适合我国国情的人民当家做主的政治形式,如统一战线作为人民政权的基础、少数民族在统一的主权国家中和中央政府的统一领导下实行区域自治,等等。这些都体现了原则性和灵活性的结合。三是领导智慧和群众智慧的结合。这主要是就 1954 年宪法的起草过程的民主性而言的。1954 年宪法的起草工作采取了党的领导和群众路线相结合的方法,在历时一年零八个月的时间里,经过三次大规模的群众讨论,使中央意见和全国人民的意见最大限度地发表并统一起来,最终形成了符合全国人民意志要求的比较好的宪法草案。

1954 年宪法是一部很好的社会主义类型的宪法,它以共同纲领为基础,同时又是共同纲领的发展。它总结了人民民主宪法治理的历史经验,以根本法的形式巩固了人民革命的胜利成果;它规定了国家制度和社会制度的基本原则,为国家的民主政治和经济建设的发展奠定了基础;它明确了国家在过渡时期的总路线和总任务以及各方面的基本政策,为社会主义改造和社会主义建设的顺利推进准备了条件,对于推动社会主义事业的发展起到了巨大的历史作用。同时,由 1954 年宪法所构建的宪法民主制度和宪法基本结构也为以后的宪法立法提供了模式和原则方向。虽然由于种种原因,这部宪法从 20 世纪 50 年代后期起就不再发挥作用,但它在新中国民主立宪史上的开创性地位是不容置疑的。

三、1975 年宪法

进入 20 世纪 50 年代后期以后,极“左”思潮的泛滥和阶级斗争的扩大化导致党和国家的政治生活处于一种不正常状态,宪法已经名存实亡。1966 年开始的“文化大革命”更使整个国家的政治、经济和社会生活陷入长时间的动乱之中。直到 1975 年,“文化大革命”仍在继续。1975 年宪法就是在这种特殊的历史条件下于当年 1 月 17 日由第四届全国人民代表大会一次会议通过并颁布施行的。这部宪法除序言外,共 4 章 30 条。它反映了我国从 1956 年起已经进入社会主义社会这一事实,确认了经济制度和国家制度方面的社会主义原则,因此在宪法所反映的历史阶段方面,比 1954 年宪法跨进了一步。但在具体规定方面,比 1954 年宪法不仅没有前进,反而后退了。所以,总的说来,1975 年宪法是一部有严重缺点和问题的社会主义宪法。其主要缺陷是:

第一,在指导思想上力图以根本法的形式使极“左”思潮合法化。1975 年宪法的指导思想,就是坚持“基本路线”(阶级斗争要年年讲、月月讲、天天讲),坚持所谓“无产阶级专政下继续革命”,强调“全面专政”。所以,这个宪法不仅肯定了“文化大革命”，肯定了“全面专政”，而且把全面专政的范围扩大到整个上层建筑包括各个文化领域里来，并且确认了一些极“左”的“民主”形式。如在总纲部分，规定“无产阶级必须在上层建筑其中包括各个文化领域对资产阶级实行全面专政”，还规定“大鸣、大放、大辩论、大字报，是人民群众创造的社会主义革命新形式”。这些规定都是对社会主义民主的粗暴破坏。指导思想上的“左”的偏差，导致了宪法内容的各个方面无不打上极“左”的烙印。

第二，在内容上是对宪法制度的大破坏。这主要表现在关于国家机构和公民基本权利自由的规定方面。对国家机构方面的破坏性规定主要有：其一，取消了国家主席和检察机关的建置；其二，删除了有关国家机关活动的民主化和法制化规定，如去掉了全国人大召开临时全体会议的法律条件，改变了对国家机关职权的列举式规定，取消了人民法院独立审判及陪审、公开审判和辩护等民主原则；其三，强调国家行政权力的扩大和集中，违反民主法制原则，搞乱了国家机关系统的正常分工与配合。如规定“地方各级革命委员会既是地方各级人民政府，又是同级人民代表大会的常设机关”，各级公安机关行使检察机关职权，以及国务院统一领导“全国地方各级国家机关的工作”。在公民基本权利义务的规定中，一是缩小了公民权利自由的范围；二是去掉了平等权和对权利自由的物质保障规定；三是颠倒了权利义务的地位次序，先规定义务后规定权利。所有这些都反映出“左”的思想影响下对民主与法制的漠视和践踏。

第三，随意删减宪法条文，宪法立法体系残缺不全。这部宪法将许多必须由宪法规定的内容大幅度删减，使宪法变成了大纲性的文件。如宪法条文的总量由1954年宪法的106条锐减为30条；许多基本制度方面的章节要么只有1条，要么任意合并缩减，使许多重要问题无章可循。这种结构上的过于简单，不但在宪法立法体系上是残缺不全的，而且也无法概括和容纳国家生活各方面的基本内容，降低了宪法的权威性。

四、1978年宪法

1976年，我们党粉碎了推行极“左”路线的江青反革命集团“四人帮”，制止并开始初步清理极“左”危害，党和国家已经意识到经济建设的重要意义，中国政治又处于一个重要的历史转折时期。到1978年，我们已经进行了初步的拨乱反正，经济建设正在恢复，社会秩序趋于稳定，总结历史经验教训、整顿宪法民主秩序开始提上国家的议事日程。1978年3月5日，五届全国人大第一次会议举行全体会议，一致通过了修改的《中华人民共和国宪法》，由大会主席团正式公布。这就是1978年宪法，也是中华人民共和国成立后制定的第三部宪法。

1978 年宪法共 4 章 60 条,在结构上和 1954 年、1975 年两部宪法相同。序言部分总结了我国革命的历史进程和经验,规定了我国新时期的总任务。第一章总纲规定了我国国家制度和社会制度的基本原则,特别规定了发扬社会主义民主、保障人民参加国家管理、管理各项经济和文化事业的原则及具体措施。第二章国家机构规定得比 1975 年宪法较为完备和具体,恢复了人民检察机关。第三章公民的基本权利和义务由 4 条增加到 16 条,对公民的控告权和申诉权也做了专门规定。总的来讲,1978 年宪法恢复和坚持了 1954 年宪法的一些好的原则和内容,删除了 1975 年宪法中的一些错误的东西,如全面专政等条款,因而具有历史进步意义。但是,由于当时拨乱反正刚刚开始,一些政治上的是非问题尚未澄清,"两个凡是"的思想还禁锢着人们的头脑,因此,1978 年宪法并未能彻底摆脱极"左"思想的影响,例如在序言中还使用"坚持无产阶级专政下继续革命"的错误提法,对"文化大革命"仍持肯定态度;在国家机构中,仍保留地方各级革命委员会的名称;在公民基本权利和义务中还继续规定了"四大"等极"左"年代的权利形式等。这些不足之处只有留待以后去补正。

1978 年宪法颁布以后,曾经过两次修改。一次是 1979 年 7 月 1 日五届全国人大二次会议作出关于修正宪法若干规定的决议,决定在县级以上的地方各级人大设立人大常委会,将地方各级革命委员会改为人民政府,把县级人民代表选举改为直接选举,将上级人民检察院同下级人民检察院的关系由监督改为领导。另一次修改是,1980 年 9 月 10 日五届全国人大三次会议作出修改宪法第 45 条的决议,取消了"四大",即"公民有运用'大鸣、大放、大辩论、大字报'的权利"的规定。由于 1978 年宪法本身存在许多缺陷,同时党的十一届三中全会以后国家的政治、经济和文化生活发生了巨大的变化,宪法在许多方面与国家生活的需要不相适应,因此,这次全国人大会议同时决定对 1978 年宪法进行全面的修改,以使宪法民主制度适应新的历史时期经济政治发展的新要求。

五、1982 年宪法

1980 年 9 月 10 日,五届全国人大三次会议接受中共中央的建议,决定成立宪法修改委员会,主持宪法修改工作。宪法修改委员会和它的秘书处成立后,经过广泛征集和认真研究各地方、各方面的意见后,于 1982 年 2 月提出《中华人民共和国宪法修改草案》讨论稿,在广泛听取各方面的意见后,1982 年 4 月宪法修改委员会第三次会议讨论并通过了宪法修改草案。4 月 26 日,全国人大常委会公布了宪法修改草案交付全民讨论。根据全民讨论中提出的大量意见和建议,宪法修改委员会第四次会议对草案又做了进一步修改。11 月 23 日,宪法修改委员会第五次会议审议通过了修改草案,决定提交五届全国人大五次会议讨论审议。12月4日,在充分讨论修改的基础上,五届人大五次会议以无记名投票方式通过了《中华人民共和国宪法》。这是中华人民共和国成立后制定的第四部宪法即现行宪法。

现行宪法是对1954年宪法的继承和发展,也是对十一届三中全会以来拨乱反正和民主建设成果的确认与巩固,更对以后的经济体制和政治体制改革指明了原则方向。在结构上,现行宪法除序言外,共分为总纲、公民的基本权利和义务、国家机构以及国旗、国徽、首都4章138条。与前三部宪法不同的是,现行宪法将公民的基本权利和义务一章放在国家机构一章之前,显示了国家对公民权利保障的重视。在内容规定上,现行宪法具有以下特点:

首先,宪法总结了历史经验,规定了国家的根本任务和指导思想。宪法是对历史经验和教训的总结,也是规范未来建设与奋斗的纲领。现行宪法序言回顾了一百多年来中国革命和建设的历史,特别是从新中国社会主义革命和建设历史与现实的实际出发,得出了两点最基本的结论:一是国家的强盛、社会的安定和人民的康乐最终都取决于生产的发展和现代化建设的成功,空头政治、极"左"思潮解决不了中国发展的根本问题;二是中国革命和建设的胜利,离不开马列主义毛泽东思想的指导,离不开中国共产党的正确领导,不能偏离人民民主专政和社会主义道路的方向。据此,宪法序言明确规定,"今后国家的根本任务是集中力量进行社会主义现代化建设","逐步实现工业、农业、国防和科学技术的现代化,把我国建设成为高度文明、高度民主的社会主义国家"。这一方面以法律形式把实现国家工作重点转移的历史性转变固定了下来,另一方面也提出了物质建设与精神文明建设同步进行的总体建设思想。同时,宪法序言中还集中地规定了四项基本原则,并将这一原则贯彻于整个宪法各部分的具体规定之中,既是宪法立法的指导思想,也是国家和社会生活的基本政治准则。这是对历史发展规律的反映,是对中国人民在长期革命中作出的历史性选择的确认,也是为中国政治发展提出的一项基本原则和政治保证。

其次,宪法发展了民主宪法治理体制,恢复完善了国家机构体系。主要表现在:一是加强了人民代表大会制度,省级以上人大设立了专门委员会,规定了人民代表的权利和义务,扩大了人大常委会的职权;二是恢复了国家主席的建置,并调整了其职权;三是设立了中央军事委员会,加强党和国家对武装力量的统一领导;四是实行了行政和军事系统的个人负责制;五是规定了国家领导人员的任期限任制,废除了终身制;六是体现了精简国家机构和人员的要求。

再次,宪法强调加强民主与法制,保障公民的基本权利和自由。宪法关于社会主义民主建设的规定主要表现在:一是确认了国家一切权力属于人民的原则,坚持和完善了人民代表大会制度;二是规定了国家生活中的一系列民主原则,如党政分开、任期限任制、首长负责制、人大常委会组成人员不得兼任行政机关和司法机关职务等;三是扩大了公民的民主权利和自由,如重新规定了“法律面前一律平等”的原则,确认了人格尊严不受侵犯和对国家工作人员的批评建议权及取得赔偿权,而且对权利自由的规定更加具体、明确和切实。关于社会主义法制建设的规定,主要是规定了宪法自身的最高法律地位和最高效力,强调全国一切国家机关、政党、社会团体、企事业组织和公民“都必须以宪法为根本的活动准则”,重申了国家的法律统一原则,严禁任何组织或个人拥有宪法与法律以外的特权,并且规定了宪法实施的保障制度。在其他具体内容的规定中,还体现了社会主义民主与社会主义法制高度结合的精神,如公民基本权利义务的规定中关于平等权、权利义务相一致等的规定都是如此。

最后,宪法维护了国家的统一和民族团结。宪法序言指出:“台湾省是中华人民共和国的神圣领土的一部分。完成统一祖国的大业是包括台湾同胞在内的全中国人民的神圣职责。”为了实现台湾回归祖国,恢复行使对香港、澳门的主权,宪法从实际出发,根据“一国两制”的原则,规定“国家在必要时得设立特别行政区。在特别行政区内实行的制度按照具体情况由全国人民代表大会以法律规定”,这就为解决历史遗留下来的国家统一问题,维护国家主权的统一与完整,提供了一个切实可行的法律基础和条件。同时,宪法还根据中华人民共和国成立以来民族工作方面的经验教训,进一步确认和健全了民族区域自治制度,扩大了民族自治地方的自治权限,加强了对自治权实现的法律保障。

此外,宪法还确认了经济体制和政治体制改革中已经取得的有益成果,如家庭联产承包责任制、发展多种经济形式、扩大国营企业自主权、重视市场调节及党政分开、各类国家机关职能分开、任期限任与个人负责等。这既是对改革成果与经验的总结和保障,同时也是对改革方向和具体做法的肯定和推广,对经济体制和政治体制改革的进一步深入发展具有重大的指导和促进作用。

总之,现行宪法是一部比较完善并且具有中国特色的社会主义宪法,它的颁布与实施把我国的社会主义民主政治建设推向了一个新阶段和新高度。

六、宪法修正案

从 1988 年起,我国修宪改变了过去“修改一次,重颁一次”的做法,开始采用宪法修正案的方式对宪法个别内容予以修改和完善。这种修宪方式的改进,有利于保持宪法的权威性和稳定性,是对外国有益宪法立法经验的合理借鉴,反映了我国民主宪法治理建设的一点进步。宪法修正案是现行宪法制度的重要组成部分，是对现行宪法颁布后我国经济政治体制改革成果的确认和反映。迄今为止，我们对现行宪法共进行过四次修改形成了31条宪法修正案。第1条和第2条有关允许私营经济存在和土地使用权有偿转让的修正案，是1988年4月12日七届全国人大一次会议通过的。第3条至第11条有关宪法序言、经济制度和基层政权建设的修正案是1993年3月29日八届全国人大一次会议通过的。在前十一条修正案中，有关经济制度方面的修改占8条，如实地反映了十余年来我国经济体制改革持续发展而政治体制改革略微置后的现实情况，体现了经济体制改革对相应的宪法民主制度提出的新要求。第12条至第17条修正案内容涉及我国宪法序言、经济制度等宪法制度的修正，是1999年3月15日第九届全国人大第二次会议通过的。第18条至第31条修正案是2004年3月14日第十届全国人大第二次会议通过的，内容包括对宪法序言、经济制度、公民基本权利和国家机构的修改、充实和完善。第32条至第52条修正案是2018年3月11日第十三届全国人大第一次会议通过的，涉及对宪法序言、宪法总纲和宪法国家机构的重大修改。下面分别谈谈五次宪法修正案的主要内容和基本精神。

（一）1988年宪法修正案

1988年，我国的改革开放和经济体制改革已经10年。在农村，我们推行以联产承包责任制为核心、积极发展个体经济和乡镇企业、鼓励农产品深加工、搞农工商一体化等一系列配套改革；在城市，我们改革经济管理体制，一方面推行利改税，给大中型国营企业松绑放权；另一方面鼓励集体、个体企业发展，引导横向经济联合和农工商贸一体化发展等。这些改革都不同程度地取得了一定的成效，发展了生产与经营，搞活了市场与流通，使人民群众的生活水平大幅度提高。经济体制改革提出的一些制度上的变革要求，有一部分已经在现行宪法1982年立法时反映出来，如家庭联产承包责任制、国营企业的经营自主权、土地所有权下放一部分于集体、鼓励和发展个体经济等，但仍有一些改革中出现的关键问题尚未在制度变革方面反映出来，以致旧的宪法经济制度制约和阻碍着经济体制改革的进一步发展和深化。其中最主要的问题，一是私营经济的开放，二是土地转让的合法化。私营经济是带有剥削性质的资本主义经济，它是在个体经济的基础上发展起来的，在整个国民经济的发展中对公有经济起着重要的补充作用。如果限制其发展甚至取缔它，不但私营经济本身会逐渐萎缩，个体经济的发展也会受到影响，国民经济和体制改革的发展必然减缓，所以必须通过修改现行宪法，给私营经济以恰当的生存地位。土地使用权转让的开放也是一样重要。如果不允许土地使用权转让，那么所谓生产与经营的异地业务进行、中外合资与外国独资企业的开办及本地生产与经营的活跃都不可能正常顺利进行,经济体制改革不但不可能进一步发展,甚至会出现停滞和倒退。因此,1988 年 4 月 12 日七届全国人大一次会议通过宪法修正案,在宪法第 11 条增加规定:“国家允许私营经济在法律规定的范围内存在和发展。私营经济是社会主义公有制经济的补充。国家保护私营经济的合法权利和利益,对私营经济实行引导、监督和管理”;将宪法第 14 条第 4 款修改为:“任何组织或者个人不得侵占、买卖或者以其他形式非法转让土地。土地的使用权可以依照法律的规定转让。”这些修改极大地促进了国家经济的进步与繁荣。

(二)1993 年宪法修正案

1988 年宪法修正案公布以后,我国的经济改革迅速深化,经济发展中制约经济规律发挥作用的计划成分进一步弱化,而市场调节则从辅助地位逐步占据主导地位。与之相适应,政治体制改革逐渐推开,国家机关推行公务员制度,精简撤并,转变职能;政治运行中注意发扬民主,巩固和进一步发展多党合作与民主协商;民主宪法制度趋于严肃和务实。1992 年 10 月,党的十四大将建立社会主义市场经济和进一步完善人民代表大会制度列为我们党和国家在 20 世纪 90 年代的重要任务。据此,1993 年 3 月 29 日,八届全国人大一次会议在 1988 年宪法修正案的基础上,又通过了第 3 条至第 11 条修正案。这次修改宪法,是我国宪法制度建设适应建立社会主义市场经济和健全社会主义民主政治的客观需要而采取的一项重大举措,是我国政治生活和经济生活领域中的一件大事,理论意义和现实意义重大。

第一,宪法修正案体现了中国特色,具有务实特点,这主要表现在对国家根本任务的修改完善方面。在现行宪法序言中,关于国家的根本任务是这样规定的:“今后国家的根本任务是集中力量进行社会主义现代化建设。中国各族人民将继续在中国共产党的领导下,在马克思列宁主义、毛泽东思想的指引下,坚持人民民主专政,坚持社会主义道路,不断完善社会主义的各项制度,发展社会主义民主,健全社会主义法制,自力更生,艰苦奋斗,逐步实现工业、农业、国防和科学技术现代化,把我国建设成为高度文明、高度民主的社会主义国家。”这次宪法修正案的修改在于:一是加进了“我国正处于社会主义初级阶段”一句话,从而对我国现阶段的社会性质和国家根本任务做了限定。这就为我国现阶段的经济建设和民主政治建设提供了一个总体基准,要求我们从现实条件出发,扎实稳妥,循序渐进,不可急于求成,以免脱离实际。二是加进了“根据建设有中国特色社会主义的理论”进行社会主义现代化建设的内容,明确了指导思想和理论基础,突出了实事求是的精神要求。三是加进了“坚持改革开放”,将“一个中心、两个基本点”这一基本国策完整地体现在了根本大法之中。四是将建设“高度文明、高度民主”的社会主义国家改为建设“富强、民主、文明”的社会主义国家,这一修正首先是加进了建设“富强”

国家的内容,突出了经济建设的重要性及其与民主政治发展的关系;其次,去掉了民主、文明前的限定词“高度”,表意上更加科学和规范,并与前面的“初级阶段”对应了起来,其务实和中国特色的特征是显而易见的。此外,在序言中还增加了“中国共产党领导的多党合作和政治协商制度将长期存在和发展”,在经济制度中将农村中的家庭联产承包为主的责任制写进宪法,都是中国的特色制度和形式。

第二,宪法修正案体现了全民所有制经济所有权与经营权的分离精神,为国有大中型企业转变经营机制、顺利进入市场经济体系创造了基本条件。全民所有制经济是我国国民经济中的主导力量,是国家经济发展的重要支柱。然而,在以往计划经济体制下,全民所有制经济以国家经营的方式进行运营,国家所有权与企业经营权没有分离,导致国营企业的生产与经营呈现出一种不计效益、不负责任的状态。企业经营不灵活,亏损严重,而责任和损失由国家全部包下来,严重阻滞着经济发展和全民所有资产的增值。近年来推进商品经济和市场调节以后,国营企业已经形成的僵化的管理与经营模式的弊端逐渐暴露,加之国营企业税收较高,人、财、物流动不灵活,遂使国营经济在市场竞争中与其他经济形式相比处于一种极为不利的境地,唯有实行“两权分离”才是搞活国营大中型企业的出路所在。因此,这次宪法修正案将宪法第7、16、42条中有关“国营”的规定改为“国有”,以根本法的形式表明国家只对全民所有制经济形式拥有资产所有权,而国有企业则是依法受托经营,并对经营效益负完全的法律责任,这就为国有大中型企业转换经营机制,顺利进入市场体系奠定了法律基础。

第三,确立了市场经济的合法地位,为社会主义市场经济的建立与发展提供了有效保障。市场经济是与计划经济相对应的经济运行机制,其基本特征在于市场在社会经济运行中占据统治地位,自然资源的配置和生产流通主要由市场机制进行调节。以往的僵化理论将市场经济与资本主义联系在一起,似乎市场经济与社会主义公有制不能共存。党的十四大总结改革开放14年来的实践经验,提出了建立社会主义市场经济的任务,对此,作为根本法的宪法应该予以确认和保障推行。这次宪法修正案关于经济体制方面的修改主要表现在:一是确立了社会主义市场经济的合法地位,规定“国家实行社会主义市场经济”;二是重新确定了国家在整个经济运行中的地位和作用,即从过去的计划控制转变为通过经济立法综合调控和提供法律保障;三是赋予企业完全的经营自主权,删去了公有制企业接受计划控制和指导的条款,从而为公有制经济组织完全进入市场经济体系、独立自主经营创造了条件。

第四,延长了县级人民代表大会的任期,加强了基层政权建设。宪法修正案将县级人大的任期从3年改为5年,实际上是延长了整个县级政权的任期,这有利于保证基层政权班子的相对稳定,在政治上将会促进地方政治的平稳发展,经济上可以避免因任期过短地方干部心理浮动造成的急功近利、只求短期“政绩”不顾长远发展的倾向,同时也便于县级政权与全国和省级政权的工作衔接与配合,亦避免了频繁换届选举造成的人力、物力和财力的浪费。

(三)1999 年宪法修正案

1993 年以后中国社会的发展进入新的阶段。1997 年召开的中国共产党第十五次代表大会高举邓小平理论旗帜,对建设有中国特色的社会主义事业的发展作出全面部署。党的十五大把邓小平理论确立为党的指导思想,提出公有制为主体、多种所有制经济共同发展的初级阶段的基本经济制度,提出按劳分配为主体、多种分配形式并存的分配制度,提出了依法治国是治理国家的基本方略。由于所有制理论与结构的变化,非公有制经济已从公有制经济的补充地位发展为社会主义市场经济的重要组成部分。这些变化直接关系到国家的基本制度,是国家制度发展的新的进展,需要在国家根本法上加以体现。如果不及时地把这些重大变化规定在宪法中,有可能在实践中导致宪法与社会生活的冲突,影响改革的进程。在经过认真研究和充分征求意见的基础上,1999 年 1 月 22 日,中共中央向全国人大常委会提出了关于修改中华人民共和国宪法部分内容的建议。九届全国人大常委会第七次会议讨论了中共中央的建议,依照宪法规定提出关于中华人民共和国宪法修正案(草案),提请九届全国人大二次会议审议。1999 年 3 月 5 日第九届全国人大第二次会议通过宪法修正案。

1999 年通过的宪法修正案体现了实事求是的原则,立足于中国改革的实际情况,把那些经过实践证明已经成熟的内容规定在宪法中,对可写可不写的以及有争议问题不做修改。这次修宪主要涉及六个方面的内容:

第一,在宪法序言第七自然段,增加“邓小平理论”的内容,确立邓小平理论的宪法地位,同时将“根据建设有中国特色社会主义的理论”修改为“沿着建设有中国特色社会主义道路”,将“我国正处于社会主义初级阶段”修改为“我国将长期处于社会主义初级阶段”,增加“发展社会主义市场经济”的内容。

第二,关于宪法第 5 条,增加规定:“中华人民共和国实行依法治国,建设社会主义法治国家。”

第三,关于宪法第 6 条,增加规定:“国家在社会主义初级阶段,坚持公有制为主体,多种所有制经济共同发展的基本经济制度,坚持按劳分配为主体,多种分配方式并存的分配制度。”

第四,关于宪法第 8 条第 1 款,增加规定:“农村集体经济组织实行家庭承包经营为基础、统分结合的双层经营体制”,相应地删去“家庭联产承包为主的责任制”

的提法。

第五,关于宪法第11条,增加规定:“在法律规定范围内的个体经济、私营经济等非公有制经济,是社会主义市场经济的重要组成部分。”相应地删去个体经济、私营经济“是社会主义公有制经济的补充”的提法。

第六,关于宪法第28条,将其中“反革命的活动”修改为“危害国家安全的犯罪活动”。

这次修宪是在人类即将跨入21世纪的重要历史发展时期进行的,必将在国内外产生重大影响。这次修宪的意义在于:通过修宪确立了邓小平理论的宪法地位,使依法治国的基本方略、初级阶段的基本经济制度具有明确的宪法依据;通过修宪进一步提高了宪法在依法治国中的地位,使依宪治国观念更加深入;通过修宪解决了现行宪法某些规定与社会生活的冲突,为改革的深入发展提供了良好的社会环境;通过修宪把党的意志上升为国家意志,实现了党的意志、人民意志与国家意志的统一。

(四)2004年宪法修正案

2004年3月14日,十届全国人大第二次会议通过了14条宪法修正案。这次修宪是现行宪法颁布以来的第四次宪法修改,也是修改幅度较大的一次修宪。

进入21世纪以后,中国社会在各个方面都发生了巨大而深刻的变化。一方面,经济和科技发展成就巨大,人民生活水平和生活质量不断提高,经济体制改革持续深入,但同时改革开放以来逐渐积聚起来的社会问题逐渐出现。既要继续进行经济体制改革,又要推进政治体制改革成为当务之急。解决这些问题,既需要宪法确认已有的改革成果,也需要宪法确立相关原则以保障体制改革的进一步发展。另一方面,整个社会的民主、法治意识空前提高,宪法逐渐进入社会生活和公民维权的具体层面,成为保障公民合法权益、缓解社会发展矛盾的重要工具。人们热切期盼能够通过完善宪法制度使社会运行法制化、民主化、人性化和合理化,修宪遂成为众所瞩目的热点话题,这是修宪的社会经济、政治和民意基础。新一届执政党和政府领导集体顺应时代潮流和社会呼声,树立亲民形象,开始启动政治运作和立法过程的“官民互动”,修宪才被提到国家的议事日程上来。

2004年修宪是在中共中央的直接领导下,在充分发扬民主的基础上,严格遵循依法办事的原则最终完成的。这次修宪的过程分为三个阶段:

第一阶段:提出修宪原则。2003年3月27日,中央政治局常委会会议研究和部署修改宪法工作。这次会议的基本任务就是确定修宪原则和组织修宪机构。会议确定这次修改宪法总的原则是,坚持以马克思列宁主义、毛泽东思想、邓小平理论和“三个代表”重要思想为指导,贯彻党的十六大精神,体现党的十三届四中全会以来的基本经验,把党的十六大确定的重大理论观点和重大方针政策写入宪法。根据这个原则,这次修改宪法不是大改而是部分修改,对实践证明是成熟的、需要用宪法规范的、非改不可的进行修改,可改可不改的、可以通过宪法解释予以明确的不改。会议决定成立以吴邦国为组长的中央宪法修改小组,在中央政治局常委会领导下工作。会议特别强调在整个修改宪法过程中,要切实加强党的领导,充分发扬民主,广泛听取各方面的意见,严格依法办事。

第二阶段:形成中央建议。按照我国长期以来形成的宪法惯例,宪法的修改在进入正式的修宪程序之前,先由中共中央提出修宪建议,然后再由全国人大常委会据此形成修宪议案和修宪草案,依法定程序进行修宪。这次宪法修改的中央建议是在充分发扬民主、广泛征求意见的基础上,经由"两下两上""自下而上"最后形成的。2003 年 4 月,中央请各省、自治区、直辖市在调查研究的基础上提出修改宪法的建议上报中央;5 月、6 月,中央宪法修改小组先后召开六次座谈会,听取地方、部门和部分企业负责人、专家的意见;在此基础上拟订出中央建议征求意见稿,这是"一下一上"。2003 年 6 月,《中共中央关于修改宪法部分内容的建议》征求意见稿由中央下发一定范围征求意见;8 月 28 日,胡锦涛总书记主持召开各民主党派、全国工商联的负责人和无党派人士座谈会,征询修宪意见;9 月 12 日,吴邦国委员长召开部分理论工作者、法学专家和经济学专家座谈会,听取修宪意见;在征求意见过程中,各地方、各部门、各方面提出了许多很好的意见和建议,而且意见和建议比较集中,据此,中央宪法修改小组于 2003 年 10 月对中央建议征求意见稿进一步修改,形成了中央建议草案。这是"两下两上"。这一修宪建议草案经中央政治局常委会会议和中央政治局会议多次讨论研究,提请党的十六届三中全会(2003 年 10 月 11 日至 14 日)审议通过后,由党中央提请全国人大常委会依照法定程序提出宪法修正案(草案)的议案。

第三阶段:完成修宪程序。按照我国宪法的规定,宪法的修改必须由全国人大常委会或者 1/5 以上的全国人大代表提议,以全国人大全体代表的 2/3 以上多数通过。遵循这一法定修宪程序,2003 年 12 月 22 日至 27 日举行的十届全国人大常委会第六次会议将中央建议列入议程。会议根据常委会组成人员的共同意见,以建议为基础,形成并全票通过了全国人大常委会关于提请审议宪法修正案(草案)的议案和宪法修正案(草案),决定提请十届全国人大二次会议审议。2004 年 3 月 8 日,王兆国副委员长在十届全国人大二次会议上作《关于〈中华人民共和国宪法修正案(草案)〉的说明》的报告,大会开始审议讨论。2004 年 3 月 14 日下午,十届全国人大二次会议经过投票表决,以 2863 票赞成、10 票反对、17 票弃权的结果正式通过宪法修正案。

2004 年宪法修正案共 14 条,即宪法修正案第 18 ~ 31 条。其主要内容和基本精神如下:

1. 对宪法“序言”的修改,体现了“与时俱进”的精神

宪法序言是宪法的精神和灵魂所在,在宪法立法体系中统率全局、贯穿始终。我国历来重视宪法序言的立法建设,1993 年和 1999 年宪法修正案均有修正。这次宪法修改对序言部分的充实与完善主要有三个内容:

(1)确立“三个代表”重要思想在国家政治和社会生活中的指导地位。宪法修正案将宪法序言第七自然段中“在马克思列宁主义、毛泽东思想、邓小平理论指引下”修改为“在马克思列宁主义、毛泽东思想、邓小平理论和‘三个代表’重要思想指引下”,并将“沿着建设有中国特色社会主义的道路”修改为“沿着建设中国特色社会主义道路”。“三个代表”重要思想同马克思列宁主义、毛泽东思想、邓小平理论是一脉相承而又与时俱进的科学体系,是马克思主义在中国发展的最新成果,是面向 21 世纪的中国化的马克思主义,是引导全党全国各族人民为实现新世纪新阶段的发展目标和宏伟蓝图而奋斗的根本方针。把“三个代表”重要思想同马克思列宁主义、毛泽东思想、邓小平理论一道写入宪法,确立其在国家政治和社会生活中的指导地位,反映了全党全国各族人民的共同意愿,体现了党的主张和人民意志的统一,为全党全国各族人民在新世纪新阶段团结奋斗提供了共同的理想基础,具有重大的现实意义和深远的历史意义。

(2)增加推动物质文明、政治文明和精神文明协调发展的内容。宪法修正案在宪法序言第七自然段中“逐步实现工业、农业、国防和科学技术的现代化”之后,增加“推动物质文明、政治文明和精神文明协调发展”的内容。党的十六大提出“不断促进社会主义物质文明、政治文明和精神文明的协调发展”,反映了我们党对共产党执政规律、社会主义建设规律和人类社会发展规律认识的深化,既是对社会主义文明内涵的极大丰富,又是对社会主义现代化建设理论的重大发展,具有重要意义。把“三个文明”及其相互关系写入宪法,并同这一自然段中确定的“把我国建设成为富强、民主、文明的社会主义国家”的社会主义现代化建设总目标紧密相连,不仅意思比较连贯,逻辑比较严谨,而且为“三个文明”协调发展提供了宪法保障。

(3)在统一战线的表述中增加社会主义事业的建设者。宪法序言中第十自然段第一句明确规定,“社会主义的建设事业必须依靠工人、农民和知识分子,团结一切可以团结的力量”。随着改革的深化、开放的扩大和经济社会的发展,我国的统一战线不断扩大。党的十六大明确提出,在社会变革中出现的新的社会阶层“都是中国特色社会主义事业的建设者”。据此,宪法修正案在宪法关于统一战线

的表述中增加“社会主义事业的建设者”,将宪法序言这一自然段第二句关于统一战线的表述修改为:“在长期的革命和建设过程中,已经结成由中国共产党领导的,有各民主党派和各人民团体参加的,包括全体社会主义劳动者、社会主义事业的建设者、拥护社会主义的爱国者和拥护祖国统一的爱国者的广泛的爱国统一战线,这个统一战线将继续巩固和发展。”统一战线包括的“劳动者”、“建设者”和两种“爱国者”,一层比一层更广泛,社会主义事业的建设者包括全体社会主义劳动者和在社会变革中出现的新的社会阶层。这样修改有利于最广泛、最充分地调动一切积极因素。

2. 对“经济制度”的修改,体现了保护“私权”的精神

“公权”和“私权”是西方政治学和法学中的概念。公权是指以国家为代表的公共管理权力和公共利益,私权则是指社会主体和公民自主发展的权利和利益。西方法传统中奉行私权优于公权原则。在我国,传统理论不承认公权与私权、公法与私法的划分,认为个人利益、社会利益与国家利益应该是内在统一的,在实践中则体现出公法优于私法、公权优于私权的倾向,不重视保护公民个人和社会主体的合法权利和利益。这次修宪,根据市场经济建设和公民权利保护的实际需要,对宪法经济制度的内容做了较大幅度的修改,与前三次宪法修正案相比力度最大。

(1)完善土地征用制度。宪法修正案将宪法第10条第3款“国家为了公共利益的需要,可以依照法律规定对土地实行征用”修改为“国家为了公共利益的需要,可以依照法律规定对土地实行征收或者征用并给予补偿”。这样修改主要的考虑是:征收和征用既有共同之处,又有不同之处。共同之处在于都是为了公共利益需要,都要经过法定程序,都要依法给予补偿。不同之处在于征收主要是所有权的改变,征用只是使用权的改变。宪法第10条第3款关于土地征用的规定,以及依据这一规定制定的土地管理法,没有区分上述两种不同情形,统称“征用”。从实际内容看,土地管理法既规定了农村集体所有的土地转为国有土地的情形,实质上是征收;又规定了临时用地的情形,实质上是征用。为了理顺市场经济条件下因征收、征用而发生的不同的财产关系,区分征收和征用两种不同情形是必要的。

(2)进一步明确国家对发展非公有制经济的方针。国家在社会主义初级阶段,坚持和完善公有制为主体、多种所有制经济共同发展的基本经济制度。作为社会主义市场经济重要组成部分的个体、私营等非公有制经济在促进经济增长、扩大就业、活跃市场等方面的重要作用日益显现。根据党的十六大关于“必须毫不动摇地鼓励、支持和引导非公有制经济发展”,“依法加强监督和管理,促进非公有制经济健康发展”的精神,宪法修正案将宪法第11条第2款“国家保护个体经济、私营经济的合法的权利和利益。国家对个体经济、私营经济实行引导、监督和管理”

修改为:“国家保护个体经济、私营经济等非公有制经济的合法的权利和利益。国家鼓励、支持和引导非公有制经济的发展,并对非公有制经济依法实行监督和管理。”这样修改全面、准确地体现了党的十六大关于对非公有制经济既鼓励、支持、引导,又依法监督、管理,以促进非公有制经济健康发展的精神;也反映了我国社会主义初级阶段基本经济制度的实际情况,符合生产力发展的客观要求。

(3)完善对私有财产保护的规定。我国改革开放以来,随着经济发展和人民生活水平提高,公民拥有的私人财产普遍有了不同程度的增加,特别是越来越多的公民有了私人的生产资料,群众对用法律保护自己的财产有了更加迫切的要求。根据党的十六大关于“完善保护私人财产的法律制度”的精神,宪法修正案将宪法第13条“国家保护公民的合法的收入、储蓄、房屋和其他合法财产的所有权”,“国家依照法律规定保护公民的私有财产的继承权”修改为:“公民的合法的私有财产不受侵犯”,“国家依照法律规定保护公民的私有财产权和继承权”。国家为了公共利益的需要,可以依照法律规定对公民的私有财产实行征收或者征用并给予补偿。这样修改主要基于三点考虑:一是进一步明确国家对全体公民的合法的私有财产都给予保护,保护范围既包括生活资料,又包括生产资料。二是用“财产权”代替原条文中的“所有权”,在权利含义上更加准确、全面。三是我国几个现行法律根据不同情况已经作出了征收或者征用的规定,在宪法中增加对私有财产的征收、征用制度的规定,有利于正确处理私有财产保护和公共利益需要的关系,许多国家的宪法都有类似的规定。

(4)增加建立健全社会保障制度的规定。根据党的十六大精神,宪法修正案在宪法第14条中增加一款,作为第4款:“国家建立健全同经济发展水平相适应的社会保障制度。”社会保障直接关系广大人民群众的切身利益。建立健全同经济水平相适应的社会保障制度,是深化经济体制改革、完善社会主义市场经济体制的重要内容,是发展社会主义市场经济的客观要求,是社会稳定和国家长治久安的重要保证。

3. 对“公民基本权利和义务”的修改,体现了保护人权的精神

宪法修正案在宪法第二章“公民的基本权利和义务”中的第一条即第33条中增加一款,作为第3款:“国家尊重和保障人权。”这样修改主要基于两点考虑:一是尊重和保障人权是我们党和国家的一贯方针,这次把它写入宪法,可以进一步为这一方针的贯彻执行提供宪法保障。二是党的十五大、十六大都明确地提出了“尊重和保障人权”。在宪法中作出尊重和保障人权的宣示,体现了社会主义制度的本质要求,有利于推进我国社会主义人权事业的发展,有利于我国在国际人权事业中进行交流和合作。

人权是资产阶级革命时期提出的政治口号,保障人权是西方民主政治的核心和基石,体现着人类生存和发展的共同要求。然而,在我国传统的政治理论中,人权被等同于"资产阶级法权",实践中漠视和践踏人权的现象较为严重。中华人民共和国成立以后的相当长时期内,中国不仅在宪法和法律上不使用"人权"概念,而且在思想理论上将人权问题视为禁区。20 世纪 80 年代末 90 年代初,以江泽民为核心的党中央总结当代中国和世界人权发展的实践,对人权问题进行再认识,首先从对外斗争的角度明确提出,社会主义中国要把人权旗帜掌握在自己手中。1991 年 11 月 1 日,国务院新闻办公室发表《中国的人权状况》白皮书,首次以政府文件的形式正面肯定了人权概念在中国社会主义政治发展中的地位。1997 年 9 月,中共十五大召开,首先将"人权"概念写入党的全国代表大会的主题报告,使人权从对外宣示的主题变为党领导国内建设的主题。此次修宪将"国家尊重和保障人权"写入宪法,首次将"人权"由一个政治概念提升为法律概念,将尊重和保障人权的主体由党和政府提升为"国家",从而使尊重和保障人权由党和政府的意志上升为人民和国家的意志,由党和政府执政行政的政治理念和价值上升为国家建设和发展的政治理念和价值,由党和政府文件的政治性规定上升为国家根本大法的一项原则。将"国家尊重和保障人权"的原则写入宪法,是中国寻求实行宪法民主治理探索以来的第一次,是当代中国民主宪法发展的最新发展。

4. 对"国家机构"的修改,体现了服务实践的精神

(1)完善全国人民代表大会组成的规定。宪法修正案在宪法第 59 条第 1 款关于全国人民代表大会组成的规定中增加"特别行政区",将这一款修改为:"全国人民代表大会由省、自治区、直辖市、特别行政区和军队选出的代表组成。各少数民族都应当有适当名额的代表。"在香港、澳门回归祖国后作这样的修改,符合全国人民代表大会组成的实际情况。

(2)关于紧急状态的规定。宪法对"戒严"做了规定,但没有规定"紧急状态"。戒严法根据宪法,规定戒严是"在发生严重危及国家的统一、安全或者社会公共安全的动乱、暴乱或者严重骚乱,不采取非常措施不足以维护社会秩序、保护人民的生命和财产安全的紧急状态时"采取的一种非常措施。总结去年抗击"非典"的经验教训,并借鉴国际上的普遍做法,需要完善应对严重自然灾害、突发公共卫生事件、人为重大事故等紧急状态的法律制度。现行的防洪法、防震减灾法、传染病防治法等单行法律规定的措施,实际上也是在各种紧急状态下采取的不同的非常措施。在紧急状态下采取的非常措施,通常要对公民的权利和自由不同程度地加以限制。多数国家宪法中都有关于"紧急状态"的规定,因此,宪法修正案将宪法第 67 条规定的全国人大常委会职权第 20 项"决定全国或者个别省、自治区、直辖市

的戒严”修改为“决定全国或者个别省、自治区、直辖市进入紧急状态”，并相应地将宪法第80条规定的中华人民共和国主席根据全国人大常委会的决定“发布戒严令”修改为“宣布进入紧急状态”；将宪法第89条规定的国务院职权第16项“决定省、自治区、直辖市的范围内部分地区的戒严”修改为“依照法律规定决定省、自治区、直辖市的范围内部分地区进入紧急状态”。这样修改，使“紧急状态”包括“戒严”又不限于“戒严”，适用范畴更宽，既便于应对各种紧急状态，也同国际上通行的做法相一致。

(3)关于国家主席职权的规定。宪法修正案将宪法第81条中“中华人民共和国主席代表中华人民共和国，接受外国使节”修改为“中华人民共和国主席代表中华人民共和国，进行国事活动，接受外国使节”。做这样的规定主要考虑的是：当今世界，元首外交是国际交往中的一种重要形式，需要在宪法中对此留有空间。这次修改实际上是扩大了国家主席的宪法职权。

(4)修改乡镇政权任期的规定。宪法修正案把乡、镇人大的任期由3年改为5年，将宪法第98条“省、直辖市、县、市、市辖区的人民代表大会每届任期五年。乡、民族乡、镇的人民代表大会每届任期三年”修改为“地方各级人民代表大会每届任期五年”。这样修改使各级人大任期一致，有利于协调各级经济社会发展规划、计划和人事安排。

除了上述四大部分的修改外，宪法修正案(草案)将宪法第四章的章名“国旗、国徽、首都”修改为“国旗、国歌、国徽、首都”；在这一章第136条中增加一款，作为第2款：“中华人民共和国国歌是《义勇军进行曲》。”赋予国歌以应有的宪法地位，有利于维护国歌的权威性和稳定性，增强全国各族人民的国家认同感和国家荣誉感。

总之，2004年修宪是我国立宪修宪史上的重大事件，整个修宪过程和修宪内容都体现出务实性、人性化和国际化的特点，必将对新世纪我国经济建设、政治建设和社会发展产生重要而持久的历史性推动作用。

(五)2018年宪法修正案

2018年3月11日，十三届全国人大第一次会议通过了21条宪法修正案。这是现行宪法颁布以来的第五次宪法修改，也是历次宪法修改中修改的幅度最大、力度最大、民众关注度最高的一次修改，必将对我国未来的政治、经济和社会发展产生深远而广泛的影响。

1. 关于宪法修改的总体要求和原则

宪法修改是事关全局的重大政治活动和重大立法活动，必须在党中央集中统一领导下进行。党中央确定的这次宪法修改的总体要求是，高举中国特色社会主义伟大旗帜，全面贯彻党的十九大精神，坚持以马克思列宁主义、毛泽东思想、邓小平理论、“三个代表”重要思想、科学发展观、习近平新时代中国特色社会主义思想为指导,坚持党的领导、人民当家做主、依法治国有机统一,把党的十九大确定的重大理论观点和重大方针政策特别是习近平新时代中国特色社会主义思想载入国家根本法,体现党和国家事业发展的新成就新经验新要求,在总体保持我国宪法连续性、稳定性、权威性的基础上推动宪法与时俱进、完善发展,为新时代坚持和发展中国特色社会主义、实现“两个一百年”奋斗目标和中华民族伟大复兴的中国梦提供有力宪法保障。

贯彻和体现上述总体要求,这次宪法修改要遵循以下原则。

一是坚持党对宪法修改的领导。坚持党中央集中统一领导,增强政治意识、大局意识、核心意识、看齐意识,坚定中国特色社会主义道路自信、理论自信、制度自信、文化自信,坚定不移走中国特色社会主义政治发展道路和中国特色社会主义法治道路,把坚持党中央集中统一领导贯穿于宪法修改全过程,确保宪法修改的正确政治方向。

二是严格依法按程序推进宪法修改。宪法第六十四条对宪法修改作出了明确规定。在党中央领导下,通过历次宪法修改实践,已经形成了符合宪法精神、行之有效的修宪工作程序和机制。先形成《中共中央关于修改宪法部分内容的建议(草案)》,经党中央全会审议和通过;再依法形成《中华人民共和国宪法修正案(草案)》,由全国人大常委会提请全国人民代表大会审议和通过。

三是充分发扬民主、广泛凝聚共识。宪法修改关系全局,影响广泛而深远,既要适应党和人民事业发展要求,又要遵循宪法法律发展规律。做好宪法修改工作,必须贯彻科学立法、民主立法、依法立法的要求,充分发扬民主,广泛凝聚共识,注重从政治上、大局上、战略上分析问题,注重从宪法发展的客观规律和内在要求上思考问题。

四是坚持对宪法作部分修改、不作大改。我国现行宪法是一部好宪法。对各方面普遍要求修改、实践证明成熟、具有广泛共识、需要在宪法上予以体现和规范、非改不可的,进行必要的、适当的修改;对不成熟、有争议、有待进一步研究的,不作修改;对可改可不改、可以通过有关法律或者宪法解释予以明确的,原则上不作修改,保持宪法的连续性、稳定性、权威性。

2. 关于宪法修正案的具体内容

(1)确立了习近平新时代中国特色社会主义思想在国家政治和社会生活中的指导地位。宪法修正案将宪法序言第七自然段中“在马克思列宁主义、毛泽东思想、邓小平理论和‘三个代表’重要思想指引下”修改为“在马克思列宁主义、毛泽东思想、邓小平理论、‘三个代表’重要思想、科学发展观、习近平新时代中国特色社会主义思想指引下”。同时,在“自力更生,艰苦奋斗”前增写“贯彻新发展理念”。主要考虑是:科学发展观是党的十六大以来以胡锦涛同志为主要代表的中国共产党人推进马克思主义中国化的重大成果,党的十八大党章修正案已经将其确立为党的指导思想。习近平新时代中国特色社会主义思想是马克思主义中国化最新成果,是党和人民实践经验和集体智慧的结晶,是中国特色社会主义理论体系的重要组成部分,是全党全国人民为实现中华民族伟大复兴而奋斗的行动指南,是党的十八大以来党和国家事业取得历史性成就、发生历史性变革的根本理论指引,其政治意义、理论意义、实践意义已被实践所充分证明,在全党全国人民中已经形成高度共识。党的十九大党章修正案已经将其确立为党的指导思想。在宪法中把科学发展观、习近平新时代中国特色社会主义思想同马克思列宁主义、毛泽东思想、邓小平理论、“三个代表”重要思想写在一起,确立其在国家政治和社会生活中的指导地位,反映了全国各族人民的共同意愿,体现了党的主张和人民意志的统一,明确了全党全国人民为实现中华民族伟大复兴而奋斗的共同思想基础,具有重大的现实意义和深远的历史意义。

创新、协调、绿色、开放、共享的新发展理念是党的十八大以来以习近平同志为核心的党中央推动我国经济发展实践的理论结晶,是习近平新时代中国特色社会主义经济思想的主要内容,必须长期坚持、不断丰富发展。把“新发展理念”写入宪法,有利于从宪法上确认这一重要理论成果,更好地发挥其在决胜全面建成小康社会、开启全面建设社会主义现代化国家新征程中对我国经济发展的重要指导作用。

(2)社会文明、生态文明进入宪法,国家目标更加具体。宪法修正案将宪法序言第七自然段中“推动物质文明、政治文明和精神文明协调发展,把我国建设成为富强、民主、文明的社会主义国家”修改为“推动物质文明、政治文明、精神文明、社会文明、生态文明协调发展,把我国建设成为富强民主文明和谐美丽的社会主义现代化强国,实现中华民族伟大复兴”。与此相适应,在宪法第三章“国家机构”第三节第 89 条第 6 项“领导和管理经济工作和城乡建设”后面,增加“生态文明建设”的内容。主要考虑是:从物质文明、政治文明和精神文明协调发展到物质文明、政治文明、精神文明、社会文明、生态文明协调发展,是我们党对社会主义建设规律认识的深化,是对中国特色社会主义事业总体布局的丰富和完善。把我国建设成为富强民主文明和谐美丽的社会主义现代化强国,实现中华民族伟大复兴,是党的十九大确立的奋斗目标。作这样的修改,在表述上与党的十九大报告相一致,有利于引领全党全国人民把握规律、科学布局,在新时代不断开创党和国家事业发展新局面,齐心协力为实现“两个一百年”奋斗目标、实现中华民族伟大复兴的中国梦而不懈奋斗。

(3)完善依法治国和宪法实施举措。宪法修正案将宪法序言第七自然段中“健全社会主义法制”修改为“健全社会主义法治”。主要考虑是:从健全社会主义法制到健全社会主义法治,是我们党依法治国理念和方式的新飞跃。作这样的修改,有利于推进全面依法治国,建设中国特色社会主义法治体系,加快实现国家治理体系和治理能力现代化,为党和国家事业发展提供根本性、全局性、稳定性、长期性的制度保障。同时,在宪法第一章“总纲”第27条中增加一款,作为第三款:“国家工作人员就职时应当依照法律规定公开进行宪法宣誓。”主要考虑是:全国人民代表大会常务委员会已于2015年7月1日通过了关于实行宪法宣誓制度的决定,不久前全国人大常委会又作了修订,将宪法宣誓制度在宪法中确认下来,有利于促使国家工作人员树立宪法意识、恪守宪法原则、弘扬宪法精神、履行宪法使命,也有利于彰显宪法权威,激励和教育国家工作人员忠于宪法、遵守宪法、维护宪法,加强宪法实施。

(4)充实完善我国革命和建设发展历程的内容。宪法修正案将宪法序言第十自然段中的“在长期的革命和建设过程中”修改为“在长期的革命、建设、改革过程中”;将宪法序言第十二自然段中“中国革命和建设的成就是同世界人民的支持分不开的”修改为“中国革命、建设、改革的成就是同世界人民的支持分不开的”。作这些修改,党和人民团结奋斗的光辉历程就更加完整。

(5)充实完善爱国统一战线和民族关系的内容。宪法修正案将宪法序言第十自然段中“包括全体社会主义劳动者、社会主义事业的建设者、拥护社会主义的爱国者和拥护祖国统一的爱国者的广泛的爱国统一战线”修改为“包括全体社会主义劳动者、社会主义事业的建设者、拥护社会主义的爱国者、拥护祖国统一和致力于中华民族伟大复兴的爱国者的广泛的爱国统一战线”。主要考虑是:实现中华民族伟大复兴的中国梦已经成为团结海内外中华儿女的最大公约数。实现中国梦,需要凝聚各方面的力量共同奋斗。只有把全体社会主义劳动者、社会主义事业的建设者、拥护社会主义的爱国者、拥护祖国统一和致力于中华民族伟大复兴的爱国者都团结起来、凝聚起来,实现中国梦才能获得强大持久广泛的力量支持。将宪法序言第十一自然段中“平等、团结、互助的社会主义民族关系已经确立,并将继续加强”修改为“平等团结互助和谐的社会主义民族关系已经确立,并将继续加强”。与此相适应,将宪法第一章“总纲”第4条第1款中“维护和发展各民族的平等、团结、互助关系”修改为“维护和发展各民族的平等团结互助和谐关系”。主要考虑是:巩固和发展平等团结互助和谐的社会主义民族关系,是党的十八大以来以习近平同志为核心的党中央反复强调的一个重要思想。作这样的修改,有利于铸牢中华民族共同体意识,加强各民族交往交流交融,促进各民族和睦相处、和衷共济、和谐发展。

(6)充实和平外交政策方面的内容,"构建人类命运共同体"进入宪法。宪法修正案在宪法序言第十二自然段中"中国坚持独立自主的对外政策,坚持互相尊重主权和领土完整、互不侵犯、互不干涉内政、平等互利、和平共处的五项原则"后增加"坚持和平发展道路,坚持互利共赢开放战略";将"发展同各国的外交关系和经济、文化的交流"修改为"发展同各国的外交关系和经济、文化交流,推动构建人类命运共同体"。作这样的修改有利于正确把握国际形势的深刻变化,顺应和平、发展、合作、共赢的时代潮流,统筹国内国际两个大局、统筹发展安全两件大事,为我国发展拓展广阔的空间、营造良好的外部环境,为维护世界和平、促进共同发展作出更大贡献。

(7)党的领导进入宪法正文。宪法修正案在宪法第一章"总纲"第1条第2款"社会主义制度是中华人民共和国的根本制度"后增写一句,内容为"中国共产党领导是中国特色社会主义最本质的特征"。主要考虑是:中国共产党是执政党,是国家的最高政治领导力量。中国共产党领导是中国特色社会主义最本质的特征,是中国特色社会主义制度的最大优势。宪法从社会主义制度的本质属性角度对坚持和加强党的全面领导进行规定,有利于在全体人民中强化党的领导意识,有效把党的领导落实到国家工作的全过程和各方面,确保党和国家事业始终沿着正确方向前进。

(8)增加倡导社会主义核心价值观的内容。宪法修正案将宪法第一章"总纲"第24条第2款中"国家提倡爱祖国、爱人民、爱劳动、爱科学、爱社会主义的公德"修改为"国家倡导社会主义核心价值观,提倡爱祖国、爱人民、爱劳动、爱科学、爱社会主义的公德"。主要考虑是:社会主义核心价值观是当代中国精神的集中体现,凝结着全体人民共同的价值追求。作这样的修改,贯彻了党的十九大精神,有利于在全社会树立和践行社会主义核心价值观,巩固全党全国各族人民团结奋斗的共同思想道德基础。

(9)完善了国家主席任职方面的有关规定。宪法修正案将宪法第三章"国家机构"第79条第3款"中华人民共和国主席、副主席每届任期同全国人民代表大会每届任期相同,连续任职不得超过两届"中"连续任职不得超过两届"删去。主要考虑是:目前,党章对党的中央委员会总书记、党的中央军事委员会主席,宪法对中华人民共和国中央军事委员会主席,都没有作出"连续任职不得超过两届"的规定。宪法对国家主席的相关规定也采取上述做法,有利于维护以习近平同志为核心的党中央权威和集中统一领导,有利于加强和完善国家领导体制。党的十八届七中全会和党的十九大召开期间,与会委员代表在这方面的呼声也很强烈。

(10)扩大了地方性法规立法权的主体。宪法修正案在宪法第三章"国家机构"第100条中增加一款,作为第2款:"设区的市的人民代表大会和它们的常务委员会,在不同宪法、法律、行政法规和本省、自治区的地方性法规相抵触的前提下,可以依照法律规定制定地方性法规,报本省、自治区人民代表大会常务委员会批准后施行。"增加这一规定,有利于设区的市在宪法法律的范围内,制定体现本行政区域实际的地方性法规,更为有效地加强社会治理、促进经济社会发展,也有利于规范设区的市制定地方性法规的行为。

(11)设立了国家监察委员会,增加了相关宪法规定。为了贯彻和体现深化国家监察体制改革的精神,为成立监察委员会提供宪法依据,宪法修正案在宪法第三章"国家机构"第六节后增加一节,作为第七节"监察委员会",就国家监察委员会和地方各级监察委员会的性质、地位、名称、人员组成、任期任届、领导体制、工作机制等作出规定。

与此相适应,还作了如下修改。其一,将宪法第一章"总纲"第3条第3款中"国家行政机关、审判机关、检察机关都由人民代表大会产生"修改为"国家行政机关、监察机关、审判机关、检察机关都由人民代表大会产生"。其二,将宪法第三章"国家机构"第65条第4款"全国人民代表大会常务委员会的组成人员不得担任国家行政机关、审判机关和检察机关的职务"修改为"全国人民代表大会常务委员会的组成人员不得担任国家行政机关、监察机关、审判机关和检察机关的职务"。其三,将宪法第三章"国家机构"第103条第3款"县级以上的地方各级人民代表大会常务委员会的组成人员不得担任国家行政机关、审判机关和检察机关的职务"修改为"县级以上的地方各级人民代表大会常务委员会的组成人员不得担任国家行政机关、监察机关、审判机关和检察机关的职务"。其四,在宪法第三章"国家机构"第62条第6项后增加一项,内容为"选举国家监察委员会主任";在宪法第63条第3项后增加一项,内容为"国家监察委员会主任";在宪法第67条第6项中增加"国家监察委员会";在第10项后增加一项,内容为"根据国家监察委员会主任的提请,任免国家监察委员会副主任、委员"。其五,将宪法第三章"国家机构"第101条第2款中"县级以上的地方各级人民代表大会选举并且有权罢免本级人民法院院长和本级人民检察院检察长"修改为"县级以上的地方各级人民代表大会选举并且有权罢免本级监察委员会主任、本级人民法院院长和本级人民检察院检察长";将宪法第104条中"监督本级人民政府、人民法院和人民检察院的工作"修改为"监督本级人民政府、监察委员会、人民法院和人民检察院的工作"。其六,删去宪法第三章"国家机构"第89条第8项"领导和管理民政、公安、司法行政和监察等工作”中的“和监察”。删去宪法第107条第1款“县级以上地方各级人民政府依照法律规定的权限,管理本行政区域内的经济、教育、科学、文化、卫生、体育事业、城乡建设事业和财政、民政、公安、民族事务、司法行政、监察、计划生育等行政工作”中的“监察”。作上述修改,反映了党的十八大以来深化国家监察体制改革的成果,贯彻了党的十九大关于健全党和国家监督体系的部署,也反映了设立国家监察委员会和地方各级监察委员会后,全国人民代表大会及其常务委员会和地方各级人民代表大会及其常务委员会、国务院和地方各级人民政府职权的新变化以及工作的新要求。

3. 2018年宪法修改的特点

这次宪法修改,体现了以下特点:第一,加强了党的领导。比如,习近平新时代中国特色社会主义思想进入宪法、党的领导进入宪法正文等,都是新时期加强党的领导的重大举措。第二,确认了制度创新。比如,国家监察体制改革成果进入宪法、党和国家“三位一体”领导体制的完善、设立全国人大“宪法与法律委员会”、宪法宣誓制度成为宪法制度等,都是我们党和国家在近年来制度建设方面的创新和经验。第三,坚持了中国特色。这是此次修宪中的又一亮点,中国特色的内容大面积进入宪法。比如,党的领导、国家监察权、社会主义核心价值观、生态文明、统一战线等,都是中国政治和中国社会运作的独有内容。第四,强化了宪法意识。这次修宪虽然时间短,但社会关注度高,修宪内容与中国未来发展和老百姓的生活密切相关,所以修宪过程既是一次内容丰富、务实创新的宪法立法活动,也是一次全民参与、普及宪法的法治教育活动。无论是执政党,还是普通群众,都在宪法修改过程中提高了宪法概念,为国家未来的宪法发展和民主法治建设准备了社会基础。

第三章 宪 法 规 范

第一节 宪法规范的特点

一、宪法关系

法律规范是按照统治阶级的意志和要求,调整社会关系、指导人们行为的尺度和准则。由于调整的社会关系不同,调整的方法和方式必然有别,这就形成了不同的法的规范的类别。所以,调整的社会关系的不同是划分法的部门和法律规范种类的标准,而要把握特定的法律规范的特点就必须从考察其所调整的社会关系入手。

宪法调整的社会关系叫宪法关系,与刑法关系、民法关系等普通法关系相比,宪法关系具有两大特点:其一,此类社会关系所涉及的领域非常广泛,几乎包括国家生活和社会生活的各个方面,而且均属于宏观性社会关系;其二,此类社会关系的一方通常是国家或国家机关。因为宪法是国家的总章程,它担负着按照统治阶级的意志,以国家名义设定国家制度和社会制度,从而形成有利于统治阶级政治统治的社会秩序的职能,因而它对社会关系的规范与调整总是以国家或国家机关的参与为基础,并且实际上也是以国家或国家机关为主导的,这是国家强制力在规范社会关系方面的明显表现,也是宪法关系不同于一般刑法关系和民法关系的特点之一。

宪法所调整的社会关系极其广泛复杂,主要包括以下几类:

第一,国家与社会成员个人之间的关系。社会成员是构成国家统治的基本要素,社会成员的行为是否按照统治阶级的要求和政治需要来调整是统治秩序能否形成的基础,因此,宪法首先要调整的就是国家与社会成员个人之间的关系,通过设定二者相互间的权利和义务构建基本的社会行为规范。在宪法规范中,这一部分主要表现为公民的基本权利和义务规范。

第二,国家与其他社会政治主体之间的关系。在国家的政治运作中,除国家以外,还存在多种政治主体,它们都对国家政治生活具有重要影响,也是国家在政治统治中必须平衡好的各方面的政治力量。所谓国家统治，说到底，就是使这些政治主体能够各有其职、各安其位、各守其责、各享其利，达到不危害统治秩序的目的。这些政治主体包括国内各阶级、各民族、各政党、各团体、各阶层、武装力量和宗教势力等。宪法的任务就在于要以根本法的方式，设定这些政治主体与国家之间的权利义务关系，明确这些政治主体在社会生活和国家生活中的地位和权责界限。

第三，国家机关相互之间的关系。国家秩序要建立起来，很大程度上取决于国家机关的有序和有效活动。但是，由于权力行使中种种因素的影响，国家机关之间往往存在纷争与矛盾。那么，宪法作为从总体上构建国家秩序的章程，就必须对这一类关系进行调整，也正因如此，国家组织法历来都属于宪法的规范体系。

宪法调整的社会关系是客观存在的，对这些社会关系予以规范和调整是宪法的法定职能。一旦有一定法律事实出现，宪法规范就会开始对相应的此类社会关系进行具体调整。而经过宪法规范调整后所形成的以特定主体的权利义务为内容的法律关系，就是具体的宪法关系。具体宪法关系的主体包括公民、国家机关、法人、民族、政党和政治组织。宪法关系的客体是对自然资源、社会资源、政治资源和人的行为的支配权和被支配权，以及参与社会活动的权利，具体讲，就是经济权力、政治权力、社会权力和政治社会权利。宪法法律关系的内容就是按照宪法规定所形成的主体间的具体的法定权利和法定义务。

二、宪法规范的特点

（一）内容的政治性

宪法规范内容的政治性，是宪法规范与其他法律规范相比具有的首要特点。宪法规范内容的政治性是由宪法的性质和职能所决定的。从宪法产生和发展的历史我们可以看出，宪法不是从来就有的，而是人类社会法律制度发展到一定的历史阶段以后，出现了资产阶级民主代议制度，为了确认和保护这一制度才产生的一个新的法律部门。资产阶级制定宪法的目的就是确认和保护资产阶级革命的政治成果和政治权力，就是实现按照资产阶级本阶级的意志和愿望改造社会、领导社会从而形成有利于资产阶级政治统治的社会秩序的目的，因此，宪法内容的设计从一开始就是带有强烈的政治性的。同时，从宪法规范的具体内容看，主要是有关国家制度和社会制度的基本原则、规范国家与公民及各种政治力量之间的关系、平衡各种政治利益的规则以及有关政治组织、政治权力行使方面的规则，这与普通法律通常只涉及公民和法人的个人生活或社会生活规则的内容相比，无疑具有综合调整国家生活和社会生活的政治功能，其政治性是显而易见的。最后，宪法规范内容的变化和实现都要受到各种政治力量对比关系的决定性影响，这一点也是宪法规范政治性的鲜明表现。

(二)效力的最高性

宪法规范在效力上的最高性,是由宪法规范的性质和内容所决定的。由于宪法规范的是有关国家生活和社会生活的最根本的规则和问题,是国家的根本法和总章程,因而,它在国家整个法律体系中居于最高的法律地位。为了保证宪法的最高权威性,就必须赋予其最高的法律效力,宪法规范与其他法律规范相比就具有了最高性的特点。宪法规范的最高性有以下几方面的表现:其一,宪法规范是对整个国家生活和社会生活进行组织和调整的最权威的依据,一切社会政治行为都必须以它为最高准绳;其二,宪法规范是对现行法律体系进行组织和审查的最权威标准,它为其他普通立法提供原则,其他普通法律均不得同它相抵触,否则无效;其三,宪法规范是裁定各种政治力量政治地位、政治利益及各种政治关系、政治行为是否合法有效的唯一尺度,一旦被裁定为违宪,就会归为无效或受到宪法制裁。可见,宪法规范的最高性特点是具有实际内涵和现实表现的。

(三)立法的原则性

宪法规范在立法表现中呈现出条文设计的原则性和概括性,这也是宪法规范不同于其他法律规范的特点。宪法规范的这一特点是由宪法规范调整内容的广泛性所决定的。既然宪法是国家的根本法和总章程,要为社会政治调整和国家权力行使提供规范依据,这就决定了宪法规范在内容设计上要囊括国家生活和社会生活的各个方面,任何立法空白都会使社会活动的总体调整陷于无法可循的境地。而在一部宪法中要包括如此广泛而复杂的调整规则,其规范的设计必然也必须是宏观的和原则的。同时,宪法的根本法和总章程的性质也决定了宪法立法要具有原则性,否则,立法上过于具体庞杂必然导致规范主次不分明和经常性修改。可见宪法规范的原则性和概括性不光是立法形式上的需要,也是保证宪法稳定性和适应性的需要和表现。而如果一部宪法不具有稳定性、适应性和根本性,它就无以保持其应有权威,无以达到综合调整社会运行的目的,这些都需要通过宪法规范立法设计上的原则性来保证。所以,宪法的原则性是宪法的概括性、适应性和相对稳定性的基础和综合体现。

(四)实现的多层次性

这是宪法规范在实现方式上的特点。普通法律规范的实现过程是由国家法定机关依法适用或社会主体自觉依法行为后一次性直接完成,达到具体法律关系产生、变化、消灭的结果和法律秩序的形成,法律规范的职能由此实现。而宪法规范则与此不同,大部分的宪法规范只提供了调整社会关系的宏观性原则。对这些宪法规范来讲，它们的实现不可能是直接地一次性调整具体社会政治事项和形成个人间的权利义务关系而形成宪法秩序。宪法规范的调整和规范职能的实现，要根据实际需要，进行多层次的具体化，包括立法具体化和宪法解释，使其成为一种具有直接的可操作性的行为规范，这样才能通过社会主体的自觉守宪行为和有权机关的合宪性审查行为而最终达到。但是，有的宪法规范由于立法形式比较具体，其实现就可能是一次性的或较少具体化层次即可完成，特定的宪法主体和合宪性审查机关直接执行这些规范即可形成宪法相关秩序，实现宪法规范的职能。如宪法立法中有关国家机关具体职权的规定以及有关宪法修改及具体的程序性规范就属此类。

第二节　宪法规范的形成和演变

一、宪法规范的形成

宪法规范的形成一般要通过法定主体依照法定的立宪程序或其他程序来完成。从实践状况看，宪法规范的形成有以下几种方式：

（一）制定

制定是形成宪法规范的最基本方式，宪法的主体规范都是通过这一形式产生的，宪法的制定方式又分为两种情况：

一种是具有制宪权的主体以立宪程序制定，由此产生宪法典或重要的宪法性文件。立宪程序由下列步骤构成：第一，提出草案。先是设立具有广泛代表性的制宪机构，然后由制宪机构提出宪法草案。第二，审议草案。宪法草案拟定之后，通常提交给制宪会议或普通代表机关审议，当然有的国家还有特殊的宪法草案审议程序。如在美国，最初的立宪活动实际上就是成立国家的过程，因而宪法草案由制宪会议形成后，便提交各殖民地议会审议通过。在我国，宪法草案在提交代表机关审议前，还有一个全民讨论审议的程序。1954 年宪法的制定过程是，先由中央人民政府成立具有广泛代表性的宪法起草委员会，由它根据中共中央提出的宪法草案初稿确定宪法草案。对宪法草案的审议经历了三重讨论，第一次是各方面代表人物的讨论，参加讨论的有 8000 多人，讨论进行了两个多月；第二次是全民讨论，参加讨论的有 1.5 亿多人，也进行了两个多月；第三次才是全国人大代表审议。1982 年宪法草案的审议也是以类似的程序进行的。第三，通过草案。通过宪法草案一般都采用绝对多数票制，即制宪会议或代表机关以全体成员的 2/3 以上或3/4 以上多数赞成通过，有的国家还以公民投票的方式通过宪法。在美国，宪法草案还是经两年时间以 3/4 以上州议会通过的程序而成为正式宪法的。第四,宪法公布。公布是宪法制定的法定程序,通常由制宪会议或代表机关公布,有的国家还规定由国家元首来公布,如阿拉伯也门共和国永久宪法由共和国委员会主席公布,巴林国宪法由世袭君主埃米尔以真主名义公布等。

另一种是以普通的立法程序制定宪法性文件,这些宪法性文件也是宪法规范的组成部分,如选举法、国家机关的具体组织法规、地方自治法规等。

(二)认可

认可也是宪法规范形成的主要方式之一,它是指对已有的政治习惯或政治文件、法律文件进行宪法确认,使其成为宪法规范的一部分,宪法惯例的形成和一些宪法性文件的形成就采用这种方式。宪法规范的认可有立法认可和非立法认可两种情况。立法认可是由国家立法机关或宪法法院依照立法程序的明示认可,而非立法认可往往是政府默示承认。比如,欧共体国家以国内立法的方式确认欧共体法具有比本国法更高的法律效力,就是对欧共体法的一种明示性宪法规范认可,英国 1972 年颁布的共同体法就是如此;而在我国,国家高级领导人员的人选的提名程序,尊重先由中国共产党中央委员会提出建议,再由全国人大主席团依照法定程序正式向大会提名的做法,就是一种默示性宪法规范认可。

(三)判决

在英美国家的司法制度中,承认法院具有创制法律规范的功能,因而形成的判例法规范是法律规范体系的重要组成部分。在这些国家,宪法法院、议会上院、普通最高法院依照司法程序进行的判决中,既有对原有宪法规范的解释和说明,也有对原有宪法规范的补充、发展从而创设出在内容上或适用范围上全新的宪法规范的例证。这些具有创宪性质的判决,有的由此成为宪法惯例从而确立起一种新的宪法政治运作制度,如 1803 年美国联邦最高法院对“马伯里诉麦迪逊”一案的判决形成了美国宪法监督的基本模式;也有的宪法性判决虽然不能成为一种宪法惯例,但它对以后类似事件的处理具有指导性约束力,可以作为具体规范充当类似案件的判决依据。这些判决都是宪法规范形成的一种方式。

二、宪法规范的演变

宪法规范的演变,是指由于社会实践的变化和宪法治理运作的需要,宪法规范的含义和适用范围因法律程序或不因法律程序而发生的种种变化。宪法规范演变的方式主要有宪法废止、宪法修改、宪法变迁和宪法解释。

(一)宪法废止

宪法废止是指宪法规范因法定程序或不因法定程序而全部或部分失去立宪所

赋予其本身的法律约束力。宪法废止有下列四种情况：

1. 革命废止

因革命而导致的宪法废除，这是一种根本性的宪法民主实践要求和宪法治理体制的变革，它不以任何已有的法律程序和法定权力为依据，而是以政权的更迭、宪法民主权力主体的更换为基础而发生，其后果是原有的宪法规范从内容到形式彻底失去法律效力。

2. 立法废止

因政治改革或社会实践需要，由具有修宪权的国家立法机关依照法定程序对宪法规范的内容或其特定适用范围宣布失去法律效力。失去法律效力的部分只限于立法明令宣告的内容，而不涉及宪法规范的整体或其他未涉及的部分。

3. 自动废止

这是指宪法规范因立宪时所赋予它的时间效力界限届满或所规范事项的永久消失而自然失去约束力，它一般无须经过法定程序即可发生。如我国 1954 年宪法关于民族资产阶级和小资产阶级政治地位的规范，在 1956 年社会主义改造基本完成、这两个阶级成分已被消灭和改造的情况下，就处于这种自动废止的状态。

4. 新法替代废止

这是指由于有权机关依照法定程序对宪法规范进行修改后，新的宪法或宪法修正案的颁布所导致的原有宪法或原有宪法规范的相应部分失去法律效力。这种情况通常也无须经由法定程序而自动发生。有时新法会有明确规定，有时也没有规定。如我国颁布 1982 年宪法而导致的 1978 年宪法的失效，以及颁布历次宪法修正案而导致的原有相应规范的失效，均属此类。

（二）宪法修改

宪法修改就是指具有宪法修改权的国家立法机关，依照法定的修宪方式和修宪程序，对已经产生法律效力的宪法规范进行重定、修正或补充的活动。宪法修改有全面修改和部分修改两种方式。宪法全面修改是指在原有宪法规范的基础上对宪法规范的体系结构、制度设计、规范内容、规范形式等进行全方位的调整和重定，其表现形式就是形成一个新宪法。宪法部分修订则是指对原有宪法规范进行个别性调整、修正、补充和废止，其表现形式为形成若干条宪法修正案。就宪法修改的职能和任务来讲，主要是对原有宪法规范进行变更、调整、补充或效力变动。

导致修宪的原因是多方面的，通常主要有以下几个方面：（1）社会制度变革。这种制度变革与社会革命有区别，它不是宪法民主权力主体的更迭，只不过是同一宪法民主权力主体执政的情况下对社会制度不适当的部分所作的重大调整。这种社会制度变革必然影响社会生活的各个方面,那么,宪法体制也要作相应的调整、补充和完善,宪法规范修改的时机和要求就到来了。(2)宪法治理实践中出现以前立宪时尚不存在或没有发现的新问题,引起宪法规范的空白或不适当,这就需要通过宪法修改来补充和变更。(3)阶级力量对比关系或主要社会政治主体的经济地位、社会活动方式等发生重大变化,导致社会政治均衡状态的变化,原有的宪法规范就需要据此校正和完善。(4)立宪技术的提高和宪法学研究新成果的出现导致对宪法规范在用语、表述、形式设计等方面的修正和补充。

关于宪法修改的程序,在柔性宪法的国家中其与普通法律修改程序相同,在刚性宪法的国家中其比普通法律修改程序更为严格。各国成文宪法修改的基本程序如下:

1. 修宪动议

修宪动议是指具有法定修宪提案权力的主体依照法定的程序向具有修宪权的国家立法机关提出的要求修改宪法的议案。各国宪法关于修宪动议的提出都有严格的法律要求:首先,修宪动议必须由法定的修宪提案权主体提出。修宪提案权主体通常是国家代表机关,有的国家还规定总统、议员、公民或地方议会在一定条件下也有修宪提案权。例如,法国宪法规定,修宪提案权由总统基于总理的建议行使,或由国会议员行使。美国宪法规定,国会两院 2/3 的议员或者各州 2/3 的州议会均有宪法修改提议权。在瑞士,国会两院或者 5 万名瑞士公民均拥有修宪动议权。其次,修宪动议必须依照法定的提案形式和程序向立法机关提出。最后,修宪动议必须陈述修宪的内容范围和理由,或者以草案形式提出。

在我国,修宪动议的提出权属于全国人大常委会或 1/5 以上的全国人大代表。从实际的做法来看,我国历次宪法修改是先由中国共产党中央委员会向全国人大常委会提出修宪建议,然后由全国人大常委会以法定的程序向全国人民代表大会提出。这种由执政党提出修改建议而后由修宪提案权主体认可的做法,是我国宪法民主治理实践中行之有效的政治惯例,虽无立法明文规定,但受到尊重。

2. 草案提出

修宪动议被具有修宪权的立法机关依照法定程序接受后,紧接着就是提出修宪草案。修宪草案的提出通常有两种方式:一种是修宪提案权主体在提出修宪动议时即附有修正草案;另一种则是提出修宪动议时没有成形的宪法修正草案,这时提出草案则是具有修宪权的立法机关的职责。如瑞士宪法规定,若人民创议修宪以普通提案方式提出而未附修正草案,但联邦议会批准接受,则联邦议会须依其陈述的意见的线索草拟修正案交付人民及各州,以决定是否采纳。在我国,修宪动议一旦被全国人民代表大会接受,若属部分修宪动议并附有修正草案者,可直接进入审议程序;若属全面修宪动议,则由全国人大正式依法定程序作出修宪决定,然后成立宪法修改起草委员会提出宪法修改草案,经反复讨论修改后才提交全国人民代表大会进入审议程序。

3. 草案议决

修宪草案的议决通常由具有修宪权的立法机关依法定程序进行,但程序与普通法案议决相比更为严格。具体讲,修宪草案的议决在各国有三种情况:

第一,由国家立法机关按照通常议案审议方式审议后,以全体组成人员的绝对多数票通过。如德意志联邦共和国基本法规定,宪法修改案必须得到联邦议会2/3议员和联邦参议院2/3议员的通过。我国宪法也规定,宪法修改必须由全国人民代表大会以全体代表的2/3以上多数通过。此外,日本、朝鲜、印度尼西亚、越南等国也采用此程序。

第二,先由联邦议会以绝对多数通过,再由绝对多数的地方议会或执政党复决通过。例如,美国宪法规定,经过国会两院2/3议员同意,或者2/3州议会的请求,可以提出宪法修正案;经过3/4州议会或修宪会议的批准,可产生法律效力。在多哥共和国,宪法规定,修宪草案须经2/3的议员赞同和得到联盟党中央委员会的同意方可通过。

第三,公民复决作为补充性通过方式。多数国家仅在宪法修正案未获得议会法定多数或两院联席会议法定多数通过的情况下,才将宪法修正案交付公民复决。例如,瑞士宪法规定:"如参众两院中的一院提出修改联邦宪法的全部,而其他一院不予同意或者经有表决权的瑞士公民5万人声请修改联邦宪法的全部,则在此两种情形之下,其应修改与否,须交付瑞士人民公决。"多哥宪法也有类似规定。但是,也有一些国家将公民投票作为宪法修改案通过的唯一法定程序,如日本宪法规定:"本宪法的修订,必须经各议院全体议员2/3以上赞成,由国会创议,向国民提出,并得其承认。此种承认,必须在特别国民投票或国会规定的选举时进行投票,必须获得半数以上赞成。"

4. 宪法修正案的公布

修宪草案经法定程序议决通过后,须经公布程序方可产生法律效力。宪法修正案的公布按各国通例由国家元首或国家立法机关以法定形式公布。但美国的做法则是由国家行政机关公布。在美国,宪法修正案经联邦国会两院通过后即交付各州议会批准,各州将投票结果通知国务卿,由国务卿核算是否获全国3/4州议会批准,若超过法定批准数则由国务卿宣告,宪法修正案由此正式成立。至于宪法修正案的生效时间,一般都是以公布之日为生效之日,但也有的宪法修正案在公布时另行确定生效日期。

5. 修宪限制

为了保证修宪的严肃性和宪法基本制度的权威性,世界各国对修宪的对象一般均有限制,有的国家没有明文规定,如我国;有的则由宪法限定。归纳起来,各国的修宪限制主要表现在两个方面:

第一,修宪内容限制。关于修宪内容的限制,一是共和政体不得变更,二是领土结构不得变更。例如,1947 年意大利宪法规定:“共和国政体不得成为宪法修改之对象”;1980 年的多哥共和国宪法也有类似规定;1958 年的法国宪法不仅对此作出了类似限制,还进一步规定:“当宪法的修改有损于领土完整时,任何修改程序都不得着手进行或继续进行。”当然,宪法的基本原则不容修改已经是各国公认的通例。在美国,宪法还规定,宪法修改时,“无论何州,不经其同意,不得剥夺其在参议院中的平等投票权”。

第二,修宪时间限制。关于修宪时间的限制,有的国家是为了保证宪法内容的常新和切合实际宪法治理的需要,而由立法规定定期强制修宪,如葡萄牙 1941 年宪法规定宪法每隔 10 年修改一次,波兰 1921 年宪法规定每隔 25 年修宪一次。这种定期修宪的规定,当然也有保持宪法稳定性、限制频繁修宪的意思。在有的国家,宪法对修宪时间的限制则表现为规定在特别期限或特殊条件下不得修宪,这主要是为了避免宪法修改给国家治理造成不利影响,例如,法国第四共和国宪法规定:“在法国领土一部或全部被外国军队占领时,修宪程序不得着手或进行。”巴西 1946 年宪法规定:“宪法于戒严期不得修改。”在希腊,1864 年宪法明确规定宪法公布后 10 年内不得修改,而 1975 年宪法则规定宪法公布或修改后未满 5 年不得修改或再行修改。这些修宪限制也属于修宪程序的重要组成部分。

(三)宪法变迁

宪法变迁是指由于社会实践的发展变化和宪法治理运作的实际需要,宪法规范虽然未经法定修宪程序而表现出任何形式上的变动,但其内容和适用范围都发生了隐性的但却是公认的变化。这种宪法规范的实质变动又称为宪法的“无形修改”。宪法变迁是宪法演变过程的客观要求,也是导致宪法修改的先行步骤。

导致宪法变迁的原因是多方面的,主要有以下几种:

1. 国家政策导致宪法变迁

国家政策,包括执政党的政策,实质上是宪法民主治理运作的具体措施。相对于宪法规范来讲,国家政策属于更为具体的操作层面,它既要根据实践需要具体化地执行已有的宪法规范,同时还带有宪法治理探索的特点,一旦经验成熟便有可能通过法定程序上升为宪法规范以为之更新和补充。国家政策的这种具体化和探索性过程,根源于复杂多变、活跃发展的宪法政治实践,其中必然包含着对已有宪法规范内涵的解释和发展。这种解释和发展,如果突破了已有的宪法规范,在未通过法定程序明示修宪以前,就是宪法变迁。如在我国,1978 年改革开放以后国家经济体制曾有一个从计划经济向市场经济的历史性转变,这一转变在宪法规范上的实现是 1993 年宪法修正案对社会主义市场经济体制的正式确认,而在此以前国家政策由"计划经济为主市场调节为辅"到"有计划的商品经济",再到"计划与市场内在统一"的体制演变已经突破了 1982 年宪法的规定,使原有宪法规范形式未变而内容变迁。

2. 具体立法导致宪法变迁

宪法的原则规范需要通过普通立法层层具体化,才能最终落到实处。而这一具体化过程可能出现两种情况:一种情况是普通立法的规定超出了已有宪法规范的字面含义或立法原义,导致宪法变迁;另一种情况则是普通立法适应宪法治理实践需要,根据宪法规定精神,创设规范,弥补了宪法空白,形成对宪法规范的补充,但又没有修改宪法。在有关的普通法律或决定中对已有宪法规范作出变更或补充,而宪法的原文并未变化的例子很多。如 1954 年宪法规定全国人大是"行使国家立法权的唯一机关"(第 22 条)。后来这一规定不能适应立法的需要,而在 1955 年第一届全国人大第二次会议通过了《关于授权常务委员会制定单行法规的决议》。后来,又在 1959 年 4 月第二届全国人大第一次会议上通过决议,授权全国人大常委员有立法修改权,这两个法律性决定实际上是对 1954 年宪法第 22 条的变更。又如,1982 年第五届全国人大第五次会议和 1986 年第六届全国人大常务委员会第十八次会议先后通过的修改地方人大和地方人民政府组织法的决定中,授予省府所在地的市和经国务院批准的较大的市的人大及其常委会以制定地方性法规的权力,也是对现行宪法第 100 条有关地方立法规范的补充。

3. 宪法解释和宪法性判决导致宪法变迁

宪法解释是有权机关依照法定程序,在不变更宪法规范的前提下,对宪法规范的立法原意和适用范围作出扩大或缩小解释,或者根据其基本精神和原旨作出推定解释。宪法性判决是指宪法法院、议会、普通法院在针对具体案件或事项的裁决中对相关宪法条文的立法原意和内在精神进行附带性解释,并援引为判决的依据。无论是宪法解释还是宪法性判决,其中对宪法规范含义和精神的阐述与说明都有可能使宪法规范的内容发生变迁。美国联邦最高法院就是通过司法审查权解释或判决的形式对宪法作出适合宪法治理实践需要的伸缩性解释,使宪法规范保持时代活力,而这种使历史性宪法规定恰当适用于新的具体情况的政治现象必然意味着宪法变迁。又如,我国选举法规定,在各级人民代表的选举中,各政党、各人民团体和选民或代表均可提出代表候选人,全国人大常委会就曾将其中的"各人民团体”解释为工会、共青团和妇联,这种限制性解释也使原选举法规定有了特定含义,发生了一定程度的宪法变迁。

4. 宪法惯例导致宪法变迁

在长期的宪法政治实践中形成的某些具体的宪法治理操作方法一旦被公认为合乎宪法民主规则并行之有效,就成为宪法惯例。宪法惯例导致宪法变迁有两种情况,或者是实质上变更了原有宪法规范的内容,或者是弥补了原有宪法规范的立法空白或立法不具体之弊。例如,美国宪法中并无两党制及政党参与议会活动和组织政府活动的规定,但实际存在的政党竞选、议会政党协商与政府职位由执政党独揽的制度和做法都是一种宪法惯例,它是对宪法相应规范的补缺。又如,我国宪法修改中,宪法规定全国人大常委会或1/5以上的全国人大代表拥有宪法修改提案权,而实际操作中则是执政党中共中央享有修宪建议权,经全国人大依立法程序采纳后作出修改宪法的决定,这一宪法惯例就是对相关宪法规范的变更和补充。

以上是有关宪法变迁的几种原因和表现。最后必须指出的是,关于宪法变迁还有一个是否合宪的具体分析问题,不能笼统地认为所有宪法变迁都具有合宪性和合理性,只有那些符合宪法民主政治基本精神和宪法立法原则意向的宪法变迁才是良性的和有益的,而不符合民主宪法民主政治规则的宪法变迁则是违宪行为,应予取缔和惩治。

第三节　宪法规范的逻辑结构和分类

一、宪法规范的逻辑结构

宪法规范的逻辑结构,就是宪法规范作为宪法治理行为规则必须具有的形式要素。在宪法规范的设计中,形式要素的齐备是保障其实有规范性的前提和基础。

与所有的法律规范一样,完整的宪法规范也是由假定条件、行为模式和法律后果三部分构成的。假定条件,是指宪法规范中规定的适用本规范的条件或情形;行为模式,是指宪法规范中规定的允许、授权、要求、禁止、鼓励的内容,即对假定事项的处理原则;法律后果则是指宪法规范中规定的违反或符合该规范时将要产生的制裁或奖励措施。

宪法规范的逻辑结构并不等于宪法条文的内容结构。宪法规范是宪法条文的内在本质,宪法条文是宪法规范的外在表现。同一宪法规范,其逻辑结构的不同部分可能体现在不同的宪法条文中;而同一宪法条文,也可能体现不同宪法规范逻辑结构的不同部分。因此,宪法规范在逻辑结构上的完整性与宪法条文的内涵并不吻合。宪法规范必须在逻辑上由假定条件、行为模式和法律后果三部分构成,否则便不成其为宪法规范,也无以保证其现实的规范性;而每一宪法条文实际上不一定包含其所规定的宪法规范的所有逻辑环节。

宪法规范的逻辑结构在宪法条文上的表现有下列几种情况:

第一种,“三要素”完整体现。例如,我国现行宪法第62条第11款规定:“全国人民代表大会行使下列职权:……(十一)改变或者撤销全国人民代表大会常务委员会不适当的决定。”这一条就体现了一项结构完整的宪法监督规范,其假定条件是“全国人大常委会作出不适当的决定”,其行为模式是“全国人大有权改变或者撤销全国人大常委会不适当的决定”,其法律后果是“改变或者撤销”。又如,宪法第60条关于延长全国人大任期的规定也是一项完整的宪法规范,其中“如果遇到不能进行选举的非常情况”是假定条件,“全国人大常委会可依法推迟选举、延长任期”是行为模式,而全国人大常委会以全体组成人员2/3以上的多数延长任期则是法律后果。

第二种,“三要素”具备,但其中的假定条件和法律后果隐含于行为模式。如我国宪法第59条第2款规定:“全国人民代表大会代表的选举由全国人民代表大会常务委员会主持。”这一规定在形式上似乎只有行为模式部分,但实际上其他两个要素也都隐含其中。其中的假定条件就是“如果进行全国人大代表的选举”,法律后果则是“全国人大常委会行使主持权”。

第三种,假定条件隐含于行为模式,由宪法条文表现,而法律后果由刑法或其他法律条文表现。如我国宪法第10条第4款规定:“任何组织或者个人不得侵占、买卖或者以其他形式非法转让土地”,在这一规定中,应该说假定要件隐含于行为模式中,但没有法律后果,即没有如果“侵占、买卖或非法转让土地”如何制裁的规范要素。又如,我国宪法第12条第2款规定:“国家保护社会主义的公共财产。禁止任何组织或者个人用任何手段侵占或者破坏国家的和集体的财产”,其中也是缺少“如果侵占、破坏”怎么制裁的规范要素。

第四种,没有假定条件和法律后果这两个要素,只有行为模式。这种规范表现形式在宪法条文中是大量存在的,几乎所有带有纲领性、原则性或者没有具体针对行为的政策性的宪法规范都是如此。例如,我国现行宪法第14条第2款规定:“国家厉行节约,反对浪费。”第19条规定:“国家发展社会主义的教育事业,提高全国人民的科学文化水平”,“国家推广全国通用的普通话。”第24条规定:“国家提倡爱祖国、爱人民、爱劳动、爱科学、爱社会主义的公德……”

从上述关于宪法规范表现形式的分析中我们可以看出,在宪法条文对宪法规范的表现中,规定“行为模式”较多,而规定“法律后果”较少,有时出现三要素的隐含,有时甚至根本没有"法律后果"和"假定条件"要素,这种"行为模式主导性"是宪法规范在形式表现上的典型特征,也是宪法规范与其他法律规范的主要区别之一。之所以如此,是由宪法的法律性质和立法特征所决定的。宪法是国家根本法,是国家生活和社会生活的总章程,因而宪法规范必然表现出原则性和广泛性、规范性与纲领性的立法特征。它不涉及具体的人员和事项,很少有直接的处理措施和具体制裁,只是以明确基本制度和基本国策、基本原则为主要立法目标,由此便形成了宪法规范较少表现"法律后果"而较多突出"行为模式"的特点。

当然,对于宪法规范的"法律后果"要素要有正确理解:首先,"法律后果"是宪法规范完整逻辑结构的必不可少的一部分,宪法条文在形式上有时没有明确体现出来并不能否定它的存在。因为如果没有"法律后果"要素,便无以标明宪法的规范性,便无以体现国家的最高强制力。实际上,在宪法性立法中,宪法规范的"法律后果"要素以三种状态存在和表现:一是通过宪法条文体现;二是表现于刑法或其他法律之中;三是包容于宪法的最高强制力和合宪性审查权力之中,以此来强制那些原则性、政策性宪法规定体现于普通立法和社会行为而发挥效力。

其次,"法律后果"要素在宪法立法中有多种复杂表现。它可能与"行为模式"存在于同一条文中间,或者隐含其间,也可能存在于不同条文之中;可能与其他要素共同存在于同一宪法典或同一宪法性文件之中,也可能存在于不同的宪法性法律之中,甚至单独存在于非宪法性法律之中。在某种情况下,几种"行为模式"也可能共有一种"法律后果"。同时,同一宪法条文在不同的宪法规范逻辑结构中也可能有不同的要素认定。如宪法关于"罢免""撤销"的规定,对于授权性宪法规范来讲是一种"行为模式",而对于禁止性宪法规范来讲则可能是一种"制裁"而被归于"法律后果"。

最后,对"法律后果"的理解也要合理化,不能将之简单地等同于"制裁"。根据宪法治理操作行为和违宪行为的不同,"法律后果"有多种形式和含义,可以是法律制裁,也可以是奖励,还可以是权力确认、权利剥夺或责任归属。即使是"法律制裁",也可能直接或间接地表现为宪法制裁或行政制裁,也可能表现为具体的刑事制裁或民事制裁。因此,对于宪法规范中"法律后果"要素的含义及其条文表现还要具体问题具体分析,切不可形而上学地去理解。

二、宪法规范的种类和分类

(一)宪法规范的种类

由宪法的性质和立法特征所决定,宪法的规范体系也是一个包含宏观规则和具体规范各层级的有机联系的整体。按照其表现形式和调控目标,宪法规范有以下几类：

1. 确认性规范

确认性宪法规范的功能主要在于从宏观上确立原则、制度和权力。确认性规范包括：

(1)宣言性规范。这种规范形式主要用来规定国家性质和宪法民主原则，具有抽象性、指导性和权威性的特点，通常多见于宪法的序言和总纲部分。如我国现行宪法第2条规定："中华人民共和国一切权力属于人民"；法国宪法第1条规定："法兰西是不可分的、世俗的、民主和社会的共和国"，"共和国的口号是自由、平等、博爱"等。

(2)调整性规范。这种规范形式主要用于规定国家基本政策，具有原则性但规范性与实用性不强的特点，通常多见于总纲和对每一类规范的概括性规定。如我国宪法规定："国家维护社会主义法制的统一和尊严"(第5条)。"国有经济即社会主义全民所有制经济，是国民经济中的主导力量。国家保障国有经济的巩固和发展"(第7条)。"中华人民共和国各民族一律平等"(第4条)。"国家推行计划生育，使人口的增长同经济和社会发展计划相适应"(第25条)等。

(3)组织性规范。这种规范形式主要用于政权组织和国家机构的组织和活动的内容的规范，特点是具体而规范性强，通常多见于总纲和国家机构部分。如我国宪法规定："中华人民共和国的国家机构实行民主集中制原则。""中央和地方的国家机构职权的划分，遵循在中央的统一领导下，充分发挥地方的主动性、积极性的原则"(第3条)。"全国人民代表大会由省、自治区、直辖市和军队选出的代表组成。各少数民族都应当有适当名额的代表"(第59条)。"国务院实行总理负责制。各部、各委员会实行部长、主任负责制"(第86条)等。

(4)授权性规范。这一规范形式主要用于确定特定国家机构的职权范围，保障其在法定范围内行使国家和社会管理权。授权性规范多见于宪法的总纲和国家机构规范部分，其中有关各个国家机关的职权规定均属此类。

(5)保护性规范。这一规范形式主要用于保障各种社会主体的正常活动和各种社会资源的合理利用，以及保障社会秩序。多见于宪法的总纲和宪法序言部分。如我国宪法规定："国家保护城乡集体经济组织的合法的权利和利益，鼓励、指导和帮助集体经济的发展"(第8条)。"国家保障自然资源的合理利用，保护珍贵的动物和植物"(第9条)。"国家鼓励集体经济组织、国家企业事业组织和其他社会力量依照法律规定举办各种教育事业"(第19条)等。

2. 限制性规范

限制性宪法规范是通过限定特定主体或特定行为来达到规范国家生活和社会

生活的目的。按照限制强度的大小次序,限制性宪法规范包括:

(1)禁止性规范,其形式表现通常为“禁止”“不得”。例如,我国宪法规定:“禁止对任何民族的歧视和压迫,禁止破坏民族团结和制造民族分裂的行为”(第4条)。“国家保护社会主义的公共财产。禁止任何组织或者个人用任何手段侵占或者破坏国家的和集体的财产”(第12条)。“全国人民代表大会常务委员会的组成人员不得担任国家行政机关、审判机关和检察机关的职务”(第65条)等。

(2)命令性规范,其形式表现通常为“必须”。如我国宪法规定:“全国人民代表大会任期届满的两个月以前,全国人大常委会必须完成下届全国人大代表的选举”(第60条)。“一切违反宪法和法律的行为,必须予以追究”(第5条)等。

(3)要求性规范,其形式表现通常为“应当”。如“人民法院和人民检察院对于不通晓当地通用的语言文字的诉讼参与人,应当为他们翻译”(第134条)。“人民法院、人民检察院和公安机关办理刑事案件,应当分工负责,互相配合,互相制约,以保证准确有效地执行法律”(第135条)等。

(4)限定性规范,即附带特定条件的调整性或授权性规范,其形式表现通常为“除……外都……”或者“但……”如“农村和城市郊区的土地,除由法律明文规定属于国家所有的以外,属于集体所有”(第11条)。“全国人民代表大会代表,非经全国人民代表大会会议主席团许可,在全国人民代表大会闭会期间非经全国人民代表大会常务委员会许可,不受逮捕或者刑事审判”(第74条)。全国人大常委会“在全国人民代表大会闭会期间,对全国人民代表大会制定的法律进行部分补充和修改,但是不得同该法律的基本原则相抵触”(第67条)。

3. 权利义务性规范

这类宪法规范的特点有四个:一是针对社会主体或公民个人而设定,一般不属于国家权力行使中的授权与限权范围,但也有例外,如职权就是一种特殊的权利义务规范。这类规范的目的在于保障公民个人生活和社会生活的秩序化、民主化进行,保障特定社会主体在社会发展中的应有地位,或保障国家权力的有效行使。二是权利规范和义务规范、权利主体和义务主体直接对应存在。三是在整个宪法规范的调整层次中,如果说前述确认性规范和限制性规范属于宏观调整,权利义务性规范就属于微观调整。四是这类规范主要集中于宪法立法的公民权利和义务部分,其他部分也有一些,如总纲部分和国家机构部分等。

权利义务性规范包括下列几种规范形式:

(1)权利性规范。它主要以赋予特定主体权利为内容。如我国宪法第8条规定:“国有企业在法律规定的范围内有权自主经营。”第35条规定:“中华人民共和国公民有言论、出版、集会、结社、游行、示威的自由。”

(2)义务性规范。这是特定权利规范的对应性存在,以明确主体义务、保证其权利实现为目的。如我国宪法第36条在赋予公民宗教信仰自由权利的同时规定:“任何人不得利用宗教进行破坏社会秩序、损害公民身体健康、妨碍国家教育制度的活动。”

(3)权利义务结合性规范,即宪法规范在立法时将权利和义务以结合形式规定。如我国宪法规定:“中华人民共和国公民有劳动的权利和义务”(第42条)。“中华人民共和国公民有受教育的权利和义务”(第46条)。

(4)权利义务同一性规范,即此类规范在本质上既是权利又是义务,二者具有内在统一性,在宪法立法中此类规范表现为职责规范。如我国宪法第72、73条关于人民代表提案权、质询权的规定,以及第88条关于总理工作职责的规定,都是同时具有权利和义务的内在同一性的。

4. 程序性规范

宪法政治运行和权利保障甚至宪法自身的保障都必须依靠严密的程序来维持,程序性规范是宪法的重要组成部分。宪法立法中程序性的规范有两种表现:一种是间接性程序规范,即宪法立法只规定原则性程序或程序指向,具体程序留待普通法律规定。如我国宪法第100条关于省、直辖市人民代表大会及其常委会的制定地方性法规的程序规定就是原则性的;又如,宪法第95条“地方各级人大和地方各级人民政府的组织由法律规定”的规定等均属此类,上述两项具体程序均由地方组织法或地方人大关于地方性法规制定程序条例予以规定。另一种是直接性程序规范,即由宪法典或宪法性文件直接规定有关事项的操作程序,比如,我国宪法关于宪法修改程序(第64条)、全国人大任期延长程序(第60条)、全国人大临时会议召集程序(第61条)等的规定,选举法中关于各级人民代表大会的选举与罢免程序的规定,人民代表法中关于人民代表职权行使程序的规定,地方组织法中关于地方人大和政府领导人的产生和监督程序的规定,以及民族区域自治法中有关民族自治机关的组织和活动、民族自治权的行使等程序的规定,都属于这一类。宪法立法中的程序性规范不但不少,而且很多,且很重要,关键要清楚不仅是宪法典中的程序条文才是宪法程序性规范,宪法程序性规范还表现在诸多的宪法性法律、宪法性文件和宪法惯例之中。

综上所述可见,宪法规范的种类如图3-1所示:

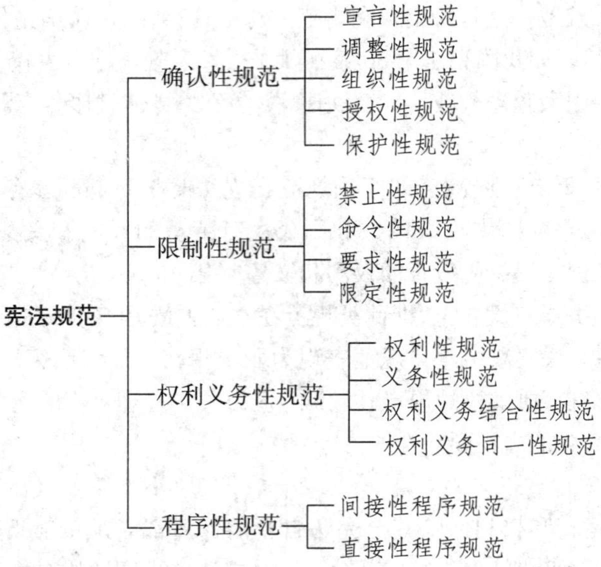

图3-1 宪法规范的种类

(二)宪法规范的分类

宪法规范可以依据不同的标准从不同的角度进行分类,这些分类有助于准确把握各类宪法规范的立法形式特点,现将学术界的主要观点简介如下:

从表达方式来看,其可分为宣告性规范与确认性规范。宣告性规范是以宣告的方式表述一个国家的基本政策或宪法原则,具有高度概括性、鲜明性和严肃性。确认性规范是指对已经存在的事实加以认定、使之法律化的肯定性规范,这类规范量大面广,具体性强。

从宪法规范作用的时间来看,其可分为纲领性规范和现实性规范。凡作用的时间是指向未来的宪法规范称为纲领性规范,多出现于宪法序言中。凡专门调整现实生活中业已存在的社会关系的宪法规范即现实性规范。

从宪法规范约束力的强弱,其可分为提倡性规范、任意性规范和强制性规范。提倡性规范专指那些国家希望公民或其他组织做到或通过教育后做到某些事的规范,约束力较弱;任意性规范指那些适用与否由主体自行选择的规范,在宪法立法中此类规范较多;强制性规范则是指命令性规范,即规定主体必须作出或不得作出一定行为的法律规范。

从宪法规范的功能来划分,其可分为调整性规范与保护性规范。调整性规范就是通过直接给予参加者以权利并让他们承担义务的途径来调整社会关系的规则,包括授权性规范、命令性规范和禁止性规范;保护性规范则往往是一些特殊性、专门性的保护规则。

按照规范与权利的关系,其可分为权利性规范和义务性规范。权利性规范即赋予权力或权利的宪法规范,义务性规范即规定职责、义务、限制的宪法规范。

按照宪法规范的内容,其可分为关于国家制度的规范、关于国家形式的规范和关于公民与国家关系的规范。关于国家制度的宪法规范是指宪法中关于国家政治制度、选举制度、立法、司法、行政等制度的规定。关于国家形式的宪法规范则是指宪法中关于政权组织形式、国家结构形式、国家机构的规定。关于公民与国家关系的规范则是指宪法中关于公民基本权利与义务的规定。

按照宪法规范的表现形式和特点,其可分为权限规范、创设规范、程序规范、修改规范、人权规范、国家目的规范、宪法要求规范。

按照宪法规范的可操作性程度,其可分为原则性规范和具体性规范。

按照宪法规范间的关系,其可分为主体性规范和附带性规范。

按照宪法规范对宪法民主政治实践的作用,其可分为实体性规范和程序性规范。

第四节 宪法规范的效力和适用

一、宪法规范的效力

在我国学术界,关于宪法规范的效力一直有两种观点。一种观点认为,宪法规范的效力就是宪法的效力,即具有最高的法律效力,是普通立法的基础,任何普通法律不能与它相抵触,任何人不能有超越它的特权;另一种观点则认为宪法规范具有最高权威性,但无具体惩罚性,它通过其他法律达到制裁目的。[1] 两种观点都值得商榷。首先,宪法规范的效力不能与宪法的效力相等同。宪法的效力是指宪法作为国家根本法对整个国家生活和社会生活进行调整所具有的最高法律效力,它体现为权威的最高性、覆盖面的广泛性和作用的原则性。而宪法规范的效力则是指宪法规范作为一种行为规则所具有的具体约束力,它具有作用范围的特定性和作用方式的具体性,二者不能混为一谈。其次,不能将宪法规范的效力等同于宪法条文的效力。宪法规范作为完整的规范形式必然包含"法律后果",而法律制裁与惩罚是其中最重要的表现。宪法规范的法律制裁究竟是以宪法条文的方式表现

---

〔1〕 魏定仁主编:《宪法学》,北京大学出版社 1994 年版,第 18 页。

还是以普通法律规范的形式表现,只是一个立法形式表现的问题,它并不影响宪法规范法律制裁效力即具体惩罚性的客观存在。不能因为宪法条文中没有具体制裁措施,就认为宪法规范没有具体惩罚性。否则,就会导引出宪法规范没有具体强制力的结论。而宪法条文没有表现出具体制裁,并不等于宪法规范就没有具体制裁效力,更不等于宪法规范没有具体的强制效力。最后,不能将宪法规范效力等同于具体制裁,更不能将"制裁"等同于"惩罚"或普通的刑事、民事制裁。宪法规范的效力有多种表现方式。

笔者认为,宪法规范与其他法律规范一样具有强制性效力,而且是最具权威性的法律强制效力。宪法规范的效力具有以下几方面的独特表现,这也是宪法规范效力不同于普通法律规范效力的特点。

(一)宏观调整效力

宪法规范的宏观调整效力,就是宪法规范所具有的按照宪法民主治理原则和国家政治统治需要,从大的方面提出原则,理顺和规范各种国家关系和社会关系的实际作用和效果。宪法规范的宏观调整效力是通过宪法立法中一系列"禁止""鼓励""提倡""保护""限制"等条文来确立国家基本政策,通过公民基本权利和义务的规定来确定国家与公民之间的关系,通过各种宏观政策和国家基本制度的规定来明确各种政治力量在国家生活和社会生活中的政治地位及其与国家之间、相互之间的关系,通过对国家机构建设的基本原则的规定来确定国家机关相互之间的地位和关系等,以最终得到充分发挥和表现,从而形成规范国家生活和社会生活的实际效果。

(二)微观组织效力

宪法规范和微观组织效力就是指宪法规范具体组织、协调、指导国家权力行使过程的实际效果和作用。宪法规范的微观组织效力是通过宪法立法中一系列"授权""命令""限定""职权""职责""关系""原则""程序"等条文来确定各国家机关组织和活动的规则、程序、职权范围和权力行使方式及限度,从而实际发挥作用的。

(三)政治确认和制裁效力

宪法规范的政治确认和制裁效力是指宪法规范所具有的对特定主体和事项赋予或剥夺、确立或撤销其政治地位、政治权力、政治效力、政治关系的实际效果和作用。这是宪法规范与其他法律规范在效力上最典型的不同。宪法规范的政治确认和制裁效力是通过宪法立法中有关政治地位、政治原则、基本制度、公民基本权利和义务以及选举、监督、罢免、弹劾、不信任投票、撤销、宣告无效、剥夺权利和地位等方面的规定实现的。

从上述宪法规范效力的几种形式可以看出,宪法规范的效力从根本性质上讲是一种政治性法律效力,无论是宏观调整、微观组织还是政治确认与制裁,都是一种政治运筹和政治约束,都有政治目的和政治功能包含其中。那么,宪法规范存在不存在非政治的效力呢?回答是否定的。因为即使是表现于其他普通法律之中的、属于宪法规范完整结构范围的惩治性制裁,也不是简单的普通法律制裁或惩罚,而是宪法规范政治制裁效力的延伸和替代性措施,最终是宪法规范政治制裁效力的表现。例如,我国刑法中关于侮辱罪、诽谤罪和诬告陷害罪的规定,如果被视为宪法保护公民人格尊严这一规范的法律后果的话,那它就是宪法第 38 条“禁止用任何方法对公民进行侮辱、诽谤和诬告陷害”这一规范的政治禁止效力的延伸的具体表现。

最后,还有必要指出的是,宪法规范的效力是具体的,也是直接的,但这种效力的作用方式却有直接作用和间接作用之分。这是由于人们对宪法规范效力层次的要求和理解不同或者相对于不同的作用对象而言所致,如有的宪法规范相对于某一类社会关系的调整来讲,其效力能够直接发挥;但相对于该类社会关系中的具体事项和人员来讲,其调整效力的发挥则需要通过中间层次具体化。正因如此,就使宪法规范效力作用的过程呈现出所谓直接性和间接性来。但不能由此将宪法规范的效力分为直接性效力和间接性效力,因为效力的作用方式的直接与间接乃是人们主观理解的不同所致,它与效力本身还是不能等同的,应当说,宪法规范对社会和国家生活的调整与规范效力都是直接的。

二、宪法规范的适用

宪法规范的适用是与宪法规范的强制性和直接的规范性相联系的一个问题,宪法适用既是宪法强制力和规范性的要求和具体表现,同时也是宪法强制力和规范性的实现和保障。如果没有宪法适用,宪法的规范性便无从谈起,甚至宪法的存在价值也有必要从法律的范畴划入道德的领域。在我国宪法学界,关于宪法的适用有两种认识:一种观点认为,宪法不存在适用问题,因为宪法规范具有原则性和概括性特点,没有直接的强制力,虽然有规范性但没有适用性;另一种观点认为宪法有适用性,但由谁适用以及如何适用却无人探讨。对第一种观点笔者是持否定态度的,其理由已在“宪法规范效力”部分关于宪法规范具有直接强制效力的论述中有所说明。下面主要谈谈宪法适用的有关问题。

宪法适用,就是国家专门机关依照法定程序将宪法规范实施于国家生活和社会生活,促使守宪主体执行宪法,依宪办事的法律活动。就具体内容来讲,宪法适用包括正常适用和非正常适用两种。宪法的正常适用,是指国家有权机关依照法定程序制定宪法性的法律和有关实施细则,使宪法规范中带有原则性的规则具体化,或为可直接适用的宪法规范提供督促执行的措施,或者对已有宪法规范的含义进行解释说明,以保证宪法规范具体执行的活动。宪法的非正常适用,则是指国家有权机关依照法定程序对违宪行为进行裁决,确定违宪责任和实施宪法制裁的法律活动。宪法的非正常适用是宪法正常适用的最有效法律保证。

宪法适用不同于宪法执行或宪法遵守。宪法适用为宪法执行或宪法遵守提供可操作性条件,同时督促宪法执行或宪法遵守,因而带有强制性、主动性和专门性;宪法执行或宪法遵守则是按照宪法规范办事,具有服从性、被动性和广泛性。宪法适用的主体是负有法定职责的国家有权机关,而宪法执行或宪法遵守的主体既包括国家机关,也包括社会团体、政党、各种政治力量、武装力量和公民个人。宪法适用性的目的是使宪法执行或宪法遵守有则可循、有则必循,而宪法执行或宪法遵守则最终使宪法规范得以实现、宪法民主治理秩序得以形成。

宪法适用也与普通法律的适用有所不同。普通法律的适用仅是指司法机关依照法定程序运用法律规范审判并制裁违法行为的活动。但宪法规范的适用除合宪性审查外,还包括宪法性立法具体化和宪法解释,这也是由宪法规范的原则性特点所决定的宪法规范在适用上的特点。

宪法适用必须要有一定的条件:

第一,要有专门的机关。无论是立法具体化、宪法解释,还是违宪制裁,都必须要有专门的机关专司其职,而且这些专门机关还必须具有行使该项职权的人力、物力和时间条件,以保证宪法适用的有效进行。在外国,宪法适用的机关是议会和特定的合宪性审查机关;在我国,按照现行宪法的规定,宪法适用的机关是全国人大和全国人大常委会。

第二,要有严密而合理的法律程序,以保证宪法适用的准确、及时、有效和有秩序,防止其中的随意性和违法行为。一般来讲,宪法适用程序包括普通立法程序、宪法解释程序和合宪性审查程序。这些程序的设计及其作用应该是具体、全面、互相协调的,同时也应该是互补的和联动的。

第三,要有公正性,即宪法适用本身要严格依照宪法和法律办事,不能受各种与宪法立法、宪法民主精神相违背的相关利益群体和相关政治主体的影响和干涉,以保证宪法适用的纯洁和有效。

第四,要有权威性和强制性,即宪法适用的过程和结果要在全社会具有一体遵行的约束力,否则,宪法适用将会流于形式,宪法秩序更不可能实现。

第五节　宪法规范的形式和构成体系

一、宪法规范的表现形式

宪法规范在现实宪法立法中的表现形式是多种多样的，具体地讲，包括宪法典、宪法性法律、宪法惯例、宪法解释和宪法判例。

（一）宪法典

宪法典就是国家制定机关依照特殊的制宪程序制定的、集中规定宪法规范、具有固定的立法模式和结构、在效力上高于其他法律、在修改程序上比其他法律严格的法律文件。在成文宪法国家，宪法典是宪法规范最基本的表现形式。在不成文宪法国家，则不存在宪法典。18 世纪末期，美国制定了人类历史上第一部成文宪法，开创了以宪法典作为宪法规范基本表现形式的先例，并对其后各国的宪政运动和宪法立法产生了巨大影响。到目前为止，世界上绝大多数的立宪国家都制定有宪法典，宪法典成为宪法规范的最主要表现形式和是否立宪的标志。

宪法典作为宪法规范的表现形式，具有以下特点：

第一，内容系统而明确，便于执行和监督。宪法典是宪法规范的集中表现，其制定经过专门的制宪程序和立宪技术加工，法律用语规范，表意明确而没有歧义，前后精神和立法内容一贯，而没有相互矛盾或抵触的情况，立法风格和立法模式也有鲜明特点，因而规范性和指导性较强。

第二，除个别柔性宪法国家外，宪法典具有高于普通法律的效力，在制定和修改程序上比普通法律要严格，因而有助于保证宪法规范的权威性和稳定性，也便于宪法规范的有效实施。

第三，宪法典有固定的立法结构，规范的排列组合有一定规则，主次分明，重点突出，是立宪经验的总结，因而有助于最充分和最全面地表达统治者和社会各方面的立宪要求。

第四，宪法典作为主要的宪法规范表现形式并不排斥和否定其他宪法立法形式，反而能够与其他宪法立法形式相互协调，相得益彰。事实上，在任何一个制定有宪法典的国家，都能够找到与之并行发挥作用的其他宪法形式。

（二）宪法性法律

宪法性法律是指由普通立法机关依照普通立法程序制定或认可的，以宪法规范为内容的规范性文件。宪法性法律包括两种情况：一种是带有宪法内容的普通法律,如选举法、国家机关组织法等;另一种则是带有宪法内容而经国家立法机关依法赋予其法律效力或重新进行法律解释的某些政治性文件或国际协议、地区性盟约等。宪法性法律,在成文宪法国家是宪法典的补充,有时候还是某些成文宪法规范的具体化;在不成文宪法国家,宪法性法律则是宪法规范的最重要表现形式,是这些国家宪法治理体制存在和运行的最基本依据,或是其宪法民主政治制度逐步形成的标志。

宪法性法律作为宪法规范的表现形式具有以下特点:

第一,在内容上,宪法性法律只涉及国家宪法制度或民主治理规则的个别部分,带有专项立法的性质,而不像宪法典是对宪法制度的全面系统规定。

第二,在效力上,宪法性法律与普通法律完全相同,制定修改程序也一样,但在法律地位上应该说比其他非宪法性法律要更为重要,如在我们国家宪法性法律一般被划入基本法律范畴。

第三,在性质上,宪法性法律是宪法典原则规定的延伸或具体化,属于一国宪法制度的重要组成部分。有的宪法性法律往往还是宪法典的初级形态,带有摸索经验的性质,一旦条件成熟,便会将之通过修宪程序变为宪法典的内容。

第四,在作用发挥方面,宪法性法律具有灵活性的特点,它不像宪法典的解释和修改程序那样严格,便于宪法治理操作。

英国是世界上立宪最早的国家,也是以宪法性法律为主要宪法规范表现形式的最具特色的国家。英国的民主宪政制度起源很早,但在早期都是以一些与限制王权和确认民权、确认某项具体民主制度有关的普通法律文件或政治性文件表现出来的。这些文件中的大部分原本属于封建性质,但在英国资产阶级取得革命胜利后对其重新进行立法解释,使之成为英国资产阶级宪法性文件。所以,英国至今没有一部完整的宪法典,被认为是不成文宪法的代表。我们通常所说的英国宪法,其实就是由这些历史上形成的宪法性法律和宪法惯例所构成的,如 1215 年的《自由大宪章》、1628 年的《权利请愿书》、1679 年的《人身保护法》、1689 年的《权利法案》、1701 年的《王位继承法》,以及 1911 年的《国会法》、1918 年的《国民参政法》、1972 年的《共同体法》等,它们都是英国宪法规范的表现形式,是英国宪法的基本组成部分。

(三)宪法惯例

所谓"惯例",按照《牛津法律大辞典》的解释,是指那些经过相当长时期的统一的、连续的和普遍的实践,而被公认并且获得法的确信的习惯规则。所谓宪法惯例,就是指在长期的政治实践中逐步形成的、以弥补或变更宪法制度为内容的、为国家和社会公众普遍承认从而具有连续的稳定的普遍约束力的政治习惯和传统。

在成文宪法国家,宪法惯例是宪法典的补充、修正或发展,是宪法典得以适应社会实践变化而更新内容、灵活适用的辅助手段,在性质上属于该国宪法制度的组成部分。在不成文宪法国家,宪法惯例则是创设民主治理制度、发展宪法规范、理解宪法民主政治内涵、应用宪法规则的主要手段,是该国宪法规范的最重要表现形式。

宪法惯例作为宪法规范的表现形式,具有以下特点:

第一,在内容上,宪法惯例涉及的主要是具体宪法政治运作规则,以弥补宪法典或宪法性文件过于原则或不合现实政治实践需要之不足。在许多国家,也有由宪法惯例创设主要宪法制度的例证。因而,在性质上宪法惯例是宪法制度的重要组成部分。

第二,在效力上,宪法惯例不是法律,因而不具有以国家强制力保障实施的法律效力,更不具有宪法规范本应具有的最高法律效力。宪法惯例只是一种成文的政治习惯规则,甚至被称为政治道义规则或宪法道德,它未被法律明文规定,也不被宪法治理的政治实践所破坏,其普遍约束力来自社会公众承认和国家政权的默许,但却不具有法律上的保障。宪法惯例不能像法律那样在法院得到适用,违反宪法惯例的行为也不构成违宪。但在各国的宪法政治实践中,宪法惯例所具有的政治约束力和由于连续稳定适用并得到普遍公认而形成的社会自觉遵守的力量是巨大的,因而其现实作用是客观存在的。

第三,在形成方式上,宪法惯例不像成文宪法和宪法性法律那样经由法定机关依照法定程序制定或认可而产生,而是基于适应宪法民主政治实施的现实需要,在宪法治理实务运作中创出新的做法,经过长期的积累逐渐形成公认的合乎宪法民主精神的习惯规则。有些宪法惯例最初只是政治家的个人政治行为,但由于符合宪法民主精神并补充了已有宪法规范的缺陷而为人们所效仿和遵从,或者经著名学者的论证推广,而最终形成一种习惯规则。

第四,在作用上,宪法惯例表现有四:一是创设宪法制度,弥补宪法立法之空白。如美国联邦最高法院负责解释宪法和合宪性审查的制度,就是由 1803 年美国联邦最高法院首席大法官马歇尔在审理“马伯里诉麦迪逊”一案时所创先例,最后形成公认宪法惯例而确立的。二是开创具体宪法治理操作的方法,弥补宪法立法过于原则之不足。比如,我国宪法修改以宪法修正案的方式进行的惯例,就是在宪法和法律关于修宪方式并无任何明确规定的情况下借鉴国外做法而于 1988 年 4 月七届人大一次会议上创立的,迄今我们已形成 52 条宪法修正案。这一宪法惯例是对我国有关宪法原则规定的具体化和补充。三是在不变动宪法原文的情况下修正已有宪法规范内容,形成宪法变迁。比如,一些实行议会内阁制的君主立宪制国家,国王在法律上有权委派国务员,但依惯例,国务员的委派须经首相向国王推荐。这一宪法惯例,就使宪法规范的内容发生了变迁。四是使某些宪法规范丧失效力,导致特定宪法立法实质上被废弃。如美国宪法规定,总统、副总统的选举权由各州选出的选举人来行使,但根据惯例,这些选举人并无自由裁量权,他们的选择权力事实上已经转移给政党组织,因为这些选举人必须按照推荐他们的政党的决定进行投票。这就使美国宪法上的有关选举人拥有选举总统、副总统权力的规定丧失了效力。

英国是不成文宪法国家,因而是宪法惯例最多、最为典型的国家。英国宪政制度中的许多基本规则都是由宪法惯例所创立或以宪法惯例的形式发挥作用的。如英王不出席内阁会议、首相由下院多数党领袖担任、首相在政治运作中居于首要地位、处理不信任投票的两种方式等,均是宪法惯例。据说,英国的重要宪法惯例达几十条之多,因而,宪法惯例是把握英国宪政制度的关键。在美国,大量的宪法惯例是作为成文宪法的补充而存在的。诸如联邦最高法院的司法审查权、总统任期的两届限任制、政党的政治选举与政治协商功能、总统任命官员应考虑地理分布平衡,以及作为总统咨询机构的内阁制度的存在,都是在宪法立法中没有明文规定,而以宪法惯例的形式获得民主政治的法律约束力的。

在我国,宪法典是我国宪法规范的最基本表现形式,但也同样存在宪法惯例,这是在宪法政治实践发展中自发形成的,是对我国社会主义民主宪法制度的补充和完善。比如,中国共产党拥有修宪建议权,修宪方式采取宪法修正案,民主党派和政协在政治决策中享有协商、建议权,以及全国政协委员列席全国人大会议等,都是多年来在我国政治生活中逐步形成的、符合宪法规范和民主政治原则的、行之有效的宪法惯例,它们在我国的宪法民主政治运作中发挥着重要的政治作用。

(四)宪法解释

宪法解释就是国家宪法解释机关依照法定的程序对宪法条文的含义、精神及适用范围所作的具有法律约束力的说明。宪法解释是宪法规范的一种补充形式。

宪法解释作为宪法规范的形式,具有以下特点:

第一,在内容上,宪法解释或者是对个别宪法条文立法原意和适用范围的说明,或者是对宪法条文间相互界限的判定,或者是对特定宪法条文蕴涵的宪法民主精神的发掘并由此推断出具体规则指导宪法政治治理实践。

第二,在形式上,宪法解释最大的特点就是不变更宪法原文的字句形式,而发掘隐含于字里行间的立宪原旨和立宪精神,因而它是以宪法条文为基础进行的,是一国宪法制度的组成部分。

第三,在效力上,宪法解释由于是国家有权机关的法定行为,因而具有与法律相同的一体遵行的效力,违反宪法解释的行为是违宪行为。

第四,在作用上,宪法解释表现有三:一是明确已有宪法立法的内在含义,去除歧义,平息纷争,便于执行;二是推断出具体的宪法规则,弥补已有宪法规定过于原则之不足;三是根据宪法民主精神在原宪法规定的基础上顺向推出新的宪法规则,或者赋予原宪法规定以新的精神和含义,使宪法条文发生内容变迁。如英国资产阶级在革命胜利后将本国早期一些封建性政治文件纳入宪法范畴的做法,就是对这些文件的含义重新解释。再如,美国联邦最高法院经常通过司法审查权对宪法规范作出适应时代需要的伸缩性解释,以追求一个活的宪法,这也是宪法解释促成宪法变迁的例证。

(五)宪法判例

宪法判例,就是英美法系国家的法院,特别是最高法院,在审理具体案件中所形成的具有宪法性内容、为下级法院和社会政治实践所尊重而具有一定约束力的判决。在有的国家,拥有司法裁判权的议会上院,也有形成宪法判例的情况存在。由于宪法判例包含对已有宪法立法内容或宪法治理操作规则的发展,因而也被认为是宪法规范的补充性表现形式之一。

宪法判例作为宪法规范的形式,具有以下特点:

第一,宪法判例的内容主要是对宪法立法在适用规则方面的发展,当然其中也包含对宪法立法原意的解释和推定,因而对宪法治理实践具有普遍性意义。

第二,宪法判例的效力不是法定的。无论是英国,还是在美国,虽然都存在"依循先例"的政治原则和司法原则,但宪法判例的约束力主要来自下级法院对上级法院的尊重,或者是来自下级法院法官对判例内容的内心认同。如果下级法院法官认为现有宪法判例所树立的宪法原则是错误的或不可行的,或者对现有宪法判例不满意,那么也有权根据自己的良知和确信作出不同于前例的裁决,从而有可能形成新的宪法判例,随着新判例的形成,旧判例相应部分就会失去约束作用。例如,经过美国最高法院废除的宪法判例就有八十个左右。

第三,宪法判例与其他宪法规范形式相比,在适用上更具有灵活性。因为在宪法规范的诸形式中,宪法惯例的约束力是最低的,它会随着政治现实的需要和法官观念的变化而随时产生、变更和被废止。当然,也正是由于这个原因,才使宪法判例成为英美法系国家维持宪法立法的时代活力、随时满足和表现宪法民主政治实践需要的最有效方式。

宪法规范的表现形式
- 宪法典
- 宪法性法律
- 宪法惯例
- 宪法解释
- 宪法判例

图 3－2　宪法规范的表现形式

二、成文宪法的规范体系

成文宪法的规范体系,是指成文宪法所要包含的规范内容,在立法设计时按照一定原则、模式和规律进行组合、编排而形成的,各部分相互协调、有机联系、结构完整的规范整体。对成文宪法的规范体系进行研究,就是要说明成文宪法的立法内容在形式上是如何排列的、各部分相互之间的关系如何,以及贯穿其中的立法原则和规律性。

成文宪法的规范体系,亦即成文宪法的立法形式结构,是由宪法规范的实体内容所决定的。形式的编排要符合内容表现的要求,具体结构的调整要反映内容性质和重要性的差别,整体的规范体系设计还必须考虑到立宪的目的和本国宪法治理的实际要求。所以,从根本上讲,宪法形式结构的基本方面及其总体设计的合理程度,是以宪法内容的科学与规范作为基础和前提的。除此以外,宪法规范体系的形式结构还要受到各国不同的历史传统、制宪模式、民族特点、制宪条件、制宪技术高低及特殊的宪法治理需要等多种因素的影响,这就使各国成文宪法的规范体系呈现出千姿百态,很难形成一个世界通用的"共同模式"。但是,成文宪法的规范体系建设亦并非毫无共同之处可言,其中有些形式上的模式虽然各有特点却也有一些共同的规律性东西可资把握,这也是国家民主治理中在立法方面可资各国相互学习借鉴的一个方面。随着人类社会的进步和各国民主立宪的发展,以及各国民主宪法治理中涉及的共同问题越来越多,各国在立宪形式方面相互借鉴学习甚至移植,以及追求宪法规范体系的严密和完善,将是一个历史性趋势。各个国家的统治阶级总是力图使自己的宪法规范体系尽量做到科学、严谨、合理,以便更好地为宪法的内容服务。

成文宪法的规范体系通常由宪法的名称、序言、正文、附则四个主要方面组成。

(一)宪法名称

宪法名称,又称宪法的立法标题,它是对宪法规范特点的高度概括和权威标志。从实践情况来看,世界上多数国家采用“宪法”这一名称。这样的立法标题就将所要表述的规范内容与其他法律严格地区别开来。但也有一些国家采用别的名称,例如,澳大利亚把宪法称作“宪法性法律”,摩洛哥将其称作“宪法性敕令”,德意志联邦共和国将其称作“基本法”,苏联的规范用语为“宪法(根本法)”,埃及还称“永久宪法”,圣多美和普林西比民主共和国则称“政治宪法”。当然,各国宪法的名称的不同并不表明宪法规范内容的不同,但却是各国立宪习惯及对宪法规范性质界定上的特色的反映。

(二)宪法序言

宪法序言,就是宪法条文前面的开篇说明。宪法序言的内容主要是记载国家光辉历史和革命成就、建国宗旨和国家的奋斗目标、制定的目的和指导思想,以及国家生活和社会活动的基本原则,等等。在整个成文宪法的规范体系中,宪法序言具有统率全局、浓缩精神、构造基础、设定原则的功能和意义。因而,在宪法正文之前设置序言,已经成为世界各国立宪体系的通行模式。据统计,在世界各国现行的142 部成文宪法中,有序言的达 94 部。

就宪法序言的立法形式来讲,各国也不尽一致,内容的繁简、文字的长短以及序言的名称也各有差异。有的国家称“序言”,如法国第五共和国宪法、中华人民共和国宪法等;有的称“前言”,如德意志联邦共和国基本法;有的称“序文”,如 1946 年法国宪法;还有的虽有序言之实,却无序言标题,如美国宪法、意大利共和国宪法等。有的国家还将一些成形的以阐释本国立宪精神的政治文件作为序言,如 1791 年法国宪法以《人权与公民权利宣言》为其序言,1918 年的苏俄宪法则是以《被剥削劳动人民权利宣言》为其序言的。

宪法序言有没有法律效力,这是一个长期争论的问题。一种观点认为,宪法序言没有法律效力,其理由是,宪法序言的内容带有宣言性和叙述性,不是具体的宪法规范,违反了宪法序言要受什么制裁也没有明确规定,而且世界上还有的宪法根本就没有序言,因而认为宪法序言具有法律效力难以成立;另一种观点认为,宪法序言具有法律效力,其理由是,宪法序言是宪法规范整体体系的一部分,而且是规定和说明宪法立法原则和立法目的的一部分,其中所阐释的宪法民主精神和基本国策应该说是贯穿宪法条文设计与执行始终的灵魂,理应具有最高的法律效力。至于其中的历史叙述等内容,实质上也是附属于本国立宪目的和宪法政治特色的说明的,因而不能将之与序言的其他内容割裂开来,而得出宪法序言中有的部分没有法律效力、有的部分有法律效力的结论。笔者同意第二种观点,认为宪法序言同宪法正文一样具有最高的法律效力。违反宪法序言中有关立宪精神和立宪原则的说明,如果导致对宪法正文规范的违背,就必须承担违宪责任,而其他的尚未达到违背宪法正文规范的行为则属于情节轻微的违宪行为。

理解宪法序言的法律效力,既不能将宪法序言与宪法正文割裂开来,也不能将宪法序言内部的各部分划分主次,而应该将宪法序言作为宪法规范体系的整体来深刻认识。

我国的宪法序言是整个宪法规范体系的基础和灵魂,主要包括以下内容:(1)规定宪法的指导思想。宪法序言回顾了我国民主政治运动的历史过程和重大历史事件,总结出必须坚持中国共产党的领导、坚持马列主义和毛泽东思想、坚持人民民主专政、坚持社会主义道路这四项基本原则的结论,这是我国立宪的指导思想。(2)规定了国家的总任务,即"我国将长期处于社会主义初级阶段。国家的根本任务是,沿着建设中国特色社会主义的道路,集中力量进行社会主义现代化建设。中国各族人民将继续在中国共产党领导下,在马克思列宁主义、毛泽东思想、邓小平理论、'三个代表'重要思想、科学发展观、习近平新时代中国特色社会主义思想指引下,坚持人民民主专政,坚持社会主义道路,坚持改革开放,不断完善社会主义的各项制度,发展社会主义市场经济,发展社会主义民主,健全社会主义法治,贯彻新发展理念,自力更生,艰苦奋斗,逐步实现工业、农业、国防和科学技术的现代化,推动物质文明、政治文明、精神文明、社会文明和生态文明协调发展,把我国建设成为富强民主文明和谐美丽的社会主义现代化强国,实现中华民族伟大复兴"。这一规定是以根本法的形式对中国共产党在现阶段的基本路线的完整的、集中的反映,有利于引领全党全国人民把握规律、科学布局,在新时代不断开创党和国家事业发展新局面,齐心协力为实现"两个一百年"奋斗目标、实现中华民族伟大复兴的中国梦而不懈奋斗。(3)规定了基本国策。在对我国的政治状况进行客观分析和认定的基础上,宪法序言提出了我国的一些基本国策,包括:完成祖国统一大业;社会主义建设事业的依靠力量是工人、农民和知识分子;团结一切可以团结的力量,爱国统一战线将继续巩固和发展;维护民族团结,促进各民族共同繁荣;坚持独立自主的对外政策,坚持和平发展道路,坚持互利共赢开放战略,发展同各国的外交关系和经济、文化交流,推动构建人类命运共同体。(4)规定了宪法的根本法地位和最高法律效力。

(三)宪法正文

宪法正文是宪法规范体系的主体部分,主要包括两大部分内容:一是国家民主宪法治理的基本原则,二是国家民主宪法治理的具体规范。在排列次序上,一般是:总纲、公民基本权利与义务、国家机构和国家标志。

宪法的总纲部分,又称"总则""基本原则""社会结构"等,主要规定基本宪法民主原则和基本国策,一般包括国家主权归属原则、政体原则、基本施政原则、人权原则、法治原则等;在社会主义国家还包括经济和社会制度的基本政策;有的国家在总纲中还规定国家的领土结构等。在整个宪法规范立法体系中,宪法总纲具有原则性、总括性、综合性的特点,是国家和社会基本制度设定之法律依据,是宪法民主体制形成和运作之基础,十分重要。在我国,宪法总纲共32条,规定了以下内容:(1)国体,即人民民主专政的社会主义国家,这也就是国家主权归属原则;(2)政体,即人民代表大会制度;(3)国家结构形式,即多民族的单一制国家,以及民族区域自治制度和特别行政区划;(4)法治原则;(5)国家经济制度;(6)文化建设;(7)社会建设;(8)国家机关与人民关系的原则和制度;(9)武装力量;(10)外国人的权利保护。上述内容中除第5、6、7项属于基本国策外,其余均为国家宪法治理基本原则的内容。

公民的基本权利义务、国家机构和国家标志则属于国家具体宪法治理规范。公民的基本权利和义务是近代宪法的最重要内容之一,它体现着公民与国家的关系,是公民在国家中政治地位的具体保障,因此,进入20世纪以来的现代宪法绝大多数都对之专章立法规定,特别是20世纪70年代以来的宪法更是突出其重要立法地位,有的甚至将其列为宪法正文的第一章(如意大利共和国宪法等),我国现行宪法立法时也将该章内容移前以示对人权保障的重视。国家机构是近代宪法的又一大重要内容,其立法本意主要在于规范国家机构的活动,将之纳入民主化和法制化的轨道,最终达到国家政治权力行使的秩序化和民主化。国家标志制度,包括国旗、国徽、国歌等,也是国家形式的重要构成,是国家和民族精神的体现和象征,因而也是宪法规范的基本内容。总之,公民基本权利义务和国家机构、国家标志的内容在整个成文宪法规范体系中属于具体规范层次,是总纲中基本宪法民主原则的规范表现,是宪法政治实践中的实用性规则。

(四)宪法附则

宪法附则,包括宪法的修改、解释程序,宪法保障措施,以及宪法的公布和生效时限,基本属于程序性内容,是成文宪法效力的自身保障。世界上绝大多数国家的宪法都有关于宪法修改、宪法解释、宪法保障、宪法生效等辅助性条款的专章或专节规定,有的国家的宪法将之称作"过渡条款"。我国宪法上的附则内容并未专章专节规定,而是分散于总纲和国家机构的规定之中,对于宪法的生效方式也无明文规定,但实践中均是自公布之日起生效。在整个成文宪法规范体系中,宪法附则虽然是程序性和辅助性的,但却是宪法实施保障建设的根本法依据,起着维护宪法权威性、稳定性和最终实现的功用,其重要性是显而易见的。

第四章　宪 法 价 值

第一节　宪法价值及其实现系统

一、价值与价值评价

价值是一个哲学概念，是指客观事物的存在及其属性对人的需要的满足，它产生并存在于主体的关系之中，是从主体的角度对客体及其作用的评价。价值具有社会性、相对性和客观性的特点。价值的社会性又称价值的主观性，它是指客观事物只有加入了社会运动、与人发生直接关系并服务于人的需要时才有价值，否则就无价值；价值的相对性，是指事物的价值会随着社会历史条件的变化而变化，每个时代和每种社会都有与当地特定环境下人类活动需要直接联系的价值观念和价值规范体系，在有阶级社会，对有的事物价值的评价还带有鲜明的阶级性；价值的客观性，则指事物的价值是一种客观存在，因为它所依赖的人的需要和客观事物的属性是实实在在的，因而由此得出的价值评价是具有客观内容和实际依据的，而不是凭空臆造的。

自由是价值的本源与核心，也是对事物进行价值评价的终极标准。人的基本需要是追求自由，即追求人类相对于自然和社会的广泛活动空间，它是人类基于对自然规律和社会规律的深刻认识而获得的不受束缚而活动自如的状态，那么，对人类自由需求的满足程度及在追求自由中所起的作用就是事物价值的表现。可以说，人类社会迄今为止的整个发展历史就是不断追求自由和获得自由的历史，也是一切被纳入人的关系之中的客观事物的价值逐一逐步展现的过程。

服务于同生产力发展水平相适应的主体性生产关系是判定上层建筑价值的具体标准。人类对自由的追求是分层次进行的。首先，人们要改造自然，力图获得人与自然关系上的自由，这表现为发展生产力，由此，是否符合生产力发展需要成为衡量由生产力决定的生产关系的价值标准；其次，人们还要改造社会，追求人与人关系上的自由，这表现为保护与生产力发展相适应的主体性生产关系，由于上层建筑是在生产关系基础上建立的政治、法律、文化设施和观念的总和，因而，是否符合并服务于主体性生产关系的需要就成为衡量其是否具有价值及价值大小的标准。

理解上层建筑价值评价标准时要注意几点：

第一，以服务于主体性生产关系为上层建筑价值之衡量标准并非彻底否定为非主体性生产关系服务的上层建筑的价值，而是指这一部分上层建筑的价值实际上是通过保护非主体性生产关系的形式而对主体性生产关系的存在和发展发挥服务作用。也就是说，在评价上层建筑时，基本的价值取向只能是主体性生产关系的需要。

第二，上层建筑服务于主体性生产关系的价值标准不是绝对的，还要看这个主体性生产关系是否反映了现实社会生产力的发展要求，是否与之相一致。当主体性生产关系已经成为生产力发展桎梏的时候，建筑于其上并为之服务的上层建筑实际上是没有价值或具有负价值的。当然，也可以理解为这时的"主体性"生产关系已经不具有主体性的地位了，它也不能作为衡量上层建筑价值的标准，这时应以新的符合生产力发展需要的主体性生产关系为保护对象。

第三，生产力发展要求不能作为衡量上层建筑的价值标准。这首先是因为生产力与上层建筑并不能直接发生联系，生产力的发展要求是通过生产关系这个中介环节影响和决定上层建筑的；上层建筑也不能直接作用于生产力发展，而通过保护生产力来起到促进或阻挠生产力发展的作用。其次，从来没有不以生产力为内容的生产关系，应当说，生产力发展的要求已经体现于主体性关系之中，并通过主体性生产关系作用于上层建筑。所以，生产力发展要求不是上层建筑的价值标准。

第四，生产力发展要求更不能作为评价上层建筑价值的终极标准，这个终极标准只能是人的自由。生产力的发展并不都是与自由要求相一致的，如果对先进的科技和生产手段应用不当的话，有时候会走向反面，成为人们自由的限制，这就是现代文明的异化。据此，生产力当然不能作为衡量上层建筑价值的终极标准。

第五，不能把主体性生产关系的要求等同于代表这一生产关系的阶级意志，并以后者作为价值标准，因为主体性生产关系也必须体现自由要求才能成为价值评价标准，否则所谓价值判断就失去了公正性和进步性，就会成为统治阶级的恣意横行，就会走向自由的反面。

二、法的价值

法的价值就是指法的存在目的和意义，也就是指人类基本需要——追求自由的满足过程中法应该发挥的功能，这也就是对法的现实作用进行评价的尺度。法的作用是法的价值的实现。有的人也将之称为法的“实有价值”,与此对应,将法的应有价值称作法的“理想价值”。

笔者认为,法的价值在于形成秩序,在形成秩序的过程中所发挥的作用大小是评价特定法律价值的唯一标准。因而,秩序是法的最高体现。

秩序作为法的价值的表现,这是由法的本质所决定的。

从根本上讲,上层建筑是在人类追求自由的过程中由生产关系的代表所构建的用于保护和发展自由成果的物质手段和精神手段。法律作为上层建筑的一部分,具有以下本质属性:第一,法律是一种工具,是一种行为规则,是以约束指导人们行为的方式达到保护自由成果的目的;第二,法律反映着主体性生产关系的代表者即统治阶级对“满足人们自由需要”从本阶级政治利益的角度所作的独特理解,因而,法律既是统治阶级政治意志的表现,同时也必然体现着对自由予以保障的人类共同要求。从法的这些本质属性出发,我们可以推断,既然法是一种行为规则,是以规范的手段保障人类自由成果的工具,那么,法的价值就在于形成一种能够使自由状态和人类追求自由的行为有序化、有效化的秩序。如果没有这一秩序,人们就永远不可能在人与人的关系上实现自由,也不可能有效地享受到人与自然关系上的自由,这就是法的价值所在。作为法的价值表现的秩序,是特定的统治阶级以国家强制力为后盾形成的,因而法的秩序从总体上来讲是统治阶级政治要求的体现,但也不能否认其中包含着满足人类发展共有需要的内容。当然,不能将人类社会共有需要等同于被统治阶级意志,否则便会得出法也反映着统治阶级意志,因而法没有阶级性的荒谬结论。应当说,法的社会性是寓于阶级性之中的,法对人类发展共有需要的反映是蕴涵于统治阶级统治需要之中的。

法的价值的实现是一个有序系统:(1)法的价值决定法的功能。法的功能是为了实现价值而应该有的作用,一般包括调整、规范、确认、保护和制裁这五大方面。法的功能是由法的价值所决定的,同时又是法的价值实现的手段,它规范法的具体作用的范围和方向。(2)通过立法过程落实法的功能。(3)确定法的原则以规范立法过程。法的原则是深藏于法律规范内部的骨架和基本要求,是法的价值要求的具体化。(4)法的规范体现法的原则。(5)法律条文表现法规范内容。(6)法律规范的作用。(7)对法的作用的价值评价,其标准当然是法律秩序是否形成以及特定法律在秩序形成中的作用。而且,这种秩序必须是有利于人类追求自由的秩序,而不能是专制恣意的要求,也就是说,其中有正义和非正义的问题,这是法的价值的内在要求。

法的价值实现系统如图4-1所示:

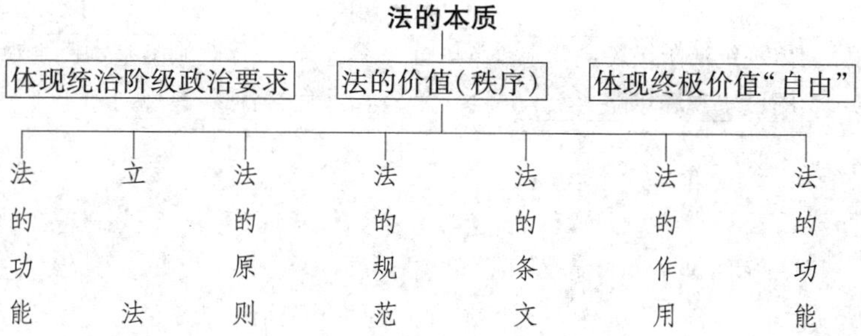

图4－1　法的价值的作用及实现系统

三、宪法的价值

宪法是法的一个部门,其价值应该体现为以独特的规范方式在法的秩序形成过程中所发挥的独特的作用,否则,它就没有存在的理由和意义。从这一思路出发,笔者认为,宪法的价值就在于以民主方式规范政治秩序,其核心就是民主,这是衡量一部宪法是好是坏、宪法作用是积极还是消极的唯一标准。

将宪法的价值界定为民主,也是由宪法作为部门法的本质属性所决定的。从宪法的起源来看,宪法是在人类近代民主政治制度出现以后、基于规范和保障政治权力而产生的一种新型的法律制度。由于它规定的内容和规范方式与其他的法律制度完全不同,因而被视为一种新的法律部门。所以从本质上讲,宪法是民主法。作为一种构建民主统治秩序的基本规范,宪法反映的是统治阶级的民主理解和民主要求。但是,这种阶级性民主要求既不是凭空产生的,也不是完全不考虑社会接受程度的统治阶级的任意行为,它实际上体现着社会生产力与生产关系矛盾运动的基本要求,是这种要求的政治外化,因而,其中必然包含着以生产力与生产关系要求的形式表现出来的人类追求自由的过程中对民主秩序的共同需要,即使是统治阶级的意志,宪法也只是保护其中民主性的要求和以民主方式表现出来的意志,至于统治阶级意志中的专横和绝对独裁的部分则是对人类民主要求的破坏,也不符合作为人类一部分的统治阶级的根本民主利益,因而也是与秩序精神格格不入的。所以,宪法的本质是民主法,由此决定,宪法的价值在于形成民主秩序。

宪法价值的实现也是一个系统过程。宪法价值先以宪法功能的形式表现出来,为宪法立法和宪法作用的发挥提供一个范围和方向;然后通过宪法原则和宪法规范即宪法立法过程予以立法具体化;最后,宪法的作用是宪法价值的最终实现,宪法的评价是以宪法价值为标准尺度的,由此形成了一个完整的宪法价值系统的循环,其具体过程如图4－2所示:

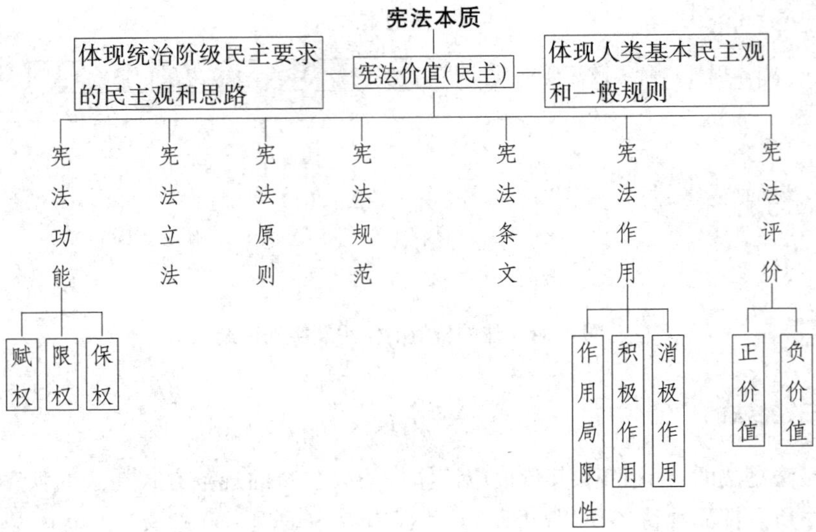

图 4-2　宪法价值作用及实现系统

第二节　宪法功能和宪法原则

一、宪法的功能

宪法的功能,是指由宪法的本质所决定的宪法应该具有的效用。

在宪法价值实现系统中,宪法功能处于宪法价值与宪法作用之间的环节,三者之间存在逐层具体化的关系。相对于宪法价值来讲,宪法功能是其第一个具体化层次,是宪法价值的要求和表现。宪法的本质决定了宪法的价值,即宪法应该是以民主方式调整政治秩序的法律,那么,设定的宪法条文和制度就应该具有实现民主调整所必需的功能。所以,我们从宪法的价值就能推断出宪法的功能,而反过来透过宪法的功能也能够看出宪法的价值。相对于宪法作用来讲,宪法功能又是一个较为抽象的概念,它只是限定宪法作用的范围和方向。二者之间还有一个宪法规范的层次,宪法功能决定了宪法规范的基本内容和原则,宪法规范最终发挥实际调整作用即是宪法作用。因之,宪法作用是宪法功能的具体化和实现,但二者并不直接联系。从性质来说,宪法功能和宪法作用虽然都是指宪法的效用,但差别是明显的,宪法功能是指宪法本质所决定的宪法应该具有的效用,带有应然性;而宪法作用则是指宪法实际发挥的作用,具有实然性。宪法应该具有某种效用,但经过宪法立法和宪法实施实践过程以后，由于种种因素的影响，也可能没有实际表现出这种效用，甚至表现出消极作用或副作用。所以，宪法功能和宪法作用二者不能等同。另外，宪法功能从作用方向上来讲是指事物应该具有积极的有效的作用，而宪法作用则既包括积极作用，也包括消极作用，这也是二者的区别。

由宪法的本质和宪法的价值所决定，宪法形成民主政治秩序时应该具有三大功能：

（一）赋权功能

宪法的根本价值是民主，即以民主的方式形成秩序以保障和发展人类基本的自由，这决定了宪法首先应该具有赋权功能。民主是以民主方式进行统治的政权，因而其中首先有一个民主权力的归属问题。也就是说，谁是民主的主体，谁来行使民主政治权力的问题；其次，民主政治还意味着对公民基本权利的保障。宪法是民主制度的法律化，是规范和保障民主政治秩序的法律，那就必须对民主的权力、职权和权利作出规定，以便规范国家最基本的民主统治关系和民主政治地位，这是实现民主秩序的关键。

（二）限权功能

宪法确认民主的目的在于最大限度地保障人的自由，即人们认识自然，特别是认识社会以后所达到的合乎规律要求的自觉行为状态，这才是宪法民主价值的本源，以民主形成秩序只是实现人的自由的形式。但是，民主毕竟是一种权利和权力运行过程，如果任其随意作用，就会走向极端，不但达不到保障自由的目的，反而会由于违背客观社会规律或基本民主原则而限制和破坏人的自由。比如，第二次世界大战中的法西斯希特勒政权就是在以民主方式取得权力以后滥用权力而导致了民主权力的异化，构成对人的自由甚至生存的破坏和威胁。因而，宪法在赋权的同时必须要限制权力，同时也要限制权利，以防权力和权利的滥用导致人的不自由。

（三）保权功能

宪法要达到形成民主政治秩序的目的，仅有赋权是不够的，还必须保权，即以法律的形式运用国家强制力保障权力及其规则的民主运行，保障人们民主权利的实现。通过赋权和限权只是形成了民主权力运行的平衡规则，这种规则能不能为有权者所遵守，能不能为其他政治主体或政治行为所尊重而不被破坏，这才是民主政治秩序形成的关键。如果只是给予了权力或权利，或者规定了权力或权利行使的原则，而没有相应的保障措施，没有使其具有不可侵犯且必须执行的性质和法律权威，从而导致其任人破坏，那么，赋权和限权就会因流于形式而失去意义。

综上所述可见，宪法的赋权、限权和保权这三大功能是环环相加、递次保障、具有内在的密切联系的。赋权是前提和基础,限权是对赋权的保障,而保权又是赋权和限权得以实现的条件。三者相互依存、相辅相成、协同作用,最终形成民主政治秩序。

二、宪法的原则

宪法原则就是立宪者设计宪法规范时的具体思路和基本规则,它隐藏于规范的字里行间,贯穿设计的始终,是宪法规范的骨架,同时,宪法原则又是宪法的民主价值和民主功能的具体化规则,体现着宪法的价值要求和基本精神,突出地反映着宪法的本质特征。所以,如果宪法的本质表现为宪法价值和功能,而宪法规范又是宪法价值和功能的立法表现的话,宪法原则就是宪法价值与其立法表现宪法规范之间的中介环节,相对于宪法的价值和功能来讲是具体层次,相对于宪法规范而言又具有统率和提供原则的意义。

不同类型的宪法具有不同的政治本质和价值要求,受此制约,宪法的原则也应有资本主义宪法原则和社会主义宪法原则之分,但由于它们均是在同一个问题上反向背离、相互对立式弥补纠偏,因而,综合性的说明更能在比较中明确其异同,而割裂或叙述则不利于对各自精神的准确把握。本节关于宪法原则的说明是将两类宪法在特定方面的原则纳为一体,分而述之,其侧重点则在于划清专制与民主之间、两类不同宪法之间的界限。

(一)主权在民原则

主权,是指国家对内的最高统治权力和对外的独立自主权。在主权归属问题上专制制度与民主制度的对立是最明显的,前者主张“主权在君”,后者尊崇“主权在民”。宪法立法要起到将近代民主法律化与制度化的作用,首先必须以“主权在民”为基本原则。

主权在民原则根源于资产阶级革命时期法国著名的启蒙思想家卢梭的“人民主权”学说,是资产阶级反对封建专制政治要求的集中表现。封建专制在主权归属上的信条是“主权在君”,即国家的最高权力握于君主一人之手,“普天之下莫非王土,率土之滨莫非王臣”就是这一原则的典型表现。为了论证和维护“主权在君”的信条,专制政治文化中又有与之相联的另一观念“君权神授”,将至高无上君权的必然性归于神明意志,这是奴隶制和封建制国家政治文化中的共同特点,西域中土概莫能外。资产阶级要推翻封建专制,首先就必须在理论上推翻其思想基础,破除“君权神授”“主权在君”的神话,为资产阶级革命提供合理性依据。为此,卢梭首先提出了“天赋人权”和“社会契约”理论,进而推理出国家主权属于人民的结论。按照卢梭的观点,每个人都享有与生俱来的天赋人权;当历史发展到一定阶段,人们为了避免私欲冲突对人权的侵犯,就将自己天赋权利中的一部分让渡于一个社会组织,由这个组织运用由此获得的管理社会的权力负责人权的保障;这个组织就是国家和政府,它与全体社会成员实质上形成了一个保护人们天赋人权的契约。政府不得违背这一契约,否则人民就有权推翻它。这就是"社会契约说",它说明国家的权力来源于个人天赋人权的让与,因而主权属于全体社会成员,"人民主权学说"由此形成。

"人民主权学说"具有历史的进步意义,为资产阶级革命提供了思想武器和理论依据,最终成为资产阶级立国立宪的基础,成为近代民主与封建专制相区别的一面旗帜。这一原则最早于1776年美国的《独立宣言》和1789年法国的《人权宣言》中得到政治确认,后来随着资产阶级革命和近代民主政治制度的普及而传播于世界各国,并在1789年美国宪法上首次获得最高法律确认,最终成为资产阶级各国宪法的基本原则之一。

社会主义宪法是近代民主的更高层次法律表现,因而也尊奉"主权在民"的原则,并且具体表现为国家的一切权力属于人民原则。马克思主义认为,卢梭的"人民主权学说"固然有其历史的进步意义,但也存在致命的缺陷,他将国家的产生归结于社会契约,将国家权力归结为个人权利的让与并由此得出国家主权属于全体社会成员的结论是完全错误的。在马克思主义看来,国家是阶级矛盾不可调和的产物和表现,是阶级统治和阶级压迫的工具;国家的主权不是属于全社会成员,而只属于在经济和政治上居于统治地位的阶级;国家权力的来源不是全体社会成员天赋人权的让渡,而是基于统治阶级在社会现有经济结构中的支配地位。因此,在"主权在民"原则中应当对其中的"民"作出具体解释,从来不存在抽象的"民",而只有实实在在的统治阶级。正是从这一认识出发,社会主义宪法将主权归属的原则定义为"国家的一切权力属于人民",在这里"人民"是专指属于统治地位的人们,它与政权的"敌人"即被统治阶级相对立。这就是在这一宪法原则上社会主义宪法与资本主义宪法的根本不同。

最后需要指出的是,在整个宪法原则系统中,"主权在民"原则处于核心和主导地位。应当说,其他的宪法立法原则都本源于它,是它的要求的具体展开和表现。

(二)尊重人权原则

尊重人权原则是近代民主宪法的又一基本原则,它是以卢梭的"天赋人权"学说为理论基础的。按照这一学说,每个人都有与生俱来的自然权利;这种权利既不能被剥夺,亦不能被转让;人们结成契约成立国家,其目的就是保障自己的权利和自由,因此国家必须保障人的基本自然权利;一切人定的法则和一切政治活动都应该以保障人权为宗旨,应该是人权要求的具体化。这一学说的政治矛头直指封建君主专制制度,因而成为资产阶级反封建斗争中动员人民的有力思想武器,具有历史的进步意义。

在政治实践中,这一学说最先被美国的《独立宣言》和法国的《人权宣言》确立为一项民主政治原则。《独立宣言》明确规定:“人人生而平等,他们都从他们的‘造物主’那里被赋予了某些不可转让的权利,其中包括生命权、自由权和追求幸福的权利。”《人权宣言》对人权保障做了更为系统和合理的规定,它宣布:“任何政治结合的目的都在于保存人的自然的和不可动摇的权利,这些权利就是自由、财产、安全和反抗压迫”,并且特别规定了对人权的限制,这是一个历史性的进步,它说:“自由就是有权从事一切无害于他人的行为”(第4条)。这说明在人权保障的规定方面,《人权宣言》比《独立宣言》有所进步。在资产阶级立国以后,尊重和保障人权就成为资产阶级政治运行和立宪行宪的一项基本原则。

尊重人权原则与“主权在民”原则紧密联系,是“主权在民”原则的要求和表现。人民既为主权的享有者,自然应该享有基本的权利,因而,保障人权应该是“主权在民”理论的应有之义。

社会主义国家宪法也体现着尊重人权的精神,但它具体表现为“公民的权利义务一致原则”。对于资本主义宪法的尊重和保障人权原则,社会主义宪法的表现在:第一,强调人权的阶级性,认为不存在资产阶级所说的针对一切人的抽象的“人权”。人权从来都是具体的,具有阶级根源和阶级差别的;人权的根源在于统治阶级的赋予,不是“天赋人权”,而是“国赋人权”;人权的实现程度和立法限度就是统治阶级政治统治所能容许的范围。第二,强调人权要与义务并重,要体现公民权利义务相一致的原则。不存在绝对的无限制的权利,特别是人权的行使要符合统治阶级的政治需要和社会利益,也不能侵害他人的法定权利的行使。这是社会主义宪法对尊重人权原则的理解和规范的特点。

(三)权力行使民主化原则

权力行使的民主化是“主权在民”和人权保障原则的直接要求和具体化,是宪法民主价值和功能的立法体现。

在资产阶级宪法上,这一原则表现为“权力分立与制衡”原则,又称“三权分立”原则。所谓“三权分立”,就是将国家的权力分为立法、行政、司法三部分,这三种权力分别由不同的国家机关来行使,三权同时保持相互牵制与平衡。“三权分立”理论的关键在于通过权力分立、权力制约、权力平衡达到限制专制与独裁的目的,实现民主。“三权分立”作为一种学说,最初是由英国著名的资产阶级思想家洛克提出,他指出国家权力应分为立法权、行政权和对外联盟权,这实际上是立法与行政两权分立；后来法国的资产阶级启蒙思想家孟德斯鸠在此基础上更加发展，提出近代立法、行政、司法三权分立的完整理论；美国“宪法之父”汉密尔顿致力于对“三权分立”的政治实践和具体操作进行研究并付诸宪法条文设计之中，使这一理论最终在制约限制权力的意义上走向完备和实践。作为一种政治权力配置原则，“三权分立”最早由法国的《人权宣言》所确认，它宣布“凡分权未确立和人权未保障的社会，就没有宪法”，而美国宪法则使其成为一项具有现实操作性的宪法原则和制度，现在几乎所有资本主义国家都以不同的方式将其奉为宪法原则。

对“三权分立”原则也应实事求是地予以评价。首先，“三权分立”体现限制专制和实行民主的思想，且在资产阶级反封建过程中成为推翻专制的理论武器，后来又成为资产阶级保障民主、反对封建专制复辟的有效手段，因而其历史性进步意义是无法否认的，也是应该给予充分肯定的。其次，这一原则在设计和运行上还存在一些缺陷，并且它从一开始在本质上就是为资产阶级的政治统治服务的，而不像它本身所宣称或者表现的那样没有阶级性。

在社会主义国家，权力行使民主化原则表现为民主集中制。这一原则强调政权建设和权力行使过程中民主与集中的结合，特别强调作出决定、进行集中必须有民主的基础，并且构造了一种层层民主并集中，最后又归于对人民负责的独特权力运行体制，即所有其他机关都要向权力机关负责，而权力机关又是由人民选出的代表组成，对人民负责，这实质上是通过权力的民主化集中达到实现民主的目的。民主集中制的核心是民主，从民主的角度讲，整个政权的层层组织和活动都存在民主选举和民主监督，由人民选举权力机关代表，再由权力机关以法定方式产生其他机关，这些机关受它监督和罢免，其权力行使的民主性是无可争议的；从集中的角度讲，无论是权力机关对人民意志的汇集，还是权力机关拥有对所有其他机关的组织、监督和控制权，也都是保障多数人依法定程序行使政治权力的过程，因此，民主集中制权力运行机制在实践中也存在民主充分而制约不足的弊端，甚至有的权力行使环节发生异化而成为独裁专制的情况也存在，对此我们应该正视并不断改进使之趋于完善。

（四）依法治国原则

依法治国原则是宪法民主价值要求在立宪思路上的又一表现。这一原则的基本含义是按照法律来治理国家，建立秩序，任何组织或个人均不得有法外特权。依法治国原则的理论基础是资产阶级革命时期出现的“法治主义”学说。按照这一学说，法治首先是与“人治”相对立的一个概念，是对“人治”状态的否定和反对。在奴隶制和封建制下，专制统治表现在治国方式上就是“人治”，就是个人的权威绝对高于法律的权威，君权不受法律的约束，法律明定的等级特权和法外特权并行存在,社会秩序的构建以不平等和压制人权为基础。所以,“人治”是与君主专制独裁和社会不平等相结合的,是它们的表现和保障。法治则是指在国家治理中以法为尊,法律的权威高于个人意志,任何组织和个人既不能有法律上的不平等,更不能有法外特权。可见,法治是以人民主权和平等权为基础,是它们的表现和保障。事实上,在卢梭那里,法治理论就是以人民立法为基本点,法治原则也是与共和政体共生共存的。人民既然是国家主权享有者,就必然拥有立法权,而立法的平等贯彻就是法治。

法治原则最早由法国的《人权宣言》予以政治确认,它宣告:“法律是公共意志的表现,全国人民都有权亲自或经由其代表参与法律制定。法律对于所有的人,无论是施行保护或处罚都是一样的,在法律面前所有的公民都是平等的。”后来,法治原则就成为资产阶级宪法普遍接受的重要原则,也成为近代民主制度的重要标志。

社会主义民主立宪也奉行法治原则,无论是“法制”还是“法治”,实质上都是要求依法治国。在我国,依法治国的原则具体表现为“有法可依、有法必依、执法必严、违法必究”,其核心是依法办事,不允许有超越宪法和法律的特权。我国宪法还将依法治国原则直接规定在宪法立法上,公开宣示和保障宪法的最高法律效力和反对法外特权。但是,必须明确指出,虽然两类宪法在厉行法治的基本要求上是一致的,但社会主义宪法强调法治的阶级性和政治性,并且指出资产阶级宣称的保护全社会成员的立法是根本不存在的,它具有虚伪性和欺骗性。这是两类宪法在法治原则上的根本不同。

第三节 宪法作用和宪法评价

一、宪法的作用

宪法作用,就是宪法立法对实际政治运行和社会生活发生的实际效用。在整个立宪思想系统中,宪法作用属于最后一个层次,但也是最重要的一个层次。宪法的本质决定宪法的价值与功能,而宪法的功能又通过宪法原则和宪法规范这一具体化立法形式体现出来,宪法规范发挥实际作用最终使宪法功能得以实现。所以,宪法作用体现宪法价值要求,是宪法功能的具体化。宪法功能按照宪法本质和宪法价值确定宪法作用的方向和范围,宪法作用则是宪法功能的具体实现。

相对于普通法律来讲,宪法的作用带有根本性、决定性、指导性和相对稳定性的特点。宪法对国家生活和社会生活的作用主要表现在以下几个方面:

（一）保障民主

宪法保障民主的作用表现在：第一，表现在宪法确认民主革命成果，是民主制度的法律化和具体化。民主是一种国家制度，是特定阶级以民主方式进行政治统治的权利。任何民主都是特定阶级通过革命奋斗而得来，作为革命成果都需要以法律的形式将其制度化和具体化，宪法就执行着这一历史性职能。宪法对民主成果的确认，一方面表现为它以根本法的形式确认各阶级的政治地位，保障统治阶级行使民主权力的基本事实；另一方面则表现为它设定各种民主机制和制度，使民主政治有章可循，形成良性的民主秩序。第二，宪法保障民主的作用还表现在对民主权力运行过程的规范和保障。民主固然是一种阶级统治权力，但它不是统治者的恣意行为。民主权力的健康运行，除了要体现统治阶级的政治要求和根本利益外，还要运用政治艺术不同程度地表现各种政治力量的基本需要，设定其恰当地位，协调好各种政治关系，以使统治阶级的民主统治为整个社会所接受，发挥良好的民主统治效用。同时，民主权力的运行还有其内在的技术规律需要遵循，民主的形式机制还有固定的模式和要求，整个民主过程还要受历史传统和国际大潮流的影响，因而民主权力的运行必须纳入法制的范围以内，必须予以严格规范。宪法规范民主权力，不但表现在宪法设定了整套符合本国政治特点的民主机制和组织体系，使民主权力行使有相应的秩序化指导和硬件保障；而且还表现在宪法设定了对民主权力的系统限制，它通过规定各种民主施政的原则，如法治原则、保护人权原则、权力制约原则和广泛监督原则等，以及规定各国家机关的职权与相互制约关系，实际上给民主权力的运行划定了一个法定的范围和界限，以确保其不致越界滥用发生异化。第三，宪法保障民主的作用还表现在通过规范政治秩序和社会秩序，并且运用国家强制力量制裁不法行为和反民主行为，保障民主权力的行使不受非法干扰，保障国家民主政权的巩固。

（二）保障人权

保障人权，是人民享有国家主权、国家一切权力属于人民的表现和必然要求。宪法保障人权的作用通过以下几种方式得以表现和实现：第一，宪法将人权法律化和规范化。人权是一个政治概念，作为政治要求具有不确定和无保障的特点。宪法通过规定公民的基本权利和义务，使人权的要求成为具有固定内涵和可操作的法律条文，为人权的实现和保障提供了根本依据。第二，宪法为人权划定界限。宪法在规定公民基本权利的时候，同时规定了公民的义务，并且在每一权利的规定上都设定明确范围和限制条款，这就为人权的行使和保障提供了法定界限，从而将人权行使纳入整个民主政治运行过程，避免了人权行使的随意性和非民主后果的发生。第三，宪法通过规范民主机制和权力行使，通过制裁侵权，保障人权不受侵犯。

（三）保障法治

法治是近代民主的应有之义，也是近代民主政治的有效保障，二者并生并存，同步发展。宪法保障法治的作用体现在：第一，为法律体系的构建提供立法原则，同时对立法的权限和程序也做了明确规定，这就为国家法律制度的建立和法律秩序的形成提供了依据和基础。第二，宪法为法制体系的统一完善提供标准和原则方向。宪法在国家法制体系建设中发挥着核心和统率作用，它所规定的立法原则和其他民主政治制度不仅使法律制度的构建有所依据，而且对保护法制体系的内在统一、避免立法矛盾和立法空白，以及法制体系完善的重点和方向等，都具有最权威的规范作用，这是国家法制体系协调有效发挥作用的保障。第三，宪法对合宪性审查、宪法监督和宪法解释等制度的规定起着制裁违宪违法、约束权力滥用、强化社会法治意识、督促校正法治进程的作用，保障国家法治秩序的现实确立和有效存在。

（四）保障经济制度

保障民主、保障人权、保障法治都可以统归为对民主政治本身的保障，但民主政治不是凭空存在的，它必须有特定的经济基础和经济支持，没有这个最根本的条件，任何民主政治都不可能存在和发展，因此，宪法的作用不仅仅是要保障民主制度自身，还要保障其赖以生存的经济制度，这才是宪法保障民主政治作用的全部。

宪法保障经济制度既是保障民主政治的生存条件，也是为确定民主政治关系和政治运行原则提供根本性标准，同时，通过保障经济制度为特定政治主体拓宽生存空间，使其获取最大的经济利益，这也是民主宪法的最终目标和存在价值所在。

宪法保障经济制度的作用表现在：第一，宪法确认社会基本经济结构，即多种合法的所有制形式及其地位和相互关系，这就为有利于特定宪法民主政治存在和发展的经济形式提供了法定发展空间，特别是明确各种经济所有制的性质和宪法地位为作为特定民主政治基础的经济形式的发展提供了优先和有效的保障。第二，宪法规定发展经济的各种基本政策，从而对国家经济的发展提供宏观性指导，为经济运行和经济改革、调整指明了方向。第三，宪法规定专项专款，保障经济制度不受侵犯，保障经济的协调均衡发展，保障经济发展有利于民主政治和社会公正的实现，同时，宪法上有关民主和法治及其他社会调整的规定在一定意义上也能够间接地促进国家经济制度的巩固和经济发展。

当然，除了上述四大作用以外，宪法还在国家生活和社会生活的其他方面发挥着重要作用，诸如经济发展、文化建设、社会保障、对外交往等方面都能感受到宪法调整的现实存在。但必须明确，宪法的所有现实作用的存在和充分发挥都是通过确认和构建民主政治秩序来达成的，因而，保障民主、保障人权、保障法治、保障经济制度才是宪法最直接、最核心的作用。

二、宪法的局限性

任何社会调整的方式、手段、机制、规范都不是万能和绝对的，它们既有积极作用的一面，同时又有一定的局限性，有的甚至还有一些消极作用或可能带来的逆反效应。宪法也不例外，它的积极作用和局限性是并生并存的。对宪法的局限性进行研究，有助于全面准确地把握宪法的功能与作用，通过宪法立法技巧和普通法律的完善来弥补不足，通过宪法治理的具体运作尽量做到趋利避害。

依笔者所见，宪法的局限性有如下五种：(1)立法过于原则，伸缩性较大。这往往导致宪法规范失去内在确定性，执法者随意性较大，并容易使其逃避责任。(2)立法过粗，常留有宪法执法上的空白，易于形成执法者独断专行，导致宪法被架空。(3)规范设计偏重行为模式，宪法制裁很多情况下依靠具体法律来规定，导致宪法规范立法中特色性的宪法制裁较少，降低了宪法的规范性和权威性。(4)制度性的确认和规定多，而实施性的规范少，导致宪法的监督保障无则可循，宪法往往流于形式。(5)宪法对执政党的行为没有规范，导致执政党参与国家民主决策和民主施政过程凭其党内规章和习惯操作，缺少有效规范，而一旦执政党滥用宪制组织和参与权力则必然导致宪法秩序失控。

宪法的以上局限性为中外各国宪法所共有，当然就这些局限性的危害程度来讲还是存在国家之间的差别的。就宪法局限性的成因而言，立法不具体和立法过粗的局限性根源于宪法规范的原则性特点，这主要要通过完善宪法实施过程来解决，而不能单纯地通过大幅度宪法立法过细来达到目的；而后三点局限性则根源于宪法立法的传统缺陷，可以通过宪法立法调整来弥补。

具体地讲，消除宪法局限性有以下对策：

第一，加强普通立法。这样一方面可以使已有的宪法规范更为具体而具有可操作性，另一方面也可以普通立法来规范宪法中不便规定的政治管理空白事项，保证将宪法实践行为纳入法制化轨道。事实上，法制网络的健全和完备是保证宪法具体规定和宪法民主精神最终落实的有效条件，如果没有层层普通立法将宪法的规定逐次具体化，宪法的原则规定就会犹如空中楼阁而无法接触和规范现实社会的人和事项，宪法实施就失去了依托条件。应当说，宪法统率普通立法，普通立法弥补宪法规范过于原则的不足，二者的统一作用才能建立宪法民主秩序。

第二，强化宪法解释。宪法解释的功用在于阐发宪法原则，明确宪法规定的立法原意，同时也可根据宪法民主精神和宪法基本原则推出具体的合宪的行为规则。所以，强化宪法解释，一方面可以解决宪法实施中出现的问题，保证宪法适用的统一性和宪法民主精神的准确贯彻;另一方面也可弥补宪法立法的过于原则和填补立法空白。

第三,改进立宪立法,探索和完善真正的宪法性制裁方法体系,尽管将宪法规范的制裁部分纳入宪法和宪法性法律,使宪法制裁不但在理论上成为与刑事制裁、民事制裁、行政制裁相并列的一种法律制裁方式,而且使宪法制裁在宪法民主政治实践中发挥最权威的主导性作用。同时,要注意在宪法立法中协调好制度确认和宪法保障措施立法的关系,使宪法监督和宪法制裁、宪法保障等制度在宪法条文上系统化、规范化。

第四,重视合宪性审查。合宪性审查一方面可以将一些宪法不能规定或不便规定的政治管理事项纳入规范化的范围以内;另一方面在没有相关宪法规范立法前能起到规范社会宪法治理实践的作用;而一旦有了宪法规定,合宪性审查又是督促其实施的最有效手段。所以,重视和强化合宪性审查是弥补宪法局限性的重要一环。

三、宪法的评价

宪法的评价就是对特定的宪法及其作用进行价值判断,其根本依据就是由宪法本质所决定的宪法价值,亦即"民主秩序"这一基本价值观。宪法评价分为宪法立法评价和宪法作用评价两部分,立法评价是对宪法规范进行的静态价值判断,作用评价则是对宪法的实际效用的动态价值判断,动静结合构成完整的宪法评价系统。

在整个宪法运行体系中,宪法评价具有非常重要的意义。通过宪法评价可以了解宪法立法和宪法作用的实际状况。可以总结出立宪行宪的经验作为民主政治发展的基础;也可能找出立宪行宪中存在的问题、漏洞及其经验教训,为宪法立法和行宪过程改进提供依据。同时,宪法评价中必然存在的对其他国家宪法特点的参考比较,也有助于各国宪法立法与宪法治理实践经验的横向交流与相互借鉴,对提高宪法立法质量和宪法实施操作水平作用巨大。

(一)宪法立法评价

宪法立法评价是指以"民主秩序"为基本价值取向,对宪法规范的整体设计、制度设计宪法规范的立法表现形式进行价值判断,通过静态分析和比较得出优劣与否及民主程度、立法水平高低如何的结论。从严格意义上讲,立法评价不是绝对的,因为没有任何一部宪法是绝对好的或绝对坏的宪法,特别是将特定的宪法与其特定的国情因素结合考虑的时候,"善法"与"恶法"的简单化区分往往与该宪法的实际作用状况是有距离的,甚至是完全相反的,这是立法评价的局限性所在,因而对宪法优劣的终极评价应该是依据宪法的实际作用进行动态评价和具体化评价。

但是,这并不是说宪法的立法评价毫无价值,而是强调在肯定其应有价值的时候不要将之绝对化,而应该与该对宪法的作用评价联系起来通盘考虑,才能得出较为客观的结论。

宪法的立法评价通常依据四个标准:第一,立宪目的评价。即宪法立法内容是否体现出正当的立宪目的,宪法规范和制度的设计是否符合民主政治的基本精神和特定统治者民主行使权力的政治需要,是否能够达到规范国家民主政治秩序的目的。第二,立宪内容评价。即宪法立法内容是否全面、适当,是否留有立法空白,宪法规范和制度设计在内在结构上是否完整、协调、符合逻辑并具有内在统一性。第三,立宪技术评价。即宪法规范的条文表现是否符合立宪技术要求,结构、次序、语言、表述方式等是否规范,是否能最恰当地没有歧义地表达宪法规范内容。第四,立宪合理性评价即宪法规范及其条文设计符合本国的国情和实际政治需要,从而具有可行性和可操作性,是否能够在特定国度里充分发挥原设计作用,达到立法目的。

经过立法评价,那些体现了构建民主秩序目的和基本宪法精神,内容设计全面、合理、可行,立法形式规范的宪法就是好的、善的、优的宪法。反之,就是不好的宪法或存在某种程度缺陷的宪法。只有那些从目的、内容到形式都是破坏民主、践踏人权、维护专制独裁的“宪法”,才叫恶的宪法。当然,将整部宪法绝对地评价为“善的”或“恶的”情况是极少的,大量的情况应当是对每一制度的设计或特定立法方面判出优劣好坏,作为以后立宪完善之依据。

(二)宪法作用评价

宪法作用评价就是对特定宪法在民主实践中发挥的实际效用依据宪法民主价值观进行的价值判断。宪法作用评价的结果分为积极作用和消极作用两种。

宪法的积极作用表现在前述的保障民主、保障人权、保障法治、保障经济制度这四个方面,这些作用的发挥最终构成民主政治秩序。宪法的积极作用的存在和发挥有以下几个条件:(1)宪法立法的合理性,这为宪法积极作用的发挥提供了原始基础;(2)宪法与进步的政治制度相联系,这是宪法发挥作用的根本政治条件,如果一部宪法所维护的政治经济制度是没落的和反动的,宪法就绝对不可能发挥积极作用;(3)宪法解释、合宪性审查、宪法监督等制度全面且有效运作,这是宪法积极作用发挥的保障条件;(4)民主文化传统和现实社会宪法意识的高低是宪法积极作用发挥的社会条件。

宪法的消极作用是指在社会政治实践中特定的宪法规范所表现的阻挠、破坏民主政治的实际效用。宪法的消极作用的存在有的与宪法的本质有关,也有的只是立法的失误和不足的表现,前者的消极作用是固有的,后者的消极作用则是可以改进和消除的。一般说来,宪法消极作用的存在有几个原因:(1)宪法与反动的政治经济制度相联系,宪法的本质是反民主的,导致宪法起着破坏民主和镇压民主的作用。(2)宪法立法目的错位,导致宪法产生消极作用。这主要是指在一些具有浓厚封建专制文化传统的国家和一些政治斗争十分激烈的国家,统治者纯粹地将宪法视为斗争工具或统治手段,或者侧重于宪法维护阶级统治秩序的价值定位,导致在实践中民主和人权保障的色彩不占主导地位,甚至出现一些反民主作用。(3)立法不符合国情,产生逆反效应。任何宪法制度,从民主政治动态意义上来讲,都不存绝对的好或坏,只存在合理不合理、符合不符合国情的问题。符合国情的制度设计也可能在立法形式方面民主程度并不高,但其产生的实际民主效应是现实的和较大的。有的制度在绝对设计上很民主,但不符合本国的国情,简单照搬,不但不可能产生好的民主推进作用,反而会为一些人所利用来搞假民主,引起群众的厌恶和反感,形成消极作用。所以,对于宪法消极作用要具体分析,找出根源,提出对策,如果是立法思路和立法技术原因,完全可以逐步改进,直至最后消除。

第五章 宪法实现

第一节 宪法实施

一、宪法实施的概念和意义

宪法实施,又称宪法适用,是指国家有权机关依照法定的方式和程序,从宪法规范的特点出发使其得以落实贯彻并发挥作用的专门活动。宪法实施具有两种方式:一是立法实施;二是解释实施。前者是以具体立法的形式使宪法的原则和规定具有可操作性,后者则是以解疑释惑的办法使宪法规范得以实施,以弥补立法实施之不足。立法实施与解释实施相结合,构成完整的宪法实施过程,以正面推行的方式使宪法得以落实和实现。

值得指出的是,宪法实施与宪法保障是两个完全不同的概念,前者是指宪法规范正面落实过程,后者是使这一过程得以顺利进行的保护性措施,前者是宪法的正常适用,后者是宪法的非正常适用,二者虽密切联系,但切不可将之混为一谈。在我国宪法学界,长期以来总是将二者混同使用,界限不明,有必要予以纠正。

在整个宪法民主政治实现过程中,宪法实施是最为关键的环节。如果我们将宪法实现描述为"宪法立法—宪法实施—宪法作用—宪法实现"这样一个系统的话,宪法实施的意义就显而易见了。首先,宪法实施是宪法发挥作用实现民主的前提和基础,现实规范意义重大。宪法是国家的根本法,是构建国家民主政治秩序和法制体系的基本框架和依据,因而宪法的实施直接关乎国家和社会运作的全局,直接关乎每一位社会成员的切身权益。如果宪法得不到实施,国家和社会生活的根本准则确立不起来,民主法制原则任人曲解和侵犯,不但整个国家的民主法制秩序无法形成,各类社会活动主体行为无规可循,就是公民享有的基本人权也无以保障和实现,国家经济文化的发展和政权的巩固就是一句空话。因而,宪法实现的关键是宪法实施。其次,宪法实施既是宪法立法的贯彻,又对宪法立法具有补充、完善和发展的作用。如果说宪法立法是静态的宪法,那么宪法实施就是确立民主秩序的动态的宪法。宪法的实施以宪法立法为依据,要将原则性的宪法规定变成可直接适用于具体人员和事项的规则,并对不同的适用对象作出解释,以发挥宪法立法的效用,达到立宪目的。同时,宪法实施的过程又是发现宪法立法错漏和不周延之处,并予以补充完善的过程。立法性宪法实施主要是反馈实践意见和要求,为充实修改宪法立法积累资料。解释性宪法实施则包含根据宪法治理实践需要对宪法立法原意进行诠释,并根据宪法民主精神作出推断性说明,以为现实服务的意义。因而,宪法实施在宪法民主政治实现中的重要作用不可低估。

二、宪法的立法实施

宪法的立法实施,就是国家法定的立法机关或由它授权的其他机关,依照法定的方式和程序制定法律和法规,形成一个以宪法原则和宪法规定为基础的、内在结构严谨统一、环环相扣、层层具体的法制网络。宪法的立法实施目的是使宪法的原则规定得以具体化,并使其最终得以实现。

(一)宪法立法实施的形式和技术要求

第一,法制网络的构建过程必须由法定有权机关依据法定程序进行。立法实施的机关既可以是法定的立法机关,也可以是由法定立法机关授权的其他机关,如国家行政机关或地方性政府机构等。立法的程序则要根据具体的立法形式和立法机关来确定,既可以是法定的国家立法程序,又可以是行政立法程序,还可以是地方立法程序。总之,宪法立法实施行为要有法定的依据。

第二,法制网络的构建必须恪守宪法规范的立法原意和形式界限,以保持宪法立法实施过程及其所构成的法制体系具有内在的统一性。法制网络的构建过程就是宪法规定及其内在精神的贯彻,因而,任何层次的立法都应以准确体现和具体实施宪法规范为宗旨,绝不可超出自身的职权范围或宪法规范的立法界限自行立法,任何法条的设定都应有宪法依据。即使是有所创新的规范,也应有宪法明确授权,否则即属违宪。

第三,法制网络的构建应当主要包括两大部分:一部分法律是对宪法原则规定具体化的规范,其职能在于根据宪法明确授权而依据本机关的法定职能和权限以立法行为使宪法已有规定具有具体的针对性和可操作性。这一部分法律一般属基本法律制度,由国家立法机关制定;另一部分法律则是保障性规范,其职能是保障宪法及前述基本法律制度在具体的行业和地区得以落实实现。这一部分法律一般属实施细则或具体规则,由国家立法机关授权的行政机关或地方性机关制定。

第四,法制网络构建在内在结构上应该是各部分密切联系、相互协调、环环紧扣并覆盖整个国家生活和社会生活的各方面各领域,尽量不留立法空白。同时,法制网络内部各层次规范之间应当有一种在规范内容和规范形式上层层具体化的联系,并最终与具体的人员或事项相结合,以便使宪法规定及其精神能够发挥作用顺利实现。

第五,法制网络的构建过程要接受合宪性审查和各种政治、社会监督,以保证其合宪性、公正性、合理性和可行性。

(二)宪法立法实施的基本原则

第一,人民主权原则,即法制网络的构建要以最大限度地维护人民的权力主体地位和充分发挥人民参政权力为目标。这一方面要健全相关的实体立法,包括确认和完善基本政治制度、基本参政制度、基本民主监督制度和基本民主自治的立法;另一方面也要强化相关的程序立法,使国家权力依法行使,相互制约,防范权力行使对人民权力实体的侵犯。

第二,公民权利原则,即要落实宪法中有关公民各项权利与自由的立法,如制定新闻法、结社法、出版法、社团法及知识产权立法等,还要落实和完善各类诉讼法规,使公民权利保障有章可循,以最大限度地实现公民宪法权利,强化整个社会生活中的公民权利意识。

第三,权力制约和监督原则,即在法制网络构建过程中,在每一具体法律规范的设计上既要体现"赋权"和"保权"意识,也要充分体现"限权"意识,使每一细小权力的行使都能被有效地置于权力制约和权力监督的网络之中,保证权力行使的民主性、合法性和有效性。

第四,方便群众原则。宪法的立法实施就是要通过法制网络的建立使宪法规定具体化,并最终使人民掌握法定的精神和方式,保障自身权利、监督国家生活和社会生活的合宪运行,最终构造起宪法秩序。因此,法制网络的建设始终要贯彻便民利民的原则,使宪法和法律真正成为人民营造宪法秩序、监督宪法实施和保障宪法权力实现的有效武器。只有体现了上述立法原则,宪法的立法实施才能真正达到落实宪法民主精神的目的,而不致偏离民主政治规范的本意,也才能取得良好的宪法实施效果。

三、宪法的解释实施

(一)宪法解释的概念

宪法解释,就是宪法解释机关依照法定权限和程序,根据宪法民主精神和社会宪法治理实际需要,对宪法条文的具体含义和适用范围所作的补充或说明。其目的是以国家的名义对宪法规范的性质、要求、限度、实现方式予以具体说明,使行宪者和守宪者都能够明确自身权力或权力的范围、界限、行使方式和保障,以解决现实宪法政治操作疑惑,保证宪法规范之实现。

在我国学术界,普遍的观点是将宪法的合宪性审查作为“合宪性解释”纳入宪法解释的范畴,致使宪法解释与合宪性审查界限不清,甚至合二为一。笔者认为,这种观点是不正确的,应当将宪法解释与合宪性审查(或称合宪性解释)严格区别开来。

第一,两者的目的不同。宪法解释是为了保证准确地行宪和守宪。给大家划定明确的界限;而合宪性审查的目的则是以强制手段限制宪法治理实践行为突破这一界限,防止和制裁违宪的发生。

第二,两者的法律后果不同。宪法解释只是对有争议的宪法条文进行权威性说明,而合宪性审查的后果则是确认有争议的法律和行为是否具有法律效力,是否要受到违宪制裁。

第三,两者虽都包含对宪法含义的解释,但意义和方式不同。在合宪性审查中,宪法的解释采取附带性说明方式,它只是为整个合宪性审查过程提供依据,而不是这一法律活动的全部。在宪法解释中,对宪法含义和适用范围的说明则是以直接阐述的方式进行,而且是这一法律活动的全部职能表现。

(二)宪法解释的机关

从世界各国的情况来看,宪法解释权限的归属是与该国实行的基本政治制度、历史传统等因素密切相关的。宪法解释权的归属体制有以下几种表现:

1. 立法机关或权力机关

这种宪法解释体制主要是在奉行“议会至上”的资本主义国家和奉行人民代表机关是最高国家权力机关的社会主义国家实行,如英国、中国、苏联等。立法机关或权力机关行使宪法解释权一般以规范性决定的方式进行,而且实行后法优于前法的原则。就其动议情况来讲,或者是根据宪法政治实施状况,立法机关或权力机关针对普遍存在的问题主动解释,或者是应其他机关或主体的请求而进行解释。

2. 普通法院

这种宪法解释体制主要是在严格奉行“权力分立”的国家实行,如美国、日本等国。普通法院解释宪法一般按照司法程序进行,不告不理,而且是针对个案进行附带性解释,寓解释于审判之中,不涉及审判以外的政治性问题。就其效力来讲,一般只对本案件有约束力,但在实践中,由于这些国家亦奉行“遵循先例”原则,因而法院的解释往往以判例或形成宪法惯例的方式对以后的类似宪法治理实践问题有法律约束力。

3. 宪法法院

这种宪法解释体制是第一次世界大战后新出现的宪法解释形式,其要旨依然是“三权分立”,并且认为普通法院解释体制实际上是强化了司法机关的权力,从而使司法权相对于其他两权处于更为优越的地位,因而,应该设立专门宪法法院行使宪法解释权。目前实行这种体制的国家大约有三十多个。这种宪法解释体制的优点在于:(1)专门性。(2)权威性。宪法法院往往由地位较高的法官组成,在国家政体运行体系中具有崇高地位。(3)公正性。宪法法院在政治纷争中保持中立,标榜无党派性和代表国家利益,因而受干扰较少。(4)形式多样性。它既可以采取个案审判解释方式,也可以直接阐释宪法条文内涵,还可以就某一专门实践问题进行专门解释。它具有普通法院解释的优点,又克服了其缺乏普遍约束力和权威性的缺陷,因而,现实效果较好。

4. 其他专门机构

实行这种宪法解释体制的国家,主要是法国的宪法委员会解释制、韩国的宪法委员会解释制和罗马尼亚的宪法和法律委员会解释制。有的国家,宪法解释权还是由国家行政法院或普通法院中设立的宪法法庭来行使的。

(三)宪法解释的原则

关于宪法解释的原则,学者们有多种说法,各国宪法解释实践也很不一致,笔者以为,宪法解释应当遵循以下几条基本原则:

1. 遵循立宪原意原则

宪法解释的首要目的就是澄清立宪原意,平息宪制争端,推进宪法规范落实。因而,按照宪法规范的立法原意来解释宪法是一条基本原则。要清楚特定宪法条文的立宪原意,宪法解释机关就必须认真研究制宪当时的历史背景材料,包括宪法制定或修改时的各种立法说明、立法调查原始资料、学者权威解释等,将特定宪法条文与当时的社会历史条件和立宪指导思想联系起来通盘考虑,才能辨析清楚,才不会陷于任意解释、盲目无助或字面教条说明的境地。

2. 发掘宪法精神原则

宪法条文要适应不断发展的宪法政治实践的要求,不能寄希望于立宪者制定出万能的可适合一切宪法治理情况的法条。当宪法条文的一般性立法意图说明不能解决现实宪法实践问题时,宪法解释机关应当充分发掘本国宪法和特定宪法条文的民主立宪精神,从一般宪法民主精神中推断出宪法条文在新的宪法治理实践条件下应该具有的含义,从而形成新的宪法规则,这是对宪法立法的补充和无形修正,一旦行之有效积累了一定经验以后,便可正式修宪。当然,发掘宪法民主精神、推断宪法应有之义必须持慎重态度,必须符合基本宪法原则,否则恶性引申必然导致不法后果,也必然会受到违宪制裁。

3. 整体性原则

这一原则要求宪法解释机关进行宪法解释时,必须综合考虑宪法的宏观思想和精神,认真分析宪法特定条文与其他宪法条文之间的有机联系,从全局把握中阐明特定宪法条文的立宪原意。因为宪法不是条文的堆积,而是有统一的思路、结构完整、逻辑严谨连贯的规范体系,宪法指导思想、宪法基本原则、宪法规范、宪法条文之间是环环相结、层层具体化的关系,宪法民主精神是一以贯之的。把握了这种联系,就能够避免宪法解释中前后矛盾或前后不一致的弊端,保持宪法的统一性和稳定性。

4. 及时修正和后释优于前释原则

宪法解释是宪法条文的具体化和时代化,它为宪法实施而出现,亦应随宪法政治发展而修正,这才符合宪法解释的存在目标,才能使宪法常行常新、具有时代精神和现实规范意义。宪法解释的及时修正必能去除已过时或现在发现有违反宪法基本原则的解释,也能保持宪法解释的统一性和一贯性,同时也是对宪法解释中的违宪行为进行制裁的一种方式。后释优于前释是与及时修正原则相联系的,也可以说是及时修正原则的本来要求和保障。如果没有这一保障,宪法解释的修正就失去了优越性和权威性,宪法解释的时代性也难以存在。

上述原则是宪法解释的一般原则。当然,由于各国的具体宪法制度、解释方法和国情不同,可能更为具体的宪法解释原则还有多种,应当说,只要它们符合宪法民主精神和本国特定宪法治理实践需要,都能在实践中发挥预期的推进和实现国家宪法民主治理的作用。

(四)宪法解释的方法

如果说"原则"是对宪法解释的内在要求,"方法"就是对宪法解释的形式要求。宪法解释的方法主要有以下几种:

1. 字面解释方法

这是从语词意义上对宪法进行解释,它要求宪法解释不得超过宪法条文字面含义的表述范围,不得进行推断性说明。这样的解释方法能够保持宪法解释的严肃性,但易于导致教条化与形式化,达不到宪法解释追求"活的宪法"、推进宪法实施的目标。

2. 逻辑推理方法

这种解释方法根据具体规则的不同有两种情况,一种是按照形式逻辑分析宪法条文的文字表述,从中推出其应有含义和规则。这种解释一般至少在形式上较为严谨,但有形式主义的局限性,适应宪法治理实践的灵活性较差。另一种是依据根本性宪法民主精神和本国宪法指导思想及其他原始资料,符合逻辑地推断出新的宪法原则或适合现代宪法政治要求的宪法含义。这种解释方法既有逻辑的严密性,又有灵活性、实际性、民主性的特征,因而是我们提倡的宪法解释方法。

3. 从严解释方法

这种宪法解释方法要求宪法解释要恪守宪法规范的字面含义及其立法原意进行解释,不得作扩大解释和演绎推理。主张这种解释方法的学者认为,制宪权来自人民主权,宪法规范是人民权力和权利的法定表现,属于人民独立行使主权的范畴,任何人不得干涉,因而宪法解释应从严掌握。从严解释的方法有利于宪法制度的规范性、统一性和严肃性,能够防止隐形违宪,有利于宪法政治健康发展。但若掌握过严,有时也容易妨害宪法的灵活适用。

4. 从宽解释方法

这种宪法解释方法主张宪法解释要合乎逻辑和宪法治理要求,既可以解释基本含义,同时也可根据宪法实施的实际要求进行扩大解释。主张从宽解释的学者认为,宪法解释不仅仅是要说明过去,更重要的是为了说明未来,宪法必须随着人类社会的进步而进步,但制宪时宥于条件限制不可能预测未来,也不可能制定出万能条款,因而,要使宪法有时代性,必须对新情况作出新解释,不拘泥于宪法条文原始含义,而应对之作广义和灵活解释。从宽解释的方法的优势在于具有灵活性和时代性,有利于保证宪法民主精神的统一和活力,更能发挥实际宪法规范作用。但是从宽解释也要谨慎,应该在宪法立法原意和宪法民主精神的基础上进行适当灵活说明,脱离了这一基础,就会误入任意解释和恶性发挥。

值得说明的是,在特定的国家究竟是采用一种宪法解释方法或是采用几种方法相互结合的宪法解释方法,最终都是由不同历史时期阶级力量对比关系的变化所决定的,它代表着统治者的政治倾向和治国方略,渗透着现实宪法治理实践的要求,所以,对宪法解释的方法不可机械理解,而要政治性动态把握。

(五)宪法解释的效力

关于宪法解释的效力,有三种不同的观点:

第一,与宪法同等效力。持这种观点的学者认为,宪法解释是宪法的延伸,是宪法本意的固有内容,所以,宪法解释应该是宪法的重要组成部分,它与宪法一样,对宪法治理实践具有同等约束力;而对宪法的扩大性解释更是一种隐形修改和补充宪法的措施,当然应具有与宪法修正案和宪法同等的效力。

第二,低于宪法效力但优于一般普通法律效力。持这种观点的学者认为,宪法解释的效力源于宪法的效力,宪法是国家根本法,具有最高法律效力,因而宪法解释的效力也具有最高性,其效力必然优于普通法律。然而宪法解释绝不能与宪法具有同等效力,这一方面是因为宪法解释只是对宪法含义的后来解释而不是宪法本身,解释的机关和方式也各有不同,因而不能认为具有宪法效力;另一方面也是因为如果承认了宪法解释与宪法规范具有同等的最高法律效力的话,那么根据后法优于前法的原则,宪法解释自然优于宪法规范本身,而宪法解释机关也就当然地成为立宪机关了;当然还有一个原因,就是对宪法解释也可进行合宪性审查,若判定违宪就可能被修改或撤销,故而可见,宪法解释与宪法规范本身的差别还是明显的,无论在效力上还是形式上、内容上均不可将二者合而为一,或等量齐观。

第三,视解释机关的性质来确定宪法解释的效力。由没有合宪性审查权的普通立法机关或其他宪法解释机关对宪法进行的解释,与普通立法具有同等效力;由立宪机关对宪法进行的解释属于立宪活动的一部分,具有与宪法同等的效力;如果是违宪审查机关对宪法进行的解释,在效力上低于宪法效力但优于普通法律。

笔者同意第二种观点。

与宪法解释的效力相联系,还有一个宪法解释的变更问题。宪法解释的变更包括宪法解释的撤销、修改和自然失效。宪法解释的撤销或修改,既可以是由于违宪裁决而发生,亦可能由于原解释机关的明示性决定或新解释而发生;宪法解释的自然失效则是由于社会条件的变化所导致,宪法原有解释失去调整对象,或有新的宪法解释出现而根据新释优于旧释的原则自动发生。

(六)宪法解释的作用

1. 具体化作用

宪法规范的特点是原则性和概括性,这些原则性规范要切实适用于具体调整对象,在有的条件下是可以的,如选举国家领导人、修改宪法等,在大部分情况下则需要一个具体化过程。这种具体化的形式既可以是具体立法,也可以是宪法解释,后者更灵活,更简便易行,更适合特定需要和个别情况。

2. 补充作用

宪法立法是一个政治性、敏感性和妥协性、策略性较强的专门过程,因而,宪法立法中有些内容或者是立宪者有意识回避、或者是立宪者没有认识到、或者是虽有意识但条件不允许、或者是立宪技术不高等原因而导致的缺失、遗漏是在所难免的;有些宪法内容由于立宪的原则性所决定,在立宪时就明文规定授权制定具体规范;还有些情况则是由于宪法政治实践的发展出现了新的过去立宪时所没有的规范事项,这些都需要通过宪法解释的方式予以补充和完善。

3. 修正作用

这主要是针对由于立宪技术不高或者逻辑不严密、表意不确切、一词多义、前后不连贯等问题而采取的修正性解释措施。当然,由于现实社会的发展变化,导致宪法原有规范内容的陈旧,也需要充分发挥宪法解释的修正作用。宪法解释对宪法原有规范的修正与宪法修改不同，前者是隐形的，后者是公开的；前者无须经过反复的修改程序，后者则必须严格依照修宪程序由专门机关进行；前者更具有灵活性。

4. 裁判作用

这主要是对具体事项、具体表述、具体的规范性文件或具体行为，以及针对具体宪法精神认识上的分歧而言的，在这种情况下，宪法解释对于实践行为或事项当然具有裁判作用。当然，宪法解释的裁判作用只起一种认识上的指导作用，而并不具体说明是否违宪及怎样制裁的问题，形象地讲，它只说明"应该"怎么办，而不说明"不怎么办时"有何责任与后果。这也是宪法解释与合宪性审查的区别。

第二节　宪法保障

宪法保障就是所有能够使宪法实施过程顺利进行、各类主体严守宪法并使宪法规范落实实现的制度的总称。作为一种理论体系，宪法保障应该包括合宪性审查制度、宪法监督制度和宪法意识。合宪性审查制度是国家专门机关就特定法规或行为是否合宪进行裁判并依法进行违宪制裁的专门活动，而宪法监督则是更为广泛的宪法实施和守宪监督。前者的目标是制裁具体违宪立法和行为，后者的目标则是督促形成一个人按照宪法办事的社会氛围，同时，后者还可以为前者发现线索，并形成强有力的法律和道义支持。宪法意识是宪法实施的思想保障，是宪法政治运行和宪法政治实现的思想和社会基础，为宪法实施和宪法保障的其他形式提供合理性基础和内在动力。三者密切联系，相互作用，优势互补，共同保障宪法的实施。

一、违宪审查

（一）违宪审查的概念

违宪审查，是指拥有司宪权的国家机关依照法定的程序，审查和裁决一切法律、法规、命令和处分是否符合宪法，并对违宪行为予以制裁的制度。在整个宪法实施保障体系中，违宪审查是最有效、最权威的一种保障措施，这不仅是因为违宪审查是一种国家有权机关的行为，更重要的是因为违宪审查机关拥有法定的违宪裁决权和违宪制裁权，这种直接的处分权是宪法监督机关所没有的，这就决定了违宪审查相对于宪法监督的有效性。

违宪审查从其设计本意来讲是针对违宪行为进行的，是防范和制裁违宪行为的。当然,违宪行为既包括宪法实施中的违宪行为,也包括宪法遵守中的违宪行为,只要含有违宪因素而不属于其他法律直接制裁范畴的事项都应属于违宪事件而列入违宪审查的范围。当然,在违宪审查后,有些违宪主体不但要承担违宪责任,还要承担其他类型的法律责任,如刑事责任、民事责任、行政责任等,后者就属于一般的司法问题而不属于司宪问题了。可见,违宪审查包括违宪判定和违宪制裁两个最基本的环节,它以违宪判定为出发点,最终归结为违宪制裁。当然,经过违宪判定后,也有合宪与违宪两种情况,合宪的行为当然不存在违宪制裁问题。

违宪审查与司法审查是有区别的,前者的范畴较广,后者的范畴较窄。违宪审查可以由不同的机关来进行,实践中包括立法机关审查、普通法院审查和专设的宪法法院或宪法委员会审查。第一种审查是依普通立法程序或议会工作程序进行,后两种通常是通过司法程序来行使违宪审查权的,因而,人们将普通法院和专设司宪机构的违宪审查通称为司法审查制度,但不可将二者相等同。

(二)违宪审查的起源

关于违宪审查的起源有多种说法。〔1〕 有的人认为,这种制度根源于自然法学派的观点,17 世纪英国王座法庭首席法官科克(Edward Coke)关于普通法和大宪章高于制定法的观点是违宪审查制度的理论来源,而英国枢密院对其殖民地立法的监督制度则是这一制度的先例。还有人认为,1799 年法国宪法确定的“护法元老院”拥有撤销违宪的法律和命令的权力,应该是最规范的违宪审查的起源,但由于这一机构无论对本国还是对外国影响都不大,所以常为人们所忽略。现在被中外学术界普遍接受的说法是,近代违宪审查制度起源于美国。

在美国,违宪审查制度并非由美国宪法明确规定,虽然这一问题曾在立宪时有过激烈争论,但由于制宪会议成员间分歧太大,结果并未在宪法中形成具体规定。美国的违宪审查是以法院拥有的宪法解释权为理论依据和实践基础的,也是由法院以宪法解释的方式裁判违宪立法而开创先例并形成具有约束力的宪法惯例。这也正是在美国和其他任何国家,宪法解释权和违宪审查权都由同一个机关行使的渊源所在。

美国的违宪审查制度起源于 18 世纪后期和 19 世纪初的法院判例。1780 年,美国新泽西州法院在审理“霍姆斯诉沃尔顿”一案中,宣布该案所涉及的 1788 年通过的一项法律违反了新泽西州宪法,从而开创了州法院审查州立法是否符合州宪法的先例。1803 年美国联邦法院对“马伯里诉麦迪逊”一案的审理判决,开创了联邦最高法院审查国会立法是否符合联邦宪法的宪法惯例。1800 年是美国的大

---

〔1〕 转引自龚祥瑞:《比较宪法与行政法》,法律出版社 1985 年版,第 114～115 页。

选之年,在任总统联邦党人约翰·亚当斯落选,而民主党候选人托马斯·杰弗逊当选。行将离任的亚当斯为了使以后联邦党人长期控制司法机关,采取紧急措施,在新总统上任前,先是任命他的国务卿约翰·马歇尔为联邦最高法院首席法官,后又提名委任成倍增加联邦法官人数,并授权在哥伦比亚地区任命42名治安法官。这些全属联邦党人的法官人选在1801年3月3日晚经参议院连夜批准后,由亚当斯总统连夜颁发由他签署、国务卿马歇尔盖印的委任状予以任命,由于次日新总统即上任,因而许多委任状还来不及送出就被新国务卿麦迪逊扣发。马伯里就是被任命为治安法官而又未拿到委任状的人当中的一个,为此他状告麦迪逊,要求最高法院依据1789年的《司法条例》的规定,向执行部门发布执行命令,发还委任状。由于这时党派政治力量对比关系已经发生彻底变化,民主党人控制了国会,新总统和国务卿麦迪逊并不承认最高法院有权发布执行命令的权威,遂使最高法院处于两难地位。1803年,最高法院运用违宪审查手段摆脱了困境。首席法官马歇尔在他起草的全体最高法院法官一致同意的判决书中,先是承认马伯里被任命为法官是合法的,是有权得到委任状的,而总统和国务卿不予颁发是没有理由的,马伯里的正当权利由此而遭到侵犯,因而有权得到补偿;但随后又说,最高法院不能颁发这样的执行命令,因为它超出了宪法第3条关于最高法院司法管辖权的规定,据此,宣布1789年《司法条例》是同宪法相违背的;在判决的最后,他就联邦国会立法权的界限、宪法的最高法律地位、法院何以有审查法律的权力等问题做了长篇论证,明确宣称"违宪的法律不是法律""阐明法律的意义是法院的职权"。从此,便确立了最高法院解释宪法、裁决违宪的权力,美国的违宪审查制度由此形成。受美国违宪审查制度的影响,欧美和世界上的其他一些国家群起效仿,违宪审查制度遂得普及。

(三)违宪审查的对象

违宪审查的对象是宪法治理实践中的立法和行为,一般不涉及国家政治、军事、外交等大政方针问题。具体地讲,主要包括三大类:

1. 审查立法的合宪性

宪法实施的最主要方式就是通过普通立法形成一个法制网络,这一法制网络的构建必须以宪法为立法原则,不得与宪法的规定相抵触,以保证宪法原则和宪法规范的统一贯彻。如果法制网络的立法本身都有违宪曲解的成分,宪法就永远不可能得到有效的准确实施。所以,违宪审查首先要以立法的合宪性作为审查对象。审查立法的合宪性,既包括国家立法机关制定的法律和规范性决定是否合宪,也包括其他经立法机关授权的国家机关制定的保障性或实施性的规范性文件是否合宪。从审查立法合宪性的步骤来看,首先是立法原则审查,以确认其立法原则的设定是否体现宪法要求,是否是宪法规定在本地区、本行业实践中的具体化,是否体现了实施宪法和维持宪法秩序的立法目的;其次是法律内容审查,以发现具体法律规范中是否有与其立法原则、立法目的不相符合的情况,是否有直接违背宪法规定和宪法原则要求的情况存在;再次是结合该立法实施的社会反映对其宪治效益进行评估,确定其是否是负效益;最后是综合判定,得出是否违宪的结论。如果是违宪的,则要明确违宪制裁措施和违宪处分。

2. 审查行为的合宪性

这实际上是对守宪过程中各类主体的政治或社会行为进行宪法性审查和评价。宪法是国家生活和社会生活的总章程,是民主政治秩序构建的基本框架,无论是宪法立法还是宪法实施,都是为了使大家守宪遵宪,按照宪法的规定和精神办事,最终实现宪法民主秩序,因此,对于各类主体的行为是否合宪进行审查是违宪审查的又一项基本内容。

行为的合宪性审查有两种:一是国家机关行为的合宪性审查,这是最主要的审查对象。因为国家机关是行使国家权力的职能部门,宪法有关国家权力民主化行使和保障公民民主权利的规定都要通过国家机关及其工作人员的能动活动来最终完成,因而其行为的合宪性要求至关重要,直接关乎宪法秩序的形成和巩固。同时,国家权力本身是具有强制性的,如果运作不当,超出法定界限,违反了宪法民主原则,就有可能给宪法秩序和公民民主权利造成损害,故而一定要将国家机关及其工作人员的行为约束到宪法和法律的范围以内,发现违宪要严厉制裁。二是社会活动的合宪性审查,包括选举诉讼、民族关系、宗教活动等行为是否合宪的审查,以期将所有国家行为和社会行为都纳入宪法规范的约束之内。

至于公民的行为是否属于合宪性审查的范围,要分析具体情况来确定。笔者认为,从总体上来讲,公民的个人行为不属于违宪审查的范畴,仅仅属于一般法律调整的范围。因为公民的个人行为已经被置于各种普通法律构成的秩序网络之中,只要他有违宪的情况发生必然都已先触及了具体的法律,并受到这一特定普通法律规范的制裁,宪法的原则性要求就已经体现其中了;加之公民的个人行为政治性因素较少,政治影响较小,也不足以对整个宪法秩序造成危害,因而,公民的个人行为不是违宪审查的对象。但是,如果公民担任国家和社会重要领导职务,其职务行为若对宪法秩序有重大影响,则应该属于违宪审查的对象范围。例如,意大利宪法法院就审理了"根据宪法规范对共和国总统和各部部长所提出的控告案件"。

3. 审查裁决国家机关之间的权限纠纷

规范国家机关的职能、职权和相互关系,是宪法的传统立法范围。由于宪法规范的原则性,在具体宪法实施实践中往往会发生国家机关之间、中央和地方之间、国家机关与社会团体之间的权限争执或对特定事项的管辖纠纷，这当然属于违宪裁决的范围。因为对这些纠纷的断定和处分，必然包含对宪法立法原意的解释和对宪法规范的合理推断，包含对争执双方所持理由的宪法性权威裁定，只能通过违宪审查来解决。至于为什么不将其归于宪法解释的范畴，理由很简单，那就是宪法解释只负责说明宪法含义，而没有裁定具体事项是否合宪并直接处分的职能。

（四）违宪审查的体制

违宪审查体制，就是指违宪审查的权限的归属。世界各国的违宪审查有三种体制：

1. 立法机关审查制

立法机关审查制，就是由国家立法机关或权力机关行使违宪审查权力、保障宪法实施的制度。这种制度的理论基础是“议会至上”和“国家一切权力属于人民”原则。按照这种理论，议会由人民选举代表所组成，代表人民行使国家主权，其中立法权是主权的一个最重要表现。既然立法权属于议会，议会在国家机构体系中居于最高地位，可以制定规范适用于国家生活和社会生活，那么议会即立法机关就应当有监督和保障宪法实施的权力，违宪审查就必然属于议会的职权范围。实行这种体制的国家主要是社会主义国家，也有一些奉行“议会至上”原则的资本主义国家。从理论上讲，立法机关审查制有利于人民意志的统一贯彻，有利于集思广益保障违宪审查的公正性和准确性，也有利于保障违宪审查的权威性和有效性。在宪法实践中，这种体制有利有弊。其不足主要表现在：(1)立法机关事务繁多，精力有限，不利于违宪审查的专门化进行，导致审查不力或无人过问；(2)立法机关审查的结果常常不具有司法强制力，因而效力有限。

2. 司法机关审查制

司法机关审查制，就是由国家最高法院（有的国家的地方法院也有此权）行使违宪审查权力、保障宪法实施的制度。这种制度源于美国 1803 年“马伯里诉麦迪逊”一案的判例，其理论基础是“权力分立”原则。按照这种理论，国家权力由立法权、行政权和司法权三部分构成，分别由不同的国家机关行使，相互制约与平衡。宪法在实施中出现问题，理应属于司法权管辖的范围，因而违宪审查权力应当由国家司法机关来行使。就其实践情况来看，司法机关审查主要是通过审理具体诉讼案件来审查相关法律和行为是否违宪，采用“不告不理原则”，最后形成的判例具有普遍约束力。司法机关审查制也是有利有弊。其优点在于避免了前述立法机关审查制的不足，使违宪审查有力有效。其缺点在于：(1)容易形成法官专横；(2)司法机关本来是依照宪法规定而设立，却反过来判定宪法的立法原意也于理不合；(3)司法机关审查在国家宪法政治总体运行中，似乎缺少应有的政治权威性。目前,实行司法机关审查制的国家除美国外,还有日本、加拿大、澳大利亚等。英国对立法的合宪性采用的是立法机关审查制,但对行为的合宪性采用司法机关审查制,由高等法院(王座法庭)审查行政行为、命令和下级法院的判决是否违宪,不包括议会立法。

3. 专门机构审查制

专门机构审查制,就是由专设的宪法法院或宪法委员会依法行使违宪审查权、保障宪法实施的制度。这种体制的理论基础仍然是"权力分立"原则,认为宪法监督和违宪审查属于司法权的范畴,但同时认为普通的立法机关存在前述不合理性和缺少权威性之不足,而设立了宪法法院以后,就能够在保留司法机关审查制优点的基础上弥补其缺陷。宪法法院审查制的优点在于:(1)专职性。它是专职的司宪机关,不审理普通的刑民案件,能够保证违宪审查的专职有效。(2)有效性。其判决具有司法效力。(3)审查形式多样性。既可以是抽象性专门审查法规合宪性,也可以是具体性个案审查,还具有弹劾性审查权,也可以受理公民个人的宪法控诉。(4)权威性。宪法法院的法官一般均由高级法官或资深的政府官员、律师、学者担任,任用程序严格,且宪法法院在国家政治生活中地位较普通司法机关要高,因而,宪法法院的违宪审查具有相当权威性。宪法法院审查制的不足之处在于,在一些政治动荡、各派政治力量斗争激烈的国家,宪法法院往往或者为个别党派所利用,或者成为与宪法体制中心不同的另一个政治中心,这对政局稳定是一个不利因素。目前世界上实行宪法法院审查制的国家有三十多个,如德国、意大利、奥地利等,法国设立宪法委员会行使违宪审查权。

值得指出的是,上述三种违宪审查体制不是绝对的。正由于如前所述各种违宪审查体制都是有利有弊,因而各国违宪审查实践中以一种体制为主兼采其他体制优点、各种体制相互结合渗透的情况越来越多。比如,瑞士、英国采用立法机关审查制和司法机关审查制相结合的审查方式;而摩洛哥则设立最高法院宪法法庭执行违宪审查职能,似乎体现着司法机关审查制与专门机构审查制的双重优势;在前社会主义国家南斯拉夫、波兰等国则是将宪法法院审查制与立法机关审查制相结合,因为它们的宪法法院隶属于议会,其裁决要交主管议会部门适当处理,不享有制衡和罢免权,坚持民主集中制原则等。这种从本国宪法治理需要和国情出发形成违宪审查的混合格局应该说是一种普遍存在的现象,尤其以宪法法院审查为主的混合审查更是一种趋势。违宪审查体制作为一种保障宪法实施的形式,是为宪法实施的客观需要服务的,各国完全可以根据需要使各种体制相互结合、渗透和补充。

(五)违宪审查的方式

违宪审查的方式根据审查对象、审查要求和审查基本体制的不同,有多种表现,也有多种方式互补连用的情况。这里择其要者,予以说明。

1. 事前审查和事后审查

所谓事前审查,又称"预防性审查",是指在法律和规范性文件颁布实施以前,依照法定程序,先由违宪审查机关予以审查,以确认其是否合宪的审查方式。若裁定违宪,则不得颁布实施。其优点在于可以预防不法后果的发生,其缺陷往往在于干扰正常立法和执法工作,在有的情况下还会成为专断独裁的手段。

所谓事后审查,又称"追惩性审查",是指在法律和行为实施以后出现违宪事实,经由法定程序提交违宪审查机关,由它依法裁决是否违宪的审查方式。这种方式避免了事前审查方式之缺陷,其优点也是明显存在的。

在现代世界的违宪审查实践中,绝大部分国家采用事后审查方式。有的国家采用事前审查方式,如法国宪法明确规定,凡组织法或议院内部规章在颁布执行前须提交宪法委员会审查;各项法律颁布前都可以由有权机关或个人提交宪法委员会审查。还有的国家实行事前与事后相结合的审查方式,如我国就是以事后审查为主、兼采事前审查,对一般立法和行为实行事后审查,对民族自治立法实行事前审查。

2. 全面审查和专项审查

全面审查,是指违宪审查机关对受理的违宪立法或行为,无论其争议多大,都依法定程序和宪法规定,对该法律和行为进行全面审查的方式。这种方式的好处在于注意到了个别违宪条款与全局可能违宪的联系,有利于违宪审查裁判的公正、深入和准确。专项审查则是违宪审查只就有争议条款或行为进行的审查方式,而不涉及控告主体未提出之内容。

3. 专门审查和附带性审查

专门审查,就是指违宪审查机关受理投诉和要求,直接针对具体立法和行为进行违宪审查,裁决结果直接宣布其合宪与否。附带性审查则是指法院在处理具体案件中,就所涉及立法是否合宪进行说明并据此判决该案件,其判决不是针对该立法的合宪问题直接进行,而是针对该具体案件进行判决,判决的约束力也只是限于本案。在判例法国家,附带性违宪审查所形成的判例具有普遍约束力。如美国联邦最高法院的违宪审查就是典型的附带性审查。一般来讲,立法审查制和宪法法院审查制采用专门审查方式,而司法机关审查制采用附带性审查方式。有的国家的宪法法院也对具体违宪事件进行裁决,其中也包含对涉及立法的附带性审查。

4. 宪法诉讼审查和非诉讼性审查

宪法诉讼审查是指通过司法程序提起专门诉讼,而后由违宪审查机关裁决的方式。这种方式有两种情况,一种是个人宪法诉讼,即违宪立法或违宪行为受害者个人向违宪审查机关提起宪法诉讼,要求处理该具体案件、恢复权利的违宪审查,这种审查当然是美国式附带性审查;另一种则是宪法控诉,即无论是否有违宪危害事实发生,公民直接向违宪审查机关提起宪法诉讼,要求直接对该立法或行为的合宪性进行审查,这是德国宪法法院审查体制的独特方式之一。个人宪法诉讼与宪法控诉的区别在于:(1)诉讼请求目的不同。前者是要求维护个人受侵害的权利,后者的目的是直接审查有关立法和行为的合宪性,而不一定个人受到违宪后果之危害。(2)诉讼处理方式不同。前者依据一般诉讼程序处理,对所涉及法律进行附带性审查;后者则按宪法法院审查违宪之独特程序办理,进行专门违宪审查。至于非诉讼式违宪审查方式则是指除前述两种处理方式外的其他所有违宪审查情况,包括立法机关审查和宪法法院或其他专门机构的非诉讼性工作审查。

(六)违宪审查的效力

在世界各国,违宪审查的结论一般都具有法律强制性,被宣布为违宪的法律、法规和行政行为将全部或部分地失去法律效力。但在生效的方式和效力的强弱上,各国还是有差别的。就生效方式来讲,绝大多数国家是直接生效,如法国宪法委员会的裁决对一切机关均有强制力,且不得上告,直接发生取消或制裁效力;而美国等附带性违宪审查的国家,其违宪审查结论不是直接对所有机关和个人发生强制性效力,宣布违宪法律失效,而是以判例形式发生普遍约束力,从而使违宪法律因无人援用而自动失效。就违宪审查结论效力的强弱来看,各国也不尽相同。一般来讲,违宪审查机关的裁决无论是以什么方式生效,均是立即生效的,即被宣布为违宪的法律和行为马上或在次日失效。但有的国家还有独特规定,前罗马尼亚宪法与法律委员会的合宪性审查不具有强制性法律效力,只能向最高权力机关提出报告和意见,以供参考;捷克斯洛伐克宪法性法令规定,对于被宪法法庭宣布为违宪的法律条款,有关机关必须在6个月内进行修改,否则失效;等等。总之,必须指出,虽然各国对其违宪审查的生效有多种规定方式,但现代各国都越来越重视违宪审查制度的作用,不断强化违宪审查的效力,这是一个历史趋势。

二、宪法监督

宪法监督,就是由各方面力量所形成的一种督促、监控宪法和法律实施的网络体系。与违宪审查相比,宪法监督的特点在于:其一,范围更为广泛。它不是专门机关行使的直接制裁违宪行为的国家权力,也不是针对有争议的宪法实施案件,而是对各种行宪和守宪主体行为的广泛监控和督促,从而形成一种依照宪法办事的社会氛围。其二,没有直接的违宪处分权。宪法监督网络对行宪和守宪是督促力量,对违宪是一种监督,但它没有对违宪行为的直接处分、制裁权,它只能通过启动违宪审查机制达到制裁违宪行为的目的。

在宪法民主政治实现过程中，宪法监督的意义和作用表现在：其一，它是违宪审查的基础和实施保障。宪法监督网络对违宪行为处于经常性的监控状态，因而能及时发现违宪线索，启动违宪制裁程序；同时，在违宪裁决发布以后，它也是监督违宪裁决落实实现的最有效力量。其二，它对宪法实施具有宣传、教育、引导、督促的作用。

从结构上来讲，宪法监督体系由内部监督系统和外部监督系统两大部分构成。所谓内部监督系统，就是指负有行宪和守宪责任的各国家机关相互之间的执宪和执法监督，以及每一国家机关系统内部上下级之间的监督。这一监督系统在西方国家主要表现为国家机关内部的各种纵横权力制约机制，在我国则表现为人民代表大会对其他国家机关、各国家机关相互之间以及每一国家机关系统内部上级对下级的法定监督网络。所谓外部监督系统，则是指对行宪和守宪主体行为的社会力量监督，包括政党监督、舆论监督和公民申诉控告监督等形式。两种监督系统的区别是明显的：其一，强制性大小有差别。内部监督是国家机关内部存在的、与本职国家权力行使直接联系，并具有一定强制性纪律约束和保障的宪法监督；而外部监督则是国家权力机构以外的各种社会力量进行的宪法监督，它只能靠舆论力量或自身政治影响起到强制作用，局限性很大。其二，两者的监督对象和范围也不相同。内部监督系统主要针对国家机关的行宪和守宪活动进行，而外部监督系统的监督范围更大，它既可对国家机关进行监督，也可对国家机关以外各种社会活动主体的守宪进行监督，当然也包括外部监督各主体间的相互监督。其三，内部监督系统虽然没有违宪审查和违宪制裁权，但对违法违纪行为有法定职权范围内的处分制裁权；而外部监督系统则没有任何制裁权力，只有其中的政党或社团对其成员的违纪行为有处分权，所以，外部监督系统最终是通过启动违宪审查机制和内部监督系统来达到处理违宪违法、保障宪法实施的目的的。

宪法实施的内部监督建设必须注意三个环节。首先，强化权力制约。在国家机关内部，对行宪和守宪活动的监督实际上是通过权力运作中的制约机制来体现和完成的。这一方面是因为权力制约本身就是一种权力行使的牵制和监督，它与单纯的权力监督的不同就在于它不但可以监督和发现问题，而且可以依职权强制约束其他权力的违宪运作倾向，故而比之更有效、更有力；另一方面也是因为在国家机关内部，如果所谓宪法监督只有督促而没有落实为对权力行使违宪倾向的制约，或者启动违宪审查程序制裁违宪事实的话，那么，宪法监督只能是一句空话，不可能有真正的威慑力和保障宪法实施的作用。其次，强化监督程序。国家机关的活动是一种依法有序活动，任何职权的行使都必须依据法定程序进行，宪法实施的内部监督也不例外。有了法定的监督工作程序，不光是使宪法内部监督行为有了法律依据,而且使监督工作有了法定规则,确保其按照有效监督的需要进行,而不致本身违宪违法或无效行为。再次,强化领导责任。在国家权力行使过程中,领导的职责不仅在于决策,而且在于决策执行的组织和督促。也就是说,在国家权力的依宪依法运行,国家机关的行宪、守宪和相互宪法监督中,领导都处于至关重要的位置。领导本身的行为不仅是宪法内部监督的对象,而且也是内部监督行为的一部分,因而是内部监督系统能否真正发挥作用、作用力度大小的关键。强化了领导在宪法内部监督中的责任,既能够保障宪法内部监督的有效良性运作,也有助于领导主动廉洁自律、遵宪守宪。

宪法实施的外部监督建设,则应将重点集中在下述几个方面:

第一,外部监督规范化。外部监督规范化,就是通过立法使外部监督的形式、程序、方法、效力规范化、具体化,使外部监督具有可操作性和效力的法律保障。外部监督既是广泛而有效地制约权力腐败的手段,又是广大社会成员民主参政的基本途径。同时,由于内部监督一般均有法定的机制和程序予以保证,而外部监督既无法定的程序和指标,又往往要受种种因素的干扰而实现维艰,故而外部监督的发达与有效程度成为一国民主程度的保证和标志,外部监督的规范化亦成为完善执法监督机制的首要目标。如果不通过法律手段建立起一整套有关政党监督、舆论监督和公民申诉控告监督的具体运作机制,外部监督就只能停留于一种随意性较大并易受种种外来因素制约的无力状态,其作用的发挥只能是点缀的和随机的,而不可能有持久的和实质性的效力。

第二,执政党行为规范化。执政党对宪法实施的监督是宪法外部监督的重要组成部分,也是其中最关键的部分。因为执政党直接参与国家政治决策和政治实施,拥有重要的政治权力和崇高的政治威望,尤其在社会主义国家,可以说执政党对宪法治理运作和宪法实施监督具有全局性的影响力,它对行宪守宪的教育作用、引导作用、宣传推动作用和表率作用是无可替代的,因而,执政党行为本身的规范化是其监督作用有效发挥的基本条件。如果执政党自身的活动存在不遵守宪法和法律的情形,那就不仅仅是自身监督权力难以发挥效力的问题,它可能导致整个国家的政治运作失控、宪法虚置和政治信仰危机。

第三,外部监督要注意与内部监督相结合。如前所述,外部监督有其自身的优势,也有其致命的弱点,这就是没有对不法行为的自主处分和制裁权,导致效力有限。因而,外部监督只有与内部监督密切配合、协同作用,才能有效地起到宪法监督作用,才能够有强制性权威。笔者以为,其中的关键就是要建立外部监督机制与内部监督机制的协调联动机制,即保证一旦外部监督进行作用便能及时启动内部监督的制裁阀门联动协作,并使这种内外监督联动机制及其工作程序法定化,这样才能保证外部监督的恒久有效作用。

宪法监督体系的建设还必须有相应的司法救济。无论是内部监督还是外部监督,其最终保障宪法实施的效力都是有局限性的,这一方面表现在它们没有对违宪事项和行为的直接裁决处分权;另一方面也表现在它们的监督行为自身没有司法保障,往往为打击报复和政治压制所窒息。要使宪法监督保持活力和效力,就要将宪法监督与违宪制裁联系起来,使宪法监督发现的违宪行为能够直接进入违宪审查程序并受到及时制裁,这是对宪法监督效力的支持和保证。

三、宪法意识

宪法意识是指人们关于宪法内容和宪法精神的基本理论和认识,是法律意识的基础与核心。从内在结构上讲,宪法意识由宪法基本认识和宪法观念构成。宪法基本认识是人们对宪法规定和相关宪法知识的了解,包括宪法性质、宪法地位、宪法效力、宪法作用、宪法权利、选举、政党、国家宪法政治体制设置等方面的内容;宪法观念则是人们在宪法基本认识的基础上逐渐形成的对宪法精神和国家民主治理内涵的深刻理解,是相对稳定的理想化概念体系,包括人权观念、民主观念、法治观念和守宪观念。在宪法意识体系中,宪法基本认识是其初级阶段,是通过宪法知识学习、宪法宣传、宪法实践活动得到的对宪法的感性了解和粗浅认识;而宪法观念则是宪法意识的高级阶段,是人们通过对宪法感性知识的消化、提炼而得到的宪法理性认识,它表现为一种稳定的思想形态,是人们对宪法现象进行认识、判断和评价的内心标尺,因而,宪法观念是宪法意识的主体。

宪法意识在宪法实施和民主政治实现过程中,发挥着重要作用。

第一,宪法意识是民主政治法制网络构建的思想基础。宪法实施的最重要途径就是通过构建民主政治法制网络使宪法规定得以具体化和落实实现。在这一过程中,宪法意识的作用一方面表现为宪法观念为深刻领会和准确把握宪法规定要旨及其宪法民主精神提供了思想基础,能够保证民主政治法制网络的构建与宪法规范保持内在精神的一致,并指导法制网络建设在合宪的前提下充分展现宪法内在精神,在具体化中有发展、有补充、有可行性;另一方面,宪法意识的作用还表现为宪法基本认识对完善和发展民主政治法制网络的作用。社会对宪法的基本认识反映宪法立法和宪法实施的实际状态,从中可以看出宪法立法的不足和漏洞,发现宪法实施中存在的主要问题,把握人们对宪法立法的期望和承受能力,据此能够形成完善现行宪法与法制网络的思路和措施,使民主政治法制网络的构建更具合理性和科学性,确保宪法规定得以顺利实施。

第二,宪法意识是宪法解释和违宪审查的思想指导。宪法解释是宪法正常实施的重要手段,而违宪审查是出现反常情况时保证宪法实施的法律活动,二者都是宪法实施的关键环节。由于宪法解释和违宪审查中都包含对宪法规定立法原意和宪法民主精神的解释,并依此来判定说明具体实践情况,因而,宪法意识无疑能为它们提供理性的和现实的依据,指导它们作出合理科学的解释和裁判。

第三,宪法意识是各类主体自觉守宪的思想条件。人们对宪法规范的自觉遵守必须要有一种心理上的理智认同作为基础才能实现,单纯的惩罚强迫从根本上讲是没有意义的。宪法意识本身就是一种宪法民主精神和宪法要求的心理表现,其中还包含守宪观念,因而,它是人们进行宪法实践和相关社会活动的心理尺度和价值评价标准,对人们的行为有重要的指导作用。因而,宪法意识是人们形成对宪法规范理智认同的心理基础,是自觉守宪和宪法实施的思想保障。

第三节　中国宪法的实施与保障

一、中国宪法的实施方式

我国的宪法实施以两种方式进行:一是通过立法建立宪法治理法制网络体系,使宪法得以层层具体化;二是通过宪法解释和宪法惯例作为立法实施的补充。这两种方式协同作用,起到在现实国家生活和社会生活中推行宪法规则、促使宪法实现的作用。

根据宪法的规定,我国社会主义宪法治理法制网络体系是由下列层次构成的,它们以宪法为核心和基础,层层具体,环环相扣,由上到下在效力和作用范围上逐次制约,确保宪法精神及其约束力的贯彻。

(一)宪法

宪法是我国社会主义民主政治法制网络体系的核心和最高层次,是其他法制层次的立法原则和基础,具有最高的法律效力。宪法由国家专门立宪机构以特定的立法程序制定,对全国各层次各类社会主体和规范性文件具有普遍约束力,任何组织或个人均不得有超越宪法之上的特权,一切法律、行政法规和地方性法规均不得与它相抵触。

(二)基本法律

基本法律是指由全国人民代表大会制定和修改的,在全国范围内生效的、规定和调整国家和社会生活中某一方面带有基本性和全面性的关系的法律,如刑法、民法、诉讼法、选举法、国家机关组织法等。全国人大常委会在全国人大闭会期间可以对基本法律进行补充和修改,但不得同该法律的基本原则相违背。基本法律是宪法原则和规定的第一个具体化立法层次。因而,基本法律在效力和地位上要低于宪法,不得与宪法相抵触,但相对于其他各层级的规范性文件来讲,基本法律又处于宪法下的最高层次。

（三）法律

法律是指由全国人大常委会制定和修改的,在全国范围内生效的、规定和调整除由基本法律调整以外的、涉及国家和社会生活某一方面具体关系的规范性文件,如环境保护法、森林法、矿产资源保护法、未成年人权益保障法等。法律也是依据宪法的原则和规定制定的,其地位和效力低于宪法和基本法律,高于其他国家机关制定的规范性文件。

此外,全国人民代表大会及其常务委员会作出的规范性决议和决定也与法律具有同等的地位和效力。

（四）行政法规

行政法规是指国家最高行政机关国务院制定的、在全国范围内生效的、有关国家行政管理的规范性文件。行政法规的名称一般采用条例、办法、规定等。行政法规的地位和效力低于宪法、基本法律和法律,但高于地方性法规和其他规范性文件。

（五）地方性法规

地方性法规是指省级人民代表大会及其常务委员会、省会城市的人民代表大会及其常务委员会、经国务院批准的较大的市的人民代表大会及其常务委员会依照宪法和地方组织法的规定制定的,在本行政区域内生效的,有关本区域经济、政治和社会管理方面的规范性文件。地方性法规不得与宪法、基本法律、法律和行政法规相抵触。

在理解我国民主政治法制网络体系的时候,不要与宪法性法律、宪法性文件等概念相混淆。“宪法性法律”是一个理论概念,特指以单行法规的形式规定宪法制度的法律文件,是宪法的补充或延伸。宪法性法律的效力层次也不尽一致,在不成文宪法国家,宪法性法律虽然在内容和地位上比其他普通法律重要,但二者在法律效力上是没有差别的;在成文宪法国家,宪法性法律应该说具有与宪法同等的效力和地位。当然,宪法性法律这一概念还可在更广泛的意义上使用,即指代选举法、民族区域自治法、人民代表法、妇女权益保障法等带有宪法民主性质和宪法民主内容的法律,这样的宪法性法律在效力上必然低于宪法,是宪法内容的具体化,其效力和地位只相当于普通法律,但应该说在规范内容上还是比其他普通法律重要。

“宪法性文件”则是一个更为宽泛的理论概念,只要在内容上带有宪法或宪法运作意义的法律、法规、政治文件、国际盟约、社会规范等均可包容其间。我国宪法上没有“宪法性法律”“宪法性文件”的确认性规定。

宪法解释和宪法惯例在我国宪法实施中是一种补充性方式,主要是补充宪法立法和宪法实施性规范之不足。宪法解释的权限,按照我国宪法的规定由全国人民代表大会常务委员会行使,主要对行宪过程中的疑难问题和空白问题进行补充性、推断性说明,在效力上应该是低于宪法但比普通法律要高。宪法惯例在我国宪法实施中的意义更大,虽然它不是法定行宪方式,没有法律效力,但却是我国政治生活中长期形成的并为各方面所遵守的政治习惯,对行宪过程还是有普遍的政治性约束力的。我国宪法制度运行中的许多决策性环节都是以宪法惯例的形式进行的,比如,宪法的修改动议由中国共产党中央委员会以建议方式向全国人民代表大会提出、国家重要领导人选由中国共产党提出建议性人选后经法定程序产生、中国人民政治协商会议在国家政治权力行使中的重要而特殊的作用等,都是重要的行宪方式和行宪规则,起着实施宪法和宪法民主政治的作用。

二、中国的宪法保障制度

我国宪法实施的保障制度是在1954年宪法中首次确认并实际运行的,主要包括宪法修改、宪法解释、法律监督等,由于设计上的不足和缺少具体程序,加之“左”倾思想干扰,这些规定的实际民主保障作用未能得到很好的发挥,“文化大革命”中更是被弃置一旁而名存实亡。1975年宪法彻底取消了宪法保障制度的规定,形成这方面的立宪空白。1978年宪法虽然规定了宪法监督和宪法解释,并且有所改进,但还达不到1954年立宪的总体水平。直到1982年现行宪法颁布,我国的宪法监督保障制度才趋于定型。依照宪法规定,我国宪法实施的监督和保障制度主要有以下内容:

第一,宪法规定了宪法的最高法律地位和最高立法效力,这是对宪法实施提供的宣言性保障,其意义在于为其他宪法保障体制运行提供最高宪法依据,并具有推动守宪意识建设的巨大社会政治作用。我国宪法在序言中明确规定:宪法是国家的根本法,具有最高的法律效力;全国各族人民、一切国家机关和武装力量、各政党和各社会团体、各企业事业组织,都必须以宪法为根本的活动准则,并且负有维护宪法尊严、保证宪法实施的职责。在第5条中又规定,国家维护社会主义法制的统一和尊严;一切法律、行政法规和地方性法规都不得同宪法相抵触;任何组织或个人都不得有超越宪法和法律的特权。一切违反宪法和法律的行为,必须予以追究。此外,宪法第53条还把遵守宪法列为公民必须履行的基本义务。第66条规定,全国人大代表要在自己参加的生产、工作和社会活动中,协助宪法和法律的实施。第99条规定,地方各级人大要在本行政区域内保证宪法的遵守和执行。

第二,宪法规定了严格的宪法修改程序,这是对宪法实施的程序保障,其意义在于保障宪法的严肃性和稳定性。根据我国宪法的规定,修改宪法的权力只属于全国人民代表大会,其他任何机关或政党团体不得行使这一权力,宪法的修改必须由全国人民代表大会常务委员会或1/5以上的全国人民代表大会代表提出,并以全国人民代表大会全体代表的2/3以上多数通过。

第三,宪法规定了宪法保障和合宪性审查制度,这是对宪法实施的制度保障。宪法规定,全国人民代表大会和全国人大常委会是行使宪法实施监督权的机关,但宪法解释权和合宪性审查权属于全国人大常委会的专项职权,这就保证了合宪性审查和宪法解释能够经常性地、有权威地进行,这不仅有利于对违宪事件的及时处理,而且由于将解释权和监督权结合了起来,就使宪法实施问题的处理更统一有效、更具有合宪性和权威性。在我国宪法监督的实践中,合宪性审查主要是对立法合宪性的抽象性审查,行为审查较少,审查的方式主要是事后审查,即在规范性文件颁布以后根据一定的违宪事实进行合宪性审查,事前审查只限于民族自治法规的立法。

此外,根据《全国人民代表大会组织法》的规定,全国人大设立的各专门委员会要协助最高国家权力机关行使监督宪法实施的职权。各专门委员会的任务之一是:审议全国人大常委会交付的被认为同宪法相抵触的国务院的行政法规、决定和命令,国务院各部、各委员会的命令、指示和规章,省、自治区、直辖市的人民代表大会和它的常委会的地方性法规和决议,以及省、自治区、直辖市的人民政府的决定、命令和规章,提出报告。这些规定表明了我国宪法监督体制的重大发展,它不仅弥补了原来只由全国人大行使监督宪法实施职权的不足,保证了我国最高国家权力机关得以经常地行使这一职权,而且各专门委员会又可在这方面从事具体的审议工作,使这一工作加强了组织基础。

第四,宪法规定了严密的法制监督体系,这是对宪法实施的统一性和合宪性保障。现行宪法建立了一套自上而下、比较严密的法制监督体系,以保证宪法的统一实施。根据宪法规定,全国人大有权改变或者撤销全国人大常委会不适当的决定;全国人大常委会有权撤销国务院制定的同宪法、法律相抵触的行政法规、决定和命令,并有权撤销省、自治区、直辖市国家权力机关制定的同宪法、法律和行政法规相抵触的不适当的命令、指示和规章,并有权改变或者撤销地方各级国家行政机关的不适当的决定和命令;县级以上的地方各级人大有权撤销本级人民政府的不适当的决定和命令,并有权撤销下一级人大的不适当的决议;县级以上的地方各级人民政府有权改变或者撤销所属各工作部门和下级人民政府不适当的决定;省、直辖市的人大和它们的常委会制定的地方性法规,须报全国人大常委会备案;自治区的自治条例和单行条例须报全国人大常委会批准后生效,自治州、自治县的自治条例和单行条例须报省或者自治区的人大常委会批准后生效,并报全国人大常委会备案。

三、中国宪法实施保障的特点

从我国宪法实施和宪法实施保障的实际情况和具体宪法、法律规定来看,我国的宪法实施保障体系体现出下列特点:

第一,民主政治法制网络是行宪主渠道,宪法解释与宪法惯例是行宪补充方式。宪法解释主要由全国人大常委会主动解释和机关团体提请解释两种情况,在宪法实施中有重要作用;宪法惯例的现实作用更是至关重要,我国行宪中的特色做法和独有制度运作很多是通过它来表现的。

第二,确立了国家权力机关监督宪法实施的体制,这是我国"一切国家权力属于人民"的宪法原则的具体体现,突出了宪法监督实施的人民性和权威性,并且规定了全国人大专门委员会和地方国家机关以及其他国家机关和一切社会力量在宪法实施过程中的具体协助职能和配合义务,这就为宪法实施提供了更为广泛的组织保障。

第三,宪法实施监督在方式上以事后审查为主、兼采事前审查,不存在附带性审查和宪法控诉。在我国,宪法实施监督权力主要是在违宪法规和行为实行并有了违宪事实以后才开始运行的,启动违宪审查的方式是国家机关立法备案或批准审查和全国人大常委会主动审查,当然也可能由于基层组织提请宪法解释时从中发现问题而进行违宪审查。至于宪法实施的事前审查,范围较小,只限于对地方民族自治立法的监督,这主要是考虑到地方民族自治立法实际上是对宪法有关民族自治权规定的具体解释,其权力本身应为全国人大常委会行使,而且也是为了限制地方立法时不可避免存在的区域利益和民族利益的不法干扰,同时也是对地方民族自治立法在立法技术上的一种监督。至于宪法实施监督以事后审查为主则体现了监督的民主性原则,也有利于保证各职能部门正常地不受干扰地行使宪法法定职权。

第四,宪法实施监督在实体运作上以立法监督为主,并有严格的制度保障,可操作性较强,现实宪法保障作用也比较大。

第五,执政党监督和社会监督也在宪法监督实施中发挥着一定作用。

四、中国宪法实施保障的完善

宪法实施的保障,最重要的还是制度保障,而制度保障的核心则是建立一套行之有效的合宪性审查机制。所以,中国宪法实施保障的完善,关键在于改革和健全合宪性审查制度。

关于合宪性审查的讨论,在我国学术界曾经有过四次高潮:一是20世纪80年代初期现行宪法制定和颁布前后,违宪审查的讨论主要是为宪法制定和随之而来的宪法实施提供设计思路和理论基础;二是80年代末期中国政治体制改革呼声最烈之际,违宪审查的学术研究试图为国家政治体制改革推波助澜并提供制度设计支持;三是90年代后期中国政治进入平稳发展并面临世纪之交,违宪审查的讨论致力于对中国政治未来发展的实质性进步的思考;四是2003年4月围绕孙志刚案件〔2〕引发的要求对国务院1982年颁布的《城市流浪乞讨人员收容遣送办法》进行违宪审查的公民动议和学界支持。此次违宪审查讨论要解决的问题主要是普通立法不能违背宪法原则、下位法不能违背上位法,以及谁来处理违宪案件、违宪审查应该如何进行。其最终结果是,2004年5月全国人大常委会成立了法规审查备案室,专门负责对下位法违反上位法、下位法与宪法规定相冲突和相抵触案件的审查工作。成立专门机构审查地方性法规是否违宪是一种制度设计的进步,但并没有解决违宪审查的核心问题和全部问题,审查范围过于狭窄、审查程序不具体和审查结论的权威性如何保障,仍然是大家关注的焦点。

自从以习近平为总书记的新的党中央领导集体执政以来,党和国家高度重视宪法实施和法治建设工作,提出了"依法治国首先是依宪治国,依法执政首先是依宪执政"的治国理政新思路。2014年10月,党的十八届四中全会通过了《中共中央关于全面推进依法治国若干重大问题的决定》,设立"国家宪法日"和宪法宣誓制度,启动司法体制改革,推进人权保障和宪法实施,依宪治国和依法治国进入一个新的历史时期。围绕这一重大历史任务,学术界开始了对违宪审查制度建设的第五次研讨热潮,此次讨论的重点将是违宪审查专门机构和具体程序的设计,将会更关注违宪审查的中国特色和实际效用。

---

〔2〕　孙志刚案件:2003年3月17日,中国公民孙志刚在广州市因未随身携带身份证被带到黄坡村派出所。次日,因其没有办理暂时居住证而被送往广州市收容遣送中转站。3月20日,广州市收容人员救治站宣布其死亡。尸检结果表明,其死前72小时曾遭受毒打。同年5月和6月,学者和公民分别提出建议,要求全国人大常委会对1982年国务院颁布的《城市流浪乞讨人员收容遣送办法》进行合宪性审查。6月20日,国务院宣布废止该条法规,由此将"收容遣送"改为"救助管理"。

纵观学术界关于违宪审查问题的历次讨论,应该说都提出了很有价值的思考和建议,一些学者甚至为我国违宪审查制度的构建设计出多种具体的模式。然而,时至今日,中国合宪性审查的状况并未取得任何实质性进展。究其原因,当然是多方面的,但笔者认为,关键还在于中国合宪性审查制度设计中存在根源于中国政治现实的固有难点,而以往的理论探讨没有正面触及这些难点,或者有意无意地回避它们,导致这些问题在理论上始终没有得到透彻的说明和解决,实践中当然也难以取得突破性进展。我们必须从中国政治架构和社会观念的实际出发,在违宪审查制度的多个层面找到其中的关键点,提出相应的解决思路,进行特殊的制度设计,才能使我国的违宪审查真正发挥实效。

(一)关于违宪审查机关的设置

在以往对违宪审查问题的研究中,关于违宪审查机关的设置,虽然在具体设计和表述方式上互有差别,但基本上可以概括为三种观点:(1)在全国人大内部设立宪法委员会,专司或协助全国人大及其常委会进行违宪审查;[3](2)在最高人民法院设立宪法法庭行使违宪审查权;[4](3)设立宪法法院行使违宪审查权。[5] 还有的学者提出复合模式,即由全国人大或其下设的宪法委员会与最高人民法院违宪审查庭或宪法法院结合行使违宪审查权。[6] 但这一模式归根结底都可依据其违宪审查的最终决定权归属将其归类于前述三种模式之一,因而没有作为独立观点单列。还有的学者在论述各自模式中也提出在地方设立相关性质的违宪审查机构,这里也将其归于前述各自所属的模式之中。

分析上述三种模式在中国实施的可能性,最核心的问题是要评估违宪审查机关与我国现行人民代表大会制度在设计上的相容性,即要解决违宪审查机关与全国人大最高性的关系这一难点。

笔者认为,中国违宪审查机关的设计一定要从中国的基本国情出发,既要符合

---

〔3〕 参见吴家麟:《论设立宪法监督机构的必要性和可行性》,载《法学评论》1991 年第 2 期;王叔文:《论宪法实施的保证》,载《中国法学》1992 年第 6 期;侯淑雯:《论我国宪法监督机制的完善》,载《法学》1995 年第 12 期;苗连营:《关于设立宪法监督专责机构的设想》,载《法商研究》1998 年第 4 期;费善诚:《试论我国违宪审查制度的模式选择》,载《政法论坛》1999 年第 2 期;季卫东:《合宪性审查与司法权的强化》,载《中国社会科学》2002 年第 2 期;陈云生:《民主宪政新潮》,人民出版社 1988 年版,第 256 页。

〔4〕 参见贺日开:《违宪审查与司法权威》,载《2002 年全国宪法学年会论文集》,第 11 页。

〔5〕 参见王克稳:《建立我国宪法法院制度的理论思考》,载《江海学刊》1989 年第 2 期;正文:《完善我国的违宪审查制度》,载《探索》1998 年第 1 期。

〔6〕 参见胡肖华:《宪法诉讼原论》,法律出版社 2002 年版,第 178 页;包万超:《设立宪法委员会和最高法院违宪审查庭并行的复合审查制》,载《法学》1998 年第 4 期。

中国现行的基本政治制度，也要解决违宪审查的有效性问题。从性质上讲，我国违宪审查机关必须同时具备三大要素：一是独立性，即违宪审查机关要独立于被监督对象，否则便无以保证违宪审查的公正性和可行性；二是强制性，即违宪审查机关及其裁决必须具有法律和政治效力，否则就无法确保违宪审查的权威性和有效性；三是与人民代表大会制度的运行模式相一致，即能够在人民代表大会制度下发挥作用，并能强化和落实人民代表大会制度。近来学术界有学者提出，应该争取在不突破现有体制和不产生政治震动的情况下，在全国人民代表大会设立法定的专门委员会——宪法委员会专司违宪审查，以求尽快开展违宪审查的实际运作。这种观点符合中国的政治传统，应该是一种在现阶段可行而有效的选择。2018 年 3 月 11 日，全国人大通过宪法修正案，决定设立全国人民代表大会宪法与法律委员会，专门进行合宪性审查工作。应当说，这是我国违宪审查体制建设的进步，我们期待我国的合宪性审查工作能够发挥预期的法治规范作用。

（二）关于违宪审查的范围

关于违宪审查的范围，学术界通行的观点认为，一是审查立法的合宪性；二是审查国家机关及其工作人员行为的合宪性；三是审查各政党、社会团体、企业事业组织和公民个人行为的合宪性；四是裁决国家机关之间的权限争议。

笔者认为，违宪审查范围的界定应该包括两个层面：第一，审查对象的限定性，即哪些事项、行为属于违宪审查的范围。从理论上讲，只有将宪法规范具体化的普通立法过程和参与国家权力行使、有可能滥用宪法法定权力的组织和个人的行为才能被纳入违宪审查的范围。第二，审查程度的限定性，即违宪审查的具体化程度的界定。违宪审查是抽象的立法审查，还是具体的职权行为审查，还是包括对违宪侵权受害者个人的宪法救济？这一审查程度的限定性直接关系到违宪审查对象的具体范围和违宪审查的启动和处理方式。

（三）关于违宪审查的依据、效力和监督

违宪审查的标准和依据是违宪审查制度设计中的重要问题。目前学术界对此有两种观点：一是宪法的最高价值；〔7〕二是对人权保障的价值评价。〔8〕这两种观点都有一定道理，但违宪审查的依据必须具有规范性和可操作性，否则便容易导致违宪审查的随意性和权力滥用，背离违宪审查制度设计的初衷。笔者认为，违宪审查的依据首先是宪法规范，在没有宪法规范可直接援引的情况下，也可以由违宪审查机关依据宪法原则和宪法精神进行推定裁决，但要有相应的程序和范围的严格

---

〔7〕　韩大元、刘志刚：《试论宪法诉讼的概念及其基本特征》，载《法学评论》1998 年第 3 期。

〔8〕　李岩：《违宪审查与人权保障》，载《外国法译评》1997 年第 4 期。

限制。

关于违宪审查的效力,学术界有三种观点:(1)违宪裁决当即发生法律效力;[9](2)违宪审查机关的裁决,最终由全国人大或其下属的宪法委员会决定是否适当和有效;[10](3)违宪裁决不具有法律效力,只是对有关部门纠正违宪立法和行为的建议。[11] 笔者认为,违宪审查效力机制的设计首先要解决效力性质是政治效力还是司法效力的问题;其次还要确定这种效力是独立发生还是与其他机构的决定结合发生的问题;最后还要确定在生效时间上是当即发生效力还是在法定期限以后发生效力。我国违宪审查制度中关于效力的设计,应该是违宪审查机关独立作出的当即发生的司法效力,而不应是要求违宪者自行纠正其违宪立法或行为的政治性建议或附条件生效的司法效力。只有这样,违宪审查才能权威、有效和及时。

最后必须指出的是,违宪审查机关及其违宪审查的行为仍然需要解决自身监督的问题。如果在全国人民代表大会内设立宪法委员会作为专门委员会,其自身监督的问题可以通过人民代表大会内部选举和监督程序实现,但监督机制的设计应该具体和有效,同时应该更多地考虑赋予其应有的司法性和中立性,以保障其有效发挥作用。

第四节　中国依宪治国的基本理念

党的十八届四中全会以“依法治国”作为会议主题,通过了《中共中央关于全面推进依法治国若干重大问题的决定》(以下简称《决定》),规划了建设社会主义法治国家的总体方略和具体部署,开启了全面推进中国特色社会主义法治建设的新的历史篇章。《决定》贯彻习近平总书记在庆祝全国人民代表大会成立六十周年大会上的重要讲话精神,再次重申“坚持依法治国首先要坚持依宪治国,坚持依法执政首先要坚持依宪执政”。这说明,“依宪治国”是“依法治国”的灵魂所在。

“依宪治国”之所以是“依法治国”的核心要求和根本标志,首先,只有坚持“依宪治国”才能保证法治实施的民主内涵,才能实现《决定》所期望的“良法”“善治”。宪法规定了国家民主制度的基本框架,规范了国家权力民主化运行的基本

---

〔9〕 韩大元、刘志刚:《试论宪法诉讼的概念及其基本特征》,载《法学评论》1998年第3期。

〔10〕 正文:《完善我国的违宪审查制度》,载《探索》1998年第1期;包万超:《设立宪法委员会和最高法院违宪审查庭并行的复合审查制》,载《法学》1998年第4期。

〔11〕 吴家麟:《论设立宪法监督机构的必要性和可行性》,载《法学评论》1991年第2期。

程序,确认了公民的政治权利和基本人权,这就为国家法治建设提供了民主内容和根本准则,也为立法、执法、司法的民主性方向提供了根本指引。如果失去了“依宪治国”的框范,简单化地“依法”就有可能走向民主和法治建设的反面。其次,坚持“依宪治国”还能够保证法治实施的规范和有效进行。宪法是国家的根本法,是普通立法的基础和依据,在整个法律体系中居于最高地位,具有最高的法律效力。只有坚持“依宪治国”,才能确保社会主义法治体系的内在统一,使法治进程的各个具体环节有机联系一体作用,从而实现社会主义法治建设的整体推进和有序进行。

要实现“依宪治国”,重在树立基本理念。

一、中国理念

高举中国特色社会主义伟大旗帜,全面推进依法治国,是《决定》的最大亮点,也是在中国进行社会主义法治建设的内在要求。坚持法治建设的中国理念,就是要顺应国情,立足现状,循序渐进,有计划、分步骤地推进法治建设。要尊重中国的政治国情和文化国情,总结中国长期以来政治管理和社会治理中的实践经验,提炼中国法治建设的特色思路和独特方法,创新理论,强化制度,发展优势。

首先,坚持法治建设的中国理念,必须要有中国政治意识。坚持中国的政治意识,核心是要坚持党的领导。党的领导是中国政治制度与西方政治制度最本质的区别,是中国革命和建设历史经验的总结,是中国人民历经磨难千锤百炼的历史选择。“党的领导是中国特色社会主义最本质的特征,是社会主义法治最根本的保证。”要将法治建设与中国政治设计的特点结合起来,将法治建设置身于中国社会主义民主政治建设的宏观体系之中,绝不能脱离核心,偏离方向,就法治论法治。

坚持党的领导,就是要把党的领导贯彻到依法治国的全过程和各方面,要充分发挥党领导立法、保证执法、支持司法的核心作用,使党在国家法治建设中的作用具体化和实效化;坚持党的领导,还要将党的领导“入宪入法”,以国家立法的方式制度化、规范化。要突破“法律只能与国家机器相联系”“党的事务只能与政治和群众活动相联系”的固有观念,创新中国特色的法治理论体系和法治实践模式;坚持党的领导,还必须探索党领导法治建设的新形式和新举措,把党对国家治理和法治建设领导的基本思路以有形与有效的法律方式贯彻下去,落实到位,最终形成以党的领导为核心的、覆盖国家法治建设全方位的中国社会主义法治新格局。

坚持中国的政治意识,还要坚持我国宪法确认的以人民代表大会制度为核心的、包括多党合作与政治协商制度、民族区域自治制度、特别行政区制度在内的中国特色宪法制度体系,使这些符合中国国情的制度设计能够在实践中不断完善,最大限度地发挥其民主作用。

人民代表大会制度是我国的根本政治制度,是我国其他一切政治制度的基础。人民代表大会制度根植于我国革命和建设的现实需要,是我们党在领导人民创立新中国和建设中国特色社会主义事业的历史过程中,逐步总结政权建设的经验而创立的新型政权组织形式。人民代表大会制度不同于西方的"三权分立",它强调在国家政权的建设中突出人民选举代表组成的民意机关的地位,强调国家机关在民主集中制基础上的分工与配合,强调国家权力的统一行使和民主监督,是完全符合我国幅员辽阔、人口众多、民族宗教多样、地区发展不平衡状态下政治管理的实际需要的。

法治建设中坚持人民代表大会制度,就是要坚持党的领导和人民代表大会制度的高度统一和内在一致性,将党的主张与人民的意志统一起来,既保证党的领导,又树立人民代表大会的宪法权威;同时,还要坚持人民代表大会及其常务委员会在国家立法中的主导和统筹规划作用,确保国家立法的统一性、全面性和规范化;还要健全宪法解释和宪法监督的机制和程序,落实宪法赋予全国人民代表大会常务委员会的法定职能,推进宪法实施,实现依宪治国。

其次,坚持法治建设的中国理念,还必须具有中国文化意识。要将法治建设与中国特殊的历史传统、文化特点、人性需求、民族心理、国家治理和社会管理中的复杂因素结合起来,要充分发掘和合理吸收中国历史上法律治理中的有益因素,研究"礼法结合""德法并重"的意义和作用,将依法治国与"以德治国"相结合;要认真梳理新中国法治建设的经验和特殊做法,诸如法治与政治的相互支持、法治与伦理的相互渗透、法治规范化与"便民司法"相结合、司法审判与人民调解同步适用、法治规则不排斥民间习俗作用等,形成有中国特色的法治思维和法治方式;同时还要注意通过立法、执法、司法的法治建设形式,及时反映和确认中国社会民主法治进程中带有文化性和民族性的新观点、新元素和新做法,创设符合中国社会管理需要、能够在现阶段产生法治实效的法律制度体系和法治实施方式。

再次,坚持法治建设的中国理念,还必须具有中国问题意识。法治建设要服务于中国社会实践,要解决中国社会发展和国家管理中的现实问题,否则所谓的法治建设就失去了目标、价值和意义。中国的法治建设要针对现阶段中国社会管理和国家治理的具体问题,针对群众普遍关注的热点、难点问题,诸如弱势群体权益保障、贫富差距与社会公平、清除腐败与制度优化、生态环境建设、国家安全与国际合作等问题,通过法治思维和法治方式提供解决问题的对策和方法,发挥法治在社会治理中的特殊功能。

最后,坚持法治建设的中国理念,还必须具有中国品牌意识。中国的国家管理和社会治理源远流长、历史悠久,有着丰富的经验需要总结。中国政治和社会发展中的问题也具有自身的特殊性,许多制度设计独具特色,很多法治建设过程中遇到的问题没有现成的先例可循,只有通过“中国思维”才能解决。特别是中国现阶段在政治、经济、文化和社会发展方面的巨大成就有目共睹,充分说明我们在社会制度、政治体制构架和民主法治发展方式上具有独特的优势和经验。所以,我们一定要充满自信,负起历史的责任,总结和发展我们的制度优势,在世界政治和法治发展中树立起中国特色和品牌。中国的法治建设要认真总结自己的经验和做法,加强法学理论研究和法律实践创新,形成有中国特色的社会主义法治理论体系,创造在中国现阶段能够解决问题的法治实施新制度和新形式,在世界法治发展中形成中国的阵地,发出中国的声音,推广中国的经验,扩大中国的影响,这才是中国真正的“软实力”!

二、宽容理念

实现“依宪治国”,还要树立宽容理念,就是要形成平等包容、交流吸收、求同存异、共生共荣、共同进步的社会观念和文化氛围。

之所以要树立宽容理念,首先是因为宽容是民主治理和宪法治理的应有之义。所谓民主,从思想建设来讲就是平等、自由、尊重不同意见,从制度建设来说就是分权、制约、多元协调,其基本精神就是宽容。宪法治理就是要集思广益,比较借鉴,筛选优势,形成合力。其次,树立宽容理念也是因为宽容是人类文明发展的共识。无论是东方国家还是西方国家,其文化发展中都推崇“百家争鸣”、兼容并包,政治发展中也以思想自由、民主参与作为近现代制度文明的标志。宽容是人类进步发展的需要,是宪法治理的基础。尤其在我国,宽容理念的推广在法治建设中显得更为重要和迫切,非此就不能摆脱“人治”和“专制”的影响,宪法治理就失去了基础。

贯彻宽容理念,一是要倡导思想宽容。要保障学术自由和言论自由,鼓励不同观点和学说的交流碰撞,充分尊重少数意见的发表空间;二是要实行文化宽容。要继承和发扬人类历史上文明发展的优秀成果,包容域外文化的不同特点,特别要鼓励文化交流和文化互动,在总结本土文化资源精髓的基础上学习可以为我所用的优质外来文化元素,在交流中发展中国文化,树立中国品牌;三是要在制度建设中学习和借鉴个别外来的优秀经验、因素和机制。

当然,在宪法治理和法治建设中贯彻宽容理念,绝不能放弃自主地位、否定自身优势,而是要通过博采众家之长,为中国的法治建设服务。中国的法治建设一定是针对中国社会管理和国家治理中的特殊问题而进行,要立足于发掘自身政治治理和法治建设的优势和经验,创设符合实际需要的法律制度和法治实施方法。外来的好的经验和做法需要学习借鉴,但一定要符合中国法治建设的实际需要,只有在中国能够发挥实际效用的观念、机制和措施才能为我所用,绝不能不加鉴别地简单移植和“全盘西化”。

三、法治理念

“依宪治国”要落实在法律治理的具体过程之中,必须要树立法治理念。

在中国社会主义法治建设中坚持法治理念,首先要强化法治思维,树立法治信仰。现代社会的标志就是法律治理,以法治的思维思考问题,以法治的方式解决问题,以法治的信仰凝聚人心,以法治的精神引领发展,这样良性发展的社会才能各安其位,人尽其才,治理有序,和谐清明。

坚持法治理念,还要以法治方式推进制度建设和制度优化。要致力于完善以宪法为核心的中国特色社会主义法律体系,加强立法的科学性、可行性和实际操作性;要加强宪法实施,完善宪法监督制度和宪法解释机制,树立宪法权威;深入推进依法行政,加快建设法治政府;保证公正司法,提高司法公信力;还要增强全民法治观念,将法治现实改善与法治观念提高密切结合,实现相互促进共同进步之效。

坚持法治理念,还要重视法的实施。法律的生命力在于实施,法治建设的核心是落实法律规范。要坚持依法治国、依法执政、依法行政共同推进,坚持法治国家、法治政府、法治社会一体建设,实现科学立法、严格执法、公正司法、全民守法,促进国家治理体系和治理能力现代化。

坚持法治理念,还要发挥法学研究和法学教育在法治观念建设中的专业化独特作用。要加强法学理论研究,形成完善的中国特色社会主义法学理论体系和学科体系,帮助学生和社会公众树立正确的法治观念;要创新法治人才培养机制,优化课程体系,推动中国特色社会主义法治理论进教材进课堂进头脑,提高法治人才的专业素质和专业技能,培养适合中国法治建设需要的高质量专门人才。

坚持法治理念,还要重视道德在法治建设中的重要作用。依法治国强调法律在国家治理和社会管理中的最高权威和主导地位,但并不排斥道德教育的特殊作用。法律是道德的制度底线,道德是法律的最高要求。在法治实施的过程中,既要反对“法律虚无主义”,也要反对“法律万能论”,要注意到法律自身的局限性,要合理吸收我国政治治理传统中“礼法结合”“德主刑辅”的有益因素,把依法治国与以德治国结合起来,通过道德建设为法治实施构建良性的社会基础。

四、人权理念

宪法是保障人民权利的“圣经”,依宪治国当然要树立人权理念。人权是民主法治的应有之义,尊重和保障人权是党和国家的基本政策,是“依宪治国”的根本要求和重要标志。在人类政治发展的历程中,法治与人权从来都是联为一体、不可分割、相互促进的。法治的精神就是平等和自由,人权的有效保障才是法治建设的最终目标和价值实现。

在法治建设中坚持人权理念,首先要致力于人权保障法律制度的健全与完善。要贯彻宪法中的人权保障基本原则,通过完善具体法律制度落实宪法赋予公民的各项基本权利,形成结构完整、内在统一、多层次协调的人权法律保障体系,为人权保障的实现提供法治支持。

坚持人权理念,其次要重视政治人权的保障,重点是完善人民当家做主的制度建设,实现社会主义政治的内在民主性。要完善以人民代表大会制度为核心的民主政治制度,拓展人民参与政治管理和社会管理的途径,建立健全人民群众民主参与的具体机制和程序,鼓励和规范各政党和各人民团体的政治参与,发展和落实民主协商,推进政务公开依法行政,强化政治过程的社会监督,唤起人民参与国家民主法治建设的积极性和主动性,以政治人权的进步促进其他人权的全面实现。

坚持人权理念,最后要重视司法过程中的人权保障,构建中国特色的有效的人权司法救济制度。要按照《决定》关于司法体制改革的基本思路和具体部署,完善司法管理体制和司法权力运行机制,规范司法行为,加强对司法活动的职能监督和社会监督;保障人民群众参与司法,充分发挥人民群众在司法调解、司法听证、涉诉信访等司法活动中的民主参与权利;同时完善人民陪审员制度和人民监督员制度,构建开放、动态、透明、便民的阳光司法机制,“让人民群众在每一个司法案件中感受到公平正义”。

宪法学分论

第六章　人民民主专政制度
第七章　人民代表大会制度
第八章　民族区域自治制度
第九章　特别行政区制度
第十章　选举制度
第十一章　政党制度
第十二章　经济制度
第十三章　基本权利
第十四章　国家机构

第六章　人民民主专政制度

第一节　国 体 概 述

国体即国家的阶级性质，是指社会各阶级在国家中的地位。

国体包含三层理论内容：一是国家“属于谁”的问题，即谁是统治阶级、谁是被统治阶级；二是国家“依靠谁”的问题，即对谁实行民主、对谁实行专政。民主的对象即统治阶级及其同盟者，专政的对象则包括被统治者及其协作阶层；三是国家“为了谁”的问题，即统治阶级（或称国家）通过这种民主要完成的阶级任务，也就是所要达到的经济目的。国体的这三个方面是密切联系、统一而不可分割的，前一个方面即“国家属于谁”是决定性的，后两个方面即“依靠谁”和“为了谁”的问题是前一个方面内在要求的具体体现。

国体在整个国家制度体系中处于核心地位，它是国家制度的内容和本质，它决定国家形式的性质及其作用方式，当然它也必然要通过国家形式表现其内在需要。

按照马克思主义关于国家性质的理论，迄今为止的人类社会政治历史中，共有四种国家历史类型，即奴隶制国家、封建制国家、资本主义国家和社会主义国家。在这四种不同类型的国家中，只有资本主义国家和社会主义国家是近现代国家，它们都制定了宪法，作为治国安邦的总章程。

资本主义宪法中没有关于国体的明确规定，它总是标榜“人民主权”“人权”“民主”，以此类抽象口号等同于自身的本质和统治目的。其实，资本主义的国体只能是资产阶级掌握政权进行专政的工具。这一本质在资产阶级宪法上是通过宪法中的具体制度规定而曲折地反映出来的，如参政权上的高额财产限制、对资本家财产的绝对保护等。在社会主义宪法中，则是明确规定国家的阶级性质，以此来表明它是社会上绝大多数人的政权这一民主性质，从而起到唤起社会民主参与意识和守法意识的作用。表现在宪法立法上，社会主义国家宪法总是在第1条明确规定自己的国体，并将这一原则贯穿于整个宪法立法内容之中。如我国现行宪法第1条就规定：“中华人民共和国是工人阶级领导的、以工农联盟为基础的人民民主专政的社会主义国家。”

第二节　我国的国体

我国的国体是人民民主专政。所谓人民民主专政,就是在不同的历史时期,由工人阶级领导其他能够团结的阶级所组成的,对广大人民实行民主、对占人口极少数的敌对势力和敌对分子实行专政的政权。这是中华人民共和国人民政权的实质,亦即国家的国体,这一点在我国现行宪法第1条以及宪法序言中都有所说明。

一、人民民主专政是无产阶级专政在中国的特殊表现形式

无产阶级专政理论是马克思主义的精髓。所谓无产阶级专政,是马克思主义经典作家对资本主义国家内无产阶级战胜资产阶级、取得革命胜利后建立起来的人民政权的通称,其核心要求是无产阶级(工人阶级)通过共产党领导一切和工农联盟作为政权基础。毛泽东在领导中国新民主主义革命的过程中,将马列主义关于无产阶级专政的理论与中国革命的具体实践相结合,创立了人民民主专政理论,这是对无产阶级专政理论宝库的巨大历史贡献,人民民主专政也就是无产阶级专政在中国的特殊表现形式。

中国的无产阶级专政之所以要采用人民民主专政的形式,是由中国历史和中国革命的特殊性所决定的。旧中国是一个封建历史特别漫长的国家,到了近代又成为半殖民地半封建的国家,这样的国情决定了中国近代民族工业的发展比较缓慢落后。这种状况一方面导致了中国的资产阶级分化为两部分:一部分是官僚资产阶级,他们是帝国主义的代理人,依靠帝国主义势力并与封建势力相勾结,对广大劳动人民实行压迫和剥削,是革命的对象;另一部分是民族资产阶级,这个阶级在政治上具有两重性,既受帝国主义、封建主义和官僚资本主义的压迫,具有一定的革命性,又与帝国主义、封建主义有着千丝万缕的联系,具有软弱性和妥协性,这是中国近代国情导致的一方面的后果。这一后果决定了中国的资产阶级无法完成推翻封建主义和帝国主义压迫的革命任务,这一任务历史性地落到了中国无产阶级的肩上。另一方面,中国近代民族工业发展缓慢也导致了中国的无产阶级即工人阶级的力量十分弱小,一直到1921年中国共产党登上历史舞台时,中国的产业工人也只有二百万人左右,而且主要分布在东南沿海一带,而中国的农民阶级则占全国人口总数的80%以上,虽然由此也形成了中国无产阶级受压迫最深、革命性最强、与农民具有某种天然联系的优秀特点,但人数太少成为制约其领导政治革命的不利因素。这样,中国的近代国情就使中国的新民主主义革命呈现出资本主义

国家的无产阶级革命截然不同的特殊性。一方面是革命的任务十分艰巨,不仅要推翻官僚资产阶级,而且还要推翻帝国主义和封建主义;另一方面则是中国的无产阶级力量太小,这就决定了中国的无产阶级在革命的任何时期光靠本阶级的力量是无法完成革命任务的,它必须与农民阶级组成巩固的工农联盟,才能完成革命任务,实现无产阶级革命和无产阶级专政。正因为中国的无产阶级革命和无产阶级专政具有极其广泛的人民革命统一战线这一特点,才被称为人民民主革命或人民民主专政,这就是中国人民民主专政的由来,也是以毛泽东为首的中国共产党人领导中国革命的基本思路。

人民民主专政是中国革命的优势所在,今天仍然是我们进行改革开放和现代化建设的正确政治思路。1949 年 6 月,毛泽东在《论人民民主专政》一文中指出:“总结我们的经验,集中到一点,就是工人阶级(经过共产党)领导的、以工农联盟为基础的人民民主专政。”中华人民共和国成立后,我国的国家政权就是按照人民民主专政的原则组成的,它坚持以工人阶级为领导,以工农联盟为基础,并吸收小资产阶级和民族资产阶级以及其他爱国民主分子的代表参加。人民民主专政的原则载入了 1949 年起临时宪法作用的《中国人民政治协商会议共同纲领》和 1954 年《中华人民共和国宪法》,成为我国的民主建国原则。1975 年宪法和 1978 年宪法将人民民主专政国体改为“无产阶级专政”,从其表述的实质内容来看,应该是正确的,但它忽视了我国人民政权本质上特殊的一面。1982 年颁布的我国现行宪法恢复了人民民主专政的提法,其理由主要是:(1)人民民主专政的提法能够表明我国现阶段社会主义民主范围不断扩大的事实,表明我国政权的人民性和民主性;(2)人民民主专政的提法能够明确地体现出我国政权对人民实行民主、对敌人实行专政这两方面的职能;(3)这一提法也符合我国人民长期形成的政治传统习惯,具有我国政治特色。今天,我国的人民民主专政的政治思路不但没有过时,而且在新的历史时期表现出更大的政治优势,它有利于我们更广泛地团结一切可以团结的力量,进行现代化经济建设和政治建设,完成祖国统一大业,实现广大人民群众的根本政治利益。

二、人民民主专政实质上即无产阶级专政

我国现行宪法序言指出:“工人阶级领导的、以工农联盟为基础的人民民主专政,实质上即无产阶级专政”,这说明人民民主专政和无产阶级专政在本质上是相同的。这种实质上的相同表现在以下几个方面:

第一,从领导权来看,人民民主专政与无产阶级专政一样,都是以工人阶级为领导的国家政权。工人阶级独掌国家领导权是无产阶级专政的根本标志,工人阶

级领导是通过它的政党来实现的,我国人民民主专政的领导权就是工人阶级经由中国共产党的领导来实现的。实践表明,党的领导能够保证国家执行无产阶级的路线、方针和政策,体现工人阶级领导下的广大人民的意志,坚持走社会主义道路。

第二,从阶级基础来看,人民民主专政与无产阶级专政一样,都是以工农联盟为基础的,这是无产阶级专政的基础,也是无产阶级专政的最高原则。工农两个阶级占我国人口的绝大多数,由他们构成国家的基础体现了我国政权是占全国人口绝大多数的人民对少数敌对势力和敌对分子的专政。过去的民主革命是依靠工农这两个阶级的革命力量才得以完成,社会主义改造也是依靠这两个阶级的力量才得以实现,新时期建设社会主义物质文明、政治文明和精神文明,主要还是要依靠这两个阶级的力量。

第三,从政权职能来看,人民民主专政与无产阶级专政都是以镇压敌对阶级和敌对势力的反抗、抵御外来侵略和组织经济文化建设为其职能的。镇压职能、国防职能和建设职能对社会主义国家来说是共同的,只是在不同历史时期侧重点有所不同。我国的人民民主专政这三个职能同时兼有,但当前的中心任务是组织现代化建设。

上述几点说明,我国的人民民主专政同无产阶级专政在本质上是一致的,但在形式上二者又是不同的,这些不同就是人民民主专政的特点。具体地讲,一是存在一个极其广泛的人民民主统一战线;二是存在中国共产党领导的多党合作制。只有完整地把握人民民主专政的共性和特殊性,才能形成对人民民主专政的全面正确理解。

三、我国人民民主专政的特点

(一)人民概念的特定含义

人民民主专政的国体,说明人民是国家的主人,在国家中处于统治地位,人民以外的敌人则是被统治阶级,在国家中处于被统治的地位。那么,什么是人民呢?

首先,“人民”是一个与“敌人”相对应的政治概念,它是与阶级关系、政治斗争相联系的,并且是以在历史发展面前所起的作用作为最终划分标准的。凡是以它的存在和活动推动历史向前发展的阶级、阶层、社会势力和集团以及个人,都属于人民的范围;反之,一切以它的存在和活动阻碍历史前进的阶级、阶层、社会势力和集团,就是人民的敌人。在历史发展面前所起的作用是进步的还是反动的,这是区分人民和敌人的一条根本界限,也是决定我国人民民主专政国体的依据。人民民主专政是根据历史发展的根本规律推动历史前进、清除一切阻碍历史前进的强大工具,一切推动历史前进的阶级、集团和力量自然应当成为这个政权的主人,成为政治民主的对象，而一切阻碍历史前进的敌对势力和敌对分子都应当成为专政的对象。

其次，人民又是一个历史的范畴，这一方面是讲它不是从来就有的，也不是永恒存在的，它与阶级和阶级斗争共存亡；另一方面也是说人民这个概念在不同的历史时期，其内涵和范围是不同的。由于不同的历史时期革命的性质和任务不同，能够参与和需要联合的革命力量就不一样，这就导致了人民内涵和范围的变化。对此，毛泽东曾经有过精辟的分析和说明，他说："在抗日战争时期，一切抗日的阶级、阶层和社会集团都属于人民的范围，日本帝国主义、汉奸、亲日派都是人民的敌人。在解放战争时期，美帝国主义和它的走狗即官僚资产阶级、地主阶级以及代表这些阶级的国民党反动派，都是人民的敌人；一切反对这些敌人的阶级、阶层和社会集团，都属于人民的范围。在现阶段，在建设社会主义的时期，一切赞成、拥护和参加社会主义建设事业的阶级、阶层和社会集团，都属于人民的范围；一切反抗社会主义革命和敌视、破坏社会主义建设的社会势力和社会集团都是人民的敌人。"[1]正是根据这个标准，中华人民共和国成立初期在《中国人民政治协商会议共同纲领》中明确规定，我国的人民在当时包括工人阶级、农民阶级、小资产阶级、民族资产阶级和其他爱国民主分子，而封建地主、官僚资本家、反革命分子和其他反动分子则是人民的敌人。1956年社会主义改造基本完成以后，剥削阶级作为阶级已经被消灭，我国的阶级结构和政治任务发生了很大变化，人民的范围当然也与以前不同。按照我国现行宪法的表述："社会主义的建设事业必须依靠工人、农民和知识分子、团结一切可以团结的力量"，这说明，在今天，所有拥护、支持并积极参与现代化建设和完成祖国统一大业进程的阶级、阶层和社会势力，都是人民的范围；而一切阻挠和破坏社会主义现代化和祖国统一进程的敌对势力和敌对分子都是人民的敌人。

最后，人民内部是分为层次的。人民是国家的统治阶级，并不等于人民内部的各个阶级和阶层都处于同等的地位和起同等的作用。按照我国现阶段的政治实际和宪法规定，人民应该是以工人阶级为领导、以工农联盟为基础，团结一切社会主义事业的建设者、拥护社会主义的爱国者和拥护祖国统一的爱国者的有机联系的整体，是一个内部地位分明、界限清晰、作用方向一致的政治联盟。其中工人阶级是领导阶级，工农联盟是基础力量，而其他建设者和爱国者是团结的对象。

（二）中国共产党的领导是人民民主专政的最本质特征

中国共产党是中国特色社会主义事业的领导核心，既是中国社会主义建设正

---

〔1〕《毛泽东选集》（第5卷），人民出版社1977年版，第364页。

确方向的根本保证,也是中国特色社会主义制度的最大优势。坚持党对一切工作的领导,是党和国家的根本命运所在。邓小平同志说过:“中国由共产党领导,中国的社会主义现代化建设事业由共产党领导,这个原则是不能动摇的。”党的十九大把“坚持党对一切工作的领导”,作为新时代坚持和发展中国特色社会主义的基本方略,并将其写入了党章。我国宪法第1条也明确规定,“中华人民共和国是工人阶级领导的、以工农联盟为基础的人民民主专政的社会主义国家。”“社会主义制度是中华人民共和国的根本制度。中国共产党领导是中国特色社会主义最本质的特征。”这表明,中国共产党是我国人民民主专政政权的领导核心,中国共产党的领导是我国人民民主专政的根本原则和最大特色。

在我国宪法立法的历史上,关于党的领导的规定方式在不同历史时期不同的宪法中有一个不断完善、不断深化的演进过程。

1954年宪法是把党的领导规定在宪法的序言之中,主要从历史作用角度确认党的领导。在当时的宪法序言中,有两处讲到了党的领导。一是在叙述中华人民共和国成立历史时提到,“中国人民经过一百多年的英勇奋斗,终于在中国共产党领导下,在1949年取得了反对帝国主义、封建主义和官僚资本主义的人民革命的伟大胜利,因而结束了长时期被压迫、被奴役的历史,建立了人民民主专政的中华人民共和国”,说明党的领导的重要政治地位;二是在讲到统一战线时指出,“我国人民在建立中华人民共和国的伟大斗争中已经结成以中国共产党为领导的各民主阶级、各民主党派、各人民团体的广泛的人民民主统一战线”,说明了坚持中国共产党领导的重要性。

1975年宪法关于党的领导的规定内容广泛,独具特点。一是在序言中加大了党的领导的篇幅,不但有党的领导历史作用的说明,而且将当时党的基本路线、指导思想和相关政策也写进了宪法;二是在宪法总纲中增加第2条专门规定党的领导。“中国共产党是全中国人民的领导核心。工人阶级经过自己的先锋队中国共产党实现对国家的领导。”“马克思主义、列宁主义、毛泽东思想是我国指导思想的理论基础。”党的领导进入宪法正文,在中国宪法立法历史上是首次规定;三是在宪法的其他条文中,也多处提到党的领导的内容。比如,“中国共产党中央委员会主席统率全国武装力量。”“全国人民代表大会是在中国共产党领导下的最高国家权力机关。”“公民的基本权利和义务是,拥护中国共产党的领导,拥护社会主义制度,服从中华人民共和国宪法和法律。”

对于1975年宪法关于党的领导的规定,要“一分为二”地去认识。一方面,它如实地反映了中国政治制度的特点和当时党的领导的现实状况,具有真实性,这是优点;另一方面,也要看到,1975年宪法在确认党的领导的同时,也带有当时“极左”的政治特点，不注意宪法立法内在逻辑上的统一性和宪法立法语言的规范性。特别是将许多“极左”的思想和错误的做法确认到宪法上，是对宪法制度和民主政治的破坏。

1978 年宪法关于党的领导规定的特点，是在 1975 年宪法的基础上“主体保留”“个别修正”。它保留了 1975 年宪法关于党的领导立法的基本格局，即在宪法序言、总纲和宪法其他条文中均有规定；在相关立法内容上也大部分予以保留；但删去了不符合宪法立法内在逻辑统一性和明显违反民主原则的条文，比如，去掉了全国人民代表大会性质界定和公民权利义务部分中有关党的领导的规定，这是有积极意义的。当然，由于当时还有“两个凡是”的禁锢和“极左”思潮的影响，许多在政治上错误的思想和违反民主法治原则的规定依然保留在宪法中，宪法序言中的政治色彩甚至更加浓烈。

1982 年宪法制定时我国正处于改革开放的初期，经济改革发展迅速，政治上的“拨乱反正”已经完成，民主法治建设成为党和国家政治建设的基本方向，在党的领导的宪法规定方面也呈现出新的特点。

首先，强化了党的领导，将中国共产党领导提高到国家治理的最高原则予以规定。1982 年宪法序言回顾了中国近代以来发生的重大历史事件，高度评价和充分肯定了党的领导在中华人民共和国成立、确立社会主义制度和社会主义建设中的历史地位和伟大作用，指出“一九四九年，以毛泽东主席为领袖的中国共产党领导中国各族人民，在经历了长期的艰难曲折的武装斗争和其他形式的斗争以后，终于推翻了帝国主义、封建主义和官僚资本主义的统治，取得了新民主主义革命的伟大胜利，建立了中华人民共和国。从此，中国人民掌握了国家的权力，成为国家的主人”。“中国新民主主义革命的胜利和社会主义事业的成就，都是中国共产党领导中国各族人民，在马克思列宁主义、毛泽东思想的指引下，坚持真理，修正错误，战胜许多艰难险阻而取得的。”随后，规定了“四项基本原则”，即“中国各族人民将继续在中国共产党领导下，在马克思列宁主义、毛泽东思想指引下，坚持人民民主专政，坚持社会主义道路，不断完善社会主义的各项制度，发展社会主义民主，健全社会主义法制，自力更生，艰苦奋斗，逐步实现工业、农业、国防和科学技术的现代化，把我国建设成为高度文明、高度民主的社会主义国家”，从而使党的领导从过去宪法立法中的历史叙述提升为国家的宪法原则，赋予其不容侵犯的最高法律效力，这是党的领导宪法规定的历史性进步。

其次，在宪法立法体例上沿用了 1954 年宪法的立法模式，将党的领导集中在宪法序言中予以规定，避免了这一宪法原则在立法上的结构分散，使其更加凝练和严肃，保证了它的权威性。这种立法方式既体现了党的领导的崇高尊严和法律效力,也表明了这一原则具有宪法精神来源的法律性质和政治指引地位。

2018年宪法修正案继承了1982年宪法序言中对党的领导的规定,同时在宪法第1条国家根本制度之后增加规定"中国共产党领导是中国特色社会主义最本质的特征",使党的领导进入宪法正文,是宪法关于党的领导在立法内容和立法方式上的历史性发展,体现出高度的政治智慧和立法技术。

首先,深化了对党的领导的认识,提高了党的领导的地位。过去我们把党的领导仅仅作为一种政治原则、政治要求和政治宣传,没有将它与国家根本制度联系起来,使党的领导游离于制度之外,虚化了党的领导,降低了党的领导的权威性和规范性。这次修宪不是将党的领导单列一个宪法条文,而是将其与国家的社会主义根本制度结合规定,是认识深化和理论创新。以立法的形式揭示了党的领导和国家根本制度的内在联系,把党的领导提高到社会主义制度的本质特征和中国特色的制度核心的高度进行定位,真正在理论上和法律上使二者相互交融联为一体,这是认识上的巨大进步。

其次,强化了党的领导的宪法地位和宪法效力,为加强党的领导提供了宪法依据,具有重要的理论意义和实践意义。通过此次修宪,厘清了以往理论上和实践上对党的领导的模糊认识和错误思想,有利于在理论上推进党的领导的研究和宣传,有利于党的领导的制度建设和实践落实,从而确保今后在党的坚强领导下,全国各族人民凝心聚力,团结奋斗,实现国家建设和社会发展的不断进步,实现中华民族的伟大复兴。

(三)爱国统一战线是人民民主专政社会治理的政治基础

统一战线是我国新民主主义革命和社会主义革命时期,中国共产党为取得革命和建设胜利而与各革命阶级组成的政治联盟,是我国人民民主专政的优势和特色,曾被毛泽东主席誉为中国革命胜利的"三大法宝"之一。

我国的统一战线经历了新民主主义革命时期和社会主义时期两个不同的历史阶段。新民主主义革命时期的统一战线是无产阶级同农民阶级、小资产阶级、民族资产阶级和其他爱国者结成的革命政治联盟,其任务是推翻帝国主义、封建主义和官僚资本主义在中国的统治,建立人民民主政权。社会主义时期的统一战线则是工人阶级领导的、以工农联盟为基础的、联合其他可以联合的各种社会民主力量的政治同盟,其任务是创建和发展社会主义经济、政治和文化,巩固人民民主政权,最终达到社会政治民主和人民的共同富裕,达到国家强盛和民族富强、民主和文明。当然,即使在同一历史时期,各个具体发展阶段上,统一战线的具体任务和内部结构都会有所变化,这是由政治发展的固有规律所决定的。比如解放初期,统一战线的主要任务是巩固政权和社会主义改造,以创立社会主义经济体系,其成分也包含小资产阶级和民族资产阶级在内;1956年社会主义改造基本完成以后,我国统一战线内部的阶级结构发生了变化,剥削阶级作为阶级已经被消灭,阶级成分趋向于简单化和根本利益一致化,任务也变为建设和发展社会主义经济、满足人民群众日益增长的物质生活和文化生活的需要。后来,我国的统一战线历经政治挫折,直到十一届三中全会以后又焕发活力,为社会主义现代化建设服务。

现阶段我国的统一战线称作爱国统一战线。它是由中国共产党领导的,有各民主党派和各人民团体参加的,包括全体社会主义劳动者、社会主义事业的建设者、拥护社会主义的爱国者、拥护祖国统一和致力于中华民族伟大复兴的爱国者的政治联盟。这一新时期统一战线有如下特点:

第一,以中国共产党的领导为最高原则。中国共产党是中国社会主义事业和全中国人民的领导核心,也是爱国统一战线的领导核心。爱国统一战线的组织和活动中坚持以中国共产党为领导,就能够保证正确的政治方向和强有力的号召力;就能够团结一致,富有战斗力;就能够使各方面的政治参与最终发挥最佳参政效果。离开中国共产党的坚强领导,爱国统一战线的民主参政性质和宗旨就难以保证。

第二,以政治协商为主要工作方式。人民民主统一战线的存在意义就在于广泛吸收各方面各阶层各党派的政治意见和社会见解,以参与政治生活、配合中国共产党进行国家政权建设和经济建设。因而,爱国统一战线内部各种力量和党派之间不存在行政上的隶属关系和组织服从关系。应当说在坚持中国共产党领导这一政治宗旨的前提下各党派各阶层是平等的、民主参与的、畅所欲言的。因而,只有以政治协商作为主要工作方式,才能保证爱国统一战线内部的活跃气氛和参政效率。

第三,以爱国主义为政治基础和界限范围。爱国是现阶段我国统一战线的特色所在,爱国主义是其政权基础和界限范围。无论党派、阶级性上有何差别,只要爱国都可被纳入统一战线的范围,都是能够为现代化建设和祖国统一大业服务的民主力量,应该说都是我国现阶段民主政权的社会基础。因而,是否属于爱国统一战线的范围,除了爱国这一标准界限以外没有其他的标准和界限。现阶段我国爱国统一战线包括两个范围的政治联盟,一个是包括全体社会主义劳动者、社会主义事业建设者、拥护社会主义的爱国者之间的政治联盟,他们直接为国家的富强而工作,其政治基础是社会主义;另一个是更广泛的包括港、澳、台及海外华侨在内的拥护祖国统一和致力于中华民族伟大复兴的爱国者的政治联盟,他们的政治基础是爱国主义,并且通过各自的活动直接或间接地为祖国富强和统一贡献力量。这两个政治联盟中,前一部分是主体,但二者又是统一的、不可分割的整体,其目的和任务是一致的。

第四,以“三大任务”为奋斗目标。邓小平同志曾经把新时期爱国统一战线的任务概括为三个方面,这三大方面也就是爱国统一战线的奋斗目标:其一,服务于现代化建设,为把我国建设成为富强、民主、文明的社会主义现代化强国而奋斗;其二,服务于祖国统一,即为解决台湾这一历史遗留下来的祖国统一问题贡献自己的力量;其三,服务于世界和平,即通过广泛的对外联系,加深中国人民和世界人民的了解和友谊,为中国谋求现代化建设的和平环境,为世界和平作出贡献。

第五,以中国人民政治协商会议为组织形式。中国人民政治协商会议,简称政协,是我国爱国统一战线的组织形式。从性质上讲,它既不是国家机关,不握有国家权力,又不是一般的群众团体,在我国民主参政体系中居于重要地位。全国政协会议与全国人大会议同时举行、全国政协委员列席全国人大会议、国家重大决策和中国共产党的重要决定在形成过程中要充分向民主党派和多种统战力量通报以吸纳意见、统一战线代表参与各级政府领导工作等,已经成为我国的宪法惯例和政治特色,在国家政治运转中发挥着不可替代的作用。正因如此,宪法序言明确规定:“中国人民政治协商会议是有广泛代表性的统一战线组织,过去发挥了重要的历史作用,今后在国家政治生活、社会生活和对外友好活动中,在进行社会主义现代化建设、维护国家的统一和团结的斗争中,将进一步发挥它的重要作用。”

(四)“五个文明”协调发展是人民民主专政社会治理的整体目标

关于文明的概念,众说纷纭。通常认为,“文明”是与野蛮、愚昧相对应的概念,是指人类在认识和改造自然的过程中所创造的,所有物质财富、精神财富以及人类自身进化进步成果的总和,标志着人类在生存发展过程中的进步程度。文明分为五个基本方面:物质文明、精神文明、政治文明、社会文明和生态文明。物质文明是指人类改造自然世界所取得的物质成果,表现为物质生产的进步和物质生活的改善;精神文明是指人类在改造自然客观世界的同时,其自身主观世界也获得了改造,由此获得的改造主观世界的精神成果,表现为思想道德水平的提高和教育科学文化的发展;政治文明则是指人类在进行社会治理过程中取得的有关政治思想、政治制度和政治运作行为方面的成果,表现为政治制度设计和运行的民主化、法治化和科学化;社会文明是指社会领域的进步程度和社会建设的积极成果,包括社会主体文明、社会关系文明、社会观念文明、社会制度文明、社会行为文明等方面的总和;生态文明则是人类文明发展的另一个新的阶段,是以人与自然、人与人、人与社会和谐共生、良性循环、全面发展、持续繁荣为基本宗旨的社会形态,是人类为保护和建设美好生态环境而取得的物质成果、精神成果和制度成果的总和,是贯穿于经济建设、政治建设、文化建设、社会建设全过程和各方面的系统工程,反映了一个社会的文明进步状态。五个文明联为一体，互为条件，相互作用，相辅相成，共同构成整体的文明现象。只有五个文明协调发展的社会，才是健康和谐的文明社会。

宪法本身是政治文明的表现，同时也以独特的方式保障和推动五个文明建设的发展。因此，推进五个文明建设协调发展，在现代国家也是宪法政治建设的重要任务。

在我国宪法立法发展中，关于五个文明及其建设的确认和保障有一个历史的过程。应当说，涉及五个文明的个别内容的规定，在我国历史上的许多宪法中早已有之。比如，规定保障财产权、劳工权益、自然资源利用以及发展生产，就属于物质文明的范围；保障善良风俗、社会道德礼仪教化、教育文化设施和相关权利，就是精神文明和社会文明的范围；而有关民主政治体制和公民权利的规定就是政治文明的内容。

关于物质文明建设措施和制度的规定，是我国社会主义宪法的特色。因为只有在社会主义制度下，社会经济管理才被纳入国家集中管理的高度，并被赋予了政治的含义，因而，从 1954 年宪法开始，我国宪法立法上就有关于国家经济体制、所有制形式、自然资源和经济利益保护、公共财产和个人财产的保护、劳动权和休息权保护等有关物质文明建设的较为系统的规定。以后的历部宪法在具体条文上有所差别，但基本立法模式没有变化。现行宪法关于物质文明建设的规定主要集中在宪法总纲第 6 ~ 18 条和第 25 ~ 26 条，其立法内容在保持我国基本经济制度规定的基础上，还特别注意及时确认我国经济体制改革的新成果，促进物质文明建设的发展和进步。从 1988 年以后的五次大的宪法修改，共形成了 52 条宪法修正案，其中有关经济制度变化的内容就多达 15 条，足以说明宪法在国家物质文明建设中发挥的重大作用。

关于精神文明建设的提出及其系统化的宪法规定，是我国 1982 年宪法在世界宪法立法史上的创举。在我国现行宪法中，有关精神文明建设的规定主要在总纲第 19 ~ 24 条，也散见于其他章节。具体内容包括：(1) 发展社会主义教育事业。宪法第 19 条规定，国家发展社会主义的教育事业，提高全国人民的科学文化水平。国家举办各种学校，普及初等义务教育，发展中等教育、职业教育和高等教育，并且发展学前教育。国家发展各种教育设施，扫除文盲，对工人、农民、国家工作人员和其他劳动者进行政治、文化、科学、技术、业务的教育，鼓励自学成才。国家鼓励集体经济组织、国家企业事业组织和其他社会力量依照法律规定举办各种教育事业。国家推广全国通用的普通话。(2) 发展科学事业。宪法第 20 条规定，国家发展自然科学和社会科学事业，普及科学和技术知识，奖励科学研究成果和技术发明创造。(3)发展医疗卫生和体育事业。宪法第 21 条规定,国家发展医疗卫生事业,发展现代医药和我国传统医药,鼓励和支持农村集体经济组织、国家企业事业组织和街道组织举办各种医疗卫生设施,开展群众性的卫生活动,保护人民健康。国家发展体育事业,开展群众性的体育活动,增强人民体质。(4)发展文学艺术等文化产业。宪法第 22 条规定,国家发展为人民服务、为社会主义服务的文学艺术事业、新闻广播电视事业、出版发行事业、图书馆博物馆文化馆和其他文化事业,开展群众性的文化活动。国家保护名胜古迹、珍贵文物和其他重要历史文化遗产。(5)发挥知识分子在社会主义现代化建设中的作用。宪法第 23 条规定,国家培养为社会主义服务的各种专业人才,扩大知识分子的队伍,创造条件,充分发挥他们在社会主义现代化建设中的作用。(6)加强思想道德建设。宪法第 24 条规定,国家通过普及理想教育、道德教育、文化教育、纪律和法制教育,通过在城乡不同范围的群众中制定和执行各种守则、公约,加强社会主义精神文明的建设。国家提倡爱祖国、爱人民、爱劳动、爱科学、爱社会主义的公德,在人民中进行爱国主义、集体主义和国际主义、共产主义的教育,进行辩证唯物主义和历史唯物主义的教育,反对资本主义的、封建主义的和其他的腐朽思想。

关于政治文明建设的具体制度和措施,我国从 1954 年宪法开始,历部宪法都有系统规定,内容涉及政治体制、政治组织、民主参与和民主监督等。但政治文明建设作为一个宪法概念进入宪法,以及提出政治文明建设要与物质文明建设和精神文明建设协调发展的宪法原则,则是 2004 年宪法修正案的历史性创新。政治文明是由政治意识文明、政治制度文明与政治行为文明组成的有机系统,建设社会主义和谐文明也必须使政治文明的这三个方面协调发展,有序推进。2004 年政治文明进入宪法,就体现了政治文明三个方面协同治理的思想。当时的宪法序言规定,我国将长期处于社会主义初级阶段。国家的根本任务是,沿着中国特色社会主义道路,集中力量进行社会主义现代化建设。中国各族人民将继续在中国共产党领导下,在马克思列宁主义、毛泽东思想、邓小平理论和“三个代表”重要思想指引下,坚持人民民主专政,坚持社会主义道路,坚持改革开放,不断完善社会主义的各项制度,发展社会主义市场经济,发展社会主义民主,健全社会主义法制,自力更生,艰苦奋斗,逐步实现工业、农业、国防和科学技术的现代化,推动物质文明、政治文明和精神文明协调发展,把我国建设成为富强、民主、文明的社会主义国家。关于国家的民主政治体制,见于宪法总纲第 1 ~ 5 条和第 27 条;关于政治组织,见于宪法第三章国家机构;关于政治权利,见于宪法第二章公民基本权利和义务中的第 33 ~ 35 条和第 41、48、51、52 条。

2018 年宪法修正案将社会文明和生态文明建设写入宪法,是我们对共产党执政规律、对社会主义建设规律和人类社会发展规律认识的深化，也是我国现阶段社会主义建设发展的现实需要。社会文明包括社会主体文明、社会关系文明、社会观念文明、社会制度文明、社会行为文明各个方面。生态文明是以人与自然、人与人、人与社会和谐共生、良性循环、全面发展、持续繁荣为基本宗旨的社会形态。人与自然是相互依存、和谐共处、共同促进的关系。人类的发展应该是人与社会、人与环境、当代人与后代人的协调发展。人类的发展必须讲究生态文明，牢固树立起可持续发展的生态文明观。正如党的十九大报告指出的那样，社会文明和生态文明是社会主义的重要目标和重要特征。“五个文明”共同构成文明系统整体，协调发展，相互影响，相互制约，是一个完整而全面的文明体系。生态文明是“五个文明”系统中的前提，物质文明是“五个文明”系统中的基础，政治文明是“五个文明”系统中的保障，精神文明是“五个文明”系统中的灵魂，社会文明是“五个文明”系统中的目的。强调“五个文明”共同发展、协调发展，是对人类社会发展趋势的正确回应，是我们党科学发展、和谐发展理念的再一次升华，必将为夺取全面建成小康社会的新胜利发挥不可估量的作用。

我国宪法的上述有关物质文明建设、精神文明建设、政治文明建设、社会文明建设和生态文明建设的规定，以及五个文明建设协调发展的规定，是国家现阶段社会主义和谐社会建设的重要保障。而这一目标的实现，也正是我国人民民主专政政权职能和历史使命的实现。

（五）社会主义核心价值观是人民民主专政社会治理的文化标志[1]

社会主义核心价值观进入宪法，是2018年宪法修改的亮点，也是我国宪法上文化建设制度的重要进步，为我国人民民主专政下的社会治理提供了文化标准和价值观要求。

社会主义核心价值观，就是“富强、民主、文明、和谐；自由、平等、公正、法治；爱国、敬业、诚信、友善”。它从国家层面、社会层面和个人层面，对我国社会主义文化建设的目标进行了高度凝练。社会主义核心价值观是社会主义核心价值体系的内核，体现社会主义核心价值体系的根本性质和基本特征，反映社会主义核心价值体系的丰富内涵和实践要求，是社会主义核心价值体系的高度凝练和集中表达。

党的十八大以来，中央高度重视培育和践行社会主义核心价值观。习近平总书记多次作出重要论述、提出明确要求。中央政治局围绕培育和弘扬社会主义核心价值观、弘扬中华传统美德进行集体学习。中办下发《关于培育和践行社会主

---

〔1〕 本部分内容，参阅了胡锦涛在中国共产党第十八次全国代表大会上的报告《坚定不移沿着中国特色社会主义道路前进　为全面建成小康社会而奋斗》。

义核心价值观的意见》。党中央的高度重视和有力部署,为加强社会主义核心价值观教育实践指明了努力方向,提供了重要遵循。2017年10月18日,习近平同志在党的十九大报告中指出,要培育和践行社会主义核心价值观,要以培养担当民族复兴大任的时代新人为着眼点,强化教育引导、实践养成、制度保障,发挥社会主义核心价值观对国民教育、精神文明创建、精神文化产品创作生产传播的引领作用,把社会主义核心价值观融入社会发展各方面,转化为人们的情感认同和行为习惯。2018年5月7日,中央印发《社会主义核心价值观融入法治建设立法修法规划》,对依法推行社会主义核心价值观建设提出了更高要求,做出了具体规划。

在我国现阶段,社会主义核心价值观建设具有重要的理论意义和实践意义。

面对世界范围思想文化交流交融交锋形势下价值观较量的新态势,面对改革开放和发展社会主义市场经济条件下思想意识多元多样多变的新特点,积极培育和践行社会主义核心价值观,对于巩固马克思主义在意识形态领域的指导地位、巩固全党全国人民团结奋斗的共同思想基础,对于促进人的全面发展、引领社会全面进步,对于集聚全面建成小康社会、实现中华民族伟大复兴中国梦的强大正能量意义重大。

从适应国内国际大局深刻变化来看,我国正处在大发展大变革大调整时期,在前所未有的改革、发展和开放进程中,各种价值观念和社会思潮纷繁复杂。国际敌对势力正在加紧对我实施西化分化战略图谋,思想文化领域是他们长期渗透的重点领域。面对世界范围思想文化交流交融交锋形势下价值观较量的新态势,面对改革开放和发展社会主义市场经济条件下思想意识多元多样多变的新特点,迫切需要我们积极培育和践行社会主义核心价值观,扩大主流价值观念的影响力,提高国家文化软实力。

从推进国家治理体系和治理能力现代化要求来看,培育和弘扬核心价值观,有效整合社会意识,是国家治理体系和治理能力的重要方面。全面深化改革,完善和发展中国特色社会主义制度,推进国家治理体系和治理能力现代化,必须解决好价值体系问题,加快构建充分反映中国特色、民族特性、时代特征的价值体系,在全社会大力培育和弘扬社会主义核心价值观,提高整合社会思想文化和价值观念的能力,掌握价值观念领域的主动权、主导权、话语权,引导人们坚定不移地走中国道路。

从提升民族和人民的精神境界来看,核心价值观是精神支柱,是行动向导,对丰富人们的精神世界、建设民族精神家园,具有基础性、决定性作用。一个人、一个民族能不能把握好自己,很大程度上取决于核心价值观的引领。发展起来的当代中国,更加向往美好的精神生活,更加需要强大的价值支撑。要振奋起人们的精气神、增强全民族的精神纽带，必须积极培育和践行社会主义核心价值观，铸就自立于世界民族之林的中国精神。

从实现民族复兴中国梦的宏伟目标来看，核心价值观是一个国家的重要稳定器，构建具有强大凝聚力感召力的核心价值观，关系社会和谐稳定，关系国家长治久安。实现“两个一百年”的奋斗目标，实现中华民族伟大复兴的中国梦，必须有广泛的价值共识和共同的价值追求。这就要求我们持续加强社会主义核心价值体系和核心价值观建设，巩固全党全国各族人民团结奋斗的共同思想基础，凝聚起实现中华民族伟大复兴的中国力量。

社会主义核心价值观进入宪法的重要意义在于：

第一，为全方位推进我国的社会文化建设提供了目标指引。首先，要把培育和践行社会主义核心价值观融入国民教育全过程。培育和践行社会主义核心价值观要从小抓起、从学校抓起。坚持育人为本、德育为先，围绕立德树人的根本任务，把社会主义核心价值观纳入国民教育总体规划，贯穿于基础教育、高等教育、职业技术教育、成人教育各领域，落实到教育教学和管理服务各环节，覆盖到所有学校和受教育者，形成课堂教学、社会实践、校园文化多位一体的育人平台，不断完善中华优秀传统文化教育，形成爱学习、爱劳动、爱祖国活动的有效形式和长效机制，努力培养德智体美全面发展的社会主义建设者和接班人。要推动社会主义核心价值观进教材、进课堂、进学生头脑。完善学校、家庭、社会三结合的教育网络，重视校园人文环境培育和周边环境整治，建设体现社会主义特点、时代特征、学校特色的校园文化。其次，把培育和践行社会主义核心价值观落实到经济发展实践和社会治理中。要遵循社会主义核心价值观要求，做到讲社会责任、讲社会效益，讲守法经营、讲公平竞争、讲诚信守约，形成有利于弘扬社会主义核心价值观的良好政策导向、利益机制和社会环境。与人们生产生活和现实利益密切相关的具体政策措施，要注重经济行为和价值导向有机统一，经济效益和社会效益有机统一，实现市场经济和道德建设良性互动。建立完善相应的政策评估和纠偏机制，防止出现具体政策措施与社会主义核心价值观相背离的现象。最后，要凝练社会文化精髓，形成中国独有的文化标志和文化品牌。最后，要建设地方文化特色，注意发掘、整理、保护、宣传地方特色文化。

第二，为社会主义核心价值观立法提供了宪法依据。法律法规是推广社会主流价值的重要保证。要把社会主义核心价值观贯彻到依法治国、依法执政、依法行政实践中，落实到立法、执法、司法、普法和依法治理各个方面，用法律的权威来增强人们培育和践行社会主义核心价值观的自觉性。厉行法治，严格执法，公正司法，捍卫宪法和法律尊严，维护社会公平正义。加强法制宣传教育，培育社会主义法治文化,弘扬社会主义法治精神,增强全社会学法尊法守法用法意识。注重把社会主义核心价值观相关要求上升为具体法律规定,充分发挥法律的规范、引导、保障、促进作用,形成有利于培育和践行社会主义核心价值观的良好法治环境。同时,还要注意将践行社会主义核心价值观作为社会治理的重要内容,融入制度建设和治理工作中,形成科学有效的诉求表达机制、利益协调机制、矛盾调处机制、权益保障机制,强化规章制度实施力度,最大限度增进社会和谐。

第七章　人民代表大会制度

第一节　政 体 概 述

一、政体的概念和种类

政体，又称政权组织形式，是指国家政权的组成方式、内部构成及其各部分之间的关系。从实质上讲，就是指掌握政权的统治阶级如何组织那些反对敌人、管理社会的政权机关，以及依据何种原则处理各政权机关之间的相互关系。

政权组织形式是国家制度的重要组成部分。作为国家统治的主要外在表现形态，政体形式是与国家同时产生、同步发展的，也是随着人类政治、经济、文化的发展逐步完善的。考察人类社会政体演变的历史与现状，可以将其分为君主制和共和制两大类，而每一类又包含若干具体种类。

（一）君主制

君主制是由世袭的君主作为国家元首或政治权力中心的政治制度。君主制产生于国家形成的初期，发达于封建时代，近代以后趋于没落，至现代社会已名存实亡。在漫长的历史演化过程中，君主制主要有以下四种形式：

1. 宗主附庸型君主制

这是在国家产生的初期由原始部落联盟和方国演变而来的君主制国家，其政治特征是：全国拥有一个君主作为最高政治统治的代表，君主以下辖若干诸侯国为附庸，诸侯以下又设若干采邑为附庸，附庸尊其授权者为宗主，附庸的附庸与君主无关，由此形成以宗主附庸关系为基础的金字塔式的君主统治。在这种君主制下，君主的权力受其附庸（诸侯国）的制约很大，它对全国的统治要通过层层宗主附庸关系来实施。在我国，西周以前历朝实行的就是这种宗主附庸型君主制。在西欧，则延续到封建时代，并以封建早期的一些国家最为典型。

2. 专制君主制

这是奴隶制和封建制时代最广泛存在的一种政治制度，又称绝对君主制。其政治特征是：君主至高无上，言出法随，集最高立法、行政、司法权于一身，人民和财产为君主私有，所有官吏和国家机关只对君主负责。专制君主制是人类历史上最黑暗的政治统治形式，以我国延续两千余年的封建专制统治最为典型。

3. 等级代表君主制

这是欧洲中世纪出现的一种君主制形式，其特点是，在君主以下设有由社会各等级派代表组成的等级代表会议，君主虽然统一掌握国家的政治统治权，但在增加赋税、颁布法律时必须向等级会议咨询，君主的权力在一定程度上受到等级会议的制约。这种政治制度以英国早期的政治制度最为典型。

4. 立宪君主制

这是在封建势力比较强大、封建文化比较浓厚的国家，资产阶级与封建贵族相互妥协而形成的一种政治制度。其特点是，保留君主世袭国家元首，但君主的权力以宪法规定为限。根据君主权力的大小不同，立宪君主制又有二元制君主立宪与议会制君主立宪之分。在二元制君主立宪制下，君主与议会共掌国家权力，君主拥有政治实权，这种政体以1871年至第一次世界大战结束以前的德国最为典型。在议会制君主立宪制下，君主只是作为国家和民族统一的象征而存在，国家统治权掌握在议会和政府手中，现代世界实行君主立宪的国家除极个别外均属这种情况，如日本、丹麦、英国等。

(二)共和制

共和制是由民选的国家机关或国家领导人依法以民主方式行使国家权力的政治制度，在近现代政治生活中与议会制、代议制词义通用。共和制主要包括下列几种形态：

1. 贵族共和制

这是原始共和制的一种，其特点是，由选举产生的奴隶主贵族组成国家机关，执掌国家权力。以公元前6世纪至11世纪的罗马奴隶制国家和11世纪中期以前的英国最为典型。

2. 民主共和制

这是奴隶制时代和封建制时代存在的原始共和制的一种，其特征是，由具有公民权的全体人民选举产生代表机关和其他国家机关，国家的统治权统一掌握在民选的代表机关手中。这种政体以奴隶制时代的雅典共和国和封建制时代的一些城邦共和国最为典型。

3. 总统制共和国

这是近现代民主国家实行的最主要的一种政体形式，由民选的总统和其他国家机关共同依法行使国家权力，各国家权力机关之间实行严格的“分权与制衡”。总统制的特点是：(1)总统和议会均由选民依法选举产生，总统不对议会负责，而直接对选民负责；(2)总统组织和领导政府，独揽行政大权，集国家元首与政府首脑于一身;(3)政府成员由总统依法在其同党中选任,不得同时为议会议员;(4)总统不直接参与立法过程,不能向议会提出法案或参加法案讨论,但总统拥有立法否决权和签署权;(5)总统不必取得议会的信任,也不能解散议会,但议会可依法弹劾总统或其他高级公职人员。总统制以美国为最典型。

4. 议会制共和国

这也是近代共和制的一种最主要形式,由民选的议会和其他国家机关执掌国家权力,立法、行政、司法三权虽实行分权,但并不严格。议会制的特点是:(1)政府由议会中多数党首领组织,政府成员同时是议会议员,政府首脑是议会中多数党的领袖;(2)议会由民选代表组成,议会监督政府,政府对议会负责;(3)国家元首为民选总统,临朝而不执政,不负实际责任;(4)政府可参与立法过程,可以提出法案并参与法案讨论;(5)议会不信任政府时,政府要立即辞职或提请国家元首解散议会。采用议会制的国家以德国和意大利最为典型。

5. 半总统制

这是在议会制的基础上扩大总统权力、引借一些总统制的特点而形成的一种政治制度。其特点是总统由议会中多数党的领袖担任;总统组织并领导政府,拥有广泛行政权力;总统同时为国家元首,统率武装力量;政府同时向总统和议会负责,议会可以通过对政府的不信任案,总统也可以解散议会。实行半总统制的国家是1958年后的法国。

6. 人民代表制

这是现代社会主义国家采用的民主共和制形式。其特点是先由人民依法选举代表组成国家权力机关,再由权力机关产生其他国家机关,共同行使国家政治权力。人民代表制下实行“议行合一”原则,国家权力机关握有立法权和重大事项的决定权,并负有监督其他国家机关执法过程的法律责任。人民代表制以我国的人民代表大会制最为典型。

- **国家政体的种类**
  - 君主制
    - 宗主附庸型君主制
    - 专制君主制
    - 等级代表君主制
    - 立宪君主制
  - 共和制
    - 贵族共和制
    - 民主共和制
    - 总统制共和国
    - 议会制共和国
    - 半总统制
    - 人民代表制

图7-1 国家政体的种类

二、政体和国体的关系

政权组织形式(政体)和国家性质(国体)同属于国家制度的重要内容,二者的关系是形式和内容的关系。国家性质决定政权组织形式的具体形态,政权组织形式反映国家性质的基本要求,二者是不可分割的统一整体。组织形式不但从属于国家性质,而且对国家性质具有能动的反作用。具体来讲,政权组织形式与国家性质的关系表现在以下三个方面:

第一,政权组织形式与国家性质是相互依存、对立统一的。任何国家都是一定的国体和一定的政体的统一。没有政体,国体就无从体现;没有国体,政体也就成为无内容的空壳了,从而也就丧失了其存在的价值和意义。

第二,国家性质决定政权组织形式,即有什么样阶级本质的国家,就有与之相适应的政权组织形式。国家从其性质来讲是阶级压迫和专政的工具,是达到统治阶级统治目的的一种暴力机器。国家性质不同,统治的目的不同,采用的统治形式必然要有差别。同一类型的统治阶级总是主要采用一种典型的最适合其统治需要的方式;而不同类型的统治阶级采用的统治形式是不相同的。如奴隶社会和封建社会最典型的政体形式是君主制政体,而资本主义社会和社会主义社会采用的则是民主共和政体,这是国家性质决定政权组织形式的一个方面。另一方面,国家性质对政权组织形式的决定还表现在政权组织形式随着国家性质的变化而发生变化,政权更迭引起的国家性质的根本变化必然引起国家政权组织形式的彻底更换,而政权在根本性质不变的情况下发生的具体变化也会带来政权组织形式个别环节的变动。最后,同一历史类型国家政权组织形式的例外情形,如奴隶制和封建制下出现的共和政体等,恰好曲折地反映了国家性质决定政权组织形式的规律。因为形成例外情形的根本原因,还在于只有在这种例外情形下,当时的统治阶级才能够完成其统治任务,达到统治目的,这又是国体决定了政体。

第三,政权组织形式对国家性质具有反作用。这种反作用有两种情况:一是当政权组织形式适合于国家性质的时候,它对国家性质的反作用表现为服务作用,这时国家政权巩固、政治稳定、经济发展,统治阶级能够达到其统治目的;二是当政权组织形式不适合于国家性质的时候,它对国家性质的反作用就表现为破坏作用,这时要么对政权组织形式的具体环节进行改革和完善,要么最终引发动乱和革命,通过政权更迭来从根本上解决问题。唯有不断地适应国家性质的要求,变革完善现有的政权组织形式,才能使政权组织形式更好地为国家性质服务,达到良好的统治效果。宪法作为国家的根本法规定政权组织形式的意义,也在于一方面确认和保护适合于国家性质的政权组织形式,另一方面亦为政体形式的补充与完善提供原则和方向。

第二节　我国的政体

一、人民代表大会制度的概念和历史发展

人民代表大会制度是我国人民在中国共产党的领导下，总结长期革命斗争中政权建设的历史经验而创立的具有中国特色的政权组织形式。其特点是，由全国人民依照法律规定的程序和原则，自主选举各级人民代表，组成国家权力机关——全国人民代表大会和地方各级人民代表大会，再由人民代表大会依据民主集中制的原则组织其他国家机关，其他国家机关对其负责、受其监督，共同完成国家统治任务。人民代表大会制度是我国的根本政治制度，其核心是国家一切权力属于人民。

人民代表大会制度是根植于中国人民当家做主的实际需要，伴随着中国新民主主义革命和社会主义革命节节推进的实际过程，逐步总结经验而建立、发展和完善的。人民代表大会制度的创建与发展是我国人民在中国共产党的正确领导下，将马克思主义关于无产阶级政权建设的一般原理运用于中国革命的具体实践之中，进行政治奋斗与政治创造的历史。它经历了中国革命的每一个历史时期，虽然具体的组织形式有所差异，但实质和原则都是一样的，都是在当时特定的历史条件下人民当家做主的一种具体形式。

早在第一次国内革命战争时期，在中国共产党领导的工人运动和农民运动中，就有了革命政权组织形式的萌芽。无论是当时各地出现的“罢工工人代表大会”“罢工委员会”，还是“农民协会”，实行的都是民主集中制的组织原则。一般都是设立一个最高的代表机构，然后由代表机构选举产生具体的执行部门，执行部门对代表机构负责，受代表机构的监督和领导。这些组织的建立与活动和后来的人民代表大会制度的组织原则在实质上是一致的，这些人民民主政权的雏形是人民代表大会制度的萌芽。

第二次国内革命战争时期，革命根据地的人民建立了红色政权，并且采取工农代表苏维埃代表大会作为当时的政权组织形式，这是中国历史上第一次以国家形式出现的劳动人民的代表机关。1931 年，为了统一领导全国各革命根据地的斗争，在江西瑞金召开了我国有史以来第一次全国工农兵代表大会，大会宣布成立中华苏维埃共和国，通过了中华苏维埃共和国宪法大纲及其他法律，选举了中华苏维埃中央执行委员会，并组织了人民委员会，即中央人民政府。在这一政权组织形式中，全国和地方各级工农兵代表大会是苏维埃共和国的政权机关，由各行政区域和

红军选出的代表所组成;中央执行委员会是全国工农兵代表大会的常设机关,也是闭会期间的国家最高政权机关,由全国工农兵代表大会选举产生。中央和地方各级人民委员会具体负责行政管理与执行工农兵代表大会的决定,由本级工农兵代表大会负责组织,要对工农兵代表大会及其执行委员会负责。这种政权组织形式是人民民主革命政权组织的初创形态,为以后人民代表大会制度的正式建立积累了经验。

抗日战争时期,由于民族矛盾成为当时的主要矛盾,国内阶级斗争形势发生了新的变化。中国共产党为了团结一切抗日力量反对日本军国主义的侵略,提出了建立中国共产党领导下的广泛的抗日民族统一战线政权的号召,并把工农民主政权改为抗日民主政权。这一政权的组织形式即为边区实践中的“三三制”政权,由各级参议会和各级人民政府组成。当时分为边区、县、乡三级,参议会由人民在普遍、平等、直接和无记名投票的原则基础上选举产生;参议会组织政府,作为其闭会期间的政权机关,领导并指挥政务。抗日民主政权实行“三三制”原则,即在组织抗日政权的人员分配上,共产党(代表无产阶级和农民)、非党的左派进步分子(代表小资产阶级)、中间分子和其他分子(代表中等资产阶级和开明绅士)各占1/3。这一政权是以工人阶级为领导、工农为主体的人民民主政权,其组织形式也体现了民主选举与统一领导的原则精神,依照抗日人民的意志进行活动。

到了第三次国内革命战争时期,人民民主政权的组织形式发展为人民代表会议制度。当时随着革命战争和土地改革运动的发展,在贫农团和农会的基础上,建立了区、乡两级人民代表会议和人民政府,基本的组织与活动原则仍然是民主集中制和人民当家做主。这一政权组织形式在组织和动员人民群众支援解放战争、摧毁封建土地制度、推翻国民党反动政权方面作出了重大贡献,并且也为全国胜利后从人民代表会议过渡到人民代表大会提供了宝贵的历史经验。

中华人民共和国成立前夕,1949年颁布的《中国人民政治协商会议共同纲领》总结了我国长期革命政权建设的历史经验,以国家临时根本法的形式确立了人民代表大会制度是我国的政权组织形式。共同纲领第12条规定:“中华人民共和国的国家政权属于人民,人民行使国家政权的机关为各级人民代表大会和各级人民政府。”在全国解放初期,由于普选产生人民代表大会的条件尚未具备,我国采取实事求是、稳步前进的方针,运用一些过渡的形式和办法为召开人民代表大会创造条件。在普选的人民代表大会召开以前,在全国由中国人民政治协商会议全体会议执行全国人民代表大会的职权,在地方则由地方各界人民代表会议逐步地代行地方各级人民代表大会的职权。全国政协和地方各界人民代表会议在代行人大职权的过程中,逐步创造了实行普选的条件。1953年3月1日,中央人民政府公布

《中华人民共和国全国人民代表大会及地方各级人民代表大会选举法》。从1953年到1954年春,全国展开了声势宏大的普选运动。到1954年7月,全国各省辖市、县、区全部建立了人民代表大会。到1954年8月,除个别地区外,全国的省、自治区、直辖市也都先后召开了第一届人民代表大会第一次会议,并选出了出席全国人民代表大会的代表。在此基础上,1954年9月15日第一届全国人民代表大会第一次会议胜利召开,并通过了中华人民共和国成立后的第一部宪法,正式确认人民代表大会制度为我国的政权组织形式。普选的人民代表大会召开以后,中国人民政治协商会议不再代行全国人民代表大会的职权,过渡性的地方各级各界人民代表会议也由地方各级人民代表大会所代替,我国的人民代表大会制度正式建立起来。

1954年以后,我国的人民代表大会制度保证并推动了社会主义革命和社会主义建设的顺利进行,巩固了人民民主专政政权。从1953年到1965年的12年间,除1961年以外,全国人民代表大会都能够按照宪法规定召开会议,地方各级人民代表大会也基本上按照宪法规定的会期召开,进行法定活动。从中央到地方,每届人民代表大会和人民政府在任期届满时,都如期进行了选举。但从1965年1月第三届全国人民代表大会第一次会议开过以后,由于党和国家政治生活极不正常,极"左"思潮泛滥,民主与法制遭到严重破坏,人民代表大会制度运转陷于停顿。直到1975年1月第四届全国人民代表大会第一次会议召开,中间十年从未召开全国人民代表大会。1975年第四届全国人大闭幕以后,直到1978年2月召开第五届全国人大第一次会议,中间又中断了三年。地方各级人民代表大会更是如此,多数地方各级人大前后十三四年没有召开过会议。这一时期,人民代表大会制度历经坎坷,备受摧残。

1978年党的十一届三中全会以后,党和国家的政治生活趋于正常,加强经济现代化建设、健全民主与法制成为国家的主要任务,人民代表大会制度建设重新受到重视,人大制度的运转走向正规化。1982年通过的现行宪法总结了我国政权建设的长期历史经验,特别是20世纪70年代末到80年代初的新经验和新做法,以及"文化大革命"的沉痛教训,根据民主集中制原则对人民代表大会制度做了一系列重要规定,如加强人民代表大会的组织建设,特定层级的人大内部设立专门委员会,县级以上人大设立常务委员会,扩大全国人大常务委员会的职权等;同时提倡和推行党政分开,强调党必须在宪法和法律的范围内活动,以确保人民代表大会及其常务委员会法定职权的顺利实现,等等。这些新规定极大地发展和完善了人民代表大会制度。

现行宪法颁布以来,我国的宪法民主政治建设全面推开,人民代表大会制度不断健全和完善。这主要表现在:(1)初步落实了党政职能分开,保证了人民代表大会制度按照民主与法制的轨道正常运转,为人民代表大会制度的健全和完善创造了重要条件。(2)依法理顺了人民代表大会制度内部各权力层次的关系,一方面落实并强化了人大及其常委会对"一府两院"的主导地位,另一方面切实执行了宪法关于人大常委会组成人员不得兼任国家行政机关、审判机关和检察机关职务的规定,从而确保了人大及其常委会作为权力机关的应有权威和立法、行政、司法之间的合理分工。(3)加强了人大及其常委会的组织建设和程序建设。在组织建设方面,县级以上人大设立了人大常委会,地方人大及其常委会设立了专门委员会或工作委员会,全国人大和地方人大的专门委员会的职能也得到扩大并具体化,各级人大常委会还健全了代表联系网络。在程序建设方面,1982 年在现行宪法颁布的同时,颁行了《全国人大组织法》,并对地方组织法做了修改;1987 年全国人大常委会通过了《全国人大常委会议事规则》;1989 年七届全国人大二次会议通过了《全国人大议事规则》;1992 年 4 月七届全国人大五次会议又通过了《全国人民代表大会和地方各级人民代表大会代表法》。这些都保证了人大及其常委会法定职权的有序操作和有效实现。(4)人大代表和各级人大常委会组成人员的整体素质普遍提高,其法律地位和执行职务逐步受到全社会的尊重。人大代表已经从"政治荣誉职务"转变为国家权力运行中实实在在的基本力量。(5)人大及其常委会监督权的实现已经成为各方面普遍关注的政治与法律问题。(6)延长了县级和乡级人大及其他政权机关任期,加强了基层人民代表大会制度建设。我们相信,随着经济体制改革的进一步发展和政治体制改革的全面推进,我国的人民代表大会制度必将日臻完善,成为人民当家做主的实实在在的有效途径。

二、人民代表大会制度是我国的根本政治制度

人民代表大会制度之所以是我国的根本政治制度,是由以下几个方面的原因所决定的:

第一,这一制度能够直接反映和准确体现我国人民民主专政的国家性质。我国现行宪法第 1 条规定:"中华人民共和国是工人阶级领导的、以工农联盟为基础的人民民主专政的社会主义国家。"宪法第 3 条又规定,国家的一切权力属于人民。这些规定表明,我国的人民民主专政政权是人民当家做主的政权,它以工人、农民和知识分子作为依靠力量,而以属于统一战线范畴的爱国者作为团结的对象。人民中所有的阶级、阶层虽然同属于统治阶级体系,但各自在政权结构中的地位和作用是有严格区别的。全面直接地反映社会各阶级、阶层在国家生活中的不同地位,从组织上确保人民当家做主的实现,是作为国家政权组织形式的人民代表大会制

度的基本任务和首要功能。

在我国的政治实践中,人民代表大会制度如实反映人民民主专政国体表现在两个方面:一是全国人民代表大会和地方各级人民代表大会的代表构成能够最全面最准确地表明社会各阶级、阶层在国家生活中的地位。从我国历届各级国家权力机关代表结构的统计数字和百分比中可以看出,工人、农民、知识分子代表的总数大体上占到代表总额的一半左右,体现了工人、农民、知识分子是我国社会主义建设的主要力量;其他社会各阶层的代表、民主党派和无党派人士的代表、少数民族代表、华侨代表等占有适当名额,反映了劳动者与建设者、爱国者之间的巩固联盟。另外,非共产党人士在代表总额中占相当比重,既表现了工人阶级在社会生活中的领导地位,又反映了党和群众之间的密切联系与真诚团结。二是人民代表大会制度的组织和活动能够确保人民当家做主、统一行使国家权力。从人民代表大会制度的组织来看,作为国家权力机关的各级人民代表大会是由人民群众平等民主地依法选举代表组成的,选举资格没有任何苛刻的限制,能够保证人民充分自主地表达自己的意愿,选出自己信赖的代表,参与国家管理,行使国家权力。从人民代表大会制度的运行来讲,由于代表人民意志的人民代表大会是国家权力机关,其他国家机关都由它产生,对它负责,受它监督。所以,人民代表大会不但掌握立法权,而且亦掌握对执法过程的统一监督权,这就保证了国家权力行使的人民性。有了人民代表大会制度这一组织形式,人民才能充分享有当家做主的权力。

第二,这一制度的产生不以任何制度为依据,它一经确立即成为其他制度赖以建立的基础,它代表了我国政治生活的全貌。人民代表大会制度是由人民革命直接创造出来的,是革命斗争胜利的产物,是人民革命中政权建设经验的总结,它不以其他任何制度为依据,也不是依靠既有的任何法律规定而产生的。人民代表大会从其产生的那天起,就是人民行使当家做主权力的机关。它拥有立法权,凭借这项权力,它不但可以建立立法制度本身,而且还可以通过立法活动建立许多其他的制度,如婚姻制度、外交制度等;它拥有对其他国家机关的组织、领导和监督权,凭借这项权力,与立法权配合起来,它可以建立行政制度、司法制度和国家机关组织活动的其他各种制度;它拥有对国家一切重大事务的决定权,据此更可以根据实际需要建立各种国家生活和社会生活中必须建立的制度。可以说,我国国家管理范围内的一切制度,都是以人民代表大会制度为基础建立起来的,即使不是由人民代表大会亲自创建,也是由它亲自批准或经由它所授权的机关批准才得以形成和生效的。也正因为这样,人民代表大会制度从性质上讲才与其他许多具体制度诸如司法制度、财政制度、税收制度、婚姻制度、军事制度、教育制度等完全不同,这些具体制度只能代表我国政治生活中的某一方面,而只有人民代表大会制度才代表着我国政治生活的全貌,是国家政治力量的源泉。

第三,这一制度作为国家的根本政治制度,也是人民行使国家权力、实现社会主义民主的最好途径和方式。我国宪法规定,国家一切权力属于人民,人民行使国家权力的机关是全国人民代表大会和地方各级人民代表大会;人民依照法律的规定,通过各种途径和形式,管理国家事务,管理经济和文化事业,管理社会事务。这说明在我国,人民行使民主权利、当家做主的途径和方式是多种多样的,但最基本的途径则是人民代表大会制度。从事任何一种具体工作,因为都参与特定领域的国家和社会事务管理,故而都是实现当家做主之民主权利的具体方式。但是,无论哪一种具体参与,从实现民主权利的主体来说,都限于个人或者少数一部分人;从实现民主权利的范围来说,都限于某一方面或者至多涉及几个方面;从实现民主权利的限度来说,都或多或少要受到某种程度的限制。只有人民代表大会制度这一实现民主、参与国家和社会事务管理的途径没有上述限制,不管从事何种职业,只要属于人民的范围,符合法定条件,都可以依法行使选举权和被选举权,通过人民代表大会制度的组织和运行过程实现自己当家做主的权利。这种具有广泛性和权威有效性的民主实现方式,在我国的政治制度体系中自然具有根本的意义,它的发展完善对于国家其他政治制度和民主形式发展有着直接的重大影响。所以,与前述两个方面结合起来,足以说明人民代表大会制度是我国的根本政治制度。

三、人民代表大会制度的组织原则是民主集中制

我国现行宪法规定:“中华人民共和国的国家机构实行民主集中制的原则。”这一规定确认了民主集中制是人民代表大会制度的基本的组织和活动原则。

民主集中制是指在充分发扬民主的基础上集中多数人的正确意见作出决定的决策方式,是民主与集中的辩证统一。民主集中制从民主的角度来讲,发扬民主的过程是由多数人决定问题的过程;就集中的角度而言,实行集中的过程也是汇集多数人的意见的过程。民主与集中的运用方式和程序虽然有所不同,但它们的实质都是服从多数人的意见,民主集中制就是强调决策的民主化。坚持民主集中制,一方面要反对极端民主化,另一方面也要反对专制独裁。

民主集中制作为国家政权组织的原则,从一定意义上讲,是与西方国家“三权分立与制衡”原则相对应提出来的。在权力分立体制下,过多地强调民主与制约,国家权力各部分之间是平衡与均等的,在实践中一则容易产生相互扯皮、影响效率的弊端;二则亦未突出民意代表机关的权威地位。民主集中制在强调民主分工的基础上,赋予民意代表机关全权地位,从理论上讲应该能避免“三权分立”的弊病,加强民众在国家权力行使过程中的地位和作用,比之“三权分立”更为优越,也与

社会主义国家由绝大多数人民统治的本质要求相适应。在我国,民主集中制是党和国家一贯倡导并坚持的政治原则,人民代表大会制度依照这一原则进行组织与活动也是由我国人民民主专政的国家性质决定的,同时这也是人民代表大会制度的优势所在。

根据现行宪法的规定,在我国人民代表大会制度的组织和运行过程中,民主集中制原则具体表现在以下几个方面:

第一,全国人民代表大会和地方各级人民代表大会都由民主选举产生,对人民负责,受人民监督。各级人民代表由民主选举产生,选民或选举单位有权罢免不称职的代表。人民代表与选民或选举单位的这种关系表明了人民是国家的主人,人民代表是人民的公仆,人民代表大会是执行人民意志的代表机关。

第二,国家行政机关、审判机关、检察机关都由人民代表大会产生,对它负责,受它监督。在我国,人民行使国家权力的机关是全国和地方各级人民代表大会,即属于人民的国家权力统一由人民代表大会集中行使。全国人民代表大会有决定全国一切重大问题的权力,地方各级人民代表大会有决定本地区重大问题的权力。人民代表大会同其他国家机关的关系是领导与被领导的关系。在中央,国务院、中央军事委员会、最高人民法院和最高人民检察院的主要领导人由全国人民代表大会产生,国务院要向全国人民代表大会及其常务委员会负责并报告工作;中央军委主席、最高人民法院和最高人民检察院要向全国人大及其常委会负责。在地方,地方人民政府、地方人民法院和地方人民检察院的主要负责人由同级人民代表大会产生;这些地方机关要接受同级人民代表大会及其常委会的领导和监督。人民代表大会的全权性是我国人民代表大会制度同资本主义国家议会制度的一个重要区别。人民代表大会是高度集中的国家权力机关,而这种高度集中是建立在高度民主的基础之上的,因为我国的人民代表大会是由民主选举产生的,是真正代表人民意志和利益的人民代表机关。

第三,中央和地方的国家机构职权的划分,遵循在中央的统一领导下,充分发挥地方的主动性、积极性的原则。既要有利于中央的统一领导,又要充分发挥地方的主动性和积极性;既要有利于体现人民权力的统一,又要有利于各地在宪法和国家法律的指导下,根据地方特点,因地因时制宜进行地方建设。

第四,同一国家机关内部在充分发扬民主的基础上,实行下级服从上级、地方服从中央的原则。一方面,下级机关和地方机关必须接受上级机关和中央机关的领导或监督;另一方面,上级机关和中央机关也要尊重下级机关和地方机关,听取并充分考虑其意见和要求。在实行合议制的机关,还必须坚持少数服从多数的原则。

民主集中制原则只要在人民代表大会制度的组织和活动中得到贯彻,就能正确处理人民群众和国家机关之间的关系、国家机关相互之间的关系、上下级国家机关之间的关系、国家机关内部各部分之间的关系;就能真正实现人民当家做主,充分发挥社会主义民主;就能正确地处理人民内部矛盾,增强人民内部的团结,从而在国家机关的组织与活动过程中,造成一个既有集中又有民主,既有纪律又有自由,既有统一意志又有个人心情舒畅、生动活泼的政治局面。

四、人民代表大会制度是我国适宜的政治制度

人民代表大会制度适合于我国的基本国情,是我国适宜的政治制度,具有极大的优越性。

第一,便于人民群众参加国家管理,有利于发挥人民群众的积极性和创造性。首先,在我国人民代表大会制度下,人民参政没有任何苛刻的资格限制,这就使人民能够顺利地最大限度地参加国家管理。我国宪法和选举法都明确规定:年满18周岁的中华人民共和国公民,不分民族、种族、性别、职业、家庭出身、宗教信仰、教育程度、财产状况和居住期限,只要不是精神病患者或被依法剥夺政治权利,都有选举权和被选举权。这一民主科学的参政资格规定,为广大人民群众依法行使当家做主的权利准备了条件。其次,在我国人民代表大会制度下,人民代表大会和其他政权机关是按地区分级别设立的,便于人民群众就近参加选举和监督,管理地方性事务和国家事务,行使民主参政的权利。这一特点在我国这样一个地域辽阔、人口众多、各地情况差别较大的国度,对人民参政权的实现极为有利。最后,我国的人民代表大会制度从本质上能够容纳各行各业、各方面、各地区、各民族的人民群众广泛参政,鼓励人民群众参与国家事务和地方事务的管理。事实上,我国历届全国人民代表大会和地方各级人民代表大会的代表来源都是十分广泛的,具有真正的代表性和人民性。以十三届全国人大代表构成为例,在2980名代表中各方面的代表均占一定的比例。在选出的代表中,少数民族代表438名,占代表总数的14.70%,全国55个少数民族都有本民族的代表;归侨代表39名;连任代表769名,占代表总数的25.81%。与十二届相比,妇女代表742名,占代表总数的24.90%,提高了1.5%;一线工人、农民代表468名(其中有45名农民工代表),占代表总数的15.70%,提高了2.28%;专业技术人员代表613名,占代表总数的20.57%,提高了0.15%;党政领导干部代表1011名,占代表总数的33.93%,降低了0.95%。这样一个从组织结构上具有广泛民主性的政权组织形式,为人民群众的民主政治参与提供了基本条件,有利于充分发挥人民群众的积极性和创造性。

第二,便于实行"议行合一",有利于提高国家机关的工作效能。"议行合一"

就是指国家生活中重大事项的决定权和执行权统一地掌握在人民代表机关手中的制度,这是马克思和列宁总结了巴黎公社革命政权建设经验以后针对资产阶级国家的"三权分立"原则而提出的无产阶级政权的组织和活动原则。我国以民主集中制原则组织起来的人民代表大会制度,就是"议行合一"原则在我国具体历史条件下的运用和发展。人民代表大会制度便于实行"议行合一",首先是由人民代表大会制度内部各权力层次的法定关系所决定的。在人民代表大会制度下,人民代表大会是国家权力机关,进行立法和决定重大事项;行政机关和司法机关是执行人民代表大会决策和立法的机关,它们由人大产生,对人大负责,受人大监督。这样,作为国家权力机关的人民代表大会一方面代表人民的意志和利益拥有国家重大事项的决定权;另一方面又组织、监督行政机关和其他国家机关的工作,直接指导和控制重大决策的执行过程,"议"和"行"可以依照宪法和法律的规定高度地统一起来。其次,我国人民代表大会制度下人民代表的非专职性,也决定了便于实行"议行合一"。各级人民代表都由选举产生,本身都有各自的具体工作。这种兼职性质使他们一方面能够通过每年一次的人大会议和其他职务活动参加决定国家重大事项的过程;另一方面亦可在大会闭会以后在个人从事的工作岗位上身体力行、执行人大的重大决策,"议"和"行"在人民代表的活动中可以得到完美的结合与体现。人民代表大会制度下这种"议行合一"的体制有利于提高国家政权机关的工作效率,有助于人民意志的统一贯彻与有效落实执行。

第三,既能保证中央的统一领导,又便于充分发挥地方的主动性和积极性。我国处理中央与地方关系的原则是既要利于国家的统一领导,又要利于因地制宜办好地方事业。人民代表大会制度依据这个原则,坚决贯彻执行下级服从上级、地方服从中央的规定,即下级人民代表大会的一切活动必须以上级人民代表大会的决议为依据,地方一切重大事务的决定,必须服从中央的总政策与总任务。上级对下级的领导、中央对地方的领导,必须从具体条件出发,不妨碍地方积极性和创造性的发挥;下级对上级的服从、地方对中央的服从,可以根据上级或中央的决定结合本地区的具体情况在自己的职权范围内发挥自己的主动性和首创精神,正确地理解与执行上级或中央的决定。人民代表大会制度所创建的这种上级与下级、中央与地方的关系,能够保证正确处理中央与地方的权限划分问题,一方面保证中央统一的领导,另一方面给予地方以适当的自主权,使之因地制宜,更好地发展,从而把我们国家的中央和地方联结成一个统一的、坚强的整体,发挥中央和地方两个积极性。

五、坚持和完善人民代表大会制度

人民代表大会制度在我国确立以来已经历了六十年的实践历史,事实证明它是符合我国国情的适宜的根本政治制度。但是,由于我国封建制度的历史太长,民主制度以及民主观念的发端不甚久远,国家生活和社会生活中的民主化程度还比较低,加之人民代表大会制度历史较短又屡遭破坏,这就决定了一方面我国的人民代表大会制度本身还不够健全和完善,另一方面人民代表大会制度在实施中亦存在相当大的阻力和干扰,人大及其常委会缺乏应有的法律权威。如何坚持和不断完善人民代表大会制度,是我国理论界和政治实践界在今后相当长的时期内所面临的历史性课题。党的十四大报告将坚持和完善人民代表大会制度列为我国20世纪90年代政治体制改革的中心任务,是历史经验教训的深刻总结,是中国政治发展的迫切需要。坚持是完善的基础和目的,完善是坚持的前提和条件。只有不断地完善,才能更好地坚持。从现阶段我国人民代表大会制度的实际运行状况来看,健全和完善人民代表大会制度必须解决好以下几个关键问题,否则,所谓坚持只能是空谈。

(一)加强人大及其常委会的自身建设

第一,加强人大及其常委会的自身建设,必须加强人大及其常委会的组织建设,提高人大代表和人大常委会组成人员的参政议政素质和能力。人民代表大会是代表民意行使国家权力的机关,人大常委会是权力机关的常设机关,它们都担负着依法行使立法权、决定权和执法监督权的重任,作为人大代表和人大常委会组成人员,就其个人来讲必然具有三大素质:(1)基本文化素质。文化知识是脱离愚昧的桥梁,一个没有基本文化知识的文盲或文化层次相当低的人,其思维能力和工作能力必然具有很大的局限性。人大代表和人大常委会组成人员是行使民主管理国家权力的,必须具有很强的工作能力,没有一定的基本文化知识是不可想象的。(2)法律素质,即具有专业法律知识和技能。国家权力机关的主要职责就是集中广大人民的意志进行立法、决定和监督,其执法活动的每一项内容都涉及专门的法律知识和严格的法律程序。没有一定的法律知识和执法技能,就无法胜任工作。(3)政治素质,即具有较高的政治觉悟和全心全意为人民服务的精神。人民代表进行参政议政,反映人民群众的意志、愿望和要求,必须舍去私心和私利,一心为公,为人民谋利益,较高的政治觉悟和奉献精神是做好参政议政的根本保证。十一届三中全会以来,国家权力机关的建设有长足发展,人民代表的文化素质有很大提高,但还不能适应人大工作的实际需要,尤其是法律素质和政治素质的提高仍然是迫切需要正视的现实问题。

加强人大及其常委会的组织建设还必须重视人大常委会整体素质和参政议政能力的提高。整体素质很大程度上取决于代表和人大常委会组成人员的个人素质高低,但二者还不能简单等同,整体素质高低的另一个重要决定因素在于人大常委会组成人员整体结构的合理性。由于宪法规定人大及其常委会是集体讨论共同决定重大问题，行使权力是以集体力量进行的，故而搞好常委会整体结构合理化要注意几个方面：(1)委员来源的合理性，即委员的职业结构要广泛，这样有利于常委会解决工作中遇到的各种新问题和新情况。(2)文化结构的合理性。常委会委员中应广泛吸收各种专业知识人才，并使他们所分管、联系的各部门工作同其专长相适应，以保证常委会整体有效地行使法定权力。(3)年龄结构合理化。各个年龄层次都有其年龄、阅历、工作经验所决定的思维和工作特点，为了提高常委会整体工作效率并保证工作上的整体稳定性和持续性，委员的年龄结构应维持中老年和青年各占一半的格局。(4)能力结构的合理性。知识并不等于能力，有时二者是相互脱节的。人大常委会要处理各方面的工作，需要具有各方面的较强工作能力的人才独当一面，这就要求人大在选举常委会委员时注意能力结构与工作需要的一致，以提高常委会整体工作效能。上述几个方面的整体结构合理了，人大及其常委会的职能工作就有了基础。

第二，加强人大及其常委会的自身建设，还必须加强人大工作的程序建设，通过工作立法健全和完善工作程序与制度。程序一般是指事情进行的步骤和次序，国家权力机关的工作程序即为保证其各项职权的实现而规定的工作步骤和次序，包括会议程序、日常工作程序、文书处理程序，等等。程序与职权是相互联系、相互依存的，职权是程序的内容和基础，程序是职权的表现和保障。只有在不断完善国家权力机关职权的基础上，才能逐步健全其工作程序；也只有严格按照工作程序工作，才能切实保障各项法定职权的实现。程序建设在国家权力机关工作中具有重要的意义：(1)程序是国家权力机关组成人员行使法定权力的有力保障。程序本身就是对民主权力的一种具体化确认，它通过规范权力机关组成人员的工作行为，赋予人大代表及常委会委员具体的权力和权利，这一将整体法定权力具体化为个体法定权力或权利的过程本身就为权力机关的工作行为提供了指导和判别正误的客观标准。(2)程序也是提高权力机关工作效率和议事质量的有力保证。程序本身具有平等性和规范性，有了一定的工作程序，就迫使执法活动的参与者无论职位高低都必须按程序要求进行行为，一方面提高了工作效率，另一方面也保证了工作质量。如果人大及其常委会的工作程序逐步得到健全和完善，就会大大促进宪法赋予其的各项职权的有效行使。

我国国家权力机关工作程序的建设，在党和各级人大的领导和组织下六十余年来取得了很大成绩。尤其是十一届三中全会以来，总结以往的经验，适应民主法制建设的需要，健全完善了许多具体程序和制度，全国人大及其常委会相继颁布了《全国人民代表大会常务委员会议事规则》《全国人民代表大会议事规则》，修改了

《中华人民共和国地方各级人民代表大会和地方各级人民政府组织法》;各省、市、自治区人大及其常委会在工作程序建设方面了做了大量卓有成效的工作,根据国家宪法和法律的规定,结合本地区实际状况和工作需要制定了许多工作制度、规则、办法及实施细则,为准确有效地行使法定权力提供了依据,也为以后的程序建设提供了宝贵经验。现阶段存在的主要问题,一是要更趋于具体化,涉及人大行使职权的每一项具体工作范围诸如会议议题排列、日程安排、审议、表决、发言次序等都应有相应的程序,避免凭经验办事的随意性;二是要法制化,加强程序立法,赋予程序以法律规范性和效力,务使人人遵守,不致被破坏或流于形式。

(二)理顺人大制度内外权力层次的关系,落实人大对"一府一委两院"的监督

人大及其常委会是我国的国家权力机关,在国家机构体系中居于最高层次,其他国家机关都由它产生,对它负责,受它监督,由于它具有这种广泛的代表性和高于其他国家机关的法定权力,因而是最有权威性的国家机关。然而,在现实政治生活中,由于种种因素的影响,人大及其常委会的法律权威并未得到应有的保障,被人们称为"橡皮图章",严重影响人大及其常委会法定权力的实现。要树立人大及其常委会的法律权威,落实人大对"一府一委两院"的法定主导地位和监督权,使其真正成为人民行使国家权力的有效途径,除了从内部加强人大本身的思想建设和组织建设、增强人大的自我完善功能、提高人大的内在活力、使其能够真正行使好人民赋予的权力以外,还必须理顺人大及其常委会依法履职的外部关系,减少人大法定权力行使过程的干扰和阻力,这是提高人大权威的一个不可忽视的关键所在。需要理顺的关系包括三个方面:

第一,理顺党和人大的关系。我国现行宪法在序言中规定了四项基本原则,确认了中国共产党对国家生活的领导地位,在宪法第1条也规定中国共产党领导是中国特色社会主义的最本质特征,同时又在总纲中确立了人民代表大会是国家权力机关的地位。在我们国家的政治生活中存在坚持党的领导与坚持人民代表大会的国家权力机关地位的关系问题,这是摆在我们面前的一个非常现实而无法回避的问题。实践证明,这两者的关系处理不好,要么会削弱党的领导,要么会影响人民代表大会充分发挥作用。党的领导与人大的权力机关地位是统一的。党的领导是中国政治制度的根本特色和根本保障,党与人大是一种政治领导关系,只有坚持党的领导才能保证人民代表大会制度运作的正确方向,党的领导也只有通过法治的方式进行才能取得预期的民主政治效果。在我国人民代表大会制度下,党对国家生活的领导必须经由人大立法将党的主张变为国家意志来实现,党不是直接对国家权力机关发布命令,而是尊重人大及其常委会法定职权,依法支持其正常工

作。同时,党既领导人民通过人大制定法律,也领导人民执行和落实法律。党要在宪法和法律的范围内活动,要模范地执行人大及其常委会颁布的法律或其他规范性文件。这与党对人大的政治领导并不矛盾,党执行人大通过的法律和其他规范性文件不是执行人大作为一个国家机关的个体意志,而是执行国家意志。然而,在党和国家政治生活不正常的年代,法律受到践踏,人大毫无权威,党凌驾于法律和一切国家权力机关之上。十一届三中全会以后,这种状况得到根本性的改变,规定了正确处理党和人大关系的一系列重要原则。要正确处理好党和人大的关系,就必须在实践中使人们充分认识到坚持党的领导的重要性,认识到人大和党的性质、职能、组织形式和工作方式的不同,正确认识党的领导与发挥国家权力机关作用的一致性,同时还要改善党的领导,各级党委要充分尊重和支持人大依法行使职权,特别是重大事项的决定权和人事任免权,发挥在人大中工作的党组和党员的重要作用。

第二,理顺人大同政府的关系,正确处理决定与执行、监督与被监督的协调问题。根据我国宪法和法律的规定,政府是人大的执行机关,它由人大产生,向人大负责并报告工作,接受人大的监督。人大与政府的关系是决定与执行、监督与被监督的关系。然而,由于人大工作很少涉及个人权益的处分,造成一种认为人大没有多少具体事务的轻视人大的倾向;加之人大与政府关系在实践中问题较多,人大的法律监督难以落实与实现。近几年来,人大和政府在协调关系、行使各自法定权力方面都做了大量工作,但距离宪法规定和人民的期望还有相当大的差距。目前要理顺二者关系,需要解决好以下几个问题:一是人大要切实行使决定权与监督权,政府要主动接受人大监督,认真执行人大决定的重大事项,支持和帮助人大工作,以防人大与政府的法定关系流于形式。二是以法律形式廓清人大与政府各自决定的“重大事项”的范围,明确哪些该由人大及其常委会讨论决定,哪些则由政府或其他部门决定。三是廓清地方性法规和行政法规、行政规章在调整范围与对象上的具体界限,明确地方国家权力机关与行政机关各自的法定权力范围。四是人大要严格审议政府工作报告、国民经济和社会发展计划、财政预算决算,已经决定的问题,政府必须依法执行,变动过多、出入过大影响人大工作的严肃性和法律的权威性。

第三,理顺人大与司法机关的关系,解决好人大监督与审判独立的关系问题。人民法院是我国的审判机关,人民检察院是国家法律监督机关,它们都由人大选举产生,对它负责,受它监督。但同时宪法又规定,人民法院和人民检察院分别依照法律规定独立行使审判权和检察权,不受行政机关、社会团体和个人的干涉。为了保证判决无误,有关法律还规定了人民法院内部的审判监督程序。那么究竟人大的司法监督与司法机关独立行使法定权力的关系如何?人大司法监督与检察院的法律监督又有何联系与区别?人大如何实行司法监督?这些问题不解决,人大的司法监督权很难实现,人大的权威也很难维护。从理论上讲,人大的司法监督与人民法院和人民检察院独立行使职权并不矛盾。它们三者都是由人民选举或人民通过人大决定任命产生、代表人民行使国家统治权力的,但又都有法律职能上的分工,只有维护人民法院和人民检察院行使法定职权,才能最终保护人民的根本利益。但是,审判独立是相对的,它要受人民的监督,人大代表人民监督审判机关的审判过程本身也负有维护审判权不受其他国家机关、社会团体和个人干涉的职责,审判监督和审判权独立都统一在为人民利益服务的基点上。人大的司法监督与人民检察院的法律监督是有区别的,前者主要是针对司法机关的执法状况监督其行使司法权的,后者主要是针对司法机关执法的具体事项和具体案件进行的;前者多涉及原则问题,后者多涉及具体人和事,所以二者不能混为一谈,它们在范围和性质上并无冲突。人大的司法监督一般不介入"两院"的诉讼活动,主要通过审查工作报告和工作过程来进行,对于发现的具体处分或判决的错误只能建议司法机关通过其内部程序予以解决。把握住以上关键问题,人大勇于监督,司法机关乐于服从监督,人大与司法机关的法定关系就能处理得当,人大的权威就能得到维护。

(三)选举讲求实效,强化社会监督,推进人大制度运行的民主化

民主选举是人民代表大会制度的组织基础,完善选举制度使其发挥实效是健全完善人民代表大会制度的重要内容。所谓选举的实效应该体现为选民依法自由、真实、有效地表达其个人意志,体现为选举组织的一切程序和制度都围绕国家政治运行民主化的需要确立和运行。西方国家的选举过程固然有其全权操纵的致命弊病,但如果从选举实效方面来看,其中对选民资格的一些合理限制、竞选机制及其他具体程序与制度仍不乏优越之处,既从法律上基本保证了选民自由参选行使选举权,保证了国家民主参与在能力、素质等实质方面的平等性,对于不断提高国家政治生活的民主化有重要意义。在我国人民代表制度下的民主选举,从本质和基本原则方面来讲,比之西方国家有显而易见的民主性,但在一些具体的机制与环节方面还存在许多弊端,导致选举实效不大。具体表现在:一是选民资格规定上追求形式平等,忽视实质平等。不但一些合理的限制如受教育程度方面的限制没有体现出来,导致选民在参政能力上的不平等;而且允许未被剥夺政治权利的在押服刑人员在狱中参加选举,损害了选举的民主性和严肃性。二是追求形式上的高参选率,个别地区甚至强制参选或以发放补贴或许诺利益刺激参选,导致选举中废票增多和意思表示不真实的投票增多,为一些派别和个人操纵选举大开方便之门。三是选举中缺少竞选机制,不利于选民作出正确抉择。四是个别党派和个人不法

干预选举过程,“指选”“保选”“拉票”现象或事先培植、安插“候选人”的情况并非少见。凡此种种造成的“虚假繁荣”,不但妨害了选民自由有效地表达个人意愿,影响了选民的参政积极性,而且延缓、破坏了国家的政治民主化进程。而没有广大人民群众的真正民主参与,我们的人民代表大会制度就失去了政治和社会基础。所以,我们一定要在选举中讲求实效,借鉴西方国家在选举具体制度和组织管理方面的经验,力求使选举逐步达到真正反映民意的效果。

强化社会监督,主要是指加强国家权力行使过程的外部监督,包括政党监督、舆论监督和公民申诉控告监督,这需要通过有效保障政党活动自由、新闻自由和公民的申诉控告权利获得实现。强化政党监督,就是要强化执政党对国家权力运行的政治监督,同时也要鼓励民主党派和无党派人士以整体方式参政议政,并确保参政议政的有效;强化舆论监督,就是要与人权保护和法制建设相配套建立新闻自由制度,形成一种国家权力行使过程的强劲舆论监督氛围,使贪赃枉法、违法乱纪现象无处藏身,造就廉洁政治与良好的社会风尚;强化公民申诉控告监督,就是要从制度上完善申诉控告机制,理顺主管机构的隶属关系,赋予其独立权力,使公民不但告状有门,而且能产生效果得到公正处理。同时,强化国家权力行使的外部监督除了上述本身建设以外,还必须与权力行使的内部监督机制衔接与协调。必须设置有效途径和专门机构,保证外部监督系统能够及时引启内部监督系统,从而使外部监督有效发挥作用。内外监督系统有效配合,才能确保人民代表大会制度的充分实现和不断民主化。

总之,人民代表大会制度的健全完善和人大法定职权的落实实现具有极为重大的现实政治意义。通过这一活动,人民的意志能够以法律的形式表现出来并得到贯彻,人民的根本利益和要求能够最终实现;同时,由于这一过程的实现必然伴随着人大及其常委会法律权威的确立和保证,故而能够形成国家机构体系的良性运转,各类国家机关依照宪法和法律的规定相互配合、通力合作,共同完成国家统治任务。最后,由于这一过程必然贯穿对民主与法制原则的宣传与贯彻,所以能够提高全社会的民主与法治意识,提高广大人民群众参与政治管理的积极性,从而加快国家的政治民主化建设。我们深信,随着人民代表大会制度的逐步完善和有效实现,我国的政治生活必将跨入社会主义民主化的新时代!

第八章　民族区域自治制度

第一节　国家结构形式概述

一、国家结构形式的概念

国家结构形式是指一国内部中央和地方之间、整体和部分之间的关系。从形式上讲，国家结构形式是一种权力划分关系；从实质上讲，则是特定的统治阶级意志在国家权力运作方式上的要求的体现。

国家结构形式是国家制度的重要组成部分。任何国家都是一定阶级运用国家权力对社会进行政治经济统治的工具，而所有有关国家权力行使的基本制度统称为国家制度，国家制度就是要从形式和内容相统一的角度解决国家由谁统治和如何统治的问题，对国家制度的法律确认形式通常为宪法或特别法。国家由谁来统治的问题，即马克思主义所谓的“国家本质”问题，是国体研究的范畴；国家如何统治，即统治者如何实现其统治权力的问题则是由国家形式来解决。就国家形式而言，又有两种情况，这是国家统治权力实现的两种途径。从横向上来讲，国家权力行使中有一个各权力机关的管理分工及其相互关系的界定问题，以适应各类国家事务管理的需要，称为国家管理形式；从纵向上来讲，则有一个中央与地方的权力分工及其相互关系的协调问题，以适应管理的统一与协调，称为国家结构形式。国家管理形式和国家结构形式都体现国体即国家本质的内在要求，三者共同构成国家制度。从这个关系之中，我们就可以看到国家结构形式在国家制度体系中的重要地位和作用。

国家结构形式要受多种因素的影响，但最主要的、起决定作用的还是统治阶级的政治需要，其他因素的影响作用都是通过统治阶级意志的认可而最终发挥的。按照马克思主义国家学说，国家本质决定国家形式，有什么样的阶级本质，就有什么样的与之相应的国家形式，这虽然主要是相对于国家管理形式而言的，但也适用于对国家结构形式本质的理解，因为一国究竟采用什么样的结构形式最终是统治阶级的现实政治统治需要所决定的，如果与之相悖，则绝无采纳的可能。当然，除了统治阶级的政治需要起决定或最终作用以外，一国究竟采取什么样的结构形式还要受到种种复杂社会因素的影响。也就是说，统治阶级对国家结构形式的决定不是任意的和绝对的，它要考虑到这些因素的作用。在影响国家结构形式的诸要素中，最主要的是历史因素和民族因素。一个国家有其结构形式的历史传统，不同的历史时期在结构形式包括行政区划等方面代代相沿，它既形成一种统治经验的积累，又使国民形成一种相对稳定的心理定式，决定国家结构形式时考虑历史因素，对保持国家的政治和社会稳定是非常重要的。同时，民族关系和民族构成也是国家结构形式决定过程中必须考虑的重要因素。如果国家结构形式的采用对处理民族关系不利，那必然会影响统治阶级的政治统治。应该说，在国家结构形式问题上，统治阶级的意志是寓于历史、民族等多种社会因素的交互作用、权衡利弊之中的。

二、国家结构形式的类型

国家结构形式是国家权力实现过程中不可缺少的基本形态，任何类型的国家都有其国家结构上的特点。在奴隶制时代，前期主要是部落型和城邦型国家，后来发展为城邦联盟型和宗主附庸型。封建制国家则以分封型和统一专制型为其结构形式的特征。近现代的资本主义国家和社会主义国家的结构形式主要是单一制和复合制，复合制又可分为邦联和联邦。

（一）单一制

所谓单一制，就是由若干普通的行政区域或自治区域构成的统一主权国家。其主要特点是：(1)全国只有一个统一的立法机关、统一的中央政府、统一的司法机关和统一的宪法法制系统；(2)中央和地方的关系是领导与被领导的关系，地方的权力来源于中央的授予，而中央的权力则是依据主权原则所固有的，地方没有脱离中央而独立的权力；(3)在对外关系上，单一制国家是一个独立的、统一的国际法主体，公民具有统一的国籍。目前世界上大多数国家都采用单一制结构形式。我国是单一制的主权国家。

（二）联邦制

联邦是典型的复合制国家形式，是指由两个或者两个以上享有独立权限的成员单位（邦、州、共和国）组成的统一的联盟性主权国家。联邦的特点在于：(1)"三不统一"，这是相对于单一制结构形式而言的，即联邦和它的成员单位分别拥有自己的立法机关、中央政府、司法系统和宪法法制体系。(2)联邦与各成员单位的关系是分权关系。从法理上来讲，联邦的权力来源于各成员单位的让与，在这一分权力关系中各成员单位处于主导地位。联邦与各成员单位的分权由联邦宪法统一规定,通常以列举式规范联邦权力,而更为广泛的“剩余权力”则归各成员单位所保留,有个别国家也将“剩余权力”划归联邦。(3)在对外关系上,联邦制国家是统一的国际法主体,所有各成员单位的国民均具有统一的联邦国籍,但有的国家还允许其下属成员单位享有外交权,以主权国家的身份参与国际活动,如苏联的乌克兰和白俄罗斯。联邦制国家最典型的是美国、加拿大、德国和苏联等。

除了联邦制以外,复合制还包括另外一种形式——邦联。邦联并不是典型意义上的国家结构形式,而是两个或者两个以上的主权国家或者独立的成员单位为了临时的军事或者贸易目的而结成的松散的国家联合。邦联的特点在于:(1)邦联没有统一的宪法、立法机关和中央政府,也没有统一的军队,虽然设有处理共同事务的机构,但这一机构没有超越于各成员单位的至上权威和权力,其决议必须经各成员单位一致同意才能有效;(2)邦联与各成员单位的关系是协商关系,邦联无权强制各成员单位进行某种行为,而其成员单位有权随时脱离邦联,从而导致邦联随时解体;(3)在国际法上,邦联不是严格意义的国际法主体,各成员单位的公民也没有统一的邦联国籍。历史上的北美洲13块英属殖民地邦联(1776~1789年)和德意志联盟(1815~1866年),现在的塞内冈比亚邦联(1982年至今)和以俄罗斯为首的独立国家联合体(苏联解体以后形成的),都是邦联的典型形式。

三、马克思主义关于国家结构形式的基本观点

按照马列主义关于国家结构形式的基本观点,我们原则上主张单一制,但也不反对联邦制。马列主义经典作家总结无产阶级革命政权建设的历史经验,认为工人阶级取得革命胜利后,在有条件的国家都应当采取单一制的国家结构形式。单一制结构形式有利于无产阶级对国家的统一领导,有利于进一步促进工人阶级的团结和联合,有利于国家经济文化的协调发展,从而使无产阶级和劳动人民的意志得以完全贯彻和最终实现。但马列主义经典作家也认为,在特定的历史条件下,如果建立联邦制有利于解决民族问题,有利于工人阶级的团结和各民族与国家的统一,也可以建立联邦制国家。我国在革命胜利后实行单一制结构形式,而苏联、南斯拉夫等国则实行联邦制,可见工人阶级夺取政权后的国家究竟采用何种结构形式,最终必须根据特定的历史条件和具体情况来决定。唯其如此,国家结构形式才能更好地服务于国家本质。

社会主义国家的结构形式隶属于无产阶级和劳动人民的统治体系,是为无产阶级专政服务的。社会主义国家的单一制是按照民主集中制的原则实行中央统一领导,同时也充分保证地方积极性和主动性的发挥。在多民族单一制国家中,还普

遍建立民族区域自治制度，保证各少数民族行使当家做主的权利。在联邦制国家里，各成员国都是自愿加入联邦，享有平等的权利。

第二节　我国是多民族的单一制国家

我国现行宪法的序言中明确指出："中华人民共和国是全国各族人民共同缔造的统一的多民族国家。"总纲第3条规定："中央和地方的国家机构职权的划分，遵循在中央的统一领导下，充分发挥地方的主动性、积极性的原则。"总纲第4条还规定："各少数民族聚居的地方实行区域自治，设立自治机关，行使自治权。各民族自治地方都是中华人民共和国不可分离的部分。"这些规定表明，我国实行的是单一制国家结构的形式。

我国作为单一制国家，有以下具体表现：第一，从法律制度来讲，我国只有一部宪法，即《中华人民共和国宪法》，只有一套以宪法为基础而构建起来的社会主义法制体系，维护法制的统一和宪法的权威是我国的基本国策；第二，从国家机构来讲，我国只有一套中央国家机关体系，只有一个权威的国家立法机关即全国人民代表大会及其常委会，只有一个最高行政机关即国务院，只有一套完整的国家司法机关系统即人民法院和人民检察院；第三，从中央和地方的关系来讲，是领导与被领导的关系，无论是普通的省、县、乡行政区域，还是民族自治区域或特别行政区域，都是中央人民政府领导下的地方行政区域，不得脱离中央而独立，在这一前提下宪法和法律保障其积极性和主动性的发挥；第四，在对外关系上，中华人民共和国是一个统一的国际法主体，我国的公民也只具有一个统一的国籍即中华人民共和国国籍。

我国之所以采用单一制结构形式，是由我国政治、经济、民族发展的现实需要所决定的，也是我国历史上单一制结构形式的延续。具体来说，这些原因主要有：

第一，实行单一制是由我国民族关系的历史和各民族的居住现状所决定的，是保障各少数民族与汉族平等发展的需要。我国是一个多民族国家，除了汉族以外还有其他55个少数民族。在历史上，我国各民族从很早的时候起就繁衍生息在这一块土地上，各民族之间的相互交往和融合源远流长，逐渐形成了包括汉族和各少数民族在内的统一的中华民族。现代所谓的"中华文化""中华文明"，其中既有汉族的贡献，也有各少数民族智慧的结晶。从各民族关系来讲，纵观秦始皇统一中国以来的历史，虽然历代的反动统治者也都推行过一些民族歧视和民族压迫的政策，但各民族人民在共同的生活和生产劳动中结成了深厚的友谊。各民族间虽有冲突摩擦,但分裂争斗是短暂的,民族之间的经济文化往来从未中断,民族关系的主流是和睦友好的,有的少数民族还曾一度入主中原成为国家的统治者。特别是近代以来,在共同的反帝反封建的斗争中,各民族人民为争取民族解放和民主自由,反抗外来侵略和国内反动统治,结成了不可分离的战斗友谊,从而将历史上的民族友好关系推到了一个新阶段。在新民主主义革命时期,我国各族人民在中国共产党的领导下,在推翻帝国主义、封建主义和官僚资本主义“三座大山”这一历史过程中,中国共产党的民族平等、民族团结、实行民族区域自治的民族政策逐渐形成并逐步付诸实践,1947 年内蒙古建立起第一个民族自治区,从而为处理平等友好的民族关系创设了一种新的制度,这一制度为巩固和发展民族友好关系发挥了重要作用。中华人民共和国成立后,采用什么样的国家结构形式才能使各民族友好关系得以更有效地发展成为人民政权建设的重要问题,最后我们参照历史状况,从实际出发,采用了单一制下的民族区域自治,这是各民族人民的共同心愿,是巩固和发展各民族团结的唯一途径,它保证了各少数民族与汉族在中央政府的统一领导和协调下,和睦相处,相互合作,共同发展,避免了实行联邦制后必然出现的民族间的人为隔离和种种心理不适。

从我国各民族的分布状况来看,考虑到各少数民族人口较少的特点,实行单一制及与之相配套的民族区域自治制度也有利于保障各民族的自治利益和平等权利。我国是一个多民族的国家,但民族人口和民族分布极不平衡。从人口来讲,汉族占全国总人口的 91.02%,是主体民族,而其他民族为少数民族,55 个少数民族合起来总人口也只占全国人口的 8.98%。从各民族的居住状况来看,则呈现出“大杂居、小聚居”的特点。“大杂居”,就是从全国范围内来看,汉族和少数民族是相互交错而居住的,不存在纯粹的民族省份;“小聚居”,就是从各少数民族自身居住的状况来看,他们散居各地,但每一少数民族都有相对集中的居住区域。这种特殊的人口分布和居住特点,同前述各少数民族人口较少的特点结合起来,决定了在我国只有实行单一制下的民族区域自治,才能最终实现各民族平等地管理国家事务和本民族内部事务的权利,使人口较少及散居的少数民族不致被排除于国家事务管理之外,从而达到真正的民族平等和民族团结。如果实行联邦制,联邦成员单位在设置上的人口或其他规格限制,必然使大部分人口较少的和散居的少数民族无法依照联邦制度享有管理国家和本民族内部事务的权利,最终损害的是民族平等原则和各少数民族的利益。因而,实行单一制及民族区域自治制度是符合我国国情和各民族人民的根本愿望和根本利益的。

第二,实行单一制是由我国经济发展的实际需要所决定的,也是缩小各少数民族与汉族之间经济文化发展差距的有效途径。国家经济的持续稳定发展,既需要有丰富充足的自然资源,也需要巨大的人力资源和较高的科学技术水平。而在我国,这两个优势分别属于少数民族和汉族。地大物博、自然资源丰富是少数民族地区的特点,仅占全国人口8.98%的各少数民族,其自治区域面积占到全国总面积的将近40%,而且少数民族地区资源丰富、物产独特。人口众多、科技水平高则是汉族的特点,汉民族历史源远流长,兴办教育、发展科技是其民族历史传统,人才辈出,经济发达,是国家发展之主体,但人口和资源的矛盾比较突出。那么,中国的经济要得到发展,必须将少数民族和汉族的各自优势有效地结合起来,否则,不但国家整体经济不能发展,各民族各自经济的发展也有现实困难,正因如此,我们说,汉族离不开少数民族,少数民族也离不开汉族,二者优势互补,才能共同发展,而只有实行单一制才能达此目的,联邦制所固有的相互隔离不利于经济协调与政治统一。

同时,实行单一制也是缩小各少数民族与汉族之间经济文化发展差距的需要。众所周知,由于历史上反动统治者的限制和压迫,也由于其他一些复杂的社会原因和自然条件的影响,相对于汉族地区来讲,少数民族地区的经济文化发展在中华人民共和国成立初期是比较落后的,与汉族地区存在较大差距。如何缩小并最终消灭这一差距,走向各民族共同繁荣,是一个现实问题,是解决民族关系问题的关键,也是各民族人民的共同心愿。如果实行了联邦制,就不利于综合筹划与协调;而我们实行了单一制,就有利于在中央政府的统一领导下,最大限度地协调国家各部分经济发展的需要,促成各民族间的相互支援和交流,发展少数民族地区的经济和文化,达到各民族共同发展、共同繁荣。事实上,中华人民共和国成立以来五十多年的发展历史正是一个中央制定政策、少数民族地区与汉族地区相互交流、相互帮助、共同发展、效益卓著的历史,特别是由于政府实行了经济对口支援、文化政策倾斜、教育特殊优惠、财政无偿大力支持,使各少数民族地区的经济文化有了长足的发展,与汉族地区的差距正在逐步缩小,某些方面还具有本地区本民族的独特优势,这都是实施单一制的实际好处。

第三,实行单一制是由我国政治发展的基本需要所决定的,有利于国家的政治统一和政治稳定。从政治角度考虑实行单一制的好处,首先在于单一制有利于中央的统一领导,有利于国家的政治稳定,有利于政令的统一和全国各地区、各阶层政治利益的协调,有利于保障政治的均衡健康发展。其次,我国实行单一制也是由各少数民族地区所处的重要的国防地位所决定的。由于历史的原因,各少数民族均居住于我国的边境地区,环绕我国长达2.1万公里陆地边境的都是少数民族,这就决定了少数民族地区的稳定和发展对我国国防建设的重要性。尤其我们置身于一个复杂的国际政治环境中,有一些国家总是千方百计离间我国各民族间的关系,煽动民族情绪,企图分裂我国的统一。在这种情况下,我们如果实行了分离度较大的联邦制,就会给这些不法势力以可乘之机,不利于保证我国的主权统一和安全利益。我们只有实行单一制,才能避免国家的分裂,维护好各民族的共同利益,保证我国的民族独立和自由平等。最后,实行单一制也有利于我们拓展国际关系。因为在我国是少数民族的民族,在世界上其他国家不一定就是少数民族,甚至可能是主体民族,所以,我们在单一制下辅之以合理的民族政策,搞好国内各民族的关系,有利于发展与特定国家的政治、经济、文化等方面的交流与合作。

正是由于上述几个方面的原因,构成了我国实行单一制的理论和实践依据。五十多年来的实践证明,在我国实行单一制国家结构形式是十分正确的,现实的政治、经济和社会效益是巨大的,同时也能够保障国家的整体利益和各民族的特殊利益,因而是英明的历史性选择。任何与之相左的宣传,都是与我国的国情和各民族的共同利益相违背的。

第三节　我国的行政管理区域划分

一、行政区划的概念和原则

行政区划,即行政管理区域划分,是统治阶级为了实现有效的行政管理,综合考虑政治、经济、人口、民族分布等情况,将全部领土按一定原则划分为若干不同的区域,分级设立相应的政权机关的制度。行政区划是国家结构形式的具体化。

我国是社会主义国家,又是统一的多民族的单一制国家。在我国,行政区域划分必须遵循下列原则:

第一,有利于国家管理。行政区划的最终目的乃是实现统治阶级对全部领土的有效行政管理。行政区划如何划分、政权机关如何设置,都须以有利于国家管理为出发点和归宿点。在我国,行政区划既要保证中央的统一领导,发挥地方的积极性和主动性,同时也要便于人民群众参加国家管理。

第二,有利于发展经济。行政区划不能人为地割裂或切断固有的经济文化联系。只有在已经形成的经济文化区划的基础上合理地划分行政区划,科学地设立政权管理机关,才能保证经济的持续不断发展,才能为达到统治目的准备经济基础,最终保证国家的政治稳定。

第三,有利于民族团结。民族关系是影响国家管理的最主要因素之一。划分行政区划,要考虑到民族成分、民族居住特点和民族关系。在少数民族聚居的地方实行区域自治,设立自治机关,行使自治权,有利于民族团结。

第四,照顾历史状况。行政区划由来已久,它随着国家政治、经济、文化的发展变化而不断变更,在设置和调整新的行政区划时,要照顾历史状况、民族传统和人民生活习惯,以免造成混乱,影响正常的管理秩序。

二、我国行政区划的历史沿革

我国是历史悠久、文化灿烂的国家,行政区划源远流长,今天的行政区划是以往行政区划经验和教训的积累总结,又是在以往基础上发展的必然结果。

我国历史上的行政区划有一个漫长的发展过程。夏商时期,许多部落和部落联盟逐渐演变成地区性的方国;周朝实行分封制,基本管理区划为诸侯国和采邑。秦始皇统一六国以后,废封国,以郡、县为地方政区,集权中央。汉朝基本是州、郡、县三级。隋朝采用郡、县二级制。唐朝主要是节度使、州、县三级制,并出现了府的建制。宋朝为路、州(府)、县三级。元朝则为省、路、府、州、县五级,首次创设省一级政区。明朝废除路的建置,设省、府、州、县四级。清沿明制,内地设十八省,边疆由将军或大臣督办统辖,省以下一般分为府、州、厅、县。辛亥革命以后,废府,改州、厅为县,构成省、县两级制,奠定了我国现代行政区划的基础。

中华人民共和国成立以后,我国的行政区划随着国家政权建设的不断发展也历经变迁。中华人民共和国成立之初,除中央政府以外,地方设大行政区、省、专区、县、区、乡六级,采“四实三虚”制。1952 年 3 月,大行政区改为派出机构。1954 年 6 月,撤销大行政区一级政区。其间为工作需要,曾设置若干行署,后来基本纳入专区建置。1954 年 9 月,第一部《中华人民共和国宪法》颁布,确认我国的基本行政区划为省、县、乡三级。1958 年,撤销乡的建制,设立人民公社。1975 年宪法,设省、地区、县和公社四级地方政权,并取消了民族乡的建制。1978 年宪法,去掉地区一级,设省、县、公社三级。1982 年宪法,恢复了 1954 年宪法的设置,规定我国地方区划为省、县、乡三级,同时恢复了民族乡的建制。1988 年 3 月,7 届全国人大 1 次会议决定设立海南省。1997 年 3 月,8 届人大 5 次会议又通过决议,设立重庆直辖市。1997 年 7 月 1 日,我国又设立香港特别行政区。1999 年 12 月,设立澳门特别行政区。至此,我国的省级行政区划达到 34 个。我国行政区划的变更,反映了我国政治经济发展的基本需要,是我国历史变迁的缩影和真实记录。

三、我国现行的行政区划

宪法第 30 条规定:“中华人民共和国的行政区域划分如下:全国分为省、自治区、直辖市;省、自治区分为自治州、县、自治县、市;县、自治县分为乡、民族乡、镇。直辖市和较大的市分为区、县。自治州分为县、自治县、市。自治区、自治州、自治县都是民族自治地方。”宪法第 31 条规定:“国家在必要时得设立特别行政区。”根据上列规定,我国现行行政区划可分为三类:

(一)基本行政区划

基本行政区划包括省、县、乡三级。省级包括直辖市,截至 2018 年 2 月 9 日,全国共有 23 个省、4 个直辖市。县级包括不设区的市、设区市之市辖区,目前我国设有 2876 个县(市)。乡级包括民族乡、镇,目前我国共有 39862 个乡级建置。

(二)民族自治区划

民族自治区划包括自治区、自治州、自治县(旗)。我国现有 5 个自治区、30 个自治州(盟)、121 个自治县(旗),计 156 个民族自治地方。在 55 个少数民族中,有 44 个建立了自治地方,实行区域自治的少数民族人口占少数民族总人口的 71%,民族自治地方面积占全国总面积的 64%。

了解我国的行政区划,应特别注意民族乡的设置及其特点。民族乡是国家为了照顾一些居住较集中但总人口又特别少的民族区域,按照宪法和法律的规定而设立的乡。它不是一级民族自治地方,其法律性质和地位与普通的乡基本相同,但又有特点。根据宪法第 99 条第 3 款之规定:“民族乡的人民代表大会可以依照法律规定的权限采取适合民族特点的具体措施。”中华人民共和国成立初期,我国就有民族乡的建制。1958 年“政社合一”时被取消。十一届三中全会以后,在恢复乡级建制的同时也恢复了民族乡。目前我国共有 1173 个民族乡。

(三)特别行政区划

这一区划形式是 1982 年宪法为解决香港、澳门和台湾地区等历史遗留问题而依据宪法第 31 条规定设立的。后来曾一度设立海南特别行政区,1988 年海南建省后撤销。1997 年 7 月 1 日,我国恢复对香港行使主权,正式设立香港特别行政区。1999 年 12 月在澳门设立特别行政区。这两个特别行政区相当于省级,直辖于中央人民政府。

除此之外,了解宪法规定的行政区划,还应对村民委员会和居民委员会这种基层群众性自治组织有所了解。根据我国宪法第 111 条之规定,在我国城市和农村基层,还设有居民委员会和村民委员会。它们既不是国家政权机关,也不是普通的群众团体,而是“基层群众性自治组织”。居民委员会和村民委员会按居民居住地区设立;其主任、副主任和委员由所在地区居民选举产生;委员会内设有人民调解、治安保卫、公共卫生等专门机构,办理本居住地区的公共事务和公益事业,调解民间纠纷,协助维持社会治安,向人民政府反映群众的意见、要求和建议。它与基层政权的关系是指导与被指导的关系,在法律范围内依法实行基层民主自治管理。居民委员会和村民委员会是人民群众直接管理社区公共事务的一种行之有效的民主形式,是我国地方政权建设的一大特色。

行政区划并非一成不变,当国家的政治和经济发生变化时,行政区划也要随之予以变更。但是,行政区划的变更涉及面广,影响较大,与国家经济的发展和政治稳定息息相关,故而必须慎重对待,以保持行政区划的严肃性和权威性。根据我国现行宪法第62、89、107条的规定,我国行政区划变更实行分级审批管理:省、自治区和直辖市的建置及特别行政区之设立与制度由全国人民代表大会批准;省、自治区、直辖市的区域划分及自治州、自治县、县、市的建置和区域划分由国务院批准;乡、民族乡、镇的建置和区域划分由省、自治区、直辖市人民政府决定。严格依法定程序审批审理,是保证行政区划变更工作有效顺利进行的必要条件。

第四节　我国的民族区域自治制度

一、民族区域自治的概念及其优越性

民族区域自治制度,是单一制下我国解决民族问题、保障少数民族自治权的基本制度。所谓民族区域自治,就是在国家的统一领导下,依照宪法、民族区域自治法和其他法律的有关规定,以各少数民族聚居区为基础建立民族自治地方,设立自治机关,行使自治权。其基本特征是:第一,建立民族自治地方必须以宪法和法律为依据,在国家领导下统一进行,而不可各自为政、擅自设立;第二,建立民族自治地方要以少数民族聚居地区为基础,绝不能在散居民族区域设立;第三,民族区域自治的内容就是设立自治机关,行使自治权,切实保障少数民族当家做主,享有管理本民族内部事务和本地区地方事务的权利。

民族区域自治制度,是党和国家解决民族问题的一项重要制度和基本国策。毛泽东同志早在抗日战争时期就指出,各少数民族在共同抗日的前提下,有管理自己事务的权利,与汉族联合建立统一的国家。1941年在陕甘宁边区曾建立过蒙古族自治乡、回族自治区。根据1946年《陕甘宁边区宪法原则》关于“边区各少数民族,在居住集中地区,得划成民族区,组成民族自治政权”的规定,1947年我国成立了第一个民族自治政府,即内蒙古自治政府。中华人民共和国成立以后,在《中国人民政治协商会议共同纲领》和历次制定的宪法中,民族区域自治制度都作为主要内容予以规定。1984年六届全国人大二次会议又根据现行宪法的原则规定,在

总结经验的基础上,制定了《民族区域自治法》,使我国民族区域自治制度进入了一个新的发展阶段。按照宪法和法律规定,我国的民族自治地方分为自治区、自治州、自治县三级。民族乡虽然不是一级自治地方,但有助于照顾少数民族的特点。截至目前,我国已建立的民族自治地方,共有156个,其中包括5个自治区、30个自治州、121个自治县(旗)。中华人民共和国成立五十多年来的实践证明,民族区域自治制度是适合我国国情的正确解决我国民族问题的好制度,有利于保障各少数民族人民当家做主的权利,有利于维护祖国各族人民之间的团结,有利于促进我国社会主义现代化建设的发展,具有无比的优越性。

第一,民族区域自治制度体现了人民民主专政制度和民族平等原则、国家整体利益和各民族具体利益的高度结合,有利于国家的统一领导。我国的民族自治地方是单一制中华人民共和国不可分离的部分,实行的基本政治经济制度与全国其他行政区域是一致的。民族自治地方的自治机关是实行人民民主专政的工具,代表着国家的整体利益。同时,民族自治地方又是根据民族特点而设立的,要保证少数民族平等地实现管理国家和本民族内部事务的权利。民族自治地方的自治机关代表少数民族的具体利益行使自治权限。这样,自治地方和自治机关的设置,既有利于保证少数民族人民的自治权利,又有利于国家的统一领导;既有利于党和国家法律、政策的贯彻执行,又有利于各民族共同利益的实现。

第二,民族区域自治制度保证了聚居的少数民族能够充分享有自治权。在我国,少数民族虽然成分较多,但人口都很少。如果实行联邦制形式,就会由于人口过少和影响太小而使绝大多数少数民族不能够享有成立联邦成员单位、行使其自治权的权利。而在民族区域自治制度下,民族自治地方有大有小,可以充分照顾到少数民族的具体特点。即使是散居全国各地的少数民族人民,在汉族地区或非本民族自治区域,也受到法律的特别保护,其权益能够得以保障。

第三,民族区域自治制度把行政区域和经济文化发展区域有机结合起来,能够更好地因民族制宜、因地区制宜地发展经济文化事业。我国的民族自治区域是在各民族地区已经形成的经济文化联系的基础上设立的,能够根据这种固有经济文化发展的需要和该地区发展的特点实施更有效的行政管理,使当地的经济文化事业得以协调快速地发展。

第四,有利于民族团结和各民族间的互相合作。我国的各民族自治地方是以少数民族聚居区为基础而设立的,但不是民族成分的绝对单一化。在每一个自治地方,除了实行区域自治的少数民族以外,还有其他非自治的少数民族,更有大量的汉族群众。这种自然的居住状况和民族成分构成,有利于各民族的团结和互助合作。特别是在党和国家的统一协调下,汉族地区与各少数民族地区在经济文化各领域的互相交流和支援更使这一优越性得到很好的发挥和实现。

总之,我国的民族区域自治制度无论在理论上还是在实践上都具有巨大的优越性。中华人民共和国成立以来我国各民族自治地方在政治、经济和文化等方面发生的翻天覆地的变化,以及各民族之间经济文化发展差距的缩小,就是这一制度优越性得以发挥的结果。正如周恩来同志所说的那样,我国的民族区域自治制度是“民族自治”和“区域自治”的正确结合,是“经济因素”和“政治因素”的正确结合,既是各民族共同性和特殊性的统一,也是民族政策原则性和灵活性的统一,是我国人民的一个创造。

二、民族自治地方

民族自治地方就是依照宪法和法律的规定,在少数民族聚居地区建立的实行民族自治的法定行政区域。按照我国宪法的规定,我国的民族自治地方分为自治区、自治州和自治县(旗)三级。自治区相当于省级行政区划,目前我国共有 5 个自治区,即 1947 年设立的内蒙古自治区、1955 年设立的新疆维吾尔自治区、1958 年设立的广西壮族自治区和宁夏回族自治区、1965 年设立的西藏自治区。自治州从行政级别上讲,介于省和县之间,相当于汉族地区的“专区”,但二者性质不同。自治州是一级法定行政区划,设有自己的人民政府和权力机关,而“专区”只是省级人民政府设立的派出机关,没有本级权力机关和人民政府,不是一级法定行政区划,目前我国共有 30 个自治州。自治县,包括内蒙古自治区的“旗”,相当于县级,目前我国共有 121 个自治县。

民族乡不是一级民族自治地方。民族乡是我国在少数民族较多的民族散居区域设立的乡级政权,在性质上和行政级别上等同于一般的乡,但宪法和法律规定要照顾民族特色,这就是民族乡的乡长要由建立民族乡的少数民族的公民担任,民族乡的人民代表大会可以依照法律规定的权限采取适合民族特点的具体措施。之所以民族乡不是一级民族自治地方,首先是因为民族乡的设立基础不是少数民族聚居区域,而是散居区域中少数民族人口较多的地方;其次,民族乡的管辖区域较为狭小,没有必要拥有民族自治地方依法享有的自治权限。正因为上述两个原因,我国设立了民族乡作为普通乡级建置的一种,但又照顾到它们的特殊性,这是我国行政区划的特色所在。

从我国民族自治地方建立的实际情况来看,有三种基本类型:

第一,以单一的少数民族聚居区为基础建立的少数民族自治地方,如吉林省延边朝鲜族自治州、西藏自治区、四川省凉山彝族自治州等。

第二,以一个大的少数民族聚居区为基础,同时包括其他一些小的少数民族聚居区共同建立的民族自治地方,如新疆维吾尔自治区,它是以维吾尔族聚居区为主体,同时还包括回族、哈萨克族、锡伯族等较小的少数民族聚居区。维吾尔族作为整个自治区实行区域自治的少数民族,其他少数民族又建立了相应的自治州和自治县。

第三,以两个或两个以上范围大致相等的少数民族聚居区联合建立的民族自治地方,如贵州省关岭布依族苗族自治县、云南省红河哈尼族彝族自治县、青海省海西蒙古族藏族自治州等。

总之,在理解民族自治地方时,切不可简单地认为民族自治地方只包括实行区域自治的少数民族,因为其中不但可能有多个少数民族存在,而且各民族自治地方均有大量的汉族与少数民族在一起共同劳动与生活,建立民族自治地方只是为了保障少数民族的自治权利,而不意味着民族成分的单一性和排斥其他少数民族。

三、民族自治机关

民族自治机关,就是依法在民族自治地方(自治区、自治州和自治县)所设立的人民代表大会和人民政府,它们是代表本地区实行区域自治的少数民族行使民族自治权利、同时代表本地区所有人民群众利益管理地方事务的法定机关。从性质上讲,民族自治地方的人民代表大会是在本民族自治地方的区域内代表人民行使国家权力的机关,民族自治地方的人民政府是它的执行机关。民族自治机关在国家机构体系中的地位具有二重性:一方面,它们都是中央统一领导下的一级地方国家政权机关,是我国国家机构体系中的重要组成部分,它也行使宪法第三章第五节规定的地方国家政权机关的职权;另一方面,它是民族自治地方实行自治权的国家机关。也就是说,它还要依照宪法、民族区域自治法规定的权限行使自治权,并根据本地方的实际情况贯彻执行国家的法律和政策。这一点和普通的地方国家政权机关又不相同。特别值得注意的是,民族自治机关不包括民族自治地方的人民法院和人民检察院,因为在我们国家,社会主义法制和司法体系是统一的,宪法维护社会主义法制的统一和尊严,法律面前人人平等,不允许存在超越于宪法和法律之上的特权,如果将民族自治地方的司法机关也划入民族自治机关的范畴,那就意味着在司法上也存在民族自治问题,这与宪法原则是相违背的。民族自治机关是中央统一领导下的一级地方国家政权机关,是我国国家机构体系的组成部分,其产生方式和同级地方国家政权机关的产生相同。民族自治机关和一般地方国家政权机关都是我国人民民主专政的政权组织,它们都是按照民主集中制的原则产生并进行工作的,各自治地方的人民政府同样实行首长负责制的领导体制。

根据我国宪法和民族区域自治法的规定,民族自治机关的建设必须突出“民族”特点,这主要表现在:(1)民族自治地方的人民代表大会中,除实行民族区域自治的民族的代表外,其他居住在本行政区域内的民族也应当有适当名额的代表;(2)民族自治地方的人大常委会中应当有实行区域自治的民族的公民担任主任或副主任;(3)自治区主席、自治州州长、自治县县长由实行区域自治的民族的公民担任;(4)自治区、自治州、自治县的人民政府的其他组成人员,要尽量配备实行区域自治的民族和其他少数民族的人员。这些规定从组织上保证了民族自治机关的民族性,保证了民族自治机关能够在民族自治区域顺利地有效地开展工作,从而将党和国家的民族政策及法律规定贯彻实施,使少数民族的自治权利得以充分实现。根据现行宪法的规定,自治区、自治州、自治县的人民代表大会和人民政府的任期为5年。

四、民族自治机关的自治权

设立自治机关与行使自治权是民族区域自治的两个最重要的内容。所谓自治权,就是民族自治机关依照宪法和法律规定享有的管理本民族内部事务和决定本地区合理发展的自主权。根据宪法和民族区域自治法的规定,民族自治机关享有下列自治权:

第一,制定自治条例和单行条例。自治条例,是指以宪法和民族区域自治法以及其他法律为依据,对组织自治机关、如何行使本民族自治地方自治权作出较为全面的规定的规范性文件。单行条例则是侧重于解决本民族自治地方某一方面事务的规范性文件。自治条例和单行条例的制定机关是各民族自治地方的人民代表大会。自治区的自治条例和单行条例,报全国人大常委会批准后生效;自治州、自治县的自治条例和单行条例,报省或自治区的人大常委会批准后生效,并报全国人大常委会备案。

第二,变通执行或者停止执行上级国家机关的决定。上级国家机关的决议、决定、命令和指示,如有不适合民族自治地方实际情况的,自治机关可以报经该上级国家机关批准,变通执行或停止执行。

第三,管理地方财政的自主权。民族自治地方的自治机关依法享有管理地方财政的自治权,凡是依照国家财政体制属于民族自治地方的财政收入,都应当由民族自治地方的自治机关自主地安排使用。同时,各民族自治地方的自治机关在执行财政预算过程中,自行安排使用收入的超收和支出的结余资金。

第四,自主安排和管理本地方的经济建设事业。在坚持社会主义原则的前提下,在国家计划的宏观指导下,民族自治机关有权自主地安排和管理本地方的经济建设事业。根据本地的特点和需要,制定经济发展的方针、政策和计划;在坚持社会主义原则的前提下,根据法律规定和本地方经济发展的特点,合理调整生产关系,改革经济管理体制。

第五,组织本地方维持社会治安的公安部队。现行宪法规定:“民族自治地方的自治机关依照国家的军事制度和当地的实际需要,经国务院批准,可以组织本地方维持社会治安的公安部队。”

第六,使用和发展本民族的语言文字。民族自治地方的自治机关在执行职务的时候,依照本民族自治地方的自治条例的规定,使用当地通用的一种或者几种语言文字。

五、坚持民族平等,加强民族团结

民族平等、民族团结和各民族共同繁荣是解决我国民族问题和处理我国民族关系的根本指导思想和原则,是我国宪法的基本精神之一,体现着各少数民族人民在社会主义祖国大家庭中所处的主人翁地位和享有的完全平等的权利。

马克思列宁主义从来认为,各民族不分大小,先进后进,都应当完全平等。无产阶级反对一切压迫,包括民族压迫。民族压迫与阶级压迫是密切相联系的,它根源于剥削制度,是阶级压迫的一种表现形式。消灭民族压迫,实现民族平等,必须消灭剥削制度和剥削阶级;而要根除阶级压迫,达到全人类的解放与平等,也必须将民族平等作为其主要内容。从这个意义上讲,主张民族平等是无产阶级的本质和它的历史使命所决定的。

中国共产党在领导我国革命的过程中,一贯坚持民族平等,并把它作为解决民族问题的一项重要原则。在新民主主义革命过程中,坚持不懈地宣传、贯彻民族平等和民族团结政策,动员汉族人民和少数民族人民投入争取民族解放的斗争。在党的民族平等和民族政策的号召下,广大少数民族人民团结一致,积极投入新民主主义革命的洪流,促进了少数民族地区和全国革命斗争的发展,对中国人民解放事业作出了重要贡献。中华人民共和国的成立,开始了我国民族平等和民族团结的新纪元。我国政府制定了关于保障民族平等、加强民族团结的政策、法律、法令,并采取了许多措施。中华人民共和国成立初期,起临时宪法作用的《共同纲领》就明确规定,中华人民共和国境内各民族一律平等,禁止民族间的歧视、压迫和分裂民族团结的行为。1951 年颁布了《中央人民政府政务院关于处理带有歧视和侮辱少数民族性质的称谓、地名、碑碣、匾联的指示》。1952 年又颁布了《中华人民共和国民族区域自治实施纲要》和中央人民政府政务院《关于保障一切散居的少数民族成分享有民族平等权利的决定》。在以后颁布的几部宪法中,也都明确规定保障各民族平等的权利。

经过民主改革和社会主义革命,我国已经消灭了剥削制度和剥削阶级,铲除了民族压迫的根源,实现了民族平等,加强了民族团结。现在五十多个少数民族都有代表参加全国人民代表大会,行使管理国家的权利,各少数民族聚居的地方都建立了民族区域自治,实现了人民当家做主的权利。在我国各民族地区都已经实行了社会主义改造以后,各民族之间的关系都是劳动人民之间的关系。我国各兄弟民族已经确立了平等、团结、互助的新型社会主义民族关系,这是我国建设现代化强国的重要保证。

我国宪法明确规定:“中华人民共和国各民族一律平等。国家保障各少数民族的合法权利和利益,维护和发展各民族的平等团结互助和谐关系。”宪法“禁止对任何民族的歧视和压迫”,以保证民族平等原则的实现。只有根除了民族压迫,才有真正的民族平等;也只有实现了民族平等,才能实现民族团结和互助。国家的统一和民族的团结,是我国各族人民的根本利益所在。我们国家已经形成的社会主义民族关系是来之不易的。我国各民族无论是汉族和少数民族之间,还是少数民族与少数民族之间,都是相互依存、相互促进的。维护和发展社会主义民族关系,乃是全国各族人民尤其是各民族干部的神圣职责。中华人民共和国成立以来我们在这方面的经验和教训归纳为一点,就是要在各族人民,特别是在干部中进行民族平等和民族团结的教育,注意防止和克服大民族主义(主要是大汉族主义),同时也要注意防止和克服地方民族主义。宪法序言指出:“在维护民族团结的斗争中,要反对大民族主义,主要是大汉族主义,也要反对地方民族主义。”任何一种民族主义都会损害民族团结。反对大民族主义,主要是反对大汉族主义,这是由汉族占全国人口的绝大多数,在全国政治、经济发展中有最大影响这一现实情况所决定的。反对地方民族主义,和反对大民族主义一样,对于保证国内各民族的团结也是必需的。如同大民族主义一样,地方民族主义也是思想认识范围的问题,除了勾结外国势力进行叛乱和分裂活动的以外,都属于人民内部矛盾。反对大民族主义和地方民族主义应当正确地进行,主要靠思想教育和各项必要的政治、经济和文化措施。

在我国,民族问题是关系到祖国统一、边防巩固、安定团结和四化建设的重要战略问题,而民族平等、民族团结又是处理我国民族关系的重要原则,既关系到少数民族的切身利益,也关系到全国各族人民的根本利益。必须对全国各族人民普遍地进行民族平等、民族团结和各民族共同繁荣的宣传教育,使我国民族关系不断改善,民族团结进一步加强。

六、民族区域自治制度的完善

(一)发展民族地区经济,推进各民族实质平等和共同繁荣

民族平等,民族团结和各民族共同繁荣,是我国宪法和民族区域自治法确认的

正确处理民族关系的基本准则。落实这一宪法原则,真正实现民族平等和各民族共同繁荣,关键是要发展民族地区经济。通过发展民族经济,一方面,可以真正提高少数民族人民的物质生活和文化生活水平,加快少数民族地区经济、文化和社会设施的建设,缩小少数民族与汉族之间、各少数民族相互之间经济文化发展方面的实际差距,逐步具备各民族的平等发展和共同繁荣的物质条件;另一方面,也可以提高少数民族的自主管理能力和自我发展的意识,逐步构建实施民族自治和民族平等的现实精神条件,使宪法和民族区域自治法赋予少数民族的平等权、自治权和发展权得以最终实现。所以,发展民族经济是处理好民族关系的物质基础和根本保障。

首先,落实少数民族地区的财政自治权和财政援助权,为民族地区经济发展构造基础,逐步缩小东西部之间经济发展的差距。按照宪法和民族区域自治法的规定,“民族自治地方的自治机关有管理地方财政的自治权。凡是依照国家财政体制属于民族自治地方的财政收入,都应由民族自治地方的自治机关自主地安排使用。民族自治地方的财政收入和财政支出的项目,由国务院按照优待民族自治地方的原则规定”。财政自治包括:财政自治的立法权、财政收支的自主安排权、税收管理自治权和财政援助权。财政自治权在民族自治地方发展中占有十分重要的地位,制约着经济、文化、政治、社会等各项事业的发展。事实上,中华人民共和国成立五十多年来,财政自治权和中央政府的投资对少数民族地区的经济和社会发展发挥了巨大作用。

然而近年来,民族自治地方财政自治权的实施出现了一些现实问题:其一,财政自治权不易落实,财政优惠大量削减,加上国家对东部地区新出台的优惠政策对民族地区原享优惠的冲击,实际上民族地区的财政自治和财政照顾政策已经没有明显优势。其二,财政援助权不能落实,中央补贴和补助不够持续规范,往往带有一定的随意性,影响了民族地方的经济自治和经济发展。改变这种状况,一是要落实《民族区域自治法》修改中增加的关于鼓励信贷投入、民族贸易优惠、外贸、金融、物资、技术等方面的优惠规定;二是加大中央政府对民族地区的投资力度和援助扶持政策,同时改变财政援助的投资方式,由无条件向有条件、生活救济型向生产力培植型转变,以促进民族地区经济的自生自立能力;三是促进东西部优势互补、互助,加强对口支援和中央组织协调,提高支援中的技术含量和合作因素,逐步缩小东西部的经济发展差距,真正实现各民族共同繁荣。

其次,处理好少数民族地区自然资源开发和利用中存在的问题,落实宪法和民族自治法规定的少数民族地区在资源开发与利用及环境保护方面的自治权利。按照宪法和民族区域自治法的规定,民族自治地方的自治机关根据法律规定和国家的统一规划,对可以由本地方开发的自然资源优先合理开发利用;国家在民族自治地方开发资源进行建设时,应当照顾民族自治地区的利益,作出有利于民族地方政治经济发展的安排,照顾当地少数民族的生产与生活。现阶段存在的实践问题,一是民族自治地方可以自主开发的自然资源范围有限和报批程序复杂,以及资金、开发能力等方面的局限,使这一权利的行使困难重重;二是民族自治地方在开发资源中收益较低,开发中当地居民的损失得不到适当补偿和资源开发利用后的当地利润留成过低;三是资源开发中对当地自然环境造成的危害及其治理问题日益突出。为此,我们在少数民族地区自然资源开发和利用时,应该有一个综合考虑和全面计划,按照宪法和民族区域自治法的规定,既要充分照顾地方利益,又要考虑到自然资源开发的有计划和合理性,以及当地自然环境的保护,使这一条法定的促进民族地区经济发展的政策得以有效地合理地科学地实施,为民族地区的繁荣发展和真正自治服务。

(二)提高民主治理水平,落实少数民族自治权和参政权

民族治理的实质是民主治理,只有从根本上尊重和保护少数民族的地方自治权和平等参与国家管理的权利,才能构建起平等、团结、互助的民族关系,达到国家和社会的长治久安。在现阶段,提高民主治理水平,落实少数民族的法定自治权和参政权,要致力于做好以下几个方面的工作:

第一,加强国家政治体制改革,理顺国家治理中执政党和国家机关、中央国家机关与地方国家机关的关系,提高执法的民主化、法治化和程序化水平,为少数民族的民主参政和少数民族地区的民主化治理创造一个良好的民主化大环境。我国的民族区域自治是单一制下的地方自治,民族自治机关是国家整体统治体系的一部分,因而,国家机关活动和整个国家政治治理的民主化直接影响到民族地方治理的效果。只有国家治理的民主化水平不断提高,才能为少数民族地方的民主化治理提供基础法则和整体要求,才能从体制上为少数民族的平等参政和自治权实现提供较为广阔的容纳空间和实现条件。

第二,正确引导民族意识,使其成为少数民族自治建设健康发展的动力和基础。随着我国经济建设的长足发展和人民物质文化生活水平的提高,民主化已经成为国家政治生活和社会生活中的广泛要求,民族地区少数民族的民族自立意识不断增强,这是我国政治发展的积极结果。对于少数民族的民族意识,要有一个正确的分析和评价。从整体上来讲,少数民族民族意识的增强是少数民族自立能力和自主发展需要增长的一种表现,有利于少数民族地方的自治和积极参政,对民族地方的民主化治理是一种难得的推进力量。因此,我们不能将民族意识等同于狭隘地方民族主义,而应该通过正确组织和引导,使其遵循宪法和民族区域自治法规

定的民主民族参政渠道发挥作用;同时,通过民主与法制教育提高少数民族的政治参与水平和民族平等、民族团结意识,使少数民族群众搞清正确的民族意识与极端民族主义的本质区别,从而增强他们积极行使法定自治权、反对民族分裂主义的自觉性和主动性,为地方民主治理服务。

第三,完善民族参政机制,加强民主执法监督,为少数民族参政和自治提供体制内合法渠道和法律保障。民族自治权和平等参与国家管理,是我国宪法和民族区域自治法赋予少数民族群众的神圣权利。然而,这一法定权利的实现必须通过具体的参政机制和参政途径来保障实施。我们应该通过立法和政府管理实践,逐步将民族自治机关组织和活动过程法制化、民主化、公开化、程序化、大众化,使少数民族人民能够通过合法的途径抒发参政热情,展示参政能力,取得法定自治权和参政权实现的效果。这样,不但能满足少数民族群众参与国家和地方建设的可贵愿望,同时也能够提高民族治理水平,为民族地区的政治、经济和社会发展创造有利条件。

(三)培养少数民族干部,为民族区域自治实施提供人力资源保障

培养少数民族干部是我国民族区域自治制度的重要内容,也是民族区域自治实施的关键。在我国宪法和民族区域自治法中,关于民族干部配备是有严格的立法要求的,民族自治地方的人大代表选举中少数民族代表的选举比例和少数民族选民选举权实现享有优惠,民族自治地方的人大常委会中应当有实行区域自治的民族的公民担任主任或副主任,民族自治地方人民政府的首长必须由实行区域自治的民族的公民担任,民族自治地方自治机关的工作人员要尽量配备少数民族干部。这些规定在我国多年来民族区域自治实践过程中得到了较好的贯彻,少数民族干部人数稳步增加,素质和工作能力不断提高,队伍状大和质量提高是我国民族区域自治取得成就的基础。“目前,55 个少数民族都有本民族的全国人大代表和全国政协委员;人口超过 100 万的少数民族都有本民族的全国人大常委会委员。一些优秀的少数民族干部还被选拔到中央和国家机关担任领导职务,新一届中央委员会组成人员中有少数民族干部 39 名。2013 年后,新一届国家机构和全国政协领导人员中,少数民族成员 7 名。全国人大常委会委员中,少数民族成员 26 名。全国政协常委中,少数民族成员 38 名,人口 100 万以上的 18 个少数民族都有代表。其中,13 名十二届全国人大常委会副委员长中有西藏、新疆两个少数民族自治区人大常委会主任当选在列;十二届全国政协新当选的 23 位副主席中,少数民族人士 4 名;在国务院组成人员中有分别来自蒙古族和回族的两位少数民族成员。”[1]

---

〔1〕 王允斌:《民族区域自治制度运行的实效、困境与创新》,载《中央民族大学学报》2014 年第 3 期。

加强少数民族干部队伍建设，一是要加大少数民族地区的教育投资和建设力度，使我国少数民族干部的选拔和培养具有社会资源基础；二是要加强对少数民族干部的在职培训，提高其整体文化素质和专业技术及管理水平，改变其知识结构；三是要落实干部的年轻化、专业化、知识化要求，大胆提拔和重用少数民族干部，提高领导干部中少数民族干部的比例。通过这些具体途径和措施，使我国的少数民族干部队伍有一个量的扩大和质的提高，为我国民族区域自治的持续发展和实施提供人力资源保障。

（四）加快民族法制建设，使民族区域自治有章可循

依法治国是我国宪法确认的基本国策，也是我国国家治理和民族治理的根本要求。在我国，经过多年来的努力建设，民族法制体系的基本框架已经形成，包括宪法和民族区域自治法，全国人大及其常委会制定的含有民族问题的法律或有关法律问题的决定，国务院制定的民族乡行政工作条例和城市民族工作条例，13个省制定的民族区域自治法实施规章和地方性法规，包括139个自治条例、685个单行条例、75个变通规定和补充规定（截至2011年年底），[2]以及关于散居少数民族权益保障的法律性文件，等等。应当说，我国民族法制体系的建设能够基本满足我国民族治理的实际需要。

但是，立法要为社会实践服务，要与时俱进。从今日我国社会主义民主建设和民族自治的实践需要来看，现阶段的民族法制建设还亟待加强。其一，尽快完善民族区域自治的组织性法规，理顺民族治理中的基本权限和关系，为民族自治机关的组织和民族自治权的行使提供规范和依据。比如，我国五大民族自治区的自治条例的制定出台问题一直悬而未决，这涉及国家整个管理权限的界限划分和民族自治地方自治机关和自治权行使的深层问题。其二，民族区域自治的监督立法尚未制定，使民族区域自治的实施过程缺少全面有效的监督和制约。其三，一些涉及民族地方建设的重要法规急需制定，如散居少数民族权益保障法、少数民族教育法等。其四，民族区域自治实施的执法监督体制尚未完全形成系统，使民族执法过程处于无序和无力状态。只有完善了上述立法和执法监督体系，才能使我国的民族区域自治的法治化水平进一步提高，民族区域自治制度的固有优越性才能在实践中充分展现。

---

[2]　王允斌：《民族区域自治制度运行的实效、困境与创新》，载《中央民族大学学报》2014年第3期。

第九章　特别行政区制度

第一节　我国的中央与地方关系概述[1]

一、中央与地方权限划分的宪法原则

我国是单一制的国家结构形式,中央和地方是领导与被领导的关系,这是毋庸置疑的。然而,科学的国家管理必须有一个法定的切合国家管理实际需要的权力分配及其界限,以落实和体现这种法定的领导与被领导关系,否则国家管理便无法有序有效地进行。

从我国宪法立法来看,1949 年中华人民共和国成立后,我国中央与地方权限划分的发展经历了三个历史阶段:(1)《共同纲领》时期。1949 年的《共同纲领》规定:"中央人民政府与地方人民政府间职权的划分,应按照各项事务的性质,由中央人民政府委员会以法令加以规定,使之既利于国家统一,又利于因地制宜";中央政府应"规定中央和地方在经济建设上分工合作的范围";"关于财政:建立国家预算决算制度,划分中央和地方的财政范围"。(2)"五四宪法"时期。1954 年宪法确立了我国中央高度集权的体制。值得注意的是,在这种体制下,1954 年宪法取消了《共同纲领》中关于中央与地方职权划分的法律规定。(3)现行宪法时期。1982 年宪法确立了中央与地方权限划分的基本内容:其一,以单一制为基础,以民族自治区和特别行政区为补充:1982 年宪法规定,我国是"统一的多民族国家","各少数民族聚居的地方实行区域自治","国家在必要时得设立特别行政区"。其二,民主集中制:1982 年宪法规定:"国家机构实行民主集中制的原则"。其重要内容之一是"中央与地方的国家机构职权的划分,遵循在中央的统一领导下,充分发挥地方的主动性、积极性的原则"。1982 年宪法原则列举了全国人大及其常委会、

---

〔1〕 本部分参阅了任进教授的相关研究成果:《我国中央与地方关系及其科学化法治化》(载《中国法学》2002 年 12 月特刊)、《中央与地方权限划分——国际比较与借鉴》(载 http://blog. people. com. cn/blog/log/showlog. jspe? site_id = 7794&log_id = 1151926799793156)。

国务院等中央国家机构的职权。同时,《地方组织法》、《民族区域自治法》和两个《特别行政区基本法》还分别列举了一般地方国家机构、民族自治地方的自治机关以及特别行政区的具体职权。

根据现行宪法第 3 条第 4 款的规定,中央和地方的国家机构职权的划分,遵循在中央的统一领导下,充分发挥地方的主动性、积极性的原则。具体来说,就是既要坚持中央的宏观管理与调控、确保中央政令统一,又要增强地方活力,在科学规划的基础上合理划分中央与地方的权力范围。一般而言,凡是关系到全国整体利益的重大事务,要集中到中央统一立法和管理,仅涉及地方的事务,由地方在不抵触法律、行政法规的前提下制定地方性法规和规章并自主地管理;凡实施范围关系到全国的事务,由中央立法、决策和管理。具体而言,外交、国防和国家安全等关系国家主权、领土完整和政治安定的事项,各级人大、政府、法院和检察院的产生、组织和职权,民族区域自治制度、特别行政区制度、基层群众自治制度,犯罪和刑罚,对公民政治权利的剥夺、限制人身自由的强制措施和处罚,对非国有财产的征收,民事基本制度,基本经济制度以及财政、税收、海关、金融和外贸的基本制度,诉讼和仲裁制度等事项,由中央统一立法。外交、国防等涉及国家主权的部门,金融、海关等关系国民经济命脉的部门,以及全国性的重要基础设施的建设,由中央政府直接管理,同时可依据需要设立派驻(分支)机关实行管理;计划、财政、公安、司法行政、经贸、教科文卫体等,则由中央政府与地方政府共同负责、分级管理;税收等宏观调控权,采取中央政府与地方政府划分权限和重叠行使相结合的办法;审计、监察、统计、国家安全等部门则实行中央与地方双重领导,业务上以中央有关部门领导为主的体制。

我国中央与地方职权的划分,从范围上看,主要涉及以下两个领域。

(一)立法领域的分权

根据宪法的规定,全国人大有权修改宪法,制定和修改基本法律(第 62 条);全国人大常委会有权解释宪法,监督宪法的实施,有权制定和修改除应由全国人大制定的法律以外的其他法律,并在全国人大闭会期间对全国人大制定的法律进行部分补充和修改,但是不得同该法律的基本原则相抵触(第 67 条)。国务院根据宪法和法律,规定行政措施,制定行政法规(第 89 条)。同时,适当划分立法权给地方。依照地方组织法和立法法的规定,省级(和较大的市)的人大及其常委会根据本行政区域的具体情况和实际需要,在不同宪法、法律、行政法规(和地方性法规)相抵触的前提下,可以制定地方性法规(《立法法》第 63、64 条)。

民族自治地方的自治机关有权依照当地民族的政治、经济和文化和特点,制定自治条例和单行条例,报请批准后施行(《宪法》第 116 条、《立法法》第 66 条)。

根据特别行政区基本法的规定,香港、澳门特别行政区享有立法权。特别行政区立法机关通过的法案经行政长官签署、公布即生效,这些法律虽然须报全国人大常委会备案,但备案不影响法律的生效。全国人大常委会如认为特别行政区立法机关制定的任何法律不符合基本法关于中央管理的事务及中央和特别行政区关系的条款时,可将有关法律发回,但不作修改。经全国人大常委会发回的法律立即失效(《香港特别行政区基本法》第17条、《澳门特别行政区基本法》第17条)。

(二)行政领域的分权

我国宪法第85、89条规定,国务院是最高国家行政机关,并由国务院统一领导全国各级国家行政机关的工作,规定中央和省、自治区、直辖市的国家行政机关的职权的具体划分。第107条规定,县级以上地方各级人民政府依照法律规定的权限,管理本行政区域内的经济、教育、科学、文化、卫生、体育事业、城乡建设事业和财政、民政、公安、民族事务、司法行政、监察、计划生育等行政工作,发布决定和命令,任免、培训、考核和奖惩行政工作人员。

按事务性质划分

1949~1954年:1949年的《共同纲领》规定:"中央人民政府与地方人民政府间职权的划分,应按照各项事务的性质,由中央人民政府委员会以法令加以规定,使之既利于国家统一,又利于因地制宜";中央政府应"规定中央和地方在经济建设上分工合作的范围";"关于财政:建立国家预算决算制度,划分中央和地方的财政范围"。

↓

未　区　分

1954~1978年:1954年宪法取消了《共同纲领》中关于中央与地方职权划分的法律规定。

↓

按职权范围划分

1978年12月十一届三中全会以后至今:民主集中制。其重要内容之一是"中央与地方的国家机构职权的划分,遵循在中央的统一领导下,充分发挥地方的主动性、积极性的原则"。1982年宪法原则列举了全国人大及其常委会、国务院等中央国家机构的职权。同时,《地方组织法》、《民族区域自治法》和两个《特别行政区基本法》,还分别列举了一般地方国家机构、民族自治地方的自治机关以及特别行政区的具体规定。

图9-1　中央与地方职权划分历史沿革

二、中央的统一领导权和监督权

(一)中央通过立法途径领导和监督地方

中央对地方的领导与监督,首先是通过立法方式进行,一方面是以法律形式确认中央的权威地位和领导权力,同时也规范地方的地位和权限;另一方面则是通过立法使这种领导地位和权力具体化和规范化,以便作为对地方进行领导和监督的法律依据。其具体内容主要有:

一是明确规定中央在立法方面的最高地位和权力。我国宪法规定全国人大行使"修改宪法""批准省、自治区和直辖市的建置""决定特别行政区的设立及其制度""监督宪法的实施""改变或撤销全国人大常委会不适当的法律和决定"(包括分权的决定和法律)等职权,规定全国人大常委会行使"解释宪法和法律""监督宪法的实施""撤销国务院制定的同宪法、法律相抵触的行政法规、决定和命令"(包括有关中央和省级地方行政机关职权具体划分的行政法规、决定和命令)等职权。此外,还分别制定了地方组织法、民族区域自治法和特别行政区基本法,对各类地方制度做了具体规定,从而为包括对分权立法、决定或中央和省级地方行政机关职权的具体划分的行政法规、决定和命令在内的控制提供了宪法和法律依据。

二是对地方立法进行监督。主要内容有:其一,全国人大有权撤销全国人大常委会批准的违背宪法和立法法规定的自治条例和单行条例;全国人大常委会有权撤销省级国家权力机关制定的同宪法、法律和行政法规相抵触的地方性法规和决议,有权撤销省级国家权力机关批准的违背宪法和立法法规定的自治条例和单行条例(《立法法》第88条);省级人大及其常委会制定的地方性法规,须报全国人大常委会和国务院备案;较大的市的人大及其常委会制定的地方性法规,在报省级人大常委会批准实施后,并须报全国人大常委会和国务院备案(《立法法》第89条)。其二,全国人大常委会有权根据有关国家机关或社会团体、企业事业组织以及公民的要求或建议,对被认为违宪或违法的地方性法规、自治条例和单行条例进行审查(《立法法》第90条)。其三,自治区人大制定的自治条例和单行条例,须报全国人大常委会批准后生效;自治州、自治县人大制定的自治条例和单行条例,在报省级人大常委会批准生效后,并须报全国人大常委会和国务院备案(《立法法》第89条)。其四,特别行政区立法机关制定的法律须报全国人大常委会备案,备案不影响该法律的生效;全国人大常委会在征询其所属的特别行政区基本法委员会的意见后,如认为特别行政区立法机关制定的任何法律不符合基本法关于中央管理的事务及中央和特别行政区的关系的条款,可将有关法律发回,但不作修改。经全国人大常委会发回的法律立即失效。

(二)中央通过行政领导和监督地方

1. 中央通过上下级政府部门之间的领导关系领导和监督地方

地方各级政府是地方国家权力机关的执行机关,同时也是上级国家行政机关的下级行政机关,并受国务院的统一领导;中央和地方各级政府主管部门之间,也存在领导关系或指导关系。主要有:(1)国务院统一领导全国地方各级国家行政机关的工作,规定中央和省、自治区、直辖市的国家行政机关的职权的具体划分;有权根据宪法和法律,规定行政措施,制定行政法规,发布决定和命令;根据全国人大及其常委会的授权决定,国务院还有权根据实际需要制定暂行条例和暂行规定;有权改变或者撤销地方各级国家行政机关的不适当的决定、命令;有权批准省、自治区、直辖市的区域划分,批准自治州、县、自治县、市的建置和区域划分。(2)各组成部门和直属机构,根据法律和国务院的行政法规、决定、命令,在本部门权限内,制定规章。(3)省级和较大的市政府制定的地方政府规章或自治州、自治县的自治条例、单行条例,在报全国人大常委会备案的同时,须报国务院备案。(4)地方各级政府执行上级国家行政机关的决定和命令,办理上级国家行政机关交办的事项。(5)省、自治区、直辖市政府的厅、局、委员会等工作部门的设立、增加、减少或合并,由本级政府报请国务院批准;省、自治区政府在必要时可以设立若干派出机构,但须经国务院批准。(6)民族自治地方的自治机关依照国家的军事制度和实际需要,组织本地方维护社会治安的公安部队,依照国家规定开辟对外贸易口岸,与外国接壤的民族自治地方开展边境贸易,须经国务院批准;自治区对地方的各项开支标准、定员、定额,根据国家规定的原则并结合本地方的实际情况制定的补充规定和具体办法,须报国务院备案。(7)中央政府依法任命特别行政区行政长官和行政机关主要官员;特别行政区根据需要在外国设立官方或半官方的经贸机构,须报中央政府备案;等等。

2. 中央通过财政监控领导和监督地方

按照中央与地方政府的事权划分,合理确定各级财政的支出范围:中央财政主要承担国家安全、外交和中央国家机关运转所需经费,调整国民经济结构,协调地区发展,实施宏观调控所必需的支出,以及中央直接管理的事业发展支出;地方财政主要承担本地区政权机关运转所需支出以及本地区经济、事业发展所需的支出。根据事权与财权相结合的原则,将税种分为中央税、地方税和中央地方共享税,将维护国家权益和实施宏观调控所必需的税种列入中央税;将同经济发展直接相关的主要税种列为中央与地方共享税;将适合地方征管的税种划为地方税,充实地方税税种,增加地方税收入;建立中央税收与地方税收体系,分设中央与地方两套机构分别征管;合理确定中央财政收入和地方财政收入的比例,实行中央财政对地方的返还和转移支付制度。

根据税收征收管理法和有关规定,中央税种由国家税务总局及其在各地的国家税务局征收,地方税种由地方税机构征收,中央和地方共享税由中央、地方税务机构共同征收。中央税、共享税及地方税的立法权集中在中央,各地区、各部门不得越权擅自制定、解释税收政策,也不得越权批准减免税收、缓缴税和豁免欠税;除屠宰税、筵席税和牧业税由省级政府决定是否征收外,其他税种的管理权全部集中在中央,地方政府不得在税法明确授予的管理权限之外,擅自更改、调整、变通国家税法和税收政策。

根据预算法,国家实行一级政府一级预算,设立中央、省级、地级市级、市级和乡级五级预算。全国人大常委会监督中央预算与地方预算的执行,有权撤销省、自治区、直辖市人大及其常委会制定的同宪法、法律和行政法规相抵触的关于预算、决算的地方性法规和决议;国务院监督省级政府的预算执行,有权改变或撤销地方政府制定的关于预算、决算的不适当的决定、命令。为了保证财政监控的实施,国务院设立审计机关,对国务院各部门和地方各级政府的财政收支等进行审计监督。

3. 中央通过机构编制领导和监督地方

在中共中央和国务院机构中,设立了若干有关地方机构设置、协调与监督的部门,如中共中央机构编制委员会办公室和民政部等。

中共中央机构编制委员会办公室是中共中央机构编制委员会的常设办事机构,在中共中央机构编制委员会领导下负责全国行政管理体制和机构改革以及编制的日常管理工作,既是党中央的机构,又是国务院的机构。其主要职责中,与地方政府有关的有:“研究拟定全国机构编制政策;对全国行政编制提出总量控制意见;管理省级党政机关副厅(局)级以上的机构设置”等。[2]

民政部作为国务院组成部门,其主要职责中涉及地方政府的有:“研究提出加强和改进基层政权建设的意见和建议;推动基层民主建设;拟定行政区划总体规划;负责县以上行政区域的设立、撤销、调整、更名和界线变更及政府驻地迁移的审核报批”等。民政部并设基层政权和社区建设司、区划地名司,具体管理有关事宜。[3] 国务院并设国家民委、国务院港澳办、中央驻特别行政区联络办等,各自分别处理与民族自治地方、特别行政区有关的事务。

---

〔2〕 2002年9月中共中央办公厅、国务院办公厅《关于进一步加强机构编制管理工作的通知》。

〔3〕《中央政府组织机构》,新华出版社1998年版,第64~70页。

三、地方的法定自主权和自治权

(一)普通地方行政区域的法定自主权

普通地方行政区域是根据宪法和《地方各级人民代表大会和地方各级人民政府组织法》(以下简称《组织法》)规定组成国家机关,开展地方管理活动,执行国家法律和上级政府决定(限地方政府)的地方区域。根据宪法及有关法律规定,我国地方行政区域分省(直辖市)、县(区)、乡(镇)三级。地方行政区域在民主集中制下依法各自享有不同程度的自主管理权力和自治权。

县级以上普通地方行政区域的法定自主管理权,主要包括:(1)由该区域选民选举产生地方人民代表大会行使国家权力(《组织法》第6条);(2)选举产生本行政区域行政负责人的权力(《组织法》第8条);(3)自主管理所属部门及以下政府机关,任免、培训、奖惩、考核国家行政机关工作人员的权力(《组织法》第59条);(4)制定地方性法规和地方政府规章的权力(《组织法》第7、60条);(5)审查和批准本行政区域发展规划、预算及执行情况(《组织法》第8条)。

乡一级行政区域的法定自主管理权包括:(1)选举产生本级人民代表大会及行政负责人的权力(《组织法》第9条);(2)决定本行政区域经济、社会、文化发展规划(《组织法》第9条);(3)审查批准本行政区域财政预算及预算执行情况(《组织法》第9条)。

(二)民族自治地方的法定自治权

宪法总纲第4条规定:“各少数民族聚居的地方实行区域自治,设立自治机关,行使自治权。各民族自治地方都是中华人民共和国不可分离的部分。”根据宪法和《民族区域自治法》第三章的规定,民族自治地方的自治机关,除了可以行使和它同级的一般国家机关的职权外,还可以行使自治权。自治权是民族自治地方的自治机关依法享有的管理民族自治地方事务的各项权力的总和,是实行民族区域自治的核心。我国宪法和法律规定的民族自治地方主要自治权有:制定自治条例和单行条例权(宪法第116条、《民族区域自治法》第19条);对上级决议命令的变通执行或停止执行权(《民族区域自治法》第20条);经济自主权(宪法第118条、《民族区域自治法》第25~30条);财政权(宪法第117条、《民族区域自治法》第32条);组织本地方维持社会治安的公安部队(宪法第120条、《民族区域自治法》第24条);使用和发展本民族的语言文字权(《民族区域自治法》第21条),等等。此外,民族区域自治法还对民族自治地区的其他一系列自治权做了详细规定。

(三)特别行政区的法定自治权

根据我国宪法和特别行政区基本法的规定,特别行政区主要享有下列法定自治权:(1)政治自治权。包括行政管理权、立法权、司法权和终审权、选举或协商产生行政长官的权利、选举产生立法机关的权利、使用区旗和区徽的权利。(2)经济自治权。包括保持资本主义经济制度和生活方式不变的权利、居民享有自愿生育的权利、财政税收自主权、货币金融外汇管制和资本流动等方面的自主权。此外,澳门特别行政区还享有根据本地整体利益制定旅游、娱乐业政策的权利。(3)文化和社会自治权。主要有语言、文字方面的权利(英语和葡萄牙语在香港和澳门地区分别作为官方语言使用)、参与与特区有关的适当领域的国际会议或国际组织并以独立的名义发表意见的权利、独立制定宗教政策和有关外国团体以单独名义保持和发展宗教关系的权利,等等。

第二节 我国的特别行政区制度

我国现行宪法第 31 条规定:“国家在必要时得设立特别行政区。在特别行政区内实行的制度按照具体情况由全国人民代表大会以法律规定。”宪法第 62 条又规定,全国人民代表大会有权“决定特别行政区的设立及其制度”。这些规定为在我国设立特别行政区提供了宪法依据和具体程序,为我国单一制国家结构形式增加了新的内容,对于实现祖国统一,解决国际争端,具有重大的现实意义和深远的历史意义。

一、特别行政区的含义

“一国两制”是“一个国家,两种制度”的简称。它是指在一个主权统一的国家内,在中央统一领导下,经过最高权力机关决定,在部分地区由于历史原因实行不同于其他地区的社会经济、政治制度,两种制度长期并存、和平共处。这一理论构想是中国共产党在现实历史条件下为解决香港、澳门和台湾问题,完成祖国统一大业而提出的一种具体途径。“一国”即中华人民共和国,“两制”即社会主义制度和资本主义制度。“一国”是前提,“两制”是基础。“一国两制”即在中华人民共和国的主权范围内,在大陆实行社会主义制度,在香港、澳门和台湾地区实行资本主义制度。

作为一种理论构想,“一国两制”对于解决地区性国际争端同样具有重要的指导意义。但作为中国境内实行的具体制度,则有其基本特征。首先,中国式的“一国两制”是在单一制的国家结构形式下实行的,这就决定了实行不同制度的地区都是统一国家不可分离的部分,都受中央政府的统一领导,没有脱离中央而独立的权力。其次,中国式的“一国两制”的主体是社会主义。两种制度不是平起平坐,而是主次分明的。在整个祖国大陆实行社会主义制度,只在香港、澳门和台湾地区这一很小的范围内实行资本主义制度。最后,实行“一国两制”有宪法、法律和政策的保障。不仅宪法上已经将“一国两制”的构想通过特别行政区的规定具体化,而且在香港特别行政区和澳门特别行政区都有各自的“基本法”对此实施予以保障,我国政府也多次申明,“一国两制”的政策至少50年不变。这些都为“一国两制”的实现提供了现实的可能性。

“一国两制”构想是以邓小平同志为首的中国共产党人在新的国际国内形势下对马克思主义基本理论的丰富和发展,它根源于中国的历史与现实的需要,是为解决长期存在的国家统一问题而进行的历史性尝试,也是国际国内多种因素共同作用的结果。

中华民族建立起统一的祖国大家庭,已经有几千年的历史。由于种种历史原因,台湾、香港和澳门地区与大陆分离,这违背了整个中华民族的利益和愿望。如何尽快结束分裂状态,达成祖国的统一,是海峡两岸暨香港、澳门人民共同关心的问题,也是国际社会十分关注的敏感政治问题。中华人民共和国成立后,我国政府一直严正声明对台湾、香港及澳门地区拥有主权,并将承认台湾是我国不可分割的组成部分作为与外国发展政治关系的先决条件。到了20世纪70年代的后期,特别是党的十一届三中全会以后,随着国际政治形势的变化,我们党和国家的总政策发生了重大变化,把国内工作的重点逐步转移到经济建设上,在国际关系上也采取比较务实的态度。1979年元旦,全国人民代表大会常务委员会发表了《告台湾同胞书》,申明了我国政府和平解决台湾问题的愿望和立场,我们不排除用非和平方式予以解决,但在可能的条件下尽量争取以和平方式解决,两岸关系进入了一个新的发展时期。

与此同时,美国对华政策的变化、国际政治形势和平发展,以及台湾当局反对“台湾独立”、坚持“一个中国”的立场,为我们以和平方式解决祖国统一问题准备了良好的国际环境和外部条件。美国是第二次世界大战后“冷战”的发起国和中坚力量,其对外政策的变化必然对国际局势产生重大影响。在中华人民共和国成立后的三十多年间,美国对我国实行包围、封锁和遏制政策,武力侵占中国领土台湾,又同台湾当局签订了《共同防御条约》,阻止海峡两岸中国的统一。随着国际形势的变化和我国国际地位的日益提高,美国的企图无法得逞。1972年,中美联合公报在上海发表,明确表示“台湾海峡两岸的所有的中国人民认为只有一个中国,台湾是中国的一部分”,美国政府对中国这一立场“不提出异议”,并确认美国最终要从台湾撤走其全部军队。1978 年中美两国发表的建交联合公报,美国承认“中华人民共和国政府为中国的唯一合法政府”“只有一个中国”“台湾是中国的一部分”。这一时期,国际范围内几乎所有被人为分裂的国家和地区,包括南、北朝鲜和东、西德国都在寻求发展关系、走向统一的新途径,国际社会进入一个和平统一发展的时代。

正是在种种内外因素的促成下,1981 年国庆前夕,叶剑英委员长代表党和国家提出了关于台湾地区和平统一的九条方针。1982 年 9 月,邓小平同志在与英国首相撒切尔夫人就香港前途问题进行的会谈中,提出要以“一国两制”的方式解决香港问题。1983 年 6 月,邓小平同志在另一次重要谈话中首次提出了国共两党进行平等谈判,实行第三次国共合作的主张。与此同时,我国政府又提出了通邮、通航、通商;提出了台湾成为特别行政区后的三个不变,即现行社会经济制度不变,生活方式不变,同外国的经济文化关系不变;提出了保障私人财产和外国投资不受侵犯;以及可以酌情予以财政援助等。1984 年 5 月 15 日,六届全国人大二次会议通过的《政府工作报告》中明确指出:“从国家和民族的根本利益出发,鉴于历史的经验和台湾的现实,我们提出了祖国统一之后可以实行‘一个国家,两种制度’的设想。”“一国两制”的理论构想最后形成,并被确定为完成祖国统一的基本国策。

深入分析“一国两制”构想,不仅应该看到它得以形成的种种条件,更重要的是要看到这一构想具有深厚的现实基础,是解决国家统一问题的最佳方案。第一,香港、澳门和台湾都是历史遗留问题,与祖国大陆的政治经济情况差别很大,要圆满解决、达成统一,只能从现实出发,承认差异,寻求共同点。只有在稳定现状的基础上,才可望实现统一。第二,在中国主体部分实行社会主义的前提下,较小地区保持和发展资本主义是可行的,我们的基本国体不会改变。第三,实行“一国两制”,有利于两种制度间在经济发展上互相交流与支援,与我们建设社会主义现代化强国的总目标一致。这就决定了实行“一国两制”不仅不会损害社会主义制度,而且会为我国的全民族政治团结和国家经济繁荣昌盛发挥积极作用。

“一国两制”构想的形成,标志着理论上的重大突破,而使之具体化和法律化的实践过程也随之展开。1982 年宪法在确认我国单一制国家结构形式的同时,增加了有关“特别行政区”的条文,将在特别行政区内实行不同于其他地区经济政治制度的做法以国家根本法的形式做了规定,为“一国两制”构想的最终实现提供了法定途径和宪法保障。1984 年 9 月 26 日,中英两国政府草签了关于香港问题的《联合声明》,决定在 1997 年 7 月 1 日我国对香港恢复行使主权后,将根据宪法第 31 条的规定,设立特别行政区。中葡两国关于澳门问题的谈判也取得圆满成功。

《香港特别行政区基本法》和《澳门特别行政区基本法》的制定,以及香港、澳门特别行政区的成立及其成立后的运作,证明了“一国两制”的构想和设立特别行政区的方式符合完成祖国完成统一大业的基本需要,在决策上是英明的,实践上是可行的。虽然台湾问题的最终解决还有一个过程,但中华民族和国家的统一必将完成。

二、特别行政区的法律地位

特别行政区是根据宪法和法律的规定专门设立的、具有特殊法律地位、实行不同于一般行政区政治经济制度、直辖于中央人民政府的行政区域。

特别行政区,既是中央政府领导下的地方政府,又与一般的行政区域有所不同,具有特殊的法律地位。

首先,特别行政区是单一制的中华人民共和国不可分割的组成部分,是中央政府管辖下的地方政权,不能脱离中央而独立。我国是单一制的社会主义国家,在我国领土内建立的民族区域自治地方和特别行政区都是国家领导下的地方行政区域。在我国,全国人民代表大会是最高国家权力机关,全国人大常委会是它的常设机关,它们行使国家立法权。国务院即中央人民政府,是最高国家权力机关的执行机关,是最高国家行政机关。特别行政区虽然享有法律赋予的自治权力,但同样必须服从法律规定的国家统一管辖,承担维护国家主权统一和领土完整的宪法和基本法义务。在国际活动中,中华人民共和国是单一的国际法主体,任何特别行政区都是中华人民共和国的一部分,其权力源于中央的授予,没有独立权和“固有”的政治权限。

其次,特别行政区享有高度的自治权。特别行政区是在特殊条件下设立的具有特殊法律地位的行政区域,虽为地方政府,但却享有一般行政区域不能享有的高度自治权。除了外交、国防等事务统一由中央政府管理以外,其自治权限是相当广泛的,有些方面甚至超过了联邦制下各成员单位所拥有的权力,突破了传统理论上单一制的模式。这些自治权具体表现在以下几个主要方面:一是现行的社会、经济制度和生活方式不变;二是现行的法律基本不变,还享有立法权和独立的司法权与终审权;三是可以以特别行政区的名义保持和发展与外国的经济、文化关系;四是享有行政管理权,财政保持独立,金融自由发展,并负责维持本区域的社会治安,等等。

另外,将来台湾回归祖国以后,将会享有更大的自治权。作为特别行政区,台湾可以保留其军队,中央政府不干预台湾地方事务。

特别行政区法律地位的上述两个方面即地方性与自治性是统一而不可分割的,没有前一个方面,所谓特别行政区就失去了意义,既然不属于一定的行政统治的范围,就无所谓行政区域;而缺少后一个方面,特别行政区就无以与普通行政区域和民族自治区域相区别。只有将二者结合起来,才能形成对特别行政区性质和法律地位的正确理解,否则必将对特别行政区的理论研究和实践活动产生消极影响。

准确全面地理解特别行政区的概念及其法律地位,需要划清几个界限:

（一）特别行政区与普通行政区域

在我国单一制情况下,特别行政区与普通行政区域同属于中央领导下的地方政区,都是国家不可分割的一部分,没有脱离中央而独立的权力,但二者的区别是显而易见的。首先,特别行政区是自治区域,拥有高度的法定自治权。与普通行政区域相比,特别行政区不但多了一重自治性质,而且可以实行不同的社会经济政治制度。其次,在与中央的隶属关系上,特别行政区直辖于中央领导,而普通行政区域只有省、自治区、直辖市受中央直接领导,县、乡两级区域分别由省、县直接领导。最后,普通省级区域内县级行政区划的变更与设立要由国务院即中央人民政府批准,而特别行政区内部区划的变更与设立可由特别行政区依法自行决定,只须报国务院备案即可。

（二）特别行政区与民族自治区域

民族区域自治制度是我国解决民族问题的基本制度,在单一制下划分若干大小不同的民族自治区域,使少数民族行使法定的自治权利是民族区域自治制度在行政区划上的具体表现。目前,我国的民族自治区划分为三级,即自治区、自治州和自治县。特别行政区与民族自治区域同属于单一制国家内的自治区域,二者的不同点在于:其一,自治基础不同。民族自治区域是以聚居的少数民族地区为基础建立的,目的是照顾少数民族的民族特点,保障其民族权利;而特别行政区是在香港、澳门和未来的台湾设立的,目的是照顾这些地区政治经济社会的历史与现实特点,达到祖国统一。其二,自治性质不同。民族自治区域是在坚持社会主义制度的前提下的自治,民族自治地方的国家机关既是民族自治机关,也是实行人民民主专政的国家机关;而特别行政区由于是为解决香港、澳门和台湾回归祖国的历史遗留问题而设立,更侧重于地区自治和制度自治,故而可实行资本主义制度不变。其三,自治程度不同。民族区域自治主要是要保证少数民族平等管理国家的权利和民族发展的权利,在与此有关的方面享有法定的自治权和自主权,优越于汉族地区,但在立法、行政、司法等基本方面与其他普通行政区域完全相同,不存在自治问题,其地方权力的行使过程仍要受中央的统一领导与具体指导。而特别行政区的自治权力要大得多,除了承认中央政府的统一领导和维护国家统一以外,其政治、经济、文化可独立存在与发展,中央政府对其地方自治权力的行使不予干涉。

(三)特别行政区与经济特区

经济特区是国家根据经济发展的需要,实行灵活的、不同于其他地区经济政策的区域,是我国社会主义经济发展中的一大特色,是近年来改革开放的产物。经济特区与特别行政区的区别首先在于,经济特区只是实行特殊的经济制度,而基本的政治经济制度不变,其政治经济的发展仍然接受中央和地方政府的具体领导,仍然属于社会主义性质;而特别行政区则实行特殊的经济、政治和社会制度,在具体的经济、政治政策上可以自行决定与施行。其次,经济特区不是一级法定行政区域,而特别行政区则是中央直辖的行政区域,相当于省一级行政区域。经济特区是以已经形成的经济联系区域为基础而建立的,它可能是一个完整的行政区域,也可能包括若干行政区域的一部分,其行政隶属关系保持不变;而特别行政区一经批准建立就成为一个独立的行政区域。

三、设立特别行政区的意义

特别行政区的设立,是"一国两制"构想的具体化,是实事求是、尊重历史、尊重现实的结果,无论在实践上还是在理论上都具有重要而深远的意义。

第一,特别行政区的设立,有利于早日和平解决台湾问题,完成祖国统一大业,也为合理解决类似历史遗留问题创设了先例和法律途径。

第二,特别行政区的设立,是传统宪法学理论和宪法政治实践的新突破。特别行政区在我国宪法上的确认,表明宪法除了维护和强化我国社会主义制度以外,还可以在有利于人民长远和根本利益的前提下,承认其他不同的社会制度形态,这不仅是宪法学理论的新发展,也是实践中宪法如何体现人民意志的新尝试。

第三,特别行政区的设立,是我国国家结构形式理论和实践的新发展。它为我国单一制的国家结构形式增添了新的内容,这在理论和实践中无疑具有创新意义。

第四,特别行政区的设立,为和平解决地区性国际争端找到了新路,提供了经验,必能为尚存在历史遗留问题的国家和地区提供有益的启示。随着历史发展和时间的推移,"一国两制"和"特别行政区"的意义和作用将会日趋明显和重要。

四、特别行政区在香港的实践

(一)"一国两制"是解决香港问题的最佳方案

首先,决定采用"一国两制"方式解决香港问题是冷静分析历史与现实的结果。香港地区自古以来就是中国的领土,1842 年以后被英国殖民者通过三个不平等条约逐步侵占及强行租借。1949 年祖国大陆全部解放时,为了打破帝国主义对我国的经济封锁,保留香港作为国际通道,我国没有立即收回香港主权。但是中华人民共和国政府从来不承认关于香港地区的三个不平等条约,声明将在适当时机收回香港主权,未收回前维持现状。进入20世纪80年代以后,国际国内的形势发生了巨大的变化。在国际上,以苏美为首的社会主义阵营与资本主义阵营间的"冷战"已宣告结束,世界进入了一个较为和平的时代,中国海峡两岸的敌对状态和紧张局势已经缓和。在国内,十一届三中会以后,我国的战略重点发生了转移,开始致力于社会主义现代化经济建设和民主建设,对外关系的处理逐渐务实。同时,由于1997年香港新界原租约期满即将到来,香港各界和英国政府都迫切希望以一个切实可行的方案妥善解决香港问题。上述种种因素表明,彻底解决香港问题的时机已经成熟。中国共产党和中国政府经过长时间的酝酿,最终决定采用"一国两制"的方式解决香港问题,这是冷静分析历史与现实的结果。

一方面,香港问题是一个历史遗留问题,解决问题的最佳途径是和平谈判。香港是英国殖民主义者利用武力强行占领的,中国收回香港主权是天经地义的,作为主权国家有权随时以任何方式收回自己的领土。然而,收回主权的方式无非有两种,或者是武力的方式,或者是和平的方式。武力解决香港问题,必然引起强烈的政治动荡和经济破坏,而这种结果是违背全国人民包括香港居民的根本利益和愿望的。立足于现在和未来,只能采取和平的方式。这样既保持了香港的稳定和繁荣,也不致破坏中英两国之间的友好关系,同时一个繁荣昌盛的香港回到祖国的怀抱定能促进中华民族的复兴强盛。

另一方面,和平解决香港问题就应当面对现实,承认差距,充分考虑中、英、港三方的切身利益和需要。香港被英国殖民统治以后,一百多年来与祖国大陆联系甚少,相互间各方面的差异是巨大的。在政治上,英国在香港实行殖民统治,引进和推行英国的法律与文化,并形成了与祖国大陆完全不同的政治制度,成为殖民与自治的混合体。在经济上,香港依赖得天独厚的自然条件和"二战"后有利的国际环境,得益于祖国内地的大力支持,通过全港居民的努力奋斗,经济发展很快,而祖国大陆由于地广人多,自然条件有限,虽然经过努力建设,特别是改革开放十余年来集中精力大搞经济建设,得到较快发展,但与香港经济的差距仍然极为悬殊。同时,由于经济上的差距所带来的文化生活水平的差距,也造成了祖国大陆与香港居民心理状态的差别,特别是几十年来各种新闻媒介对祖国大陆情况的不公正报道使香港居民对祖国大陆产生了种种误解。上述差别决定了祖国大陆对香港的真正统一将是一个相当漫长的过程,这些差别需要较长的时间才能逐步消除。然而,1997年日益临近,完成祖国统一的民族责任感又迫使我们不能停下统一的步伐。所以,我们只能用"一国两制"的方式先解决民族矛盾,即中华民族与英国殖民者之间的矛盾,再逐步解决国内经济发展差距的矛盾,这种在承认差别的基础上求同存异的解决方式是中、英、港三方都能够接受的。

其次,以"一国两制"方式解决香港问题对有关各方和国际社会都有利,理由如下:

第一,这一决策对香港人民非常有利。这一方面是因为它可以实现香港绝大多数居民渴求和平回归祖国的愿望,使他们摆脱二等公民的屈辱地位,享有作为强大的统一的中华人民共和国的公民和主人翁的资格。另一方面也可以使香港长期保持稳定和繁荣。香港的绝大多数居民是真诚希望中国能够如期恢复行使主权的,但同时又担心在收回主权以后,香港的政治经济地位没有保证,从而造成人心动荡,资金和人才外流,人民生活水平下降。香港居民的这种心情是完全可以理解的。现在中英联合声明明确决定,按照"一国两制"在 1997 年收回主权之后,香港的社会经济制度不变,生活方式不变,现行法律基本不变,自由港和独立的关税地区地位不变,国际金融中心地位不变,香港同各国、各地区和各个国际经济文化组织的经济文化关系不变,私有财产和外资合法利益受到保护,特别行政区政府由香港当地人组成。在这种情况下,香港就能够保持稳定,香港作为一个国际金融、贸易、航运、旅游中心也将继续保持繁荣。居民的生活水平不仅不会降低,而且由于经济持续发展和祖国大陆的供应更加充分还将进一步提高。

第二,用"一国两制"的方式解决香港问题对全中国人民非常有利。其一,这个方针保证了香港问题的和平解决,完成了和平统一祖国这一伟大任务的一个重要组成部分,而且必将有力地推进台湾和澳门和平回归祖国的进程。其二,这一方针保持了香港的稳定与繁荣,对我国社会主义现代化建设将有极大的帮助。我们进行社会主义现代化建设,劣势在于资金不足、技术和经营管理方法比较落后。香港保持资本主义制度,保持稳定和繁荣,有利于我们实行对外开放政策,我们可以通过香港这个国际金融中心和贸易中心,直接、间接地获得大量外资和侨资,引进国外先进技术和科学经营管理方法,并且进一步扩大对外贸易。我们还可以通过香港,聘用外国专家,为我国培训人才,促进智力开发,加速我国现代化进程。此外,亚太地区今后将逐渐成为一个新的世界经济中心,香港在亚太地区作为金融、贸易、交通运输中心的作用将越来越重要。今后它作为我国的一个享有高度自治权的重要地区,和我国沿海的上海、大连、天津、广州等港口城市相互配合和协作,实行内联外放,将进一步拓宽国际市场,在广度和深度上发展对外贸易,促进大陆的社会主义现代化建设。

第三,用"一国两制"的方式和平解决香港问题,对英国也很有利。其一,它使英国结束对香港的那种早已过时的殖民统治,将使英国在全世界赢得良好的政治声誉,受到世界各国人民和中国人民的赞赏。其二,中英双方协议保证,在 1997 年后,英国在香港的经济单位将会受到照顾,对英籍公务人员和警察,香港特别行政区将予以留用,待遇不降低。其三,最重要的,有利于以后中英两国在平等互利的基础上进一步拓展经济、文化合作的广度和深度。幅员辽阔、人口众多、资源丰富、正在全力进行现代化建设的中国,对英国来说是一个巨大的潜在市场,中英经济、贸易、文化交流合作的前景非常广阔,这对英国经济的发展是很有利的。

第四,和平解决香港问题,保持香港自由港的地位,香港仍然是国际金融、贸易、航运中心,这对美国、日本,对东南亚国家,对澳大利亚,对欧、非各国的经济活动和复苏振兴都将是有利的。世界各国有关的国际组织之间在香港的经济、文化交流可以继续进行,还可以通过香港这个特殊的桥梁,继续向中国投资,扩大与中国的经济、贸易和文化联系。同时,香港问题的圆满政治解决,对于亚太地区乃至世界局势的和平、安全与稳定都将产生重大的影响,是一件有利于世界、有利于未来的好事。

最后,实行"一国两制"五十年不变有利无害。在解决香港问题的整个过程中,我国领导人多次申明,1997 年后内地和香港实行"一国两制",香港保持资本主义制度五十年不变。中英关于香港的《联合声明》也庄严宣告,中华人民共和国对香港的基本方针政策和联合声明附件一对基本方针政策的具体说明将由中国全国人民代表大会以香港特别行政区基本法规定之,并在五十年内不变。这一决策是有着充分的理论根据和实践依据的。

第一,提出五十年不变是由祖国大陆经济发展的实际状况和长远规划这一现实基础决定的。中国经济发展有一个宏伟的目标,即在 20 世纪 80 年代和 90 年代两个十年内工农业生产总值要翻两番,人均国民收入达到 800 ~ 1000 美元,也就是达到小康水平。在这个基础上,经过 30 ~ 50 年建设,实现工农业总产值再翻两番的目标,人均国民收入将达到 4000 美元。虽然这个水平在世界上的位置排在几十名以后,但我国的国民生产总值可达到 60000 亿美元,肯定居于世界前列,中国才真正比较发达了。而要达到此目的,一是需要政治稳定,二是现行政策不变,使香港能够长期繁荣,促进大陆的社会主义建设。如果下一个五十年我们的政策见效,达到了预想的目标,就更没有理由变了,因为那时我们与国际上的经济交往更加频繁,内地与香港更加相互依赖,更加不可分离。所以,邓小平同志在 1987 年 4 月 17 日会见香港基本法起草委员会委员时说,按照"一国两制"方针解决统一问题后,香港包括澳门和台湾的资本主义制度五十年不变,五十年以后还是不变。

第二,香港资本主义制度保持五十年不变,改变不了我国的社会主义性质,只会对社会主义发展有利。首先,两种制度在全国所处的地位不是平起平坐,而是主次分明的,在社会主义占绝对优势的情况下,小范围内的资本主义经济起不了决定作用。香港人口是内地人口的1/200,面积只相当于全国总面积的1‰,资源条件和经济潜力更与内地无法相比。在两种经济形式的竞赛中,不管香港经济如何发展,也不可能动摇社会主义经济的统治地位,不可能改变我国的根本性质。其次,在未来的国家政治生活中,香港特别行政区是中央政府领导下的地方政府,中央政府是国际公认的中华人民共和国的唯一合法政府,所以,香港特别行政区只是地方自治的一种特殊形式,丝毫无损于中央政府的地位和权威,无损于我国的政体及其运行。最后,我们并不是把两种对立的社会制度强行结合在一起,而是分别在两个地区实行。地区的隔离,使两者的直接冲突较少;而同属于一个国家和政府管辖,又易于协调关系,解决二者矛盾。

综上所述,用"一国两制"的方式解决香港问题不但是必需的,也是可行的。"一国两制"不仅是一个理论上的科学构想,而且是符合我国实际需要行之有效的英明决策。正如当时的英国外交大臣杰弗里·豪所说的那样,这种和平解决国内与国际争端的方法为全世界树立了合作的榜样。就此而言,"一国两制"又具有重大的国际实践意义。

(二)香港基本法是香港特别行政区运行的法律保障

香港问题的解决为香港基本法的制定铺平了道路。1985年4月10日,全国人大六届三次会议在审议批准中英关于香港问题的《联合声明》的同时,作出了《关于成立中华人民共和国香港特别行政区基本法起草委员会的决定》。宣布基本法起草委员会负责香港特别行政区基本法起草工作,向全国人民代表大会负责,在大会闭会期间向全国人大常委会负责。起草委员会由包括香港同胞在内的各方面人士和专家组成,具有广泛的代表性。

在长达4年零8个月的基本法起草过程中,起草委员会先后举行全体会议9次,主任委员会议25次,主任委员扩大会议2次,总体工作小组会议3次,专题小组会议73次。这一过程是漫长而艰辛的,草案的成就是委员会全体委员共同努力的结果。

1990年4月4日,第七届全国人民代表大会第三次会议通过了《中华人民共和国香港特别行政区基本法》及其三个附件,同日由中华人民共和国主席公布,1997年7月1日开始实施。香港基本法的诞生,标志着香港的过渡期进入了一个新阶段。

香港基本法包括序言、正文、附件三个部分,其中正文分9章160条。

序言是对基本法制定的历史背景、指导思想和法律根据的说明。关于基本法制定的历史背景,序言指出,香港自古以来就是中国的领土,1840年鸦片战争以后被英国占领。1984年12月19日,中英两国政府签署了关于香港问题的联合声明,确认中华人民共和国政府于1997年7月1日恢复对香港行使主权。为了维护国家的统一和领土完整,保持香港的繁荣和稳定,并考虑到香港的历史和现实情况,国家决定在香港设立特别行政区。由于香港特别行政区不实行社会主义制度和政策,故而制定香港特别行政区基本法规定香港特别行政区实行的制度,以保障国家对香港的基本方针政策的实施。制定香港基本法的指导思想是"一国两制",国家据此形成的对香港的基本方针和政策,已由中国政府在中英联合声明中予以阐明,这也可以说是香港基本法制定的政策依据。关于基本法制定的法律依据,序言规定,基本法是根据中华人民共和国宪法由全国人民代表大会制定的。具体来讲,其宪法依据是宪法第31条和第62条,前者规定国家在必要时得设立特别行政区,特别行政区实行的制度由全国人民代表大会以法律规定之;后者则明确授权全国人民代表大会制定关于特别行政区基本制度的法律。

正文第一章,总则,共11条,规定了香港特别行政区的法律地位、权力来源与范围、政府机关的组织和活动原则、社会经济、政治制度和法律制度、区旗和区徽以及基本法的法律效力。这既是香港基本法的基本原则,也是国家对香港政策的具体化和法律化。

第二章,中央和香港特别行政区的关系,共12条,主要规定了中央和香港特别行政区的权限划分和各自承担的义务,也规定了中央人民政府各部门、各省、自治区、直辖市和香港特别行政区的关系。

第三章,居民的基本权利和义务,共19条,规定香港特别行政区居民的构成和基本权利义务的内容,并规定了有关国际公约在香港的效力。

第四章,政治体制,包括行政长官、行政机关、立法机关、司法机关、区域机关、公务人员6节,共62条。其中,行政长官一节16条,规定了行政长官的产生、任免、任期、职权等;行政机关一节7条,规定了行政机关的组织形式、组成人员的产生和任免、主要官员的任职、行政机关的职权及其与立法机关的关系等;立法机关一节14条,规定立法机关的组成和产生办法、组成人员的任期、立法机关的职权和工作程序、立法程序等;司法机关一节17条,规定了司法机关的组织形式、职权、组成人员的任免及工作原则,还规定了与内地司法机关的关系和司法互助等;区域组织一节2条,规定了区域组织的性质和职能,并规定区域组织的职权和组成方法由法律规定;公务人员一节6条,规定了公务人员的任职资格限制、职责、待遇、退休与离职、考绩标准与宣誓效忠等。

第五章,经济,包括4节共31条,规定香港特别行政区的基本经济政策。第一节为财政、金融、贸易和工商业,共15条;第二节为土地契约,共4条;第三节为航运,共4条;第四节为民用航空,共8条。

第六章,教育、科学、文化、体育、宗教、劳工和社会服务,共 14 条,规定了教育制度和教育政策、科学技术政策、文化体系政策、宗教政策、专业人士的专业资格、劳工与社会服务政策。

第七章,对外事务,共 8 条,规定了外交谈判、国际协定的进行与适用、签发护照和其他旅游证件、在外国(外地区)设立经贸机构及外国(外地区)在香港设立机构的条件和程序等。

第八章,本法的解释和修改,共 2 条,规定解释与修改的种类、权限、提出、限制和程序等。

第九章,附则 1 条,规定香港原有法律的效力。

最后,香港基本法还有三个附件。附件一是香港特别行政区行政长官的产生办法;附件二是香港特别行政区立法会的产生办法和表决程序;附件三是在香港特别行政区实施的全国性法律。

从性质和效力来讲,香港特别行政区基本法具有以下特点:第一,基本法是普通法律的一种,是依据现行宪法第 31 条和第 62 条的规定制定的,在效力上低于宪法,其具体内容不得同宪法相抵触;第二,基本法是区域基本法律,它规定了香港特别行政区的基本制度和基本政策,是香港特别行政区其他立法是否合法的基础,也是香港特别行政区立法会进行立法的法律依据,因而,在香港特别行政区内,基本法具有最高法律效力;第三,基本法是全国性法律,是全国人民代表大会制定的基本法律,效力范围及于全国,因而,应该得到全国各地区、各阶层、各类主体的遵守,违反基本法的行为必须受到应有的制裁。

与基本法的性质相联系,还有一个宪法的法律效力是否适用于香港的问题。我们认为,香港特别行政区是中央人民政府领导下的地方政区,是按照宪法规定及其具体化的香港基本法来设立和运作的,是中国领土不可分割的一部分,宪法作为国家的根本法当然在总体上适用于香港特别行政区。然而,由于香港特别行政区依照宪法规定实行独特的经济、政治和社会制度,因而,宪法的具体内容在香港特别行政区的实际实施过程中有的适用,有的则不适用。具体来讲,我国宪法中有关国家主权、国防、外交、最高权力机关、最高行政机关、国旗、国徽、国歌、首都,以及宪法第 31 条等内容适用于香港特别行政区,而宪法中有关四项基本原则、社会主义经济制度、地方国家权力机关和行政机关、国家审判机关和检察机关等则不适用于香港特别行政区。所以,理解宪法在香港特别行政区的效力,既不能认为宪法不适用于香港,也不能认为香港只适用宪法第 31 条,宪法的其他内容均不适用,这两种认识都是错误的。

1996 年 8 月,依照全国人大关于组织第一届香港特别行政区政府和第一届香港特别行政区立法会的规定,开始筹组和推选香港特别行政区政府和立法会。1996 年 12 月 10 日,推选委员会选出首任香港特别行政区行政长官候任人董建华。1996 年 12 月 12 日,李鹏总理颁发委任状,正式任命董建华为第一任香港特别行政区行政长官。随后,香港特别行政区政府的组织工作加紧进行。1996 年 12 月 20 日,推选委员会选举产生 60 名第一届香港特别行政区临时立法会议员,随即临时立法会开始工作。1997 年 7 月 1 日,香港特别行政区政府正式成立,香港特别行政区基本法也正式生效。

(三)香港特别行政区的法律地位

香港特别行政区的法律地位是香港基本法规定的首要问题,因为它是基本法其他一切规定的基础,未来香港特别行政区所实行的所有制度就其精神根源和政治实质来讲均源于此。在基本法中,关于香港特别行政区法律地位的规定主要见于总纲一章,而散见并贯彻于其他章节。这些规定是中英关于香港问题的联合声明中中华人民共和国政府对香港的基本方针政策以及联合声明附件一关于这些基本方针政策的具体说明和法律化,体现了“一国两制”和宪法第 31 条特别行政区制度的基本精神。

根据香港基本法的规定,香港特别行政区的法律地位包括以下原则:

第一,香港特别行政区是中华人民共和国的一个享有高度自治权的地方行政区域,直辖于中央人民政府,是统一的中华人民共和国不可分离的部分(《基本法》第 1、12 条)。

第二,全国人民代表大会授权香港特别行政区依照《中华人民共和国香港特别行政区基本法》的规定实行高度自治,享有行政管理权、立法权、独立的司法权和终审权(《基本法》第 2 条)。

第三,香港特别政区不实行社会主义制度和政策,保持原有的资本主义制度和生活方式,50 年不变(《基本法》第 5 条)。

第四,香港的法律基本不变。香港原有法律除同基本法相抵触或经香港特别行政区的立法机关作出修改者外,予以保留(《基本法》第 8 条)。

第五,香港特别行政区的行政机关和立法机关由香港永久性居民依照《中华人民共和国香港特别行政区基本法》的有关规定组成(《基本法》第 3 条)。

第六,香港特别行政区的行政机关、立法机关和司法机关,除使用中文外,还可使用英文,英文也是正式语文(《基本法》第 9 条)。

第七,香港特别行政区除悬挂中华人民共和国国旗和国徽外,还可使用香港特别行政区区旗和区徽(《基本法》第 10 条)。

第八,根据中华人民共和国宪法第 31 条,香港特别行政区的制度和政策,包括社会、经济制度,有关保障居民的基本权利和自由的制度,行政管理、立法和司法方面的制度,以及有关政策,均以《中华人民共和国香港特别行政区基本法》的规定为依据。香港特别行政区立法机关制定的任何法律,均不得同基本法相抵触(《基本法》第 11 条)。

第九,香港特别行政区境内的土地和自然资源属于国家所有,由香港特别行政区政府负责管理、使用、开发、出租或批给个人、法人或团体使用或开发,其收入全归香港特别行政区政府支配(《基本法》第 7 条)。

第十,香港特别行政区保持财政和金融独立,自行发行货币,保持自由港和国际金融中心的地位;自行制定有关的教育、科学、文化、卫生、体育和其他社会政策;并在外交上享有一定权限(《基本法》第 106、109、111、114、136、138、139、140、143、145 条)。

基本法关于香港特别行政区法律地位的上述规定表明,未来香港特别行政区在服从中央领导的前提下所享有的自治权是高度的和广泛的。这些自治权不仅普通省级行政区域不能享有,就是享有自治权的民族自治区域也不能享有。即使与联邦制国家的成员国相比,除了不具有制宪权以外,在其他权力方面也不逊于甚至高于联邦成员国的权力。同时,这些规定还表明,香港特别行政区依法所享有的高度自治权来源于中央,来源于国家最高权力机关的授权。香港特别行政区所享有的高度自治权,在任何情况下都只能在统一的中华人民共和国的国家主权之下行使。香港特别行政区在任何意义上都只能是中央统一领导下的地方行政区域,而绝不是任何独立的或半独立的政治实体。就此而言,香港特别行政区的法律地位是独具特色的,是由我国政治实践的特殊需要所决定的。它既是人类民主政治实践中国家结构制度的一个创新,也是对宪法学国家结构形式理论的新发展。

五、澳门特别行政区的立法设计

澳门问题是伴随着香港问题的解决而顺利解决的,解决的方式仍然是“一国两制”。1987 年 3 月,中国和葡萄牙两国政府签署关于澳门问题的联合声明,确认澳门主权将于 1999 年 12 月移归中华人民共和国,中国政府将在澳门设立特别行政区,并起草澳门特别行政区基本法予以保障。1993 年 3 月 31 日,第八届全国人大第一次会议审议通过《中华人民共和国澳门特别行政区基本法》,宣布该法自 1999 年 12 月 20 日起在澳门实施,这是继香港基本法之后以“一国两制”方针解决澳门问题、实现国家统一的又一部重要法律。

澳门基本法除序言外,共有 8 章 145 条和 3 个附件。各章及附件的名称是:第一章总则、第二章中央和澳门特别行政区的关系、第三章居民的基本权利和义务、

第四章政治体制、第五章经济、第六章文化和社会事务、第七章对外事务、第八章本法的解释和修改、第九章附则、附件一《澳门特别行政区行政长官的产生办法》、附件二《澳门特别行政区立法会的产生办法》、附件三《澳门特别行政区实施的全国性法律》。

（一）澳门特别行政区与香港特别行政区立法相同之处

澳门特别行政区基本法是根据"一国两制"的总方针和国家对澳门的基本政策，从澳门的实际情况出发，广泛听取澳门和内地各界的意见而起草的。由于国家对香港和澳门的基本方针政策是相同的，所以澳门特别行政区基本法的总体结构和主要原则与香港特别行政区基本法是一致的。这主要表现为：

第一，基本法在总则中明确规定，澳门特别行政区是中华人民共和国不可分离的部分；实行高度自治，享有行政管理权、立法权、独立的司法权和终审权；不实行社会主义的制度和政策，保持原有的资本主义制度和生活方式50年不变；特别行政区的行政机关和立法机关由永久性居民组成；保护私有财产权；原有法律基本保留等。

第二，在中央和澳门特别行政区关系方面，规定特别行政区是一个享有高度自治权的地方行政区域，直辖于中央人民政府；中央人民政府负责管理与特别行政区有关的外交事务，授权特别行政区依法自行处理有关的对外事务，特别行政区负责维护本地的社会治安；中央人民政府依照基本法有关规定任免特别行政区的行政长官、政府主要官员和检察长；特别行政区自行依法处理行政事务；特别行政区的立法机关在不抵触基本法的前提下自行制定法律，但须报全国人大常委会备案；部分全国性法律须在特别行政区实施；特别行政区法院原有法律制度和原则对审判权的限制以及对涉及国防、外交等国家行为的案件无审判权外，对所有案件均有审判权和终审权；中央人民政府所属部门、各省、自治区、直辖市均不得干预特别行政区依法自行管理的事务，这些部门或地区如需在特别行政区设立机构，须征得特别行政区的同意并经中央人民政府批准等。

第三，在居民的基本权利和义务方面，基本法也从多方面、多层次地规定了特别行政区居民和其他人享有的各项权利和自由，包括居民依法享有选举权和被选举权；享有言论、信仰、新闻、出版、结社、集会、游行、示威、组织和参加工会、罢工的自由；有通讯、婚姻、迁徙、选择职业和工作的自由；有从事教育、学术研究、文学艺术创作的自由；居民的人身自由、人格尊严、住宅不受侵犯等。

第四，在政治体制方面，基本法从有利于特别行政区的稳定发展，兼顾社会各阶层的利益，循序渐进地发展民主制度的原则出发，制定行政机关、立法机关和司法机关之间既互相配合又互相制衡的原则，规定了行政长官、行政机关、立法机关和司法机关的职权。

第五,在经济事务方面,基本法规定保护个人、法人财产所有权和外来投资,并对特别行政区的财政、税收、金融、贸易、工商、航运、民用航空等政策做了规定,明确特别行政区保持财政独立和自由港的地位及为单独的关税地区。

第六,在文化和社会事务方面,规定特别行政区政府依法自行制定教育、医疗卫生、科学技术、文化、新闻、出版、体育、宗教、专业、社会福利等方面的政策。

(二)澳门特别行政区与香港特别行政区立法不同之处

除上述与香港特别行政区基本法一致的规定外,由于澳门在政治、经济、文化、历史和社会等方面都有自身的特点,澳门特别行政区基本法从实际情况出发,充分体现了澳门的特点。这些特点主要表现在以下方面:

第一,关于土地问题。澳门的土地情况与香港不同,由于澳门目前还存在少量的私有土地,因此,《基本法》第7条确认:“澳门特别行政区境内的土地和自然资源,除在澳门特别行政区成立前已依法确认的私有土地外,属于国家所有。”

第二,关于居民的基本权利和义务。基本法根据澳门的实际情况规定,澳门居民对任意或非法的拘留、监禁,有权向法院申请颁发人身保护令;澳门居民除其行为依照当时法律明文规定为犯罪和应受惩处外,不受刑罚处罚等。此外,在澳门有不少葡萄牙后裔居民,他们在澳门所处地位比较特殊,根据这一情况,基本法规定,他们的利益依法受到保护,其习俗和文化传统应受尊重。

第三,关于澳门特别行政区的行政长官、行政委员会、政府主要官员、立法会主席和副主席、终审法院院长、检察长的任职资格。基本法规定上述职位必须由特别行政区永久性居民中的中国公民担任。但由于历史原因,澳门永久性居民中的一部分中国公民持有外国旅行证件,对此,基本法在规定上述人员的任职资格时,既要坚持维护国家的主权,避免双重效忠,又要尊重澳门的现实,所以基本法只规定行政长官“在任职期内不得具有外国居留权”,这不是将在外国无居留权作为参选的条件,而是作为当选后必须履行的义务。此外,基本法还规定行政长官、主要官员、立法会主席、终审法院院长、检察长在就职时必须宣誓效忠中华人民共和国,不能双重效忠。

第四,关于澳门特别行政区立法会的组成和产生办法。考虑到澳门民主政治制度循序渐进发展的进程和立法与行政既互相配合又互相制约的关系,根据中葡联合声明的有关内容,基本法规定,澳门特别行政区立法会多数议员由选举产生,部分立法会议员由行政长官委任,并据此拟定了附件二《澳门特别行政区立法会的产生办法》,规定逐步增加直接选举议员的人数。

第五,关于司法机关。按照澳门现行的司法体制,除普通法院外,还设有管辖行政诉讼和税务的行政法院(原称评政院);在法院之外,还有相对独立的检察院。根据这一特点,基本法规定澳门特别行政区设立终审法院、中级法院、初级法院(包括行政法院)和检察院。

第六,关于咨询性的协调组织。目前在澳门有由政府、资方、劳方三方组成的社会协调组织,协调劳资间的矛盾并起到一定的积极作用。根据这个情况,基本法规定澳门特别行政区设立由政府、雇主团体、雇员团体的代表组成的咨询性的协调组织。该组织的具体职能由特别行政区政府根据情况自行规定。

第七,关于旅游娱乐业。在澳门经济中,旅游娱乐业占有重要地位,针对澳门经济结构的这个特点,基本法规定澳门特别行政区根据本地整体利益自行制定旅游娱乐业的政策,在保持低税制的原则下,对专营税制另作规定。

第八,关于专业制度。鉴于目前澳门实行由政府审定专业人士的资格和实行执业登记制度,因此,基本法规定由澳门特别行政区政府自行确定专业制度,根据公平合理的原则,制定有关评审和颁授各种专业和执业资格的办法。

第九,关于处理原澳门政府签订的跨越 1999 年 12 月 19 日的契约。澳门在进入过渡时期后,凡超过 1999 年 12 月 19 日的契约,因为须由澳门特别行政区政府继续承担义务和责任,为了维护特别行政区的利益,并使投资者放心,基本法规定,原澳门政府所签订的有效期超过 1999 年 12 月 19 日的契约,除中央人民政府授权的机构已公开宣布为不符合中葡联合声明关于过渡时期安排的规定,须经澳门特别行政区政府重新审查者外,继续有效。

第十,关于附件三《在澳门特别行政区实施的全国性法律》。在香港特别行政区基本法通过以后,全国人大常委会通过应适用于特别行政区的《中华人民共和国国旗法》《中华人民共和国领事特权与豁免条例》《中华人民共和国国徽法》和《中华人民共和国领海及毗连区法》,因此澳门特别行政区基本法附件三列入了这 4 部法律。由于列入香港特别行政区基本法附件三中的 1950 年中央人民政府公布的《中华人民共和国国徽的命令》和 1958 年的《中华人民共和国政府关于领海的声明》的内容已包含在《国徽法》《领海及毗连区法》之中,所以澳门特别行政区基本法附件三未再列入这两个法律。

此外,由于澳门目前还没有成为国际金融中心的条件,因此基本法没有规定开放外汇、黄金、证券、期货等市场的条款;又由于澳门目前没有民用航空管理制度,因此基本法就此只做了经中央人民政府具体授权可自行制定民用航空的各项管理制度的原则性规定。

第十章　选 举 制 度

第一节　选举制度概述

一、选举、选举制度、选举法

选举是由选民依照法律规定的程序和方法推举民意机关代表或国家公职人员的政治活动。

从严格意义上讲,选举是与近现代民主政治相联系的,是资产阶级革命胜利的产物。因为在专制政治时代,官吏的任用是由世袭的君主基于人治需要依据一定的考试选拔制度或其他方式甚至君主的好恶来决定的,国家政治运行的基础不是民众的意志而是君主的专断独裁,选举既无必要亦无可能。到了民主政治时代,国家政治以民主参与为基础,国家政权机关由人民代表所组成,国家权力的行使要接受人民的监督,作为集中人民意志和人民民主参与的最佳手段,选举才应运而生了。当然,选举的一些形式在人类社会的早期就已经出现,奴隶制时代和封建制时代个别地区出现的民主制政体下的选举活动可谓初具规模,但一则其民主的范围只限于奴隶主或封建贵族等极少数人专用,并且最终也是为维护少数人统治服务的,谈不上“民主政治”;二则是选举的方式还十分原始和简陋,因而,它充其量只能算作选举的萌芽,而不是我们所讲的民主选举。

选举既然要达到民主统治的目的,就必须有一些原则来规范这一过程。选举制度,就是选举活动中必须遵循的有关选举的基本原则、程序和方式方法等一系列规则制度的总称,它是国家政治制度的重要组成部分。

将选举制度以法律的形式具体化和条文化而形成的系统规范,就是选举法。选举法在一国法律体系中占有非常重要的地位,属于基本法律的范畴。选举法的功能,一方面在于规范选举过程,使其秩序化和程序化,达到民主选举的目的和要求;另一方面则是以法律保障选举活动的顺利进行。

人类的民主选举制度是由资产阶级首创后发展到社会主义阶段的。资产阶级创造了民主选举体制的最初框架和基本原则、基本程序,其选举的具体环节与民主形式较为发达,但其选举制度存在根本的缺陷,这就是由其生产资料的私人占有制和选举经费个人筹集制度形成的选举参与者在经济上的不平等所决定的金钱操纵选举的现象,这导致了选举的实质上的不平等。社会主义国家消除了资本主义选举制度产生不民主弊端的根源,实行了生产资料的公有制和选举经费由国库平等开支,保证了选举参与者在经济上和政治上的平等性,因而社会主义选举制度的优越性是显而易见的。然而,在各国的发展中对民主选举形式的制度化建设与完善重视不够,因而在选举实践中存在许多不民主现象,这就需要在加强民主与法制的基础上逐步改进,当然也包括借鉴资产阶级国家选举中的有益经验与制度。只有这样,社会主义选举制度的固有民主性才能得到很好的发挥和表现。

二、我国选举制度的历史发展

在我国,漫长的专制历史决定了不可能自主地产生民主选举。选举作为一种政治活动形式,是 19 世纪末 20 世纪初与民主、宪法、科学、文明一同从西方传入中国的。旧中国由于没有民主政治基础,加之反动统治的阶级本质所决定,无论是清末和北洋军阀时期的选举,还是国民党时期的选举,都是毫无民主价值和欺骗人民的闹剧。中华人民共和国成立以后,人民翻身成为国家的主人,真正的民主选举制度才正式产生和存在。所以,讲我国选举制度的历史发展,实际上就是讲我国社会主义民主选举制度的产生和历史沿革。

1953 年 2 月中央人民政府委员会通过了《中华人民共和国全国人民代表大会及地方各级人民代表大会选举法》,这是中华人民共和国成立后我国第一部比较完备的选举法,它吸收了革命根据地时期的选举经验,特别是中华人民共和国成立后政权建设的经验,听取了广大群众的意见,也吸收了国际上的经验,对我国的选举制度的基本原则、程序和方法做了具体的规定。正如邓小平同志在当时选举法草案的说明中提出的那样,"在选举法草案中,贯彻着一个总的精神,就是根据我国当前的具体情况,规定一个真正民主的选举制度"。"我们的选举法的实质,是着眼于实际的民主。"

1953 年的《选举法》第 4 条规定,年满 18 周岁的我国公民,不分民族和种族等特征均有选举权和被选举权,而没有选举权和被选举权的只有少数依法未改变成分的地主阶级分子、剥夺政治权利的反革命分子和刑事犯罪分子,体现了我国选举权的普遍性。《选举法》第 6 条规定每一个选民只有一个投票权,第 43 条规定每一个选民只得进行一次登记。这些规定都体现了我国选举制度的平等性。选举法规定在乡、镇、市辖区及不设区的市等基层政权单位实行直接选举,而在县以上则实行间接选举,这是根据我国当时的具体情况采取的直接选举和间接选举同时并用的原则。与此相适应,在基层政权单位采取举手投票的方法,亦得实行无记名投票,而县以上的选举则采用无记名投票,实行举手和无记名投票两种并行的方法。这些规定都体现了我国1953年选举法所坚持的从实际出发的民主原则,反映了它的社会主义民主的实质。

"十年动乱"期间,林彪、江青两个反革命集团践踏社会主义民主和选举制度,使人民代表大会基本停开,选举基本停止进行。即使1975年1月召开了第四届全国人民代表大会,其代表也是由他们圈定,国家制度和国家的民主生活遭到严重破坏。

到1979年,五届全国人民代表大会第二次会议适应我国政治、经济情况的发展变化,为使广大人民能够充分地行使当家做主、管理国家的民主权利,通过了新的选举法,即现行选举法。这部选举法仍然是着眼于实际的民主。它在1953年选举法的基础上做了重大的修改,使我国的选举制度更加趋于完善,更加适应社会主义民主法制建设和社会主义现代化建设的需要。与1953年选举法相比,这部选举法的重要改进主要有以下几个方面:(1)把直接选举扩大到县一级;(2)把原来的等额选举改为差额选举;(3)把原来的无记名投票和举手表决并用的原则改为一律实行无记名投票的原则;(4)对地方各级人民代表大会的代表名额不作规定,留待省、自治区、直辖市的人民代表大会或人民代表大会常务委员会自行决定;(5)明确了每个少数民族至少要有一个代表参加全国人民代表大会,并作出了民族自治地方制定或者公布的选举文件、选民名单、选民证、代表候选人名单、代表当选证书和选举委员会的印章等都应当使用当地通用的民族文字的规定;(6)把原来按居住状况划分选区的规定,改为按生产单位、事业单位、工作单位和居住状况划分选区;(7)规定可以预选,然后再确定候选人名单;(8)规定对于被推荐的候选人,要作情况介绍,各政党团体和选民可以用多种形式宣传代表候选人;(9)把原来关于各级人民代表大会代表候选人以出席选举人过半数选票始得当选的规定,改为必须获得选区全体选民或者选举单位全体代表的过半数选票始得当选。从以上变化来看,我国的选举法有了新的发展。

1982年召开的第五届全国人民代表大会第五次会议根据新宪法和新情况,对选举法又做了几点修改。会议通过的《关于修改选举法的若干规定的决议》中,主要有下列修改:(1)将原来选举法当中和现行宪法不相一致的名称和词句改过来了,如人民公社改为乡、民族乡,人民公社管理委员会改为乡、民族乡人民政府;(2)确定归侨较多的地方人民代表大会中,应当有适当名额的归侨代表;(3)在农村和镇每一代表所代表的人口数,具有特殊情况的可作变通的规定;(4)关于少数民族的选举,在每一代表所代表的人口数比例方面,作出了特别照顾的规定;

(5)把原来可以用各种形式宣传代表候选人的规定改为可以在选民小组会议上介绍,强调了由选举委员会向选民介绍代表候选人的做法;(6)规定了地方各级人民代表大会代表在任期内调离或迁出本行政区域的,其代表资料自行终止。

1986 年 12 月第六届全国人民代表大会常务委员会第十八次会议对 1982 年选举法又进行了修改。其中修改的主要内容是:(1)将原来规定的全国人民代表大会代表名额不超过 3500 人,改为不得超过 3000 人;(2)将原来的选民登记按选区进行,改为选民登记按选区进行、经登记确认的选民资格长期有效;(3)将原来的关于任何选民或者代表,有 3 人以上附议可以推荐代表候选人的规定,改为选民或者代表 10 人以上联名可以推荐代表候选人;(4)关于差额选举,将原来的"由选民直接选举的代表候选人名额,应多于应选代表名额的二分之一至一倍"的规定修改为应多于应选代表名额的三分之一至一倍;(5)将原来直接选举的各级人民代表大会的代表候选人,获得选区全体选民过半数的选票时,始得当选的规定,修改为"在选民直接选举人民代表大会代表时,选区全体选民过半数参加投票,选举有效,代表候选人获得参加选举的选民过半数的选票始得当选";(6)增加了"全国人民代表大会代表,省、自治区、直辖市、设区的市、自治州的人民代表大会代表,可以向选举他的人民代表大会的常务委员会提出辞职"的规定。此外,对选举委员会的领导关系、少数民族的选举、委托他人代为投票、代表的补选等也做了修改和补充。

1995 年 2 月 28 日,第八届全国人民代表大会常务委员会第十二次会议通过《关于修改全国人大和地方各级人大选举法的决定》,对我国选举法进行了修改。这次选举法修改的主要内容有:(1)强化了妇女参政权,规定全国人大和地方各级人大代表中应当有适当数量的妇女代表,并逐步提高妇女代表的比例。(2)改变了乡镇一级选举委员会的隶属关系,由过去受县级选举委员会领导改为直接受县级人大常委会的领导。(3)调整了代表选举中城乡人口在选举权上的差别比例。过去在选举全国人大代表时城乡差别比例为 1:8,选举省级人大代表时为 1:5,选举县级人大代表时为 1:4。这次修改为,全国、省、县三级人大代表选举中城乡人口差别比例一律为 1:4,这是朝更平等更民主方向的发展。(4)缩短了一些选举时间期限。将选民名单的公布日期由选举日前 30 日改为 20 日,将初步候选人名单的公布日期由选举日期的 20 日改为 15 日。(5)具体规定了罢免的程序,特别是对罢免案的提出程序和表决方式做了规定。这些规定为选民和原选举单位行使监督权,提供了法律程序上的有力保障。此外,这次选举法修改还增添了以预选方式确定代表候选人、县级和乡镇人大代表提出辞职的规定。

2004 年 10 月 27 日,十届全国人大常委会十二次会议第四次修改《选举法》。

比1995年修改更进一步,主要内容是:第一,恢复了直接选举中的预选程序,规定“如果所提候选人的人数超过本法第三十条规定的最高差额比例,由选举委员会交各该选区的选民小组讨论、协商,根据较多数选民的意见,确定正式代表候选人名单;对正式代表候选人不能形成较为一致意见的,进行预选,根据预选时得票多少的顺序,确定正式代表候选人名单”。第二,在候选人介绍环节增加规定,“选举委员会可以组织代表候选人与选民见面,回答选民的问题”。使代表候选人情况介绍的方式具体化。另外,修改稿对罢免程序作完善,规定了破坏选举的行政违法和刑事犯罪行为的种类。

2010年3月14日,十一届全国人大三次会议通过《关于修改〈中华人民共和国全国人民代表大会和地方各级人民代表大会选举法〉的决定》,对选举法进行第五次修改。这次修改的主要内容有:第一,提高基层代表和妇女代表比例;第二,城乡人口同票同权,“全国人民代表大会代表名额,由全国人民代表大会常务委员会根据各省、自治区、直辖市的人口数,按照每一代表所代表的城乡人口数相同的原则,以及保证各地区、各民族、各方面都有适当数量代表的要求进行分配”;第三,规定了选举委员会的职责和选举委员会成员的任免机关和任职条件;第四,完善选举程序,包括选区划分、代表候选人提名与确定、投票和代表罢免等。

2015年8月29日第十二届全国人民代表大会常务委员会第十六次会议《关于修改〈中华人民共和国地方各级人民代表大会和地方各级人民政府组织法〉、〈中华人民共和国全国人民代表大会和地方各级人民代表大会选举法〉、〈中华人民共和国全国人民代表大会和地方各级人民代表大会代表法〉的决定》,对选举法进行了第六次修改。主要内容是:(1)修正案明确了乡镇人大主席团在闭会期间的职责,增加规定,乡镇人大主席团每年选择若干关系本地区群众切身利益、社会普遍关注的问题,有计划地安排代表听取和讨论本级人民政府的专项工作报告,对法律、法规实施情况进行检查,开展视察、调研等活动;听取和反映代表和群众对本级人民政府工作的建议、批评和意见。(2)修正案增加了县级人大常委会组成人员名额,规定从“15人至27人”修改为“15人至35人”,人口超过100万的,从“不超过35人”修改为“不超过45人”。同时规定,县级人大根据需要可以设法制委员会、财政经济委员会等专门委员会。市辖区、不设区的市的人大常委会可以在街道设立工作机构,负责联系辖区内的人大代表,组织代表开展活动,反映代表和群众的建议、批评和意见,办理本级人大常委会交办的监督、选举以及其他工作。(3)修正案增加规定,乡镇人大代表根据乡镇人大主席团的安排开展视察、调研等活动,乡镇人大代表参加视察、专题调研活动形成的报告,由乡镇人大主席团转交有关机关、组织。对报告中提出的意见和建议的研究处理情况应当向代表反馈。

代表建议、批评和意见办理情况的报告,应当予以公开。县级人大常委会和乡镇人大主席团应当定期组织本级代表向原选区选民报告履职情况。(4)修正案还规定,公民参加各级人民代表大会代表的选举,不得直接或间接接受境外机构、组织、个人提供的与选举有关的任何形式的资助。

经过多次修改的现行选举法,是适合我国当前实际情况、适应我国当前发展社会主义民主、健全社会主义法制、进行社会主义现代化建设的现实需要的。随着我国政治、经济、文化的发展和政治体制改革的进行,我国的选举制度在实践中将会进一步得到改进和完善。

第二节　我国选举制度的基本原则和程序

一、我国选举制度的基本原则

按照我国现行宪法和选举法的规定,我国选举制度的基本原则包括:选举权的普遍性、选举权的平等性、直接选举与间接选举并用、差额选举、无记名投票以及选民或原选单位对代表的监督和罢免。这些原则的确定,直接取决于我国人民民主专政的国家性质,同时也受我国现行政治、经济和文化发展水平的制约。选举制度的基本原则就是我国选举制度社会主义民主性的表现。

(一)选举权的普遍性原则

选举权的普遍性,就是指一个国家内享有选举权和被选举权的人数占到了全体年满法定选举年龄的公民总数的绝大多数,从而使选举权和被选举权的享有率在全国范围内达到广泛的程度。

我国选举权的普遍性主要表现在选举法关于享有选举权资格的民主合理的规定上。我国《选举法》第3条规定:中华人民共和国年满18周岁的公民,不分民族、种族、性别、职业、家庭出身、宗教信仰、教育程度、财产状况和居住期限,都有选举权和被选举权。依照法律被剥夺政治权利的人没有选举权和被选举权。此外,第26条第2款规定:精神病患者不能行使选举权利的经选举委员会确认,不列入选民名单。这些规定表明,在我国,依法享有选举权的条件,一是年龄条件,即年满18周岁;二是政治条件,即没有被依法剥夺政治权利;三是健康条件,即不是精神病患者。除此之外,再无其他任何苛刻的限制。依照法律规定的这些条件,在我国的每次选举中,享有选举权的人数都占到年满18周岁以上公民总数的绝大多数(近年来都达到99%以上),选举权确实达到了普遍的程度。与西方国家对选举资格的种种限制和选举权的享有率普遍较低的情况相比,我国选举制度的民主性是显而易见的。

我国选民资格的民主规定及由此形成的选举权的普遍性,首先是由我国人民民主专政的国家性质所决定的。人民民主专政是对占人口绝大多数的工人、农民和其他爱国民主力量实行民主和对极少数敌对分子实行专政的新型民主政权。在这种民主制度下,享有民主权利的人数是十分广泛的,本身就具有普遍民主的意义。即使是被依法剥夺政治权利的专政对象,除极个别罪大恶极者以外,政府都给其以劳动改造悔过自新的机会,使其能够在改造好以后重新享有选举权和被选举权。这种政权的民主性是我国选举权普遍性的政治基础。其次,我国选举权普遍性的程度也是随着国家阶级结构的变化和政治民主化的推进不断提高的。中华人民共和国成立初期,剥削阶级的残余势力和破坏社会主义革命和建设事业的坏分子直接威胁着新生的人民政权的巩固和发展,因而被依法剥夺政治权利的人数相对较多。如1963年全国基层普选中,被剥夺选举权和不予进行选民登记的人数占到选举地区年满18周岁以上人口总数的2.83%。1956年社会主义改造基本完成以后,由于剥削阶级作为阶级已经被消灭,社会阶级结构的变化导致被剥夺政治权利的人数大幅度下降。到了1978年十一届三中全会以后,国家民主化建设的不断推进使不享有选举权和被选举权的人员更趋减少。1983年3月5日,全国人大常委会《关于县级以下人民代表大会代表直接选举的若干规定》又允许未被宣布停止行使选举权利的违法犯罪的人员行使选举权,遂使我国享有选举权的人数更为扩大,而不享有选举权的人数更为减少。随着我国政治体制改革的不断深入发展,国家生活的民主化程度必然会越来越高,选举权普遍性程度必将随之日趋提高。

(二)选举权的平等性原则

选举权的平等性,是指所有选民在平等的基础上参加选举,不允许任何人享有特权,更不允许对任何选民非法限制或歧视。选举权的平等性通常表现在:(1)每人一票,即每个选民在每次选举中只能投一票,享有一个有效的投票权;(2)每票效力相等。在我国选举法上,选举权的平等性具体体现为:一是保障公民都享有平等的选举权,实行城乡按相同人口比例选举代表,体现人人平等;二是保障各地方在国家权力机关有平等的参与权,各行政区域无论人口多少,都有相同的基本名额,都能选举一定数量的代表,体现地区平等;三是保障各民族都有适当数量的代表,人口再少的民族,也要有一名代表,体现民族平等。选举权的平等性也是我国选举制度社会主义民主性的重要体现。

理解我国选举权的平等性,还要理解汉族和少数民族在选举权和被选举权行使方面的实质上的平等。选举法从我国各民族一律平等和各民族人数差别较大的实际情况出发,规定了少数民族和汉族之间每一代表所代表的人口数的不同比例。

这种规定如果单纯从形式上看,似乎是不平等的,但这样规定是为了达到实质上的平等。

关于少数民族与汉族每一代表所代表的人口数不同比例,选举法作了明确规定。在地方各级人民代表大会代表的选举中,在“有少数民族聚居的地方,每一聚居的少数民族都应有代表参加当地人民代表大会”;“聚居境内同一少数民族的总人口数占境内总人口数30%以上的,每一代表所代表的人口数相当于当地人民代表大会每一代表所代表的人口数”;“聚居境内同一少数民族的总人口数不足境内总人口数15%,每一代表所代表的人口数,可以适当少于当地人民代表大会每一代表所代表的人口数,但不得少于1/2;实行区域自治的、人口特少的自治县,经县、自治区的人民代表大会常务委员会决定,可以少于1/2。人口特少的其他聚居民族,至少应有代表一人”;“聚居境内同一少数民族的总人口数占到境内总人口数15%以上,不足30%的,每一代表所代表的人口数,可以适当少于当地人民代表大会每一代表所代表的人口数,但分配给该少数民族的应选代表名额不得超过代表总名额的30%”。至于各个少数民族选举全国人民代表大会代表的名额,由全国人民代表大会常务委员会参照各少数民族的人口数和分布等情况,分配给各省、自治区、直辖市的人民代表大会选出,“人口特少的民族至少应有代表一人”。选举法的这些规定如果从形式上看,似乎也是不平等的。但它是立足于我国的现实,着眼于实质上的平等。我国现行宪法确认“中华人民共和国各民族一律平等”,国家保障各少数民族的合法权利和利益,维护和发展各民族的平等、团结、互助的关系。我国有些少数民族人口特少,如黑龙江的赫哲族不足6000人,如果也像汉族那样按照人口比例产生代表,势必使各个少数民族代表的名额减少或者没有代表,这就难以体现民族平等的原则,人民代表大会制度的广泛的民主基础就受到影响。根据民族平等原则,使每一聚居的少数民族不仅都有适当数量的代表参加当地的人民代表大会,而且每一个人口特少的民族都至少要有一名代表参加全国人民代表大会,这就保证了我国的各个少数民族在国家政治生活中的平等权利。

（三）直接选举和间接选举并用原则

我国《选举法》规定:“全国人民代表大会的代表,省、自治区、直辖市、设区的市、自治州的人民代表大会的代表,由下一级人民代表大会选举。”“不设区的市、市辖区、县、自治县、民族乡、镇的人民代表大会的代表,由选民直接选举。”这说明,我国社会主义民主选举中,直接选举和间接选举两种方式是互相配合、共同采用的。

直接选举和间接选举是两种不同的选举方式。直接选举,就是由选民直接投票选出民意机关代表或国家公职人员的选举方式;间接选举,就是由下一级民意机关或由选民投票选出的代表(或选举人)选举上一级民意机关代表或国家公职人员的选举方式。从理论上讲,直接选举是更为完备更为民主的一种选举方式。它有利于选民直接挑选他们所熟悉和信任的人到国家政权机关中去代表他们行使管理国家的权力,便于选民直接向代表反映意见和要求并监督代表的活动,同时也便于增强人民代表作为人民公仆的责任感,进一步加强人民群众和政权之间的密切联系。但是,如果从民主的实际效果而言,这又不是绝对的。一个国家究竟实行直接选举还是间接选举,还是二者并用以及二者的具体比例的确定,都必须同该国的特定国情如地理区域大小、人口数量、经济文化发展状况、选民素质的普遍水平等因素联系起来综合考虑。在一个人口较多、地域辽阔、各地区经济文化发展极不平衡、选民素质较差、交通及经济发展比较落后的国家,即使实行直接选举,也无法达到由选民直接真实地表达个人意愿的目的。当然,如果直接选举具备现实基础或扩大直接选举范围的条件比较成熟,亦应该不失时机地实行或扩大直接选举。不管实行何种选举方式或二者的比例如何,都要以保证选民真正表达个人意志、最终选出能够代表多数选民意愿的适当人选为基本目的。

在我国,1953年的《选举法》根据当时的政治经济状况、群众觉悟水平及交通条件,只是规定在乡、民族乡、镇、市辖区,不设区的市的人民代表大会实行直接选举,县以上地方各级人民代表大会和全国人民代表大会的代表实行间接选举。但是,随着我国的政治、经济、文化的不断发展,我国直接选举的范围有必要逐步扩大,1979年颁布的选举法就将直接选举扩大到县一级。实践证明,将直接选举扩大到县级人民代表大会代表的选举具有十分重要的意义,它是我国选举制度的一项重大改革:(1)进一步加强了代表与选民的直接联系,代表能够随时深入到选民中,直接听取选民的意见和要求;(2)加强了县级政权领导机构的民主性,从而能使代表更好地监督县级政权领导机构的工作,有利于克服官僚主义,加强和提高县级政权的组织领导力量和工作效率;(3)扩大了人民群众直接参与国家政治生活的权利,从而增强了人民群众当家做主的荣誉感和主人翁感,有利于调动人民的积极性和创造性;(4)县级人民代表必须向选民负责,向选民报告工作,保证了县级人民代表在自己的活动和工作中,把向上级负责和向选民负责结合起来,使代表的责任心更增强了。

(四)差额选举原则

差额选举是与等额选举相对应的一种选举方式。所谓等额选举,是指民意机关代表或公职人员选举中候选人的人数与应选代表名额相等的选举。所谓差额选举,则是指民意机关代表或公职人员选举中候选人的人数多于应选代表名额的选举。差额选举优于等额选举,体现了民主选举的本意要求。我国选举法实行差额选举原则,《选举法》第 30 条规定:"全国和地方各级人民代表大会代表候选人的名额,应多于应选代表的名额",并分别规定了直接选举和间接选举中的具体差额比例,这是我国选举制度社会主义民主性的又一表现。

关于差额与等额的问题,在我国的选举实践中有一个从等额到差额的转变过程。1953 年选举法中没有关于等额或差额的明确规定,但选举实践中采用的是等额选举方式,并且一直延续到 1979 年。当时的等额选举,代表候选人名单一般是由领导人提出,群众讨论酝酿,广泛民主协商,然后正式确定的。采用这种等额选举的方式,是由我国解放初期民主政权刚刚建立、政治经济尚未走上正轨、社会治安秩序还不稳定、人民政治觉悟不高和阶级斗争比较复杂的实际情况所决定的,是合理的和必要的。这在 20 世纪 50 年代和国家民主生活正常的情况下,曾起过一定的积极作用。但是,自 50 年代末期以后,林彪、江青之流推行极"左"路线,肆意破坏社会主义民主与法制,选举制度也遭到了严重破坏,等额选举实际上成了"上边提名单,群众划圈圈"的"指选"和"派选",民主选举成了形式。1979 年,五届人大二次会议全面修改并重新颁布了选举法,基于加强民主与法制的需要,改等额选举为差额选举,使我国选举制度进一步民主化了。实行差额选举,首先能使选民自由选举候选人,选出自己满意和信赖的人选担任人民代表,代表自己参与国家的民主政治管理,从而有助于提高人民群众的主人翁责任感,加强代表与选民之间的联系和选民对代表的监督;其次,实行差额选举也可以增强当选代表的群众观念,使他们把对上级负责和对群众负责更好地结合起来,同时对于未当选的候选人也会有教育和鞭策作用。

(五)无记名投票原则

无记名投票即秘密投票,就是选民按照自己的意愿填写选票,不署自己姓名,不向他人公开的选举方式。

在人类选举的历史上,无记名投票是与公开投票相对应的,而且也是由公开投票逐渐演变而来的。公开投票经历了欢呼投票、唱名投票、举手投票和双记名投票几个阶段的演进,最后进入秘密投票。秘密投票最初是单记名投票,后来在 1856 年改进为澳大利亚投票法,至今通行于世界各国。澳大利亚投票法的特点在于,由选举组织机构统一印制选票,票面上列举候选人姓名及赞成、反对、弃权的符号,并留出选民另选代表的空格;选举时选民在选举场所同时领取选票,进入投票场密室,按自己意愿填写规定符号,将选票投入票箱即可完成投票选举过程。秘密投票中选民的意思表示是秘密进行的,他人无权干涉也无从干涉,因而有利于选民毫无顾虑地自主表达个人真实意愿,达到民主选举的目的。

在我国,1979 年以前采取无记名投票和举手投票并用的选举方法。根据 1953

年《选举法》的规定:乡镇一级人民代表大会代表的选举可采用举手投票方法,也可以采用无记名投票的方法;县以上各级人民代表大会代表的选举以无记名投票方法进行。由于当时文盲很多,选举法这样规定是符合当时的具体情况的。随着我国经济文化事业的发展和教育的普及,人民的文化水平和民主参政意识普遍提高,因此,1979年《选举法》规定,我国全国和地方各级人民代表大会代表的选举一律采用无记名投票的方法。对于少数文盲或因残疾不能写选票的人,可以委托他人代写选票。无记名投票是我国选举制度的基本原则之一,它为民主选举提供了自由表达选民意志的重要保障条件,有助于人民民主参政权的切实有效实现。

(六)代表受监督和罢免的原则

用法律形式,认真贯彻和实施对代表监督和罢免的原则,是人民当家做主、管理国家的重要保障。选民和原选单位行使监督和罢免代表的权利,一方面,能使代表更加密切地联系选民,倾听选民的意见,认真履行其代表的职责;另一方面,选民通过对代表的监督和罢免权的行使,可以更进一步增强人民群众当家做主的责任感,从而调动广大人民群众参加社会主义建设的积极性。

从1953年颁布第一部选举法至今,我国先后五次对选举法进行了重大修改。按照选举法所确立的原则,总结对代表监督和罢免的实践经验,已初步明确了监督权和罢免权所包含的内容。这就是选民和原选举单位监督由他们选出的代表是否认真行使了法律规定的代表应行使的权利,是否认真履行了法律规定的代表应该履行的义务。具体地说,要监督人民代表大会的代表是否认真参加了人民代表大会,在开会期间,是否依照人民代表大会的职权,认真行使了立法权、监督权、人事任免权、重大问题的决定权,以及提出议案、批评建议等权利。要监督人民代表大会的代表是否认真履行了遵守宪法和法律、保守国家秘密的义务,是否听取和反映了人民的意见和要求,是否同选民及原选举单位保持密切联系,宣传法律和政策,协助本级人民政府推行工作。如果代表不认真行使权利和履行义务,选民和原选单位应予以罢免。

我国现行《选举法》对监督和罢免代表的程序作出了较为具体的规定:

第一,罢免案的提出和处理。任何选民或者选举单位都有权监督和罢免自己选出的代表。《选举法》第44条规定,对于县级和乡级的人民代表大会代表,原选区选民30人以上联名,可以向县级的人大常委会书面提出罢免要求;罢免要求应当写明罢免理由。被提出罢免的代表有权在选民会议上提出申辩意见,也可以书面提出申辩意见;县级人大常委会应当将罢免要求和被提出罢免的代表的书面申辩意见印发原选区居民;表决罢免要求,由县级人大常委会派有关负责人员主持。《选举法》第45条规定,主席团或者1/10以上代表联名,可以提出对由该级人大选出的上一级人大代表的罢免案;在人大闭会期间,县级以上的地方各级人大常委会主任会议或者常委会1/5以上组成人员联名,可以向常委会提出对由该级人大选出的上一级人大代表的罢免案;罢免案应当写明理由;县级以上的地方各级人大举行会议的时候,被提出罢免的代表有权在主席团会议和大会全体会议上提出申辩意见,或者书面提出申辩意见,由主席团印发会议。罢免案经会议审议后,由主席团提请全体会议表决;县级以上的地方各级人大常委会举行会议的时候,被提出罢免的代表有权在主任会议和常委会全体会议上提出申辩意见,或者书面提出申辩意见,由主任会议印发会议。罢免案经会议审议后,由主任会议提请全体会议表决。

第二,罢免案的通过,罢免代表采用无记名投票的表决方式。罢免县级和乡级的人大代表,须经原选区过半数的选民通过;罢免由县级以上的地方各级人大选出的代表,须经各该级人大过半数的代表通过;在代表大会闭会期间,须经常委会组成人员的过半数通过。罢免的决议,须报送上一级人大常委会备案。

第三,罢免后果。经法定程序被罢免的人大代表即失去代表资格。县级以上的各级人大常委会组成人员,全国人大和省、自治区、直辖市、设区的市、自治州的人大专门委员会成员的代表职务被罢免的,其常委会组成人员或者专门委员会成员的职务相应撤销,由主席团或者常委会予以公告。乡、民族乡、镇的人大主席、副主席的代表职务被罢免的,其主席、副主席的职务相应撤销,由主席团予以公告。这些关于罢免程序的规定,既体现了我国选举制度的民主性,同时也体现了罢免代表的严肃性。

二、我国选举的组织和程序

(一)选举的组织

《选举法》规定,全国人民代表大会代表的选举,由全国人民代表大会常务委员会主持;省、自治区、直辖市、设区的市、自治州的人民代表大会代表的选举,由本级人民代表大会常务委员会主持;不设区的市、市辖区、县、自治县、乡、民族乡、镇人民代表大会代表的选举,由本级设立的选举委员会主持。不设区的市、市辖区、县、自治县的选举委员会受本级人大常委会领导;乡、民族乡、镇的选举委员会受不设区的市、市辖区、县、自治县的人大常委会的领导。根据全国人民代表大会常务委员会《关于县级以上人民代表大会代表直接选举的若干规定》,县、自治县、不设区的市、市辖区的选举委员会的组成人员由本级人民代表大会常务委员会任命。乡、民族乡、镇的选举委员会的组成人员由其上一级人民代表大会常务委员会,即由县、自治县、不设区的市、市辖区的人民代表大会常务委员会任命。选举委员会下设办事机构,办理选举的具体事务。选举委员会的职权是:(1)主持本级人民代表大会的选举;(2)进行选民登记,审查选民资格,公布选民名单,受理对于选民名单不同意见的申诉,并作出决定;(3)划分选举本级人民代表大会代表的选区,分配各选区应选代表的名额;(4)根据多数选民的意见,确定和公布正式代表候选人的名单;(5)规定投票选举日期;(6)确定选举结果是否有效,公布当选代表名单,登记当选代表,并发给代表当选通知书。

(二)选举的基本程序

1.选区划分

选区是指以一定数量的人口为基础而划分的进行直接选举、产生人民代表的区域,同时也是人民代表联系选民进行活动的基本单位。在我国,在直接选举的地方,即在不设区的市、市辖区、自治县、民族乡、镇,其人民代表大会代表的名额分配到各个选区,由选民按选区直接投票进行选举。现行《选举法》规定:"选区可以按居住状况划分,也可以按生产单位、事业单位、工作单位划分。"这样,居住在一起的选民,或者在同一单位工作的选民,彼此互相了解,便于挑选自己所熟悉和信赖的人当代表,便于选民就近参加选举活动,也便于代表联系选民、接受选民监督和向选民负责。同时,《选举法》还规定选区以一定数量的人口为基础,选区范围的大小按照每一选区选1名至3名代表为宜,"本行政区域内各选区每一代表所代表的人口数应当大体相等"。但是,究竟应该按照生产单位、事业单位、工作单位划分选区,还是按照居住状况划分选区,或者按照这两方面相结合的原则划分选区,必须从具体情况出发,按照便于选民行使权利、便于代表联系选民和接受选民监督的原则加以考虑。

2.选民登记

选民登记工作,就是选举组织机构依照选举法的规定,对本选区内的公民进行审查以确认其选举资格并发给选民证的行为。选举权是公民的一项重要的政治权利,但公民有无选举权利,要由选举委员会按选区进行登记、审查,对于符合法律规定条件的公民,列入选民名单,承认其选民资格。因此,选民登记不仅是选举的一项基础工作,而且是一项严肃而细致的工作,必须切实做到不错登、不漏登、不重登。

做好选民登记工作,必须严格依法进行选民资格的审查,把好以下几个关:(1)把好选举年龄关。年满18周岁的公民年龄的计算到选举日为止。(2)把好政治权利关。凡是未经司法机关正式判处被剥夺政治权利的人,都应一律列入选民名单。除因危害国家安全案或者其他严重刑事犯罪案被羁押,正在受侦查、审判的人,已经人民检察院或者人民法院决定停止行使选举权利者外,即使是劳改犯、劳教人员或者在押人员等，只要未经司法机关剥夺政治权利，或者未经司法机关决定停止行使选举权利，一律都允许参加选举，应列入选民名单，决不能由任何人或任何单位自行决定剥夺某个人的选举权利而将其排除于选民名单之外。(3)把好精神病患者关。是否确系经常处于失去独立的正常思维和判断能力的病态之中，一定要有县级以上医疗部门的诊断证明，由选举委员会最后加以确认。如果只是间歇性的发作，投票日神志清醒正常，仍应列入选民名单。(4)把好离开户口所在地长期在外人员的选举权利关。我国宪法和选举法明文规定，公民的选举权利不受居住期限的限制。由于各种原因离开原居住地或者原生产单位、工作单位的，在选举期间又不能回去的，要分别不同情况，以不同方式，保障他们的选举权利。

为了保证选民登记工作既认真准确，又不浪费人力、物力和财力，1986 年 12 月经过修改后的选举法进一步简化了选民登记手续，规定经登记确认的选民资格"一次登记，长期有效"。每次选举前仅对上次选民登记后新满 18 周岁的、被剥夺政治权利期满后恢复行使选举权的人予以登记；将上次选民登记后迁出原选区的选民列入新迁入的选区的选民名单；对死亡和依照法律被剥夺政治权利的人，从选民名单上除名。

选民资格审查结束、选民登记工作完毕后，选举委员会应在选举日的 20 日以前公布选民名单，发给选民证。如果对公布的选民名单有不同意见，可以向选举委员会提出申诉。选举委员会对申诉意见，应在 3 日内作出处理决定。申诉人如果对处理决定不服，可以在选举日的前 5 日前向人民法院起诉，人民法院应在选举日以前判决。人民法院的判决即是最后的决定。

3. 代表候选人的提名与介绍

代表候选人的提名与介绍，是选举中体现民意的关键环节，也是选好人民代表的基础。我国选举法对代表候选人的提名与介绍做了如下规定：

第一，一律实行差额选举。由选民直接选举的代表候选人名额，应多于应选代表名额的 1/3 至 1 倍；间接选举的代表候选人名额，应多于应选代表名额的 1/5 至 1/2。直接选举的差额比例大于间接选举，是考虑到直接选举按选区进行，每一选区选出的代表数量不多，如果差额比例过小，就无实际意义了；而间接选举的差额比例规定得小一些，可以避免票数过于分散，易于使代表名额照顾到各方面的人士。

第二，代表候选人的提名来自群众。在县级以下直接选举人民代表大会代表的地方，代表候选人由各选区的各政党、各人民团体和选民提名推荐；在县级以上地方各级人民代表大会选举上一级人民代表大会代表时，其代表候选人由各政党、各人民团体和代表提名推荐。选民或者代表，10 人以上联名，可以推荐代表候选人;各政党、各人民团体,可以联合或者单独推荐代表候选人。县级以上地方各级人民代表大会在选举上一级人民代表大会代表时,代表候选人提名不限于本级人民代表大会代表。推荐代表候选人时,推荐者应向选举委员会或者大会主席团介绍代表候选人的情况。接受推荐的代表候选人应当向选举委员会或者大会主席团如实提供个人身份、简历等基本情况。提供的基本情况不实的,选举委员会或者大会主席团应当向选民或者代表通报。"各政党、各人民团体联合或者单独推荐的代表候选人的人数,每一选民或者代表参加联名推荐的代表候选人的人数,均不得超过本选区或者选举单位应选代表的名额。"

第三,根据多数选民意见确定正式候选人名单。在实行直接选举的地方,在选区选民和各政党、各人民团体提名推荐候选人的基础上,由选举委员会汇总所推荐出来的代表候选人名单,在选举日的15日以前公布,并交该选区的选民小组讨论、协商,再由选举委员会根据较多数选民的意见,确定正式代表候选人名单。如果提出的候选人超过法定最高差额比例,要经过选民充分酝酿、讨论、协商,根据较多数选民的意见确定正式候选人名单。确定正式代表候选人名单;对正式代表候选人不能形成较为一致意见的,进行预选,根据预选时得票多少的顺序,确定正式代表候选人名单。正式代表候选人名单,在选举日的7日以前公布。

在县级以上的地方各级人民代表大会选举上一级人民代表大会代表的时候,提名、酝酿代表候选人的时间不得少于2日。各该级人民代表大会主席团将依法提出的代表候选人名单印发全体代表反复酝酿、讨论。如果所提代表候选人名单超过法定最高差额比例,则通过预选,确定正式代表候选人名单。如果所提代表候选人人数符合法定差额比例,则直接进行投票选举。不管是直接选举还是间接选举的地方,对于由各政党、各人民团体推荐的候选人和由选民或代表推荐的候选人,都不能不经法定程序强行列入正式代表候选人名单。

第四,采用各种形式介绍代表候选人。选举法规定,除推荐时必须认真地介绍代表候选人的情况外,选举委员会或者人民代表大会主席团应当向选民或者代表介绍代表候选人的情况。推荐代表候选人的政党、人民团体和选民、代表可以在选民小组或者代表小组会议上介绍所推荐的代表候选人的情况。选举委员会根据选民的要求,应当组织代表候选人与选民见面,由代表候选人介绍本人的情况,回答选民的问题。但是,在选举日必须停止对代表候选人的介绍。

4. 投票选举和确定选举结果

选民投票,是完成选举工作的最后一个环节。我国选举法关于投票程序做了如下规定:

第一,设立投票箱和召开选举大会。在一般情况下,为方便选民在投票日选择适当的时间前往投票，在一个选区内设立投票站，安置投票箱，让选民投票选举。如果有条件安排统一时间，也可以召开选举大会集中组织同一选区的选民进行投票。

第二，采用秘密投票方法。为保障选民在不受任何外来影响下自由投票，选举时应当设有秘密写票处。选民写票，其他人不得观看和干预。

第三，代写和委托。选民如果是文盲或者因残疾不能写选票，可以委托他信任的人代写。选民如果在选举日外出，经选举委员会同意，可以书面委托其他选民代为投票。但每一选民最多只能接受 3 人的委托。

第四，如果老弱病残不便到投票站投票，选举委员会可以派工作人员带流动投票箱到选民的住地，让他们投票。

第五，选民填写选票自由。选民对于代表候选人可以投赞成票，可以投反对票，可以另选其他任何选民，也可以弃权。但是，赞成的人数（包括在候选人之外另填写的被选举者在内），不能超过本选区应选的代表名额，否则即为无效。

关于确定代表的当选，选举法规定：直接选举人民代表时，选区全体选民的过半数参加投票，选举有效；代表候选人获得参加选举的选民过半数的选票，始得当选。获得过半数选票的代表候选人超过应选名额时，以得票多的当选。若遇票数相等不能确定当选人时，应当就票数相等的候选人重新投票。获得过半数选票的代表候选人的名额少于应选代表的名额时，不足的名额应当在没有当选的代表候选人中另行选举，以得票多的当选，但是得票数不得少于选票的 1/3。选举投票时，应由选民推选监票人、计票人。监票人、计票人负责检验票箱，当众封箱和开箱计票。计算投票的结果时，应当将投票人数和票数加以核对，并作出记录，由监票人签字。

选举正式结果由选举委员会依法确定是否有效，并在各选区分别予以公布，然后颁布代表当选证书。“公民不得同时担任两个以上无隶属关系的行政区域的人民代表大会代表。”

（三）代表的补选和辞职

前述四个程序是我国选举法规定的一般选举程序。除此之外，选举法还对代表的补选程序做了原则规定。补选代表，是指原选区或原选举单位依法对其选举的人民代表的缺额进行补充选举。

从实际情况来看，代表出缺的原因很多，例如，(1)代表因故死亡；(2)代表因违法失职而被罢免或撤销；(3)因工作需要调离原行政区域；(4)因特殊原因代表拒绝接受当选证书；(5)上一级人大或常委会认为需要补选个别代表，等等。代表出缺一方面影响国家权力机关的正常工作；另一方面也使原选举单位或原选区失去表达意见和愿望的桥梁。因此,选举法规定,代表在任期届满前因故出缺,由原选区选民或原选举单位补选。县级以上地方各级人民代表大会闭会期间,也可以由本级人民代表大会常务委员会补选上一级人民代表大会的代表。补选出缺代表的时候,可以采取差额选举,也可以采取等额选举。其他程序和方式大体上与正式选举相同,具体由省、自治区、直辖市人民代表大会常务委员会规定。

在补选代表时,应注意两个问题:一是补选以本选区或本级人大选出的代表的出缺名额为限,不得对其他非本选区或本级人大选举的代表缺额进行补选;二是必须严守"出缺"标准,属于本选区或本级人大没有选出的代表或虽已选出但被代表资格审查委员会确认其资格无效的应由本选区或本级人大另行选举,不是"因故出缺"不能适用补选程序。

代表的出缺还有一种原因,这就是代表的辞职,《选举法》第49、50条对此也做了规定:县级以上的人大代表可以向本级人大常委会书面提出辞职,乡级的人大代表可以向本级人大书面提出辞职;县级以上的各级人大常委会组成人员,全国人大和省、自治区、直辖市、设区的市、自治州的人大专门委员会成员辞去代表职务的请求被接受的,其常委会组成人员和专门委员会成员的职务相应终止,由常委会予以公告;乡、民族乡、镇的人大主席、副主席,辞去代表职务的请求被接受的,其主席、副主席的职务相应终止,由主席团予以公告。代表辞职以后造成的代表出缺,按前述补选代表程序进行补选。

三、我国选举的保障

为了有效地、切实地贯彻选举制度的各项民主原则,保证民主选举的依法顺利进行,我国选举法规定了对选举的物质保障和法律保障。

选举的物质保障就是指我国《选举法》第8条规定的选举经费由国库开支的原则,这是我国社会主义选举制度的民主性和优越性的典型表现。实行选举经费由国库开支的意义在于:第一,保证选举活动的顺利进行。选举是一项涉及社会各个方面和每个选民切身政治利益实现的规模宏大的政治活动,需要人力、物力和财力的大量投入,而这是选民个人的经济能力和筹措能力所无法圆满应付的。选举经费由国库开支,就能够保证在选举组织和选举宣传的整个过程中得到报刊、电台、印刷、纸张、公共场所、交通工具及其他所需的所有物质条件上的大力支持和配合,从而保证选举活动的顺利进行。第二,保证选举的平等性和公正性。选举经费由选民个人筹集,选民之间就会由于筹得选举经费的多少差异形成经济实力上的不平等,这必然导致选民之间在选举权实现程度上的不平等,影响选举过程的民主性。同时,个人筹集选举经费也极易形成资本财团或个别社会势力以金钱操纵选举的不法现象,无法保证选举的结果公正。选举经费由国库统一开支,就为选举活动平等、民主、公正和顺利地进行准备了物质基础。

选举的法律保障表现在以下两个方面:首先,我国选举法和其他有关的选举法律文件具体规定了选举的原则、程序、方式和方法,为选举活动的进行提供了详细的指导规范,从而从法律角度保证选举过程严格按照民主要求有秩序地进行,减少违法选举现象的发生;其次,我国选举法和刑法规定了对破坏选举行为的严厉制裁。《选举法》第50条规定:为保障选民和代表自由行使选举权和被选举权,对有下列违法行为的,应当依法给予行政处分或刑事处分:(1)用暴力、威胁、欺骗、贿赂等非法手段破坏选举或者妨碍选民和代表自由行使选举权和被选举权的;(2)伪造选举文件、虚报选举票数或者有其他违法行为的;(3)对于控告、检举选举中违法行为的人,或者对于提出要求罢免代表的人进行压制报复的。我国《刑法》也在第256条规定了对一些严重破坏选举的犯罪分子应该追究的刑事责任。这些规定使我国人民选举权利的实现得到了国家法律的保障。

第十一章　政党制度

第一节　政党制度概述

政党是由一定阶级、阶层和集团的中坚分子组成的,为实现本阶级本集团根本利益,围绕影响、取得和运作政权而进行活动的政治组织。政党的特征在于:(1)有政治纲领。政治纲领或章程集中地反映了政党所代表的阶级根本利益,是政党的政治基础和行动指南。(2)有政治组织。这是指有一套完整的组织体系,这是政党进行活动的组织力量。(3)有政治纪律。这是政党战斗力的保障和体现。(4)有政治目标。即影响、夺取和巩固国家政权,其目的在于实现本阶级对国家生活和社会生活的领导权,最低限度是干预国家生活以维护本阶级的各方面利益。

政党是一个政治范畴,也是一个历史的范畴,是资产阶级革命的产物和民主政治的表现。在资本主义以前的奴隶制时代和封建制时代,没有政党,也不存在政党产生的条件。封建统治者为了维护其专制君主统治,不仅剥夺了被统治阶级的结社自由,也不允许本阶级的成员结为朋党社团,人民没有表达意志的自由,更不允许对专制政权有丝毫的夺取甚或是参与的想法,因而作为政治参与手段的政党当然不可能产生和存在。真正科学意义上的政党是在欧洲和北美资产阶级革命的过程中逐渐产生和发展起来的。在英国,政党最早发源,17 世纪 70 年代就已经存在辉格党和托利党,虽然它们当时还只是英国国会中的不同政治派别,但由于与政权活动相联系,因而可以视为近代政党的萌芽。一直到 19 世纪 30 年代以后,英国才出现了真正的近代政党,即由辉格党和托利党历经演变而形成的保守党和自由党。18 世纪 70 年代美国独立初期,国会中就有联邦党和反联邦党两个政治派别,直到 19 世纪 60 年代才演变为民主党和共和党。这表明,资产阶级政党是在 19 世纪初中期随着资本主义生产关系的发展,在资产阶级政治发展达到取得国家政权和建立资本主义议会制度的条件下产生的。无产阶级政党是无产阶级反对资产阶级的斗争由自发阶段发展到自觉阶段以后马克思主义学说与工人运动相结合的产物,最早的无产阶级政党是 1847 年成立的共产主义同盟。

中国的近代政党是19世纪末20世纪初国难日深、救亡图存的产物,是民族资产阶级登上历史舞台的政治表现。19世纪70、80年代,主张向西方学习的思想家们就对西方政党政治有所评价,“政党”之概念东渐入中土。戊戌变法前后,资产阶级改良派康有为、梁启超等组织强学会、南学会、保国会等组织,带有政党色彩,这是近代政党实践在中国之开始。与此同时,资产阶级革命派孙中山、黄兴、蔡元培等先后组织的兴中会、华兴会、光复会则明显具有政党性质,这些都可视为政党的雏形。1905年孙中山领导成立的中国同盟会,是近代中国第一个真正意义上的政党。辛亥革命后,宋教仁以中国同盟会为基础组织国民党,1913年反对袁世凯的“二次革命”失败后被解散。1914年孙中山建立中华革命党,1919年10月10日正式改组为国民党。进入现代历史阶段后,1921年中国共产党的建立标志着中国工人阶级领导革命的开始。1927年,国民党蜕变为以蒋介石为首的大地主大资产阶级统治中国的工具。从此,国共两党的斗争成为中国政治的主流。1949年,在毛泽东主席的英明领导下,中国共产党经历千难万险和复杂的政治军事斗争,终于率领人民取得了解放全国的革命胜利,国民党残余退守台湾岛,中国的政党政治进入一个新的历史时期。中华人民共和国成立以来,中国共产党领导的多党合作与政治协商制度逐渐形成并完善起来,在中国现代社会主义政治生活中发挥着重要作用,这是中国现代政党制度的重要表现。

政党制度,就是政党控制和参与国家政权的形式。近现代各国政党制度有四种类型:一党制、两党制、多党制和一党为主多党共存制。

(一)一党制

一党制又称单党制或一党权威制。它是指在国家政治生活中只有执政党为唯一合法政党、统揽国家政权运行的政党体制。一党制的特点在于:(1)一党合法,禁止其他政党存在;(2)一党永久执政,不容许政治竞争;(3)政治民主化程度低,很多情况下根本不允许政治反对派存在,甚至实行专制独裁的极端事例也很多。这种政治体制主要存在于非洲第二次世界大战后新独立的民族主义国家。

(二)两党制

两党制是实施范围较广的一种政党制度,是指由两个主要政党固定地、长期地通过选举轮流执政的制度,上台操作政权的称作“执政党”,而另一党即为“反对党”或“在野党”。在两党制下,或者没有其他政党存在,或者存在多个政党而只有两党有轮流执政之权,其他政党与政权无关,为永远在野党。两党政治的特点和优势就在于政党政治监督,有助于保持政治依法运行和廉洁高效。但两党政治下存在的不法政治分赃和选举游戏则是不健康因素。两党制起源于英国,但最典型的是美国。除英美外,还有加拿大、澳大利亚、新西兰等国也实行这种政党制度。

(三)多党制

多党制是当今世界实施范围最为广泛的政党制度,它是指多个政党通过选举按得票比例获取相应议会席位、由在议会中居于多数的政党或政党联合执掌政权的制度。多党制以德国、法国为典型,除此以外北欧、西欧及拉美一些国家也实行这种政党政治。多党制的好处在于政治运行的监督广泛、制约经常化,但其不足之处在于如果国内政治力量复杂的情况下多党联合执政往往导致内阁更迭频繁,政局不稳,不利于国家经济、政治和社会发展,这需要以其他一些政治机制有效制约,如法国的"半总统制"就是一例。

(四)一党为主多党共存制

这种政党制度是指一党法定的或事实上的长期执政,其他政党或为在野党,或为协从党,与之共存。资本主义国家的"一党多元制"是一种表现形式。其特点是一党长期执政是历史地事实地形成的,其他政党均为在野党监督主体党执政,但由于多党竞争机制存在,因而也可能有小党联合取胜而组阁执政的情况,但一般来说,由于各小党政治力量弱小,联合执政脆弱,难以维持很长时间,最终要归回到主体党执政模式。实行这种政党制度的典型是日本和墨西哥,前者是自民党长期执政,后者是革命制度党长期执政。

第二节 我国的政党制度的基本内容和特点

我国现行宪法确认的政党制度是中国共产党领导的多党合作和政治协商制度。这种政党制度是在中国现代新民主主义革命和社会主义革命的长期历史演进中逐步形成的,符合中国的国情,具有极大的优越性。

一、共产党领导的多党合作与政治协商制度的形成与性质

中国共产党领导的多党合作与政治协商制度是在新民主主义革命时期与全国人民对中国共产党领导的拥护这一历史性选择同步形成的,并经历了中华人民共和国成立后特别是十一届三中全会以来的不断完善,已进入成熟和卓有成效的时期。

我国的民主党派是在抗日战争时期和人民革命解放战争时期先后建立起来的。从性质上讲,各民主党派形成时的社会基础主要是民族资产阶级、城市小资产阶级和它们的知识分子,以及其他爱国民主分子。它们所联系和代表的不是单一阶级,它们是这些阶级、阶层在反帝爱国和争取民主的共同要求的基础上的政治联

合。在它们的成员和领导骨干中,还有一定数量的革命知识分子和共产党人。中华人民共和国成立后,经过社会主义改造和社会主义建设实践的长期锻炼和考验,各民主党派已经不再是原来的以民族资产阶级、城市小资产阶级和与这些阶级相联系的知识分子为主体的阶级联盟性质的政党,各民主党派已经成为各自所联系的一部分社会主义劳动者和一部分拥护社会主义的爱国者的政治联盟,都是在中国共产党领导下的为社会主义服务的政党。

从范围上讲,我国的民主党派共有八个,它们分别是:

中国国民党革命委员会。简称"民革",成立于1948年1月,它是三民主义同志联合会、民主革命同盟和国民党民主促进会等国民党内的民主派,在民主革命斗争中组织起来的民主政党。其成员是继承孙中山先生的爱国主义和不断进步的革命精神的原国民党民主派和国民党内的其他爱国民主分子。

中国民主同盟。简称"民盟",于1941年3月成立,原称"中国民主政团同盟",1944年9月改为现名。1947年10月被国民党政府宣布为"非法团体"被迫宣布解散。1948年1月在香港重新组建。它是民族资产阶级、小资产阶级内部各民主阶层的政治联盟。主要成员是文教、科技界的知识分子。

中国民主建国会。简称"民建",于1945年12月成立。它由一批民族工商业者和一些与其有联系的知识分子组成。其成立宣言和政纲,都反映当时中国民族资产阶级的要求。

中国民主促进会。简称"民进",成立于1945年12月,它是抗日战争胜利后,在上海民主运动中逐渐形成的,是反对内战、争取民主的社会性的政治组织。其主要成员是教育界和出版界的知识分子。

中国农工民主党。简称"农工",它最初创建于1927年12月,定名为"中华革命党"。1930年8月改称为"中国国民党临时行动委员会"。1935年11月又改称为"中华民族解放行动委员会"。1941年3月筹建并参加"中国民主政团同盟",1947年2月决定定名为"中国农工民主党"。其主要成员是医药卫生界、工程技术界和文化教育界的知识分子。

中国致公党。简称"致公",1925年10月在美国旧金山成立。它是太平天国革命失败后,由流亡海外的中国侨民组织的秘密团体洪门致公堂(党)改组而成。其主要成员为归国华侨和侨眷。

九三学社。简称"九三",于1946年5月成立。其前身是于1944年年底组织起来的"民主科学社"。1945年9月3日为纪念世界反法西斯战争的伟大胜利,曾定名为"九三座谈会",后为"九三学社"。其主要成员是文化教育界、科学技术界的高、中级知识分子。

台湾民主自治同盟。简称“台盟”,它是1947年台湾人民举行“二二八”武装起义失败后,由台湾省籍的各界爱国同胞于当年的11月在香港成立的政治团体。其成员是台湾省籍的爱国人士。

各民主党派接受中国共产党的领导,参与多党合作和政治协商有一个历史过程。

在新民主主义革命时期,各民主党派主张国家独立、民主和统一,并愿意同中国共产党进行合作,坚持了和中国共产党共同奋斗的正确的政治方向。自1949年参加新政治协商会议筹备工作时起,各民主党派就正式宣布接受中国共产党的领导,同共产党一道参加了中国人民政治协商会议,参加了新中国的人民政权。

1949年9月30日,在中国人民政治协商会议第一届全体会议上,通过选举产生的六位中央人民政府副主席中,有宋庆龄、李济深、张澜三位民主党派和无党派人士;56名中央政府委员中有27人。同年10月19日,民主党派和无党派人士在中央人民政府委员会第三次会议任命的4位政务院副总理中有2位;15名政务委员中有9人;在政务院所辖32个部、会、院、署、行的正职负责人中有13人;在省市政府主席、副主席中有54名。直到“文化大革命”前夕,国务院各部委中仍有非共产党员部长9人。

中华人民共和国成立之后,我国开始了有步骤地实现从新民主主义到社会主义的转变。为了适应这一新的历史性转折,各民主党派在总结民主革命阶段的历史经验之后,修改了各党的章程,决定以《中国人民政治协商会议共同纲领》作为各自的政治纲领。在我国社会主义建设和社会主义改造时期,各民主党派则以我国1954年宪法所提出的任务作为各自的政治纲领。

1956年,社会主义改造胜利完成,社会主义制度基本建立,中国共产党根据中国的具体国情,针对社会主义的中国是存在一个党好还是同时存在几个党好这个直接关系着民主党派是否继续存在的重大问题,及时作出决策,提出同民主党派实行“长期共存,互相监督”的基本方针。毛泽东同志在当时指出:“这是因为凡属一切确实致力于团结人民从事社会主义事业的,得到人民信任的党派,我们没有理由不对它们采取长期共存的方针。”“所谓互相监督,当然不是单方面的,共产党可以监督民主党派,民主党派也可以监督共产党。”[1]周恩来同志更进一步指出:“中国共产党同民主党派长期共存、互相监督的方针,必须由共产党提出,而且必须要共产党真正做到。因为我们党不提,别的党派不好提,我们提了大家就安心了。我们党的寿命有多长,民主党派的寿命就有多长,一直共存到将来社会的发展不需要

〔1〕《毛泽东选集》(第5卷),人民出版社1977年版,第394页。

政党的时候为止。”[2]

党的十一届三中全会后，我国进入了一个新的历史时期，中共领导的多党合作和政治协商制度得到了进一步的发展和完善，开始走向成熟。

1979 年，邓小平同志第一次把共产党领导的多党合作纳入了政治制度的范畴。

1982 年，中国共产党第十二次代表大会除继续强调执行“长期共存，互相监督”八字方针外，又增加了“肝胆相照、荣辱与共”八个字，形成十六字方针。这一基本方针的发展和完善，使得我国多党合作和政治协商制度进入更加亲密合作的新阶段。贯彻这一基本方针，就是要充分尊重民主党派，让他们独立自主地开展多种活动，在坚持四项基本原则的基础上，各民主党派在宪法赋予的权利、义务范围内，同共产党一样实行组织独立、法律平等和政治自由，坚持实行民主党派自治，反对包办代替，干涉民主党派内部事务。

1982 年宪法在序言中明确规定，“在长期的革命和建设过程中，已经结成由中国共产党领导的，有各民主党派和各人民团体参加的，包括全体社会主义劳动者、社会主义事业的建设者、拥护社会主义的爱国者和拥护祖国统一的爱国者的广泛的爱国统一战线，这个统一战线将继续巩固和发展。中国人民政治协商会议是有广泛代表性的统一战线组织，过去发挥了重要的历史作用，今后在国家政治生活、社会生活和对外友好活动中，在进行社会主义现代化建设、维护国家的统一和团结的斗争中，将进一步发挥它的重要作用”。

1989 年，中共中央下发《关于坚持和完善中国共产党领导的多党合作和政治协商制度的意见》，第一次明确中国共产党领导的多党合作和政治协商制度是我国的一项基本政治制度；第一次用“参政党”这个新的专用名词来界定我国民主党派的性质。

1993 年，第八届全国人民代表大会第一次会议通过宪法修正案，在宪法序言中增加“中国共产党领导的多党合作和政治协商制度将长期存在和发展”，把中国共产党领导的多党合作和政治协商制度正式载入宪法，上升为国家意志，使之获得了国家大法的保证和法律地位。

同年，全国人民代表大会选举中华全国工商联主席、民建中央常委荣毅仁担任中华人民共和国副主席。这是中华人民共和国成立以来民主党派领导人第一次担任这一职务，标志着民主党派以参政党的身份进入国家政权的最高权力机关。

1998 年，全国人大、政协换届，首次实现了八个民主党派中央主席分别担任全

---

〔2〕《周恩来统一战线文选》，人民出版社 1984 年版，第 350 页。

国人大副委员长或全国政协副主席,这是中华人民共和国成立以来民主党派中央领导人担任国家领导人职务较多的一次。

2005 年,中共中央根据新形势的要求,再次颁发了《关于进一步加强中国共产党领导的多党合作和政治协商制度建设的意见》,明确规定:“民主党派和无党派人士担任国家和政府领导职务,是实现中国共产党领导的多党合作的一项重要内容。”“县以上地方政府要选配民主党派成员或无党派人士担任领导职务……符合条件的可以担任正职。”意见提出,要加大政府职能部门党外人士的选配力度,重点在涉及行政执法监督、与群众利益密切相关、紧密联系知识分子、专业技术性强的政府部门领导班子中选配民主党派成员、无党派人士担任领导职务,符合条件的可以担任正职;国务院有关部委领导班子中要注意选配民主党派成员、无党派人士等。

2007 年 4 月,中国致公党副主席万钢被任命为科技部部长,是自 1972 年以后的 35 年来第一个出任国务院组成部门正职的非中共党员的人士。同年 6 月,无党派人士陈竺被任命为卫生部部长,是改革开放 29 年来,中国首位出任国务院组成部门正职的无党派人士。非中共人士担任政府部委正职,非中共人士担任国务院组成部门正职,是坚持和完善中国共产党领导的多党合作和政治协商制度的重要步骤,也是推进“社会主义民主政治建设”的战略举措,使中国共产党多党合作和政治协商制度更加规范化、制度化、程序化和民主化。

为了适应长期共存和社会主义建设新时期的需要,各民主党派继承了历史传统,加强组织建设,取得了显著成就。据统计,各民主党派的成员从 1978 年的 8 万余人,至 2002 年年底扩大为 60 余万人。各民主党派的成员中,绝大多数是各行业的知识分子,一般具有较高的文化科学知识和丰富的实践经验,不少人是专家、学者或者是经营管理方面的行家。他们在社会上有广泛的联系和影响,他们与港、澳、台知识分子和各界人士,与国外华侨乃至国外的知识分子也有各种社会联系。各民主党派近几年来的新发展使组织面貌有了很大变化,成员素质和年轻化程度有了明显提高,各级领导班子得到逐步充实和加强,选进了一批年富力强、能坚持四项基本原则和热心党务工作的领导骨干,不同程度地实现了新老合作和交替,各级组织的工作也日益活跃。在组织发展的同时,各民主党派还加强了思想政治工作,通过组织学习和其他途径,帮助成员提高爱国主义、社会主义觉悟和为社会主义现代化建设服务的积极性,抵制和克服资产阶级和其他剥削阶级的腐朽思想的影响。各民主党派的组织发展和思想政治工作的加强,保证了它们在我国社会主义现代化建设事业中发挥积极的重要的作用。

二、共产党领导的多党合作与政治协商制度的基本内容

（一）中国共产党是执政党

中国共产党的领导，是我国近代历史发展中全国各族人民的共同选择，是我国革命和建设的历史经验的总结，对此，中华人民共和国成立初期的《共同纲领》和以后陆续制定的四部宪法都有明确的规定。中国共产党之所以能够成为我国革命和建设事业的领导力量，从根本上说是由它的性质决定的。中国共产党是中国工人阶级的政党，由工人阶级的先进分子所组成，集中地体现着我国工人阶级的大公无私、革命的坚决性和彻底性、严格的组织纪律性、紧密联系广大人民群众等优秀品质。中国共产党是马克思列宁主义、毛泽东思想、邓小平理论和"三个代表"重要思想武装起来的党，它以马克思列宁主义、毛泽东思想、邓小平理论和"三个代表"重要思想为指导思想，坚持真理，修正错误，为中国革命和建设制定正确的路线、方针和政策，给全国各族人民指明了前进的方向。无论是在新民主主义革命时期还是在社会主义革命时期，中国共产党的正确领导都是革命走向胜利、建设走向繁荣的法宝。历史证明，中国共产党是一个对人民负责的党，是一个久经考验的、成熟的具有旺盛生命力和实际领导经验的党。

在我国政治生活中，中国共产党的领导是政治领导，即政治原则、政治方向、重大决策的领导和向国家政权机关推荐重要干部。党对国家事务实行政治领导的主要方式是：使党的主张经过法定程序变成国家意志，通过党组织的活动和党员的模范作用带动广大人民群众，实现党的路线、方针、政策。党的组织不是国家权力机关，不是政府，也不是其他国家机关。党和国家政权机关性质不同，职能不同，工作方式也不同。通过坚持党政职能分开，就可以克服长期形成的党政不分、以党代政的问题，改变党政不分所造成的实际上降低党的领导地位、削弱党的领导作用的状况，从而进一步加强和完善党对国家的领导。

（二）各民主党派是参政党

中国共产党是国家的领导力量，各民主党派在中国共产党领导下参加政权建设，这是我国政党制度的又一特点。与资产阶级多党政治不同，中国共产党与各民主党派的关系不是"在朝党"和"在野党"的关系，而是领导与被领导的关系，是坦诚一致的政治合作关系。民主党派在政治生活中充分发挥参政和监督作用，是我国政党制度的主要内容，也是构成有中国特色的政党制度的显著标志。民主党派参政的基本形式是：参加国家政权，参与国家大政方针和国家领导人选的协商，参与国家事务的管理，参与国家方针、政策、法律、法规的制定和执行。民主党派的参政议政不仅内容丰富，而且领域广阔，形式多样，成效显著。

民主党派参政议政,不是要在党派之间分配席位,更不能与共产党轮流执政,而是要充分发挥民主党派和无党派人士在国家政权建设和国家事务管理中应有的民主参与和民主监督的作用。我国是一个幅员辽阔、人口众多的多民族、多党派的社会主义大国,凡是关系国计民生的重大问题,如国家在社会主义物质文明建设、社会主义精神文明建设、社会主义民主法制建设和改革开放中的重要方针政策及重要部署;政府工作报告,国家财政预算、经济与社会发展规划及国家政治生活方面的重大事项;国家的重要法律草案;中共中央提出的国家领导人人选;国家省级行政区划的变动;外交方面的重要方针政策;有关祖国统一的重要方针政策;有关群众生活的重大问题;各党派之间的共同性事务以及有关爱国统一战线的其他重要问题,一方面要由人民代表大会行使国家权力作出决策,另一方面也需要事先经过人民政治协商会议同各民主党派和各界人士进行协商,广泛听取意见,取得统一认识。这种经过政治协商然后再形成决策的做法,是我国社会主义民主政治的一个重要特点和优点。

民主党派参政议政,还表现在民主党派成员直接担任国家和地方各级领导职务。在这个新的历史阶段,民主党派以参政党的身份进入国家政权,有两个方面的重要进展:一是在人民代表大会政治协商会议中的地位和作用日益加强。十一届三中全会以来,从历届全国人大及地方各级人大中,民主党派成员在人大代表、常委会委员以及副委员长(副主任)中所占比例,始终处于上升或基本稳定态势。他们以参政党的身份参与国家政治管理,代表人民行使国家权力,发挥着重要的民主参与作用。二是在推荐民主党派成员担任中央和各级政府及司法机关的领导职务方面加大了力度。这种个人参政方式,日益发挥着重要的民主参与作用。

我们相信,随着我国社会主义民主政治建设的发展,我国的多党合作制度和政治协商制度,必将不断得到充实、完善和发展。

(三)"政协"是多党合作和政治协商的组织形式

中国人民政治协商会议是我国社会主义政治制度的一大特色,是我国社会主义政治体制的重要组成部分,在我国政治生活和社会生活中有着非常重要的地位。宪法在序言中确认:"中国人民政治协商会议是有广泛代表性的统一战线组织,过去发挥了重要的历史作用,今后在国家政治生活、社会生活和对外友好活动中,在进行社会主义现代化建设、维护国家的统一和团结的斗争中,将进一步发挥它的重要作用。"人民政协按其性质来讲,既不同于一般人民团体,也不是国家政权机关,不属于国家机关体系。但是,它同国家机关又有着极为密切的关系。通过政治协商、批评建议,对宪法和法律的实施,对国家机关的工作进行民主监督。从1959年起,政协全国委员会同全国人民代表大会同时召开会议,采取分合穿插形式,并且政协委员列席全国人大会议,共商国是。在我国,凡是关系到国计民生的重大问题,一方面由人民代表大会行使国家权力,作出决定;另一方面经过人民政协讨论协商、广泛听取各民主党派和各方面代表人士的意见,集思广益,实现决策的民主化、科学化,保证着社会主义事业的顺利进行。中国人民政治协商会议作为爱国统一战线组织,其根本任务就是要实现爱国统一战线在新时期的三大任务,即实现社会主义现代化、完成祖国和平统一大业和维护世界和平。

中国人民政治协商会议设全国委员会和地方委员会。全国委员会每届任期五年。全国委员会设主席、副主席若干人和秘书长。地方委员会任期为:省、自治区、直辖市、自治州、设区的市、县、自治县、不设区的市和市辖区每届任期五年。地方委员会设主席、副主席若干人和秘书长(其中县、自治县、不设区的市和市辖区的地方委员会根据情况,也可不设秘书长)。全国委员会和地方委员会设常务委员会主持会务。政协全国委员会同地方委员会的关系、地方委员会同下一级地方委员会的关系,不是上下级之间的领导与被领导的关系,而是指导关系,但是地方委员会对全国委员会的全国性的决议、下级地方委员会对上级地方委员会的全地区性的决议,都有遵守和履行的义务。

(四)各政党必须在宪法和法律的范围内活动

各政党是国家重要的政治活动主体,必须首先依法办事,才能维护好宪法规定的民主法治秩序,才能使政治活动依法达到为人民服务的根本目的。在我国宪法总纲第5条中,曾两次提到"各政党"保证宪法实施和遵守宪法和法律的问题,要使这一规定落到实处,首先是执政党共产党要遵守宪法。从理论上讲,党领导人民制定宪法,同时也要领导人民共同遵守,共同保证宪法的实施,这是显而易见的。但在过去"左"的思想影响下,认为提出党要守法,就是"不要党的领导"。近几年来,我们党通过指导思想上的拨乱反正,科学地确立了党法关系。在《关于建国以来党的若干历史问题的决议》和新党章中,都明确规定"党必须在宪法和法律的范围内活动"。这些规定在过去的党章和根本大法中是从未有过的。这不仅是中华人民共和国成立以来党法关系上的历史经验的科学总结,也是社会主义革命和建设、民主与法制建设历史经验的科学总结;这不仅是由党和国家的性质所决定、由发扬民主和健全法制所要求的,而且是从政治原则上有效地把加强党的领导和保证宪法实施结合起来的组织措施。多年来的实践也证明,只有执政党忠实地依照宪法和法律办事,才能给各民主党派和全国人民起到模范榜样作用,而各政党的守宪守法必能使我国社会主义民主政治走向更有效、更民主的新时期。

第十二章　经 济 制 度

第一节　经济制度概述

经济制度,是国家为反映占统治地位的生产关系的客观要求,维护有利于政治统治需要的经济秩序而确认或创设的,有关社会经济运行的规则和措施的总称。其通常包括各种生产资料所有制形式的地位和国家的相应政策、国家经济管理体制和基本经济政策等。其中最重要的是生产资料的所有权制度,它是社会经济制度的基础,决定着经济制度的性质,是社会基本性质在经济方面的表现,是社会性质的最基本特征。

人类社会进入阶级社会以来的经济制度基本上可以分为两种类型:一类是奴隶社会、封建社会和资本主义社会的以生产资料私有制为基础的社会经济制度。这种生产资料归私人所有的私有制的经济制度,决定了社会中人们之间的相互联系是剥削者与被剥削者、压迫者与被压迫者的关系。如在资本主义制度下,资本家占有生产资料,在生产中处于统治和支配地位,工人处于从属的和被支配的地位,因而工人只能得到以工资形式支付的相当于劳动力价值的极少部分,而他们创造的全部剩余价值,被资本家全部无偿占有。在一切剥削阶级社会里,国家政权作为为建筑其上的经济基础服务的工具,被极少数占有生产资料的剥削者所掌握,对广大劳动群众进行剥削和专政。另一类是以生产资料公有制为基础的社会主义经济制度,它和剥削阶级的经济制度有着本质的区别。社会主义经济制度是一种崭新的制度,是人类历史发展到现在最进步的社会经济制度。在社会主义经济制度下,以生产资料公有制为基础,以消灭人剥削人的现象为目标,社会中人们之间的关系是平等的、团结、互助的关系,主要实行“各尽所能,按劳分配”的社会产品分配原则。因此,无产阶级专政的国家政权除了对少数敌对势力和敌对分子实行专政外,其主要任务是组织社会主义经济建设和文化建设,维护和发展社会主义经济制度,建设富强、民主、文明的社会主义国家。

揭示经济与政治之间的决定与反作用的关系,高度重视经济的政治功能研究是马克思主义对人类发展的理论贡献。马克思主义认为,一切政治关系和政治活动的背后均有其深刻的经济原因,它们只是经济要求通过经济活动主体的行为在人与人关系上的表现而已,因而,政治、国家、法律等一切上层建筑均是以特定的客观存在的社会经济制度,亦即经济发展结构为基础的,分析一个阶级为什么是统治阶级或者被统治阶级,说明阶级关系与国家统治的方式与目的,都不能离开经济活动要求的根源,否则就会陷于形式主义和主观主义。

宪法和法律是统治阶级巩固和发展本阶级在其中占据支配地位的经济制度、建立有利于本阶级政治统治的经济秩序和经济关系的有效工具。从根源上讲,特定的统治阶级之所以能够跃居政治上的统治地位,是因为它在当时是社会先进生产力的代表,与这种生产力相适应的生产关系(客观经济结构或经济制度)要求社会政治变革,这就导致政治斗争和政治革命,由于这一阶级与社会发展的方向相一致,因而能够表达大多数人的政治要求,获得社会的广泛拥护,并由此在阶级斗争中取胜,成为新的统治阶级。获得政权以后,统治阶级要巩固自己的政治地位,就必须采用一切手段保护和发展其政治统治建筑其上的客观制度(生产关系),宪法就是一种最有效的手段。当然,宪法所确认和保护的经济制度就其形式来讲是主观的,因为它是统治阶级对客观经济要求的主观反映,是国家法律制度的一部分,另外,就其内容来讲,又是客观的,应该是现实经济结构要求的客观如实的表现,因而,宪法上的经济制度是主观和客观的统一,渗透着统治阶级的意志作用,是统治阶级对客观社会经济要求的独特认识、确认和保护。由此又可以得出另外一个结论,即宪法经济制度与客观经济要求也有不一致的情形,这时就必须变革宪法经济制度或现实经济管理体制中的若干环节来适应客观经济要求,我国改革开放三十多年来对宪法经济制度规定的多次修改、补充就是例证。一旦宪法经济制度与客观经济要求完全背离,而统治阶级又顽固保护对它有利但客观上处于没落的经济制度时,新的先进的经济制度就必然会冲破这一政治法律桎梏,政治革命的时机就到来了,而这一革命的结果就是经济与政治关系的又一个循环,人类社会就是在这一循环往复的渐进运动中发展前进的。

两类不同性质的宪法对经济制度的反映和保护方式是不同的,严格地讲,只有社会主义宪法直接、全面、明确地规定了国家经济制度,这是一个特点。在资产阶级宪法上,从来没有专门的国家经济制度的规定,但这并不意味着资产阶级宪法没有保护其经济基础的功能,实际上从资产阶级宪法诞生之日起,就以公民基本权利的形式规定了“私有财产神圣不可侵犯”和绝对保护资本家财产私有制的内容,这实际上是对生产资料的资本家所有制的宪法确认和保护。进入 20 世纪以来,随着资本主义社会财富的日益集中,广大劳动者和资产阶级的矛盾日益加深。为了缓和这种矛盾,维护资本主义国家的长治久安,资产阶级除了在宪法中继续规定保护资本主义的私有制和私有财产神圣不可侵犯外,还从形式上对私有财产权加以限制。例如,1947年通过的意大利宪法第42条第2款规定:"法律承认并保护私有财产,但法律为了保护私有财产能履行其社会职能并使其为人人均可享有,得规定获得与使用私有财产的方法以及私有财产的范围。"这反映了资本主义宪法对调整经济的作用的加强,也是近代资本主义宪法的发展趋势。社会主义宪法与资产阶级宪法完全不同。社会主义制度建立在生产资料的公有制基础之上,广大的劳动人民是社会财富的创造者、所有者和享有者,它消灭了剥削和生产的无序状态,使国民经济的宏观有计划发展成为满足人民群众物质文化生活需要的工具,因而社会主义公有制的优越性是显而易见的,社会主义国家的宪法都明确地规定了国家经济制度的内容。作为世界上第一部社会主义宪法的1918年《苏俄宪法》,在其第一篇《被剥削劳动人民权利宣言》中就庄严宣告:废除土地私有制,宣布全部土地为全民财产;全国性的一切森林,蕴藏与水利,全部家畜与农具,实验农场与农业均宣布为国家财产;使工厂、矿山、铁路和其他生产及运输手段完全转为国有;将一切银行收为国有。原苏联1936年宪法第4条规定:"苏联之经济基础,为社会主义经济体系及生产工具与生产资料社会主义所有制,此体系及所有制因铲除资本主义经济体系,废除生产工具与生产资料私有制以及消灭人对人剥削而业经奠定。"第5条、第6条、第7条还就社会主义所有制的两种形式做了规定。规定生产资料的社会主义公有制,也是其他社会主义国家宪法必不可少的基本内容。除此之外,社会主义宪法还就社会主义经济制度的其他方面,如生产的目的,社会产品的分配,国民经济的计划管理等作出必要的规定。总之,通过在宪法上确立以社会主义公有制为基础的经济制度,以保障和促进社会主义经济生活的正常运营和高速度地发展社会生产力,最大限度地满足社会成员不断增长的物质和文化生活的需要,这是社会主义宪法的重要特征之一。

我国宪法是社会主义性质的宪法,它同样具有上述社会主义宪法的最基本的特征。我国从制定第一部宪法时起,就十分重视对社会主义经济基础的形成、巩固和发展的促进作用。早在1954年宪法中,我们就完整地规定了从新民主主义向社会主义过渡时期的国家总任务、所有制形式和基本经济政策。1956年以后,随着社会主义改造的基本完成,我国的社会主义公有制已经建立,1975年宪法和1978年宪法主要强调保护我国生产资料社会主义公有制的两种形式即全国所有制和集体所有制,但却忽视了适应生产力发展需要保障多种经济成分辅助发展的问题。1978年12月党的十一届三中全会以后,我国的经济政治建设进入一个新的历史时期,宪法经济制度立法也得到相应的加强和理顺,形成了"国家总任务—经济体制—所有制形式—基本经济政策"的宪法经济制度立法体系。改革开放四十多年来,我们在探索和发展有中国特色的社会主义经济制度的过程中,对经济制度的社会主义本质有了更加深刻的认识,对符合我国实际需要的经济制度予以宪法化和法律化,确立了公有制经济与非公有制经济共同发展的社会主义市场经济体制,明确了以按劳分配为主体、多种分配形式并存的分配原则,以及公有财产与私有财产共同保护等,这是社会主义经济制度在我国的新发展,是对社会主义制度内涵的丰富和完善。

从我国宪法经济制度立法的实践中,我们可以看出宪法规定国家经济制度的意义在于:第一,确认有利于统治阶级的经济制度和经济运行机制,保护人民的根本经济利益;第二,确认经济改革的成果和经验,为经济的发展提供法律保障;第三,确认基本经济制度原则,为经济体制改革提供原则和方向指导;第四,为普通法律的经济制度保障立法和经济人权立法提供根本法依据。

第二节　我国经济制度的基本内容

一、我国经济制度的主体

(一)社会主义公有制的地位

我国现行宪法第1条第2款明确规定:“社会主义制度是中华人民共和国的根本制度。禁止任何组织或者个人破坏社会主义制度。”社会主义制度是我国各族人民在中国共产党领导下经过长期奋斗所选择的唯一正确的制度,它包括社会主义的经济制度、文化制度、法律制度、军事制度等各项制度,其中经济制度是其他各项制度建立的基础,决定着它们的性质。现行宪法第6条规定:“中华人民共和国的社会主义经济制度的基础是生产资料的社会主义公有制,即全民所有制和劳动群众集体所有制。”这就说明社会主义公有制是我国经济制度的基础。宪法的规定对我国社会主义经济制度的巩固和发展,对人民民主专政的国家政权的巩固和社会主义现代化建设的顺利进行,都有着重大的意义。

第一,社会主义公有制决定着我国经济制度的性质和本质特征。任何一种经济制度的性质都取决于和它相适应的生产资料所有制。社会主义经济制度最本质的特点就是坚持生产资料的社会主义公有制。有什么样的所有制就有什么样的社会制度,社会主义的公有制决定了我国的经济制度是属于社会主义性质的。

第二,社会主义公有制在我国的各种经济形式中占主体地位。我国当前存在多种经济形式,宪法确认在我国除了全民所有制和劳动群众集体所有制经济形式外,还存在劳动者个体经济、私营经济和涉外“三资”企业等非公有制形式,它们作为社会主义市场经济的重要组成部分,在各自的范围内发挥着它们的作用。但是,以全民所有制为基础的社会主义国有经济,掌握着国民经济的命脉,是国民经济的主导力量,是社会主义革命和社会主义建设的强大的物质基础。

第三,社会主义公有制是工人阶级实现对国家的领导和建立、加强工农联盟的基础。社会主义社会的经济基础是以生产资料的社会主义公有制为基本内容的经济制度,与之相适应的国家政权就是工人阶级领导的、以工农联盟为基础的无产阶级专政或人民民主专政。

第四,坚持社会主义道路,就必须不断巩固和发展社会主义公有制。只有巩固和发展社会主义全民所有制和劳动群众所有制经济,才能进一步巩固我国社会主义经济制度的基础,坚持社会主义制度。为此,宪法不仅规定了我国经济制度的基础是社会主义公有制,而且指出国家保障国有经济的巩固和发展,保护和帮助城乡集体经济的发展。

(二)我国社会主义公有制的形式

我国现阶段的生产资料的社会主义公有制主要有两种基本形式,即全民所有制和劳动群众集体所有制。

全民所有制是由国家代表全体人民享有生产资料的所有权,同时依法将国家资产委托给国有企业进行经营的一种所有制,它是同高度社会化的生产力相联系的公有制形式。全民所有制经济的客体范围大体包括:(1)矿藏、水流、森林、山岭、草原、荒地、滩涂等自然资源,但是法律规定为集体所有的森林、山岭、草原、荒地、滩涂除外;(2)城市的土地、农村和城市郊区根据法律规定属于国家所有的土地;(3)银行、邮电、铁路、公路、航空、海运、国有工厂、国有农场、国有商业等国有企业的设施。

宪法修正案第5条规定:“国有经济,即社会主义全民所有制经济,是国民经济中的主导力量。国家保障国有经济的巩固和发展。”国有经济是国民经济中的主导力量,是指国有经济在整个国民经济发展中起着主导的作用。这是由于:(1)国有经济在国民经济的整个比重中占支配地位,拥有雄厚的经济实力,掌握着国家的经济命脉;(2)国有经济由国家掌握,决定着我国国民经济的性质和发展水平,左右着国家的经济形势,成为经济增长的主要支柱、资金积累的主要源泉和技术进步的主要阵地;(3)国有经济以其在国民经济中的主导地位,影响并制约其他经济的发展,它保障集体经济沿着社会主义方向前进,保障整个国民经济的发展符合人民整体和长远的利益。因此,国有经济是国民经济中的主导力量,是我国人民民主专政政权的物质基础,也是实现社会主义现代化的物质基础。坚持国有经济的主导地位是社会主义国家对经济实行宏观控制的重要前提。

劳动群众集体所有制是我国社会主义公有制的低级形态,它是指集体范围内的劳动群众共同享有生产资料的所有权,共同经营,共享利润,共担风险的所有制形式。我国宪法规定:“城镇中的手工业、工业、建筑业、运输业、商业、服务业等行业的各种形式的合作经济,都是社会主义劳动群众集体所有制经济。”“农村集体经济组织实行家庭承包经营为基础,统分结合的双层经营体制。农村中的生产、供销、信用、消费等多种形式的合作经济,是社会主义劳动群众集体所有制经济。”我国的劳动群众集体所有制是20世纪50年代初期在对个体农业、个体手工业和个体工商业进行社会主义改造的基础上建立并逐步发展起来的。党的十一届三中全会后,随着经济体制改革的发展,又涌现了一批乡镇企业。在这种公有制形式中生产资料和劳动产品属于各个不同集体经济单位的劳动者所共有,劳动者与生产资料的直接结合局限于本集体单位内部,是部分劳动群众共同占有生产资料的一种公有制。劳动群众集体所有制的经济组织在遵守有关法律的前提下独立核算,自负盈亏,自行支配属于自己的财产和人员。在集体经济内部,由于消灭了人剥削人的制度,人们之间的关系也是平等、互相合作的关系。

在我国经济发展的现阶段,集体经济在整个国家经济发展中占有非常重要的地位,发挥着不可替代的作用。在城市和经济发达的地区,集体经济形式由于其规模较小、转产方便、经营灵活的特性,相对于国有大中型企业来讲具有拾遗补缺的作用,这对国家经济的发展、国有大中型企业的搞活和满足人民群众的日常生活需要都具有十分重要的意义。在农村和经济欠发达地区,集体经济则在当地经济发展和人民脱贫致富方面起着骨干和龙头作用,它对于挖掘地方经济潜力、发展传统地方工艺和产品、分流利用城乡多余劳动力、增加集体积累、提高集体范围内人民群众的物质文化生活水平意义重大。此外,劳动群众集体所有制经济对社会主义经济建设发展和加强工农联盟、巩固人民民主专政具有重大作用。正因如此,我国现行宪法第8条规定:“国家保护城乡集体经济组织的合法权利和利益,鼓励、指导和帮助集体经济的发展。”这个规定表明:第一,国家确认劳动群众集体所有制经济的重要地位,保护集体经济组织的合法权益,积极鼓励集体经济发展。集体经济组织全体成员对其生产资料和产品拥有的所有权、使用权、处分权和收益权,绝不允许非法侵占。第二,国家积极指导和帮助集体经济组织的生产、经营和管理活动,使其遵守国家法律和政策,并在经营管理、技术设备方面提供指导和帮助。第三,集体经济组织有依法独立进行经济活动的自主权。同时,依照法律规定实行民主管理,由它的全体劳动者选举和罢免管理人员,决定经济管理重大问题。

(三)社会主义公有制的体现

土地公有是社会主义公有制的重要体现。我国宪法关于土地所有权制度的规

定有以下要点:

1. 国家所有权

矿藏、水流和不属于集体所有的森林、山岭、草原、荒地、滩涂等自然资源,都属于国家所有,即全民所有;城市的土地属于国家所有;农村和城市郊区的土地如果法律规定属于国家所有的也属于国家所有;国家依法征收的土地属于国家所有。此外,《香港特别行政区基本法》第 7 条规定,香港特别行政区境内的土地和自然资源也属于国家所有。

2. 集体所有权

法律规定属于集体所有的森林、山岭、草原、荒地、滩涂等自然资源属于集体所有;农村和城市郊区的土地除法律规定属于国家所有的以外属于集体所有;农村群众的住宅基地、自留地和自留山也属于集体所有。

3. 土地所有权的行使和保护

宪法规定,任何组织或者个人,不得侵占、买卖或者以其他形式非法转让土地,但土地的使用权可以依照法律规定转让;国家为了公共利益的需要,可以对土地进行征收或者征用,但必须依法予以补偿;一切使用土地的组织和个人都必须合理地利用土地。

二、我国社会主义初级阶段经济制度的特征

多种所有制经济共同发展是我国社会主义初级阶段经济制度的特征。

(一)非公有制经济的地位

社会主义公有制是我国经济制度的基础和主体,并不排斥其他非公有制经济的合法存在。根据我国宪法的规定,在现阶段,除了全民所有制和劳动群众集体所有制以外,还存在个体经济、私营经济和"三资"(中外合资、中外合营和外商独资)企业三种非公有制经济形式,从而形成了我国以公有制为主体、多种所有制经济共同发展、在经营上平等竞争的所有制结构。

以公有制为主体,多种经济共同发展是由我国现阶段生产力发展水平所决定的。我国是一个地域辽阔、人口众多的发展中国家,人民的温饱问题一直是政府经济政治政策的首要出发点。要从总体上解决十多亿人的吃饭问题,解决国家内部的均衡发展问题,必须首先巩固和发展社会主义公有制。只有以公有制为主体,才能避免经济上各地区、各阶层和个人之间的贫富两极分化,才能给全国人民提供最基本的平等经济条件和物质基础,才能调动社会各方面的积极性,公平地均衡社会资源和社会财富,最终使劳动者受益,使对社会贡献大者受益,保障社会经济政治良性循环,为人民民主专政的巩固和社会稳定构造基础。但是,十多亿人的温饱问

题的解决又十分严峻，加上各地区经济文化发展极不平衡，自然条件和经济需求差距很大，因而光靠公有制形式是不可能完全解决温饱问题的，必须要从各地的实际出发，发展适合本地区特殊需要的经济形式，调动各方面的生产积极性，挖掘蕴藏于群众中的发展经济的各种潜力，这样，群众自己动员起自己的能动性和力量，多种体制协作，才能产生巨大的社会经济效益，同时，也可以避免长期单纯依靠公有制带来的平均主义、"大锅饭"、多劳不一定多得的不公正现象。

多种经济成分并存有利于国民经济的发展。非公有制经济形式在现阶段我国整个社会经济发展中的作用是重要的，这种作用既不可低估又不能夸大。具体说来，其作用表现在以下几个方面：第一，促进地方经济开发和经济发展。通过发展非公有制经济成分，引进国外和国内个人手中的闲置资金和技术，开发地方优势产品和自然资源，为本地区经济发展寻找新的增长点，这对从总体上改变本地区经济面貌、提高人民群众生活水平具有重大意义。第二，活跃城乡市场，满足人民群众的物质生活和文化生活需要。第三，吸收下岗职工和无业人员，缓解社会就业压力。第四，发掘传统民族工艺，发展地方特色产品。第五，通过发展非公有制经济成分，可以形成一个经济范围内多种主体公平竞争的良性发展格局，对于公有制企业改善经营机制也有重要的促进作用。

（二）我国非公有制经济的形式

1. 城乡劳动者个体经济

城乡劳动者个体经济，是指城乡劳动者个人占有一定的生产资料和产品，以自己及其家庭成员的劳动为基础，从事生产经营的经济形式，主要指分散在城乡的个体手工业者和小商、小贩所经营的小型工业、零售商业、饮食业、服务业、修理业和运输业等。

个体经济在我国的存在由来已久，整个封建时代可以说是个体经济发展的全盛时代。一直到中华人民共和国成立初期，个体经济仍然是我国城乡经济发展的主要形式。后来，鉴于个体经济在现实生活中普遍存在的自发经营、两极分化等不利于社会稳定和大多数人民群众利益的弊端，我们在城市对个体工商业进行社会主义改造，在农村通过互助组、合作社、人民公社等形式，将个体工商业者和个体农民组织起来，使他们走上了集体化的道路。但是仍然有一部分个体劳动者继续存在。"文化大革命"中，个体经济受到极"左"思潮的冲击，被作为"资本主义尾巴"予以取缔。直到 1978 年十一届三中全会以后，为促进城乡经济发展、提高人民群众生活水平，个体经济才被允许正常发展。四十多年来，个体经济迅速发展，在促进我国各地方经济发展、活跃城乡市场、充分安排就业方面起到了重要作用。在社会主义初级阶段，我国社会主义制度的发展和完善，要经历一个长期的过程，国家要集中力量进行现代化建设,人民群众生活方面的一切事情,不可能都由国家兴办,无论是国有经济还是集体经济都不可能满足城乡人民各方面生活需要,所以还需要个体经济作为社会主义市场经济体系的一部分继续存在和发展。个体经济对于发展社会生产、活跃城乡市场、方便人民生活、扩大劳动就业具有不可替代的作用,在国民经济体系中,它还是一个值得重视的积极力量。因此,在我国适当发展个体经济是一个相当长时期的方针,而不是权宜之计。近几年来,随着经济体制改革的加快,为个体经济发展提供了良好的环境。

在现阶段我国公有制经济占主导地位的条件下,个体经济作为市场经济的重要组成部分,在经济发展中发挥着重要作用。但是,个体经济作为小私有经济,受价值规律的支配,具有一定程度的自发性和投机性。因此,国家要通过一定形式对个体经济实行引导、管理、监督。这主要包括:加强税收管理,杜绝偷税漏税;加强对经营活动的管理,取缔违法经营;根据实际情况和需要,限制行业范围、产品范围和经营规模;限制过度消费;认真维护雇佣工人的合法权益等,以限制其盲目性和消极的一面,发挥其一定范围内的积极作用。因此,宪法第 11 条规定:“在法律规定范围内个体经济、私营经济等非公有制经济是社会主义市场经济的重要组成部分。国家保护个体经济、私营经济等非公有制经济的合法的权利和利益。国家鼓励、支持和引导非公有制经济的发展,并对非公有制经济依法实行监督和管理。”

2. 私营经济

私营经济,是指个人拥有一定规模的生产资料和产品,在法律允许的范围内,以雇佣劳动为基础,从事生产与经营的一种经济形式。

私营经济是在个体经济的基础上经过逐步发展而形成的一种新的经济形式。与个体经济相比,私营经济有下列几点不同:第一,性质不同。个体经济以经营者个人劳动为基础,属自食其力的劳动形式;而私营经济则是以雇佣劳动为基础,经营者脱离劳动,经营者与工人的关系是资本家和雇佣者的关系,完全是一种剥削性经济形式。第二,雇工人数不同。个体经济一般不雇用工人,只是在经营旺季雇用少数工人,雇工的人数限定在 8 人以下,其剥削量很小;而私营经济常年雇用多名工人,一般在 8 人以上,多者达到成百上千人,其经营规模较大,剥削量较大。

当然,必须明确,我国的私营经济与资本主义社会的私人企业既有某些相同之处,又有重要的区别。在社会主义条件下,它必然同占优势的公有制经济相联系,并受公有制经济的巨大影响。实践证明,私营经济一定程度的发展,对于促进经济,活跃市场,扩大就业,更好地满足人民多方面的生活需求,是有积极作用的。

随着我国国民经济的发展和个体经济在总量上的迅速增加,诱发出其中一些个体经营经济性质的变化。由于不少个体工商户积累了资产资金,形成了规模经营,从业人员也突破了个体经济的人数限制,发展演变为具有新的经营方式即以雇工经营为主的私营企业。私营经济发展过程中日益显示出的强盛活力,表明我国私有经济正经历着从初级的个体经济的单独经营和散落状态向较高级的规模经营和有组织状态的转变。私营经济的存在和发展,体现了我国社会主义经济结构的原则性和灵活性。它既是统一的,又是多样的。这有助于社会主义制度优越性的充分发挥。因此,对私营经济不能简单地斥之为"资本主义""剥削"加以否定,其从业人员也是有中国特色社会主义事业的建设者。当然,我们也不能只赋予私营经济以合法的地位而放任自流,而必须加以引导,帮助它健康发展。

3. 中外合资、中外合作经营和外商独资企业

这三种企业形式都是我国改革开放时期出现的新的经济形式,我们通常统称为"三资企业",在现阶段,它是我国社会主义市场经济的重要组成部分。所谓中外合资企业,是指中方和外方按照约定共同投资、共同经营、共享利润、共担风险的企业经营体制。所谓中外合作经营企业,是指中方出资,但在经营管理上吸引外来管理经验,与外方根据约定共同经营管理,并给予外方一定利润的企业经营体制。外商独资企业,则是外国的法人或个人,经我国政府批准,在我国境内设立企业独立经营,并按照我国法律规定享有利润并履行法定义务的企业形式。

"三资企业"在我国经济发展中扮演着重要角色,对于我们引进外来的投资、先进的管理经验、拓宽我国经济发展的国际环境、增强我国经济发展的国际竞争力意义重大,因而,鼓励、支持"三资企业",保障其合法的权利和利益是我国现阶段经济发展的一项基本政策。国家对"三资企业"的政策是:(1)必须遵守宪法和法律;(2)在此前提下其合法的权益依照我国相关法律予以保护;(3)在发展上与其他非公有制形式享有同等宪法保护。

第三节　我国的经济体制和经济政策

一、我国实行社会主义市场经济制度

(一)建立社会主义市场经济体制是我国经济体制改革的目标

市场经济是与计划经济相对应的一种经济运行机制。所谓计划经济,就是国家通过层层上报编制经济发展计划,然后逐级下达,各类企业和经济组织严格按照计划进行生产与经营活动的经济运行体制。在这种体制下,国家经济的运行是在严密的政府调配和控制下进行的。计划经济的好处在于,它可以集中有限的自然资源和人力资源,在政府的组织下进行大规模的经济协作,通过层层督促,取得较

高的经济效益,这在前苏联和我国成立初期的经济发展中有具体的事实证明。但计划经济的弊端是明显的,这就是容易造成政府对经济的过度干预,不尊重经济规律,政企不分,经营体制僵化,人浮于事,影响经济效率,在我国近年来国有大中型企业的运行中表现比较突出。所谓市场经济,与计划经济不同,它是指国家经济运行主要依靠经济规律来进行,政府除进行宏观经济调控外不干预经济运作过程。在市场经济体制下,自然资源、人才资源和其他生产过程均按照市场供求规律来调节。市场经济体制的好处在于,能够最大限度地发挥各种经济主体经营管理的能动性,充分发挥经济规律的作用,避免了经济管理中各种人为的不正常因素的干扰,有利于各种经济主体的平等竞争和经济生活的健康发展。同时,由于市场经营主体具有完全的经营自主权,经营方式比较灵活,因而也易于取得经济效益。市场经济体制的弊端在于,追逐利润的特性往往造成经济发展的无序状态,经营欺诈和经济违法现象较多,而经济发展的失控往往给国家和人民群众生活带来不利影响。所以,无论是市场经济,还是计划经济,其利弊都是客观存在的,没有绝对的优劣之分,关键看如何操作。

我国对计划与市场关系的认识也经历了一个长期的摸索过程。中华人民共和国成立以后,长期实行高度集中的计划经济体制,尤其是后来,这种经济体制与政治权力的高度集中的直接结合,导致了经济发展停滞不前、经营管理僵化、人浮于事、平均主义、不按经济规律办事等弊端,经济发展和人民生活受到影响。但是在思想认识上,我们一直对市场经济带有偏见,认为计划经济与社会主义必然联系,市场经济则只能是资本主义制度的附属物,这种"姓社姓资"的束缚与争论也是我国经济发展迟迟不能有所突破的重要原因。直到十一届三中全会以后,经济体制的改革才逐渐地提出了重视商品经济的问题。在总结实践经验的基础上,我们逐步摆脱了传统观念的束缚,明确了社会主义经济仍然具有商品经济的性质,提出了适应社会主义的有计划商品经济运行机制的基本原则,即在坚持计划经济的同时,肯定了市场调节的作用。这一有关经济运行的重大改革,被纳入我国宪法的规定之中。宪法原第 15 条第 1 款的规定,即"国家在社会主义公有制基础上实行计划经济。国家通过经济计划的综合平衡和市场调节的辅助作用,保证国民经济按比例地协调发展",就是这一认识的反映。后来,党的十三届四中全会后,又把它概括为"计划经济与市场调节相结合"。这都表明了人们对市场作用认识的深化,也是对传统观念的重大突破,它对我国以市场为导向的改革实践起了积极的推动作用。特别是邓小平同志针对过去长期把计划经济和市场经济归诸社会制度的范畴,为了使人们摆脱这种思想观念,对计划与市场问题又做了深刻的阐述,他指出:"计划多一点还是市场多一点,不是社会主义与资本主义的本质区别。计划经济不等于社会主义,资本主义也有计划;市场经济不等于资本主义,社会主义也有市场。计划和市场是经济手段。"[1]这一科学论断从根本上破除了把计划经济和市场经济看作是社会基本经济制度的传统观念,使人们在计划与市场关系问题上有了新的重大突破。随着实践的发展和认识的深化,为了进一步解放和发展生产力,党的十四大明确提出:"我国经济体制改革的目标是建立社会主义市场经济体制",也就是"要使市场在社会主义国家宏观调控下对资源配置起基础性作用,使经济活动遵循价值规律的要求,适应供求关系的变化;通过价格杠杆和竞争机制的功能,把资源配置到效益较好的环节中去,并给企业以压力和动力,实现优胜劣汰;运用市场对各种经济信号反应比较灵敏的优点,促进生产和需要的及时协调"。[2]当然,市场经济并不是万能的,它有其自身固有的弱点和消极方面,因此,社会主义市场经济要更好地发挥国家宏观调控的作用。国家要运用经济政策、经济法规、计划指导和必要的行政管理,引导市场健康发展。党的十四大关于建立社会主义市场经济体制的决定,以及党的十五大、十六大关于社会主义市场经济下所有制形式及地位、分配原则、公有制实现方式等新认识、新政策,是我国经济体制改革经验的历史性总结,我们要将社会主义和市场经济结合起来,充分发挥二者的优势,使市场经济体制能够为我国社会主义的发展发挥应有的重要作用。

(二)我国宪法为市场经济建设提供法律保障

将建立社会主义市场经济体制确定为我国经济体制改革的任务以后,除了具体的实施措施以外,还需要有严密的法律保障。为此,1993年3月八届全国人大第一次会议通过宪法修正案,补充了有关保障市场经济体制建设的条款,其主要内容有:(1)修改宪法第15条,在该条第1款规定:"国家实行社会主义市场经济",这就为我国社会主义市场经济建设提供了根本法保障;(2)重新规范了国家在经济发展中的作用和地位,规定"国家加强经济立法,完善综合调控","国家依法禁止任何组织或者个人扰乱社会经济秩序"(宪法第15条第2、3款),从而对政府行为进行了限制,有利于正确地处理政企关系,有利于市场经济中最大限度地发挥企业和政府两方面的积极作用;(3)赋予公有制企业完全的经营自主权。1999年九届人大二次会议通过的宪法修正案对非公有制经济宪法地位和市场经济条件下分配原则的规定,2004年宪法修正案对非公有制形式的政策变化和私有财产权的确认,为市场经济的进一步发展提供了宪法依据。此外,宪法第16条还规定:"国有企业在法律规定的范围内有权自主经营","国有企业依照法律规定,通过职工代

---

〔1〕《邓小平文选》(第3卷),人民出版社1993年版,第373页。

〔2〕《江泽民同志在党的十四大上的报告》(单行本),第16页。

表大会和其他形式,实行民主管理”。宪法第17条规定:“集体经济组织在遵守有关法律的前提下,有独立进行经济活动的自主权。”“集体经济组织实行民主管理,依照法律规定选举和罢免管理人员,决定经营管理的重大问题。”正是在这些宪法原则规定的指导下,我国全国人大及其常委会加快立法速度,为社会主义市场经济法律体系的建设做了大量工作,有力地促进了我国社会主义市场经济体制建设的发展和完善,为保障我国市场经济的健康运行发挥着重要作用。

二、我国的基本经济政策

(一)社会主义分配原则

我国宪法修正案第14条中规定:“社会主义公有制消灭人剥削人的制度,实行各尽所能,按劳分配的原则。”“国家在社会主义初级阶段,坚持公有制为主体、多种所有制经济共同发展的基本经济制度,坚持按劳分配为主体、多种分配方式并存的分配制度。”这表明,按劳分配原则是我国社会主义分配制度的基础。我国实行各尽所能、按劳分配的原则,是由生产资料的社会主义公有制决定的,是社会主义公有制的具体体现,同时,在按劳分配为主体的情况下又允许多种分配形式并存,这又是我国社会主义初级阶段生产力发展水平和多种生产方式并存的实际状况所决定的。

各尽所能、按劳分配是我国社会主义分配制度的基础和主体。所谓各尽所能,就是有劳动能力的劳动者应当尽其所能地积极劳动,为社会创造更多的财富;所谓按劳分配,则是指国家、集体和社会按照劳动者个人提供的劳动数量和质量,分配生活资料。按劳分配并不否认差别,而是承认并保护劳动者之间由于向社会提供的劳动量的不同而形成的劳动报酬上的合理差别,强调多劳多得,少劳少得,不劳动者不得食,反对平均主义,树立劳动光荣的良好社会风气。在我国社会主义现阶段,必须以“各尽所能、按劳分配”为主体性分配形式,这是由生产资料社会主义公有制的主体地位所决定的。在社会主义公有制下,生产资料为全体劳动者或单位范围内劳动者所共有,劳动成果也必然归全体劳动者共享,这就决定了生活资料的分配只能实行按劳分配。只有实行按劳分配,才能排除种种不法特权的影响;才能在整个社会范围内排除财富占有不均造成的分配不均和政治不平等,达到社会基本平等,保证社会合理和社会主义的存在;才能使社会经济活动围绕多劳动、多贡献、多创造实际财富来运行,保障经济发展的健康和良性状态。同时,实行各尽所能、按劳分配,也是由当前我国社会生产力发展水平所决定的。在社会生产力发展水平还不高,生产还不能满足人们一切需要的情况下,生活消费品既不能实行按劳分配或按等级特权分配,也不能实行共产主义的按需分配,而只能在劳动单位内部实行多劳多得,少劳少得,使劳动者个人利益同国家利益、集体利益正确结合起来。还应看到,在社会主义阶段,劳动还未成为生活的第一需要,仍然是谋生的手段,只有实行按劳分配原则,把劳动者的劳动和物质利益直接挂钩,才有利于思想教育工作,有利于鼓励劳动者的劳动积极性,推动生产力的发展。

在按劳分配以外多种分配形式并存是我国社会主义初级阶段的实际需要和特点。由于我国处在社会主义初级阶段,实行和坚持以按劳分配为主体的多种分配形式和分配政策并存,是同我国以公有制为主体多种经济形式并存的客观现状相适应的。例如,个体劳动者和私营企业主在法律范围内的非劳动所得,虽然带有剥削性质,但只要是合法收益,国家应依法予以承认和保护。此外,公民购买债券、股票所获的收益及承包租赁所获非劳动收益,只要法律允许,均应予以保护。同时,国家对于过高的个人收入要采取有效调节,对以非法手段牟取暴利的,要依法予以制裁。总之,我们的根本政策既要有利于使那些善于经营的企业和诚实劳动的个人先富起来,合理拉开收入差距,又要防止贫富悬殊,坚持共同富裕的方针,以调动广大劳动者建设社会主义的积极性,促进经济的高速增长和均衡健康发展。

(二)社会主义公有财产神圣不可侵犯

社会主义公有财产神圣不可侵犯,是我国宪法规定的基本经济政策。宪法第12条规定:“社会主义的公有财产神圣不可侵犯。国家保护社会主义公有财产。禁止任何组织或者个人用任何手段侵占或者破坏国家和集体的财产。”社会主义公有财产是指社会主义公有制的各种客体,包括全民所有制和劳动群众集体所有制的财产。社会主义公有财产是巩固社会主义制度和实现社会主义现代化建设的物质基础,是不断提高人民物质生活和文化生活的物质源泉,也是公民实现宪法赋予的各项权利和自由的物质保障。保护社会主义公共财产不受侵犯,是国家和社会的一项基本任务,是维护人民民主政权巩固和人民根本政治利益的经济基础,也是公民的一项基本义务。因而,将社会主义公有财产保护提高到宪法原则高度来确认,是由我国政治经济发展的现实需要和社会主义性质所决定的,也是我国宪法与资产阶级国家宪法侧重私有财产保障立法的根本不同。

在我国现阶段,保护社会主义公共财产神圣不可侵犯,首先,要进行普通立法,将宪法对公共财产保护的原则规定具体化,使之变为群众生活中可操作可利用的民事、刑事、经济或其他类型的法律规则,使宪法这一规定不至流于形式;其次,要严厉打击多种侵占、破坏社会主义公共财产的犯罪行为;再次,也是最重要的最迫切的,是要防止国有资产的隐性流失,防止以承包租赁经营或其他方式导致的公有财产私有化,防止私有或个体经济或其他经济活动主体以种种“合法”或不法形式腐蚀贿赂公有财产管理人员而蚕食、侵吞、挪用、分流公有财产或公有制企业利润的行为;最后,还要进行全民教育,特别是对领导干部进行教育,使之真正懂得保障社会主义公共财产的重大战略意义,并严厉制裁领导干部贪污、受贿而导致公有资产流失的行为。总之,现阶段我国国有和公有资产流失和被破坏已经是一个严重的普遍存在的现实问题,必须予以高度重视,以保障国家利益和人民群众的根本利益。

(三)保护公民私有财产权

我国宪法不仅保护社会主义公共财产神圣不可侵犯,也同时保护公民的私有财产权和私有财产继承权,二者是统一的基本经济政策的内容。保护社会主义公共财产的最终目的,就是保障广大人民群众的根本经济利益和政治利益,就是要使人民群众都过上幸福安乐的生活。但是,人民群众的安乐生活光有公共财产的保障是不够的,它只能提供普遍的一般条件,而无法照顾到每个家庭或个人事业发展和实际生活的具体需求的满足,这就需要通过个人财产的存在来调节和补充。因而,公共财产保护与公民私有财产权保护,二者并不矛盾,是具有内在统一性的。

经2004年宪法修正案修改,宪法第13条对我国公民私有财产权的保护是这样规定的:"公民的合法的私有财产不受侵犯";"国家依照法律规定保护公民的私有财产权和继承权";"国家为了公共利益的需要,可以依照法律规定对公民的私有财产实行征收或征用并给予补偿"。这说明在我国宪法上,关于公民个人财产所有权的保护是通过四个层面进行的:(1)保护公民合法生产资料的所有权。国家保护个体经济和私营经济,表明公民个人合法拥有的生产资料属于公民私有财产权范围,受宪法和法律保护;(2)保护公民合法生活资料的所有权及其他物权、债权、知识产权等方面的财产权益;(3)保护公民私有财产的继承权;(4)征收或征用私有财产须依法给予补偿。

(四)社会主义生产的目的是逐步改善人民的物质生活和文化生活

宪法第14条第1款规定:"国家通过提高劳动者的积极性和技术水平,推广先进的科学技术,完善经济管理体制和企业经营管理制度,实行各种形式的社会主义责任制,改进劳动组织,以不断提高劳动生产率和经济效益,发展社会生产力。""国家厉行节约,反对浪费。国家合理安排积累和消费,兼顾国家、集体和个人的利益,在发展生产的基础上,逐步改善人民的物质生活和文化生活。""国家建立健全同经济发展水平相适应的社会保障制度。"宪法的这一规定明确地揭示了我国社会主义生产的目的,以及实现这一目的的途径,这是发展我国国民经济的指导方针。

发展社会生产力,进行经济建设,是社会主义的根本内涵和社会主义国家的主要任务。社会主义制度不光意味着人民在政治上要当家做主,而且还是指人民在经济上要真正翻身,要通过焕发人民群众的创造精神和社会主义制度的优越性,创造出更高的劳动生产率,使物品达到极大丰富,为人民群众物质生活和文化生活水平的提高,为人民政治上当家做主地位的巩固提供经济基础。正因此,邓小平同志曾深刻地指出,发展是硬道理。在我国现阶段,要求发展社会生产力,提高劳动生产率,搞好经济建设,首先,要重视科学技术,重视知识分子生活条件和工作条件的改善,重视推广普及科学文化知识,使科技成为经济腾飞的主动力;其次,要通过调整和完善制度,主要是生产资料所有权与财产权保障制度、分配制度和社会保障制度,优化社会生产与消费过程,保护第一线创造社会财富的劳动者的利益,提高他们的经济地位和政治地位,消除收入“倒挂”,逐步解决“两极分化”,保护弱势群体利益,使社会生产得以良性循环,使社会大多数群众的积极性能够调动起来。只有这样,才能真正求得社会经济的发展。

发展生产的目的是逐步改善人民的物质生活和文化生活。要达到这一社会主义生产目的,首先,必须正确处理消费与积累的关系。在社会主义生产过程中,处理积累与消费关系的原则是:一要吃饭,二要建设。一味追求高积累,只顾扩大建设规模,压低社会消费水平,忽视人民的衣食住行,是不符合社会主义生产目的的,会挫伤人民群众的积极性,反而影响积累和建设。相反,不要积累,就无法扩大再生产。生产出来的东西都分光吃光用光,不顾积累和建设,人民生活就会失去逐步提高的基础,所以,我们应按宪法指出的,安排好积累和消费,要兼顾国家、集体和个人的利益。还应该看到,在我国,积累和消费是社会主义生产目的的辩证统一,积累也属于生产目的包含的内容,它不仅为了扩大再生产,也包括一般社会管理费用和国防费用,没有这些费用就不能维持正常的社会秩序和国家安全,社会也很难存在和发展。其次,要达到社会主义生产目的还必须厉行节约,反对浪费。厉行节约、反对浪费是增加积累、发展生产、不断满足整个社会日益增长的物质文化需要的基本条件。如果能厉行节约,杜绝浪费,那么,在一定时期内,同样数量的资金就可得到数量更多的国民收入,从而也就会有更多的劳动财富能用于人民生活福利。我国将长期处于社会主义初级阶段,目前生产力水平还不高,经济上还比较落后,在进行社会主义建设中,发扬艰苦奋斗、勤俭建国的方针是十分重要的。任何挥霍浪费人民的劳动成果和资金的行为都是对人民的犯罪。最后,人民生活水平的提高还必须注意缓解社会分配不公的矛盾,建立健全社会保障制度。既要继续克服平均主义,又要防止和纠正收入过分悬殊,依法切实保护合法收入,坚持取缔非法收入,限制过高收入。因为社会主义国家发展生产的目的是逐步提高人民物质和文化生活,达到共同富裕的目标。一部分人和地区依靠勤劳致富、合法致富,是符合社会主义发展方向的,对人们产生了强烈的吸引力和鼓舞作用,并带动越来越多的人向富裕迈进,但同时要大力提倡先富裕起来的企业和地区,要帮助还没有富起来的人、企业和地区,最终达到共同富裕。此外,还要特别注意完善社会保障,保护弱势群体基本需要和基本权益。只有这样,才算真正实现了社会主义生产发展的目的。

(五)建立健全同经济发展水平相适应的社会保障制度

社会保障制度是指与市场经济同步存在和发展的社会保险、社会救济和社会福利等措施和制度的总称,是保护社会弱势群体利益、维持地区和阶层经济利益均衡、保持社会稳定和经济可持续发展的重要制度设计。我国宪法2004年修正案在第14条专门增加一款,规定"国家建立健全同经济发展水平相适应的社会保障制度",为我国社会主义市场经济的健康发展提供了宪法指引和宪法保障。

建立健全同经济发展水平相适应的社会保障制度,是社会主义市场经济建设的内在要求,是市场经济建设的应有之义和重要内容。市场经济就是自然资源、人才资源和其他生产过程均按照市场供求规律来调节,最大限度地发挥各种经济主体经营管理的能动性,充分发挥经济规律的作用,所以市场经济是最有活力的经济运行方式。但是,市场经济也存在固有的弊端,这就是必然带来经济发展的不平衡和经济收入的差别,贫富差距、地区差异和弱势群体的存在是市场经济发展的必然副产品。如果任由这种市场经济的消极因素发挥作用,就会造成社会的不稳定,危及社会经济政治的发展。所以,市场经济建设从其内在要求来讲,必然包含建立同经济发展水平相适应的社会保障制度。没有同经济发展水平相适应的社会保障制度,就不是真正健康的市场经济,也必然要以社会经济和政治的动乱和停滞作为代价。

建立健全同经济发展水平相适应的社会保障制度,也是我国现阶段社会主义市场经济建设的实际需要,是解决我国经济可持续发展和政治长治久安的必由之路。我国现阶段经济社会发展的成就是有目共睹的,但存在的主要问题就是经济发展不平衡,地区和阶层贫富差距较大,城乡差别较大,就业矛盾突出,社会弱势群体的生存和发展权难以保障,群众关心的教育和医疗费用居高不下,这些都反映出我国现阶段社会保障制度的不健全。只有建立健全同经济发展水平相适应的社会保障制度,才能缓解社会矛盾,维持社会稳定,保护各阶层合法合理的生存与发展权利,最终实现党的十六大提出的建设社会主义和谐社会的奋斗目标。

第十三章　基本权利

第一节　基本权利概述

一、公民的概念

公民是一个法律概念，是指具有一国国籍的人。作为法律概念，“公民”表明社会成员个人与国家之间的一种法律联系，是社会成员个人获得国家保护的法律资格，也是国家对特定成员进行保护的法律依据，反映着社会成员在国家生活和法律意义上的平等地位。

严格意义上的公民概念，是资产阶级革命的产物，是近代民主政治的表现。在人类的历史上，“公民”一词出现很早。在古希腊和古罗马时期，“公民”是指享有城邦公共事务参与权的男性奴隶主和自由民，由于占人口绝大多数的奴隶和女性人群均被排除于“公民”的范围以外，因而，那时的“公民”概念只不过是极少数人政治特权和性别特权的代名词。在漫长的封建社会，君主制是典型的政治治理形态，隶属或臣服于君主的人们均被称作臣民，没有公民的概念。只有到了资本主义时代，资产阶级启蒙思想家的“天赋人权”“社会契约论”“主权在民”的政治理念和社会成员平等参与国家政治的地位得以确立，每一个人均成为享有公共参与权的公民，“公民”的概念才由此具有了普遍、平等的近代民主政治主体的含义，并通行于世界各国。

理解公民的概念，必须将之与“国民”相区别。在各国的学术研究和政治实践中，“国民”的概念通常是与公民的概念相通用的，即国民就是公民，公民也是国民。但在有的国家，如日本，国民的概念与公民是有严格区别的。在这些国家，国民是指具有该国国籍的人，即通常意义上的公民，而公民则是指达到法定年龄并享有公民权的国民。在我国，民国初年至20世纪30年代，“国民”的概念使用比较广泛，这与当时的立法多由德、日等国移植借鉴有关。及至20世纪30年代以后，英美民主政治风潮东渐，“公民”一词逐渐普及，与“国民”概念混同使用。直到中华人民共和国成立以后的1953年颁布了第一部选举法，才正式确定“公民”作为法律用语的权威地位。以后,在宪法和法律上及国家政治生活中表述个人地位时,均使用“公民”概念,“国民”一词不再使用。

把握公民的概念,还要将之与“人民”相区别:(1)性质不同。公民是法律概念,而人民是政治概念。作为法律概念,公民的含义和范围具有恒定不变的性质,而作为政治概念的人民,其含义和范围是随着历史时期的不同而有所变化的。(2)范围不同。公民的范围要大于人民,公民中不仅包括人民,还包括敌人。(3)政治后果不同。人民和敌人都是公民,都享有宪法和法律上的权利和平等地位。但是,公民中的人民所享有的宪法和法律权利能够充分实现,而公民中的敌人如果被依法剥夺政治权利的话,就无法实现其法定宪法权利中的某些权利。(4)适用对象不同。公民指代个体概念,而人民所表达的通常是群体概念。

二、权利和义务

权利是与“义务”相对应的法律概念,是指宪法和法律赋予公民的进行某种行为的可能性。权利具有以下特点:(1)法定性,即只有宪法和法律规定的才是权利。权利的享有,意味着当许可事项受到不法侵害时,必能获得法律的保护和救济。道德范畴或其他意义上的“权利”,只是法定权利含义的引申。(2)可能性,即权利只是赋予权利主体进行某种行为的法定资格,如果权利主体不以积极的行为予以实现,则这种法律上的许可只是一种可能性。(3)可行性,即权利这种法定可能性必须具有现实的实现条件,否则就不是权利,而是欺骗。(4)选择性,即权利是可以放弃的。

义务,也是一个法律概念,是指宪法和法律赋予公民的进行某种行为的必要性。义务具有以下特点:(1)法定性,即只有宪法和法律规定的必要行为事项才具有法律上的义务强制性;(2)强制性,即法定的义务必须得到履行,否则便会产生相应的法律后果,受到相应的法律制裁;(3)不可选择性,即不可放弃、移转或免除。

权利和义务是统一而不可分割的。享有权利就必须履行相应的义务,而履行了义务也应该享有相关的权利。实际上,整个国家生活和社会生活就是由权利和义务构成的一个严密的网络。权利和义务相分离是奴隶制时代和封建制时代的政治特点和法律特权,近代民主法治社会强调权利和义务的统一,不允许有法外的特权存在。

三、基本权利和基本义务

基本权利,就是宪法规定的公民应该享有的最主要的权利,它是普通权利的核心和基础，具有鲜明的政治性。基本义务，就是宪法规定公民必须履行的最起码的义务，其中个别内容的履行附带政治条件。基本权利和基本义务是统一而不可分割的。

基本权利义务具有以下特点：(1)宪法性，即只有宪法规定的权利义务才叫基本权利义务；(2)政治性，即基本权利和义务表明公民在国家生活中的政治地位；(3)基础性，即相对于普通权利义务而言，基本权利义务具有核心和基础的地位和意义；(4)基本权利和基本义务的统一性。

四、人权和公民权

(一)人权的概念及其历史演变

人权是一个政治概念，是指人作为人应该享有的权利，其最初的含义包括人们追求生命、财产、自由和幸福的权利。

人权的概念起源于资产阶级启蒙思想家的“天赋人权”学说，是资产阶级革命时期提出来的一个政治口号，其目的是吸引和动员其他劳动人民共同参与资产阶级革命。资产阶级革命胜利以后，人权的诺言理应兑现，从而成为资产阶级组织政府、制定法律和政治治理的原则和基石。人类历史上最早确认人权的宪法性文件是1776年美国的《独立宣言》，它明确宣布：一切人生来都是平等的，他们都享有不可侵犯的天赋人权，包括生命、自由和追求幸福的权利。马克思称它为“第一个人权宣言”。1789年8月，法国制宪会议通过了第一个直接以“人权”命名的《人权和公民权利宣言》(《人权宣言》)，首先指出其宗旨是“阐明自然的、不可转让的、神圣的人权”，并宣布：“在权利方面，人们生来而且始终是自由平等的。”“任何政治联盟的目的，都是保护人的不可剥夺的自然权利。这些权利是自由、财产、安全和对压迫的抵抗。”以后，人权就成为世界各国立宪的核心内容和根本准则。

作为一个政治概念，人权的内涵是随着人类民主政治的逐渐进步而不断丰富的，经历了一个由平等自由权到参政权，再到经济文化权和国际化的发展过程。

在19世纪末资产阶级立宪初期，人权保护的侧重点是平等权、自由权和财产权，这是从封建专制统治下解放出来的人们所迫切要求的最为首要的权利。后来，人们逐渐发现，平等自由和财产权固然重要，但如果没有民主政治权力的保护，这些权利仍然得不到切实的保障和实现，因而参政权的重要性日渐凸显，人权的发展遂进入第二个阶段即参政权阶段。20世纪初期，随着人类经济和科技的日益进步，人们逐渐意识到参政权对经济文化权利的依赖性质。如果没有经济权利的充分实现，参政的热情和参政的现实可能性就会受到限制，而文化教育权的实现则能够提高参政者的政治判断力和参政水平，从而保证参政的质量。由此，以1918年的《苏俄宪法》和1919年德国的魏玛宪法为代表,各国立宪开始注重扩大公民的经济文化权利,并强调社会公益的优先保障,人权的发展进入一个新阶段。第二次世界大战以后,基于各国人民反对战争,要求民主、和平,保障人权的愿望,人权问题逐渐进入了国际范围,并且成了《联合国宪章》的支柱之一,人权保障进入了国际化时代。《联合国宪章》宣布:"决心要保全后世以免再遭我们这一代人类两度身历的惨不堪言的战祸,重申对于基本人权、人格尊严和价值以及男女平等权利和大小各国平等权利的信念。"1948年联合国大会通过了《世界人权宣言》,重申"人皆生而自由,在尊严及权利上均各平等",并规定了个人自由和政治权利的内容,以及社会、经济、文化等方面的权利。随着殖民地的民族民主革命的蓬勃发展,世界上相继出现了许多摆脱了殖民主义统治的独立国家。在它们的促使下,联合国于1966年通过了《公民权利和政治权利国际公约》《经济、社会、文化权利国际公约》,1977年通过了关于人权新概念的决议案。决议指出,人权不仅是个人的权利和基本自由,而且包括民族和人民的权利和基本自由。1979年联合国人权委员会又通过了有关人权的决议,强调国家主权、民族自决权、发展权和基本人权,人权的概念超越个人人权进而包括集体人权,即民族自决权和发展权等。今天,国际人权保障正在逐渐深化,已经成为推进各国人权改善、提高全人类整体生存质量的重要力量。

我国政府历来重视人权保障。中国人民自清末以来追求民主政治的革命与建设过程,实际上就是争取人权和人权保障不断进步的过程。1949年中华人民共和国成立后,从立法到政治实践都为人权的保障和落实提供了可行条件。20世纪50年代初期我国人权保障的情况较好,尤其是在劳动者权益保护和人民参政权保障方面成效显著。20世纪50年代末期以后,由于党和国家政治生活不正常和意识形态上极"左"倾向的干扰,民主法制遭到极大破坏,人权基本上无法保障。1978年12月十一届三中全会以后,国家重视民主法制建设,人权保障的立法和实施逐渐恢复和开展。但是,20世纪80年代以前,"人权"这个概念及其理论研究在我国被视为"禁区",人权被批判为"资产阶级法权",实际生活中公民权利保护的力度也受局限。20世纪80年代末90年代初,出于国际政治斗争的需要,中央决定应重视人权研究,树起社会主义人权的旗帜,争取国际政治主动权。1991年11月,我国政府发布《中国的人权状况》白皮书。1997年,党的十五大主题报告首次谈到尊重人权,使人权成为一项政治原则,随后党的十六大报告也提出要尊重人权。2004年,我国通过宪法修正案,将"国家尊重和保障人权"作为基本国策写入宪法,使我国的人权保障事业进入新的历史时期。我国政府对人权问题的基本政策,可以概括为:(1)保护和发展人权是中国的基本国策;(2)人权首先是生存权和发展权;

(3)主权高于人权,任何国家都不能以人权为由干涉别国的内政。虽然现阶段我国人权方面还存在许多不尽如人意的问题,但如果我们常抓不懈,厉行民主与法治,人权保障的状况必能逐渐改善。

(二)公民权与人权的联系与区别

公民权是人们对宪法基本权利和义务的通称。公民权与人权有着历史的、政治的联系,公民权是人权的法律化和具体化,而人权是公民权的政治基础。如前所述,人权是资产阶级在革命时期所提出来的一个政治口号,反映着人们对改善生存状态的自然愿望和对政治概念的深刻理解,它既是对封建专制压迫的合理反动,也是对人类发展美好前景的普遍要求。资产阶级在革命时期,顺应并反映了这种普遍社会要求,因而获得了社会的广泛支持,最终推翻了封建统治,建立起民主政治。当革命胜利以后,关于人权的社会要求就成为近代民主政治构建和发展的深刻动力,将其以宪法和法律的形式予以具体化和法律化就成为政治治理的主要内容。宪法公民权的相关规定以人权作为其政治基础和理性依据,而这种人权入宪入法的过程也为人权的发展和实现提供了具体化途径和法律保障。

人权与公民权又是有严格区别的。首先,二者性质不同。人权是一个政治概念,在实践中不断发展,不同的人们可以对人权有各自的理解和解释。而公民权是一个法律概念,其含义和保护方式有法定的界限,人权的内容一旦入宪而成为公民权,就具有了固定含义,只能依法解释和保护。其次,二者不能简单等同。我们可以笼统地讲公民权就是人权,这是因为公民权体现人权的内在要求。然而,人权和公民权从性质到形式差异很大,人权的一个方面的要求可能具体化为公民权的若干项权利,而公民权的一项权利也可能同时体现着人权的多方面要求,因而,二者不能一一对等。最后,人权与公民权相比,还具有阶级性、民族性、地域性以及前述的时代性和国际性的特点,这些都决定了我们不能将二者混为一谈。只有准确地把握了人权和公民权的联系与区别,我们才能保持理论思路的清晰,并在实践中充分发挥和有效利用二者各自的特点,为整体推进人权保护和民主法治状况服务。

(三)中国人权保障的成就、问题和改善

中国人权保障的改善是中国国内社会各界的共同愿望,也是国际社会关注的焦点。然而如何评价中国的人权保障状态、评价的具体标准和态度,以及推进中国人权保障事业进步的思路,国际国内学术界和政治界则存在多种不同的观点,争议很大。正确评价中国的人权保障状况,必须深入中国人的现实生存状态之中,将人权问题与中国现阶段经济发展水平及其现实需要联系起来,与保持中国政局和社会稳定联系起来,客观公正地提出在中国现阶段能够产生改善人权实效的具有可

行性的方案和建议。

1. 中国人权保障的现状

中国改革开放四十多年来,特别是近年来,人权保障的进步是有目共睹的,不承认这一基本事实,得出的结论就会有失偏颇。具体地讲,中国人权保障的进步主要表现在:第一,中国经济持续高速发展,解决了13亿人民的温饱问题,人民的生存权得到保障,发展权的实现也有了基础。第二,中国的人权立法逐年增加。2004年3月,中国修改宪法,保障人权被列为宪法基本原则。据统计,中国现行的法律法规中,有关政治自由保障的49部,司法执法中人权保障的220部,经济社会文化权利保障的213部,妇女儿童老人和残疾人权益保障的49部,少数民族和归侨侨眷权益保障的10部。随着人权保障原则入宪,中国目前正在酝酿一系列法律修改和司法改革,诸如刑事、民事、行政三大诉讼法的修改,死刑复核程序的变化,私有财产权的司法保护,以及人性化司法的具体举措,等等。未来几年里,全国人大常委会还将专门就社会救济、劳动合同、农民权益保护、行政收费、违法行为矫治等进行立法,修订妇女权益保障法、未成年人保护法、义务教育法等法律,2010年最终形成中国的人权保障法律体系。这说明,中国人权保障的法律体系正在逐步形成,人权保障的司法理念也在悄然贯彻。第三,中国政府和社会逐渐重视人权保障问题。自1991年11月以来,中国政府每年发布《中国人权状况白皮书》,向国际和国内社会提供中国人权方面的资料和信息。2004年9月,中国政府又首次发布《中国的社会保障状况与政策的白皮书》,介绍中国社会保障的现状和改进措施。中国政府正在努力树立自己重视人权保障和"人性化"施政的形象。中国社会民众的人权保障意识明显增强,新闻舆论监督的力度加大,全国已经出现多宗用于个人权利得不到保护而向最高国家权力机关提出要求启动合宪性审查程序的个案,也有专家建议在大学中普遍开设人权课程以培植人权意识。第四,中国在人权保障方面与国际社会的合作不断广泛和深入。迄今为止,中国已经签署了23项国际人权公约,与相关国家签署了15项双边人权声明,内容涉及公民政治权利,经济文化社会权利,儿童妇女权益的保护以及禁止酷刑、人道司法等方面。

当然,中国人权保障的实际状况也不容乐观,一些与原来政治体制中的不民主环节相伴生的旧的人权问题还没有解决,伴随经济社会改革的推进又有很多新的人权问题不断出现,这表现在:一是公民政治权利的实现效果还不明显;二是公权力滥用而导致的人权侵害没有得到有效抑制,在有些行业和领域还很突出;三是人权保障立法还存在空白,有待健全和体系化;四是经济人权的保障问题越来越凸显,诸如弱势群体的权益保障、失业保障,非国有企业工人的权益保障,城乡人口的差别待遇问题,进城农民工的权益保护,以及农村由于社会保障薄弱而引发的权利不能实现的问题，等等，已经成为人权问题的高发领域，中国政府也已经意识到了这些问题的严重性，正在努力解决；五是人权的司法救济还有很多障碍，包括政治和个人干预司法，新闻影响司法裁判，司法人员素质不高，执法和司法中“人治”因素的普遍存在，司法判决执行困难，等等。这些情况表明，中国的人权保障仍然需要持久不断的制度改良和现实推进，这将是一个漫长而艰难的过程。

2. 评价中国人权保障状况应注意的几个问题

对中国的人权保障状况，每个人都可以有自己的评价和观点。关注的角度不同，政治态度不同，甚至个人学识和经历不一样，都会有不同的结论。但笔者认为，在评价中国的人权问题时，必须与中国的现实国情相结合，进行客观地、积极地说明与评断，才能有助于推动中国国内人权保障自主发展的过程。

首先，人权保障状况评价必须与中国经济发展的状况和实际需要结合起来。中国是世界上人口最多的发展中国家，现阶段中国最首要的任务是发展经济，以满足国内人民的基本生存需要，保证社会的发展与进步。从根本上讲，经济发展与人权保障的作用方向应该是一致的，因为经济发展既是实现物质层面人权需要的基本手段，也是实现更高层面精神人权需要的基础。但在现实生活中，经济发展与人权保障的矛盾是普遍存在的。经济发展在一定阶段和特定情况下必然带来的环境污染、科技进步导致的就业率下降、劳动条件的不完善、男女在个别层面和行业存在的不平等、劳动力过剩带来的对农民工的权益保障不够充分，以及社会保障配套措施不够完善，等等，这又是一系列新的人权问题。这些问题从一定意义上讲是经济发展的必然附带产品，也只能通过进一步发展经济才能最终获得解决，不能由此否定中国人权保障不断改善的基本事实和整体评价。

我们还应该注意到经济发展不足给中国人权状况改善带来的负面影响。很多人权问题的存在，如人权保障的意识不强、许多人权保障的措施和制度还不健全、与西方国家相比还有很大差距，等等，这既有政治因素和人权保障力度不够的原因，也与中国经济发展相对落后有直接关系。笔者认为，随着中国经济的逐步发达，整个社会的民主、人权和法治意识必然会同步提高，社会的民主化进程会相应加快，许多人权问题会逐渐获得解决。

当然，这并不是说经济发展和人权保障的联系是绝对的，或者说经济发展是决定人权保障程度的唯一因素，而只是强调我们评价中国人权问题时必须注意经济发展这个重要因素的作用。

其次，人权状况改善的思考必须与中国的政局稳定和社会稳定联系起来，这是中国人权保障持续发展进步的基础。诚然，中国的人权问题有很多是与中国政治体制设计和运行中的某些不合理因素直接关联的，比如，权力的高度集中和缺少科学的制约机制、权力行使过程中“人治”色彩浓厚、权力的滥用和腐败得不到应有惩治、已有的立法不能有效实施、人权的司法救济不能完全落实,等等。所以,从一定意义上来讲,中国的人权保障不是一个简单的法律范围内的问题,而是一个政治问题和社会问题。中国人权保障的进步,有赖于政治体制的民主化改革。

当然,我们还应该认识到,中国的政治体制改革必须循序渐进,在保证政局稳定和社会稳定的前提下进行。中国是一个人口众多、各地区政治经济发展不平衡、民族宗教关系复杂的国家,同时也是一个资源相对贫乏、经济发展落后的国家。中国政治发展的历史表明,在这样一个国家保持政治稳定和社会稳定是相对困难的,而这又是社会经济发展和民主进步的基础。中国改革开放的四十年,是中国历史上最繁荣稳定,人民生活水平提高最快的时期,也是人权保障持续进步幅度最大的时期。所以,今天中国的政治体制改革一定要立足现状,顺应国情,循序渐进,寻找出一种各方政治力量都能够接受的,在中国现阶段能产生民主实效的民主政治模式,积极推动中国向民主化的方向发展,谋求人权问题能够相应逐渐解决。过激的政治改革,不但不能解决今天中国的发展和人权问题,而且会引发社会不稳定,导致中国人权事业和社会发展的倒退。

据此,笔者认为,评价中国的人权状况,推进中国人权保障的进步,一定要深入中国人的实际生存状态之中,要客观公允,看到中国政治进步和人权保障发展的积极一面,鼓励、支持和帮助其民主化进程。如果简单地从评价者个人的生存状态和政治态度出发,切断特定人权问题与整体中国社会发展和生存状态的联系,得出的结论就会失去客观性,提出的解决方案也不会具有可行性,“理想化”的人权也可能是中国人现阶段需要并不迫切或不可能实现的。对于现存的人权问题,最好的态度是拿出在中国现阶段有现实操作性的办法,即使是再小的改善也是一种进步。

3. 健全和有效实施合宪性审查制度是中国人权保障的关键

推进中国人权保障的现实措施还是要加强制度建设。虽然人权状况的根本改善在某些权利的实现方面有赖于政治体制改革的进步,但大规模的具体制度的建立和优化仍然是中国现阶段人权保障取得实际效果的最艰巨的任务。笔者认为,制度完善的关键是建立和健全并充分尊重和实施合宪性审查制度。

首先,公权力滥用是中国现阶段人权问题的主要根源,合宪性审查是限制和规范公权力的最有效手段。相对于个人权利而言,公权力不但包括国家权力,还应该包括社会组织管理公共事务的权力。在以往的研究中,人们将社会组织管理公共事务的权力划归“社会自治”的范畴,被认为是社会权利或“私权”的一部分,而与“公权”即国家权力相对立。但笔者认为,如果相对于个人的权利而言,社会组织管理公共事务的权力由于带有公共管理和资源分配的性质,也具有公权力的意义,也可能由于行使不当而对个人权利构成侵犯。正是在这个意义上,我们可以把它归于广义的公权力的范畴。中国社会现实生活中形成公权力滥用的原因是多方面的,既有公权力设计中分配不科学合理和没有相应制约的问题,也有公权力行使过程中由于职权不明或交叉,或立法空白,或执法人员越权违法操作的问题。就前者而言,有些属于政治体制改革的范围,有些则属于具体执法或管理机制完善的问题。本书所称公权力滥用,主要是指具体机制不完善、具体规则存在问题,或者在现有机制和规则下,执法人员或管理人员对公权力的行使不当及违法操作的情况,这是现阶段中国社会中对人权侵犯的主要来源。对于这一方面公权力滥用的抑制,专门的合宪性审查就能通过对现有立法和公共管理行为是否合乎宪法进行裁决,从而发挥保障公民基本人权的作用。

其次,合宪性审查是公民寻求人权司法救济的最后手段。对于公民的人权保障而言,司法救济最主要的方式应该是普通法院的诉讼过程及其最终裁决。但是,如果普通法院在审理案件时依据的法律存在违宪或者与上位法不一致的情况,或者出现法律冲突和立法空白的时候,合宪性审查就成为当事人保障个人人权的最后手段。尤其是在现阶段中国司法实践中司法腐败还一定程度地存在的情况下,由此造成的误判错判如果在司法权范围内无法纠正时,当事人依据现行中国合宪性审查体制要求对司法行为是否合宪进行审查监督,也是一种维护人权的有效途径。

再次,合宪性审查可以弥补制度设计缺失和现有立法空白,更全面地保障人权。在社会生活快速发展的今天,制度设计瑕疵和立法空白的不断被发现并对其予以修复弥补,是一种正常现象。一些在社会发展中新出现的人权类别,应该得到尊重和司法保护,这是社会进步的表现。然而,谁来判定这些新权利种类的合法性?如何判定?依据何在?这就显现出合宪性审查的重要地位和作用了。通过合宪性审查,专门机关依据宪法原则和精神裁决新的权利种类是否合宪,由此形成的结论和解释可以成为新权利司法保护的法律依据。在中国现阶段,人权保障的立法体系还不完备,司法过程中不法因素干扰还比较严重,合宪性审查从这个角度对人权的保障作用尤显重要。

最后,合宪性审查有助于增强全社会的人权保障和民主法治观念。中国社会发展到今天,法律的权威和规范性还没有真正树立起来,合宪性审查的实际运作就是树立宪法权威,增强保障人权观念的有效途径。如果有了合宪性审查的现实,有了通过合宪性审查使个人权利得以维护的例证,人们就会认识到宪法和法律的重要性,进而增强法治和民主意识,使人权法治建设得以有效推进。

第二节 我国公民基本权利立法的特点

一、我国公民基本权利立法的历史

(一)中华人民共和国成立前公民基本权利立法概况

中国关于公民基本权利的立法始于清末立宪。最早规定公民基本权利的宪法性文件是1908年的《钦定宪法大纲》,囿于当时封建国体的限制而被称作“臣民权利义务”。在《钦定宪法大纲》中,关于臣民的权利共列有6条,包括当选议员的权利,言论、著作、出版及集会结社的自由,人身保障权,诉讼权,法定审判权和财产住宅不受侵犯权;关于臣民的义务共有3条立法,包括纳税、当兵和遵守国家法律。这些基本权利立法虽然简单,但却是中国历史上之首创,并带有当时封建末期宪法移植初期的政治和立法印记,应该说具有重要的民主意义。

及至进入民国时代,公民基本权利逐渐成为立宪的主要内容,并将权利主体的称谓改为“人民”或“国民”,而且立法的条目也逐渐增多。1912年中华民国宣告成立后,最先进行的立宪便是同年3月颁布的《中华民国临时约法》,这是中国历史上唯一的一部具有资产阶级民主共和国性质的宪法性文件,它较为完整地移植了西方资产阶级宪政民主制度,规定了11条有关人民基本权利义务的条款,与《钦定宪法大纲》相比,增加了营业自由、书信秘密自由、迁徙自由、信教自由、请愿权、陈诉权、考试权、选举与被选举权,基本权利的范围大为扩大。1923年10月颁布的《中华民国宪法》(贿选宪法),是中国历史上第一部正式颁布的宪法,其中关于人民基本权利的立法又有进步,条款增至18条,权利部分增添了“人民”的概念、平等权、职业自由、信仰自由、从事公职权等,在义务部分首次规定了“中华民国人民有受初等教育之义务”。1931年6月国民党政府颁布的《中华民国训政时期约法》,人民基本权利条款达22条,增加了罢免权、创制权、复决权、继承权和服从公务行为的义务。1947年的《中华民国宪法》在基本权利立法方面虽然条目有所减少,只有18条,但内容上首次明确规定了受教育权和请求国家赔偿权。可见,在整个中华民国时代,人们关于基本权利的认识也是逐渐深化的,基本权利立法日趋现代化。

与国民党统治时期并存的中国共产党领导的革命根据地,在人民基本权利立法方面独具特点。

早在1922年7月,在中国共产党第二次全国代表大会宣言中就明确提出,男女工人有无限制的选举权,有言论、出版、集会、结社、罢工的自由。同年8月,中国劳动组合书记部发布了《关于开展劳动立法运动的通知》,并拟定了《劳动立法原则》和《劳动法案大纲》,要求政府承认工人的集会结社权、同盟罢工权、结缔团体契约权,要求实行八小时工作制、保护女工童工、劳动保险,让工人参加企业管理,给予工人国际联合权、休息权及受教育的机会,等等。《劳动法案大纲》成为党领导工人群众争取政治自由和民主权利的斗争纲领。1925 年 5 月 1 日,第二次全国劳动大会也明确提出了以争取集会、结社、言论、出版、罢工自由和参加普选等作为政治斗争的重要目标。会后,党领导工人群众进行了"五卅"运动、省港大罢工和上海工人三次武装起义,沉重地打击了帝国主义和国内反动势力。通过斗争,工人群众在政治上取得了一些自由权利,生活上有了一定的改善,阶级力量也得到了发展壮大。

1931 年 11 月第一次全国苏维埃代表大会通过了《中华苏维埃共和国宪法大纲》(以下简称《宪法大纲》),到了 1934 年 1 月第二次全国苏维埃代表大会时,又略加修改并通过,这是我国历史上由人民代表机关通过并实施的第一部宪法性文件。这部《宪法大纲》规定,工农劳动群众享有各项民主权利。在政治上,"所有工人、农民、红色战士及一切劳苦民众都有权选派代表掌握政权的管理","凡上届苏维埃公民,在 16 岁以上者皆有苏维埃选举权和被选举权","选举人无论何时皆有撤回被选举人及重新选举代表的权利"。在经济上,"没收一切地主阶级的土地,分配给雇农、贫农、中农",对工人实行"八小时工作制,规定最低限度的工资标准,创立社会保险制度与国家的失业津贴,并宣布工人有监督生产之权"。在文化教育上,"工农劳苦民众有受教育的权利"。此外,《宪法大纲》还规定了男女平等和民族平等的原则,保证工农劳苦民众言论、出版、集会、结社和信教的自由。

在抗日民主根据地,1941 年 11 月陕甘宁边区第二届参议会通过的《陕甘宁边区施政纲领》明确规定:"保证一切抗日人民的人权、政权、财权及言论、出版、集会、结社、信仰、居住、迁徙的自由权。"1946 年 4 月第三届边区参议会通过的《陕甘宁边区宪法原则》中规定:人民按普遍、直接、平等、无记名的原则选举各级代表;人民享有政治、经济、文化各项自由权利;边区人民不分民族,一律平等;妇女除享有男女平等权利外,还应照顾妇女之特殊利益;此外《陕甘宁边区宪法原则》还规定了实现这些权利的物质保障。

(二)中华人民共和国成立后公民基本权利立法的历史沿革

中华人民共和国的成立是中国民主政治历史的转折,我国的公民基本权利立法也进入了一个新的历史阶段。综观中华人民共和国第一部临时宪法(《中国人民政治协商会议共同纲领》)、四部正式宪法中有关基本权利立法的内容,虽然历经曲折,却呈现出不断进步和成熟的特点和趋势。

1949年9月,中国人民政治协商会议第一届全体会议一致通过了《中国人民政治协商会议共同纲领》(以下简称《共同纲领》)。《共同纲领》规定:人民,指工人阶级、农民阶级、小资产阶级、民族资产阶级以及从反动阶级中觉悟过来的某些爱国民主分子。他们享有选举权和被选举权,有思想、言论、出版、集会、结社、通讯、人身、居住、迁徙及示威游行的自由;妇女享有与男子在政治、经济、文化教育和社会生活等方面的平等权利,实行男女婚姻自由,注意保护母亲、婴儿和儿童的健康;各民族一律平等,他们都有发展其语言文字、保持或改革其风俗习惯及宗教信仰的自由;国家有计划、有步骤地实行普及教育,保证报道真实新闻的自由;人民享有对国家机关和任何公务人员的违法失职行为的控告权;优待军属、适当安置残废和退伍军人;尽力保护华侨的正当权益;等等。《共同纲领》是一部宪法性文件,它总结了中国人民民主革命的经验,确认了我国人民长期进行争取民主斗争的胜利成果,为后来制定中华人民共和国宪法奠定了基础。

1954年宪法在《共同纲领》规定的公民基本权利和义务的基础上,又以专章规定了公民的基本权利和义务,对公民行使权利也规定了必要的和逐步扩大的物质保障。1954年宪法除了肯定《共同纲领》的有关规定外,还增加了公民享有劳动权、劳动者的休息权和物质帮助权以及受教育权和国家保护母亲、儿童的利益,关怀青年的体力、智力的发展的规定。它还规定,对于公民的权利和自由的行使,国家提供必要的物质保证。对于任何违法失职的国家工作人员,宪法规定公民有申诉权和控告权。对于公民的基本义务,宪法增加了公民遵守公共秩序、尊重社会公德的规定。

1954年宪法关于公民的基本权利和义务的规定,标志着我国社会主义民主走上了不断完善和发展的道路。但是,这些规定在实施过程中,却经历了曲折的道路。特别是在十年"文化大革命"期间,公民的基本权利和自由被践踏和剥夺,在动乱中制定的1975年宪法正是那个时期国家生活不正常的反映。1975年宪法中的基本权利立法,大大缩减了公民的基本权利和自由,把1954年宪法规定的公民的权利和自由从14条减为2条,删除了许多重要的权利内容。它取消了公民在法律上一律平等的原则;取消了公民有进行科学研究、文学艺术创作和其他文化活动的自由;取消了由于国家机关工作人员侵犯公民权利而受到损失的公民有取得赔偿的权利;取消了公民各项权利和自由的物质保障。它还将1954年宪法规定的遵守劳动纪律、遵守公共秩序、尊重社会公德、爱护和保护公共财产、依法纳税等义务取消了。1975年宪法关于公民的基本权利和义务的规定,从一个侧面反映了我国社会主义民主的倒退和破坏。

1978年宪法在公民的基本权利和义务的规定上,恢复了1954年宪法的一些内容,但是由于历史条件的限制,还存在权利和自由不广泛、“左”倾思想的影响比较严重、形式不完备等缺点,因而不能适应发展社会主义民主的要求。

1982 年宪法关于公民的基本权利和义务是以 1954 年宪法为基础,并且又结合中华人民共和国成立以来正反两方面的经验教训和当前的实际情况加以规定的。因此,它既是对前几部宪法相关立法的总结、继承,又是它们的进一步发展。

1982 年宪法规定公民的基本权利和自由,同前三部宪法的有关规定相比较,有以下的发展变化:

第一,结构顺序变化。前三部宪法都将“公民的基本权利和义务”一章作为第三章,放在“国家机构”后面。1982 年宪法则把它改为第二章,和“总纲”关于国家制度、社会制度的规定紧密联结,表明它是“总纲”的延伸和继续,同时也反映出我们国家对保障公民基本权利的重视。

第二,条款数量增加。1954 年宪法关于公民基本权利的规定为 14 条,1975 年宪法只有 2 条,1978 年宪法为 12 条,而 1982 年宪法则为 18 条,同时在一些具体条文中还增加了新的条款。如第 33 条公民在法律面前一律平等,比 1954 年宪法规定增加了两款;第 36 条宗教信仰自由增加了三款;第 37 条人身自由不受侵犯,增加了一款;第 41 条批评建议权和申诉、控告、检举权,不但比以前新增加了批评建议权并恢复了取得赔偿权,而且还增加了两款;第 42 条劳动权,比以前增加了三款;第 45 条物质保障权也比原来增加了两款,等等。

第三,内容更加充实。现行宪法规定的公民权利自由比前几部宪法更加充实且规范化。如 1975 年宪法规定某些公民权利只有几个字,显得内容贫乏。1982 年宪法在原则规定的基础上,充实了具体内容。为了保证公民权利的实现,宪法还规定了国家相应的基本政策和根本措施。

第四,更加强调权利和义务的一致性。现行宪法明确规定:“任何公民享有宪法和法律规定的权利,同时必须履行宪法和法律规定的义务。”在宪法第 51 条,还要求公民在行使权利和自由的时候,不得损害国家的、社会的、集体的利益和其他公民的合法的权利和自由。

二、我国现行公民基本权利立法的特点

我国现行宪法关于公民基本权利立法的特点,可以概括为以下四个方面:

(一)权利和自由的广泛性

第一,享有权利的主体非常广泛。我国是人民民主专政的国家,是绝大多数人对极少数敌对势力和敌对分子实行专政的国家,人民民主专政的国体,决定了我国享有权利的主体的广泛性。根据我国宪法和法律的规定,全体社会的成员都是公

民基本权利和义务的主体,人民中的每一分子都是全部公民权利和自由的享有者,就是对那些极少数被剥夺政治权利的公民来说,他们也是权利和自由的主体,虽然不能享有被依法剥夺的权利和自由,但仍然享有与其身份相适应的某些宪法基本公民权利。

第二,宪法确认的公民权利和自由的范围十分广泛。除了现行宪法第二章列举的公民享有政治、经济、文化、宗教、社会等各种权利和自由外,在第一章“总纲”和第三章“国家机构”中还确认了公民在其他方面的权利和自由,如保护公民个人的合法财产权、继承权、民主管理权等。随着在法理上和执法、司法的实践中“法不禁止即自由”的原则逐步被确认,我国公民享有的权利和自由已不完全限于宪法列举的范围。同时,我国经济、文化的发展也必将使公民享有的权利和自由越来越广泛。

(二)权利和义务的平等性

第一,公民平等地享有权利,平等地履行义务,即公民不分民族、种族、性别、职业、家庭出身、宗教信仰、教育程度、财产状况和职位高低,都一律平等地享有宪法和法律规定的权利,平等地履行宪法和法律规定的义务。任何公民不可以只享有权利而不尽义务,也不可以只尽义务而不享有权利。任何公民都没有超越宪法和法律的特权。

第二,国家机关对所有公民一律平等地适用法律,任何公民的正当权利和合法利益都平等地予以保护。公民平等地享有宪法和法律确认的权利和自由,也平等地承担宪法和法律规定的义务,国家不允许任何组织或者个人享有宪法和法律之上的特权,人人都必须在宪法和法律的范围内活动,对任何人的违法犯罪行为都按照法律规定的标准予以追究和制裁。

(三)权利和自由的现实性

第一,宪法在确认公民的基本权利和自由时,总是从我国的实际情况出发,充分考虑现阶段政治、经济、文化发展的实际水平,来确认权利和自由的范围、内容以及物质保障问题的。具体表现为:一是客观上十分需要,而主观上又可能实现的,就予以规定。例如,“公民在法律面前一律平等”“禁止虐待老人、妇女、儿童”的条款,特别是现行宪法规定了“人格尊严不受侵犯。禁止用任何方法对公民进行侮辱和诽谤”的条款。二是依照实际情况,作出实事求是的规定。能够实现或者经过创造条件可以逐步实现的,就予以规定;能够做到什么样的程度就规定到什么程度;做不到的就不规定。如关于公民受教育的权利,宪法既规定国家举办各种学校,又规定国家鼓励企业事业组织、农村集体经济组织和其他社会力量依照法律规定举办各种教育事业,以逐步满足广大青年和职工迫切要求学习科学文化知识的需要,保证公民享有受教育的权利。再如由于大城市人口过于集中,造成大城市人口密集与生产、生活各方面不相适应的紧张状态在相当长的时间内不会发生重大改变,因此,宪法就不再确认1954年宪法中的“公民有居住和迁徙的自由”的条款。三是权衡利弊,不宜规定的,宪法就不予以确认。如现行宪法就取消了1975年和1978年宪法中规定的“四大自由”(大鸣、大放、大字报、大辩论)和罢工自由。

第二,宪法规定的公民的基本权利和义务是有法律保障和物质保障的。公民的任何权利和义务的实现都是离不开法律上和物质上的保障的。我国宪法在确认公民的权利和义务的同时,也规定了具体措施来保障它们的实现。如规定公民在年老、疾病或者丧失劳动能力的情况下,有从国家和社会获得物质帮助的权利;同时宪法又规定国家建立健全同经济发展水平相适应的社会保障制度;等等。又如宪法关于公民选举权的规定,有选举法专门规定选举经费由国库开支,为公民选举权的实现提供充分的物质保障,同时刑法还专条规定了对破坏和妨碍选举行为的制裁,等等。

(四)权利和义务的一致性

权利和义务的一致性是马克思主义的一个基本观点,也是我国宪法关于公民基本权利和义务的一个特点。权利和义务的一致性是指权利和义务互相依存、互相促进、互为条件的辩证统一关系。正如马克思指出的那样:“没有无义务的权利,也没有无权利的义务。”[1]公民的权利和义务的一致性的具体表现是:

第一,宪法要求公民既要享有宪法和法律规定的权利,又必须履行宪法和法律规定的义务。现行宪法第33条规定:“任何公民享有宪法和法律规定的权利,同时必须履行宪法和法律规定的义务。”这一规定表明,在我国,公民享有权利,就必须履行义务;公民履行义务才能享有权利。不允许只享受权利而不履行义务;也不允许只履行义务而不享有权利的现象存在。

第二,公民的某些权利和义务是相互结合的,如宪法规定公民享有“劳动的权利和义务”“受教育的权利和义务”等,它们既是公民的权利,又是公民的义务,二者是相互统一的。

第三,权利和义务是相互促进、相辅相成的。我国公民的权利和义务在本质上反映了公民个人、集体和国家之间在根本利益上的高度一致关系。在我国,国家不仅通过宪法、法律确认和保障公民的权利和自由,而且通过改革政治体制和发展经济文化事业,为公民行使权利和自由提供越来越多的物质保障和社会条件。公民的权利和自由越能得到保障,就会越有利于激发他们的政治热情和生产积极性,更

---

〔1〕《马克思恩格斯选集》(第2卷),人民出版社1972年版,第137页。

加促进他们对义务的自觉履行;而公民履行义务的自觉性越高,国家的社会主义现代化建设就越能向前发展,国家就会更加富强昌盛,公民的权利和自由也就愈加获得更多的保障。可见,公民的权利和义务是相互促进的。

三、我国公民基本权利的立法限制

现行宪法第51条规定:"中华人民共和国公民在行使权利和自由的时候,不得损害国家的、社会的、集体的利益和其他公民的合法权利和自由。"这是我国公民行使基本权利和自由的总的指导原则,具体表现为:

(一)权利和自由的相对性

世界上从来没有绝对的权利和自由。公民的权利和自由是相对的,权利是相对义务而言,自由是相对纪律而言。没有无义务的权利,也没有无权利的义务。只有权利,没有义务,权利就失去了实现的条件和基础;只有义务,没有权利,义务也不会得到切实的履行。因此,我国宪法在关于公民的基本权利的规定里,除了授权性规范外,还有相应的义务规范。例如,宪法在授予公民以人格尊严不受侵犯的权利的同时,又明确规定"禁止用任何方法对公民进行侮辱、诽谤和诬告陷害"。这表明,在我国,公民在享有充分权利的同时,又负有不得滥用这些权利的义务。

(二)权利和自由的有限制性

任何权利和自由都不是无限制的,这种限制首先表现在:任何权利和自由的程度都要直接或间接受到社会经济发展程度的制约,社会物质发展程度决定了权利和自由的实现程度。任何自由和权利的享有都必须有其物质和文化精神做基础,都不能离开社会的物质文化条件。正如马克思指出的:"权利永远不能超出社会的经济结构以及由经济结构所制约的社会的文化发展。"[2]其次,公民基本权利和自由的实现程度还要受客观规律的制约。无论人们的主观能动性如何发挥,都不能背离社会客观规律,必须受其限制。服从客观规律才有自由可言,违背客观规律,不但不能享有权利和自由,反而会受到客观规律的惩罚。最后,权利和自由的行使要受到法律的约束。公民只有在遵守宪法和法律的前提下,才能享有权利和自由。法国启蒙思想家孟德斯鸠说过,"自由是做法律所许可的一切事情的权利;如果一个公民能够做法律所禁止的事情,他就不再有自由了,因为其他人也同样会有这个权利。"[3]洛克也说:"哪里没有法律,哪里就不能有自由。"[4]在民主的国

---

〔2〕《马克思恩格斯选集》(第3卷),人民出版社1972年版,第12页。

〔3〕[法]孟德斯鸠:《论法的精神》(上册),商务印书馆1992年版,第15页。

〔4〕[英]洛克:《政府论》(下册),叶启芳、瞿菊农译,商务印书馆1964年版,第36页。

家里,自由之所以存在,正是因为有了法律,有了法律才有秩序,才能防止对人的权利和自由的干涉和侵犯,才能避免无政府状态。因此,公民只有依照宪法和法律的规定行使自己的权利和自由,才能全面地、完整地实现自己的权利和自由。

(三)不损害整体利益

在我国,依据宪法的规定,公民在行使自己的权利和自由时,不能违背体现广大人民意志和利益的法律。我们的法制一方面要充分保障公民享有在法律范围内的权利和自由,另一方面也要对一切践踏人民民主权利、极端自由化和无政府主义的行为加以限制。否则,广大人民群众的自由和合法权益就得不到保障,社会稳定和现代化建设就失去了实现的基础和条件。

另外,我国是人民当家做主的国家,国家利益同公民个人利益从根本上说是一致的。因此,公民作为国家权力的主体,在行使权利和自由时,不得损害国家的、社会的、集体的利益和其他公民的合法的自由和权利。这既是对别人权益的尊重和保障,也是对个人法定权利的实现造就条件。

四、外国人权益的立法保护

(一)国家保护在中国境内的外国人的合法权利和利益

外国人是指在中国境内具有外国国籍的自然人(不包括外交官)。外国人的合法权利和利益,是指符合我国宪法和法律规定的权利和利益。现行宪法第32条规定:“中华人民共和国保护在中国境内的外国人的合法权利和利益,在中国境内的外国人必须遵守中华人民共和国的法律。”这一规定确认了在中国境内的外国人的法律地位。其主要含义是:(1)在中国境内的外国人是指在中国工作、学习、旅游或者定居的具有外国国籍的自然人;(2)上述这些人的合法权利和利益,均受国家的保护,任何人都不得任意侵犯;(3)在中国境内的外国人都必须遵守中华人民共和国的法律,这是他们应当履行的义务。

宪法规定在中国境内的外国人的法律地位,保护其合法权益,对加强国际间的交往与合作、促进我国社会主义现代化建设事业的发展有重要作用。

(二)外国人的受庇护权

受庇护权,也称“政治避难权”或“居留权”,是指一国公民因为政治原因向另一国提出请求,经该国政府批准,而享有的入境居留并且不受歧视的权利。受庇护者在所在国的保护下不被引渡或者驱逐。最早确认受庇护权的是法国1793年宪法,当时主要是保护那些因反对封建专制统治而被本国专制势力迫害逃往法国的外国人士,以后世界各国宪法大都确认这一权利。

我国现行宪法第32条第2款规定:“中华人民共和国对于因为政治原因要求避难的外国人,可以给予受庇护的权利。”这一规定的含义是:(1)受庇护权只给予提出申请要求的外国人;(2)外国人向我国政府提出要求避难,必须是由于政治原因,不包括一般刑事罪犯;(3)我国政府对提出避难的要求,可以同意,也可以不同意;(4)被给予受庇护权利的外国人,不被引渡或者驱逐,对他们在中国境内的居住、迁移和行动方面的管理,原则上按照一般外国侨民的待遇对待,但也可以根据具体情况,按照受庇护人的身份地位给予区别对待。

我国宪法的这一规定,既遵循了国际惯例,又有利于我国对外开放政策的实施,同时也维护了国家主权和法律的尊严。

第三节 我国公民基本权利立法的内容

我国宪法关于公民基本权利的立法内容分为基本权利和基本义务两部分。为了说明方便,我们将宪法规定的公民基本权利概括为平等权、参政权、人身权、宗教信仰权、经济文化权和特殊主体保障权六大类,逐类逐项论述,最后则是对公民基本义务的立法内容简要说明。

一、基本权利

(一)平等权

平等权是指宪法赋予公民的在法律地位上不受歧视的权利。我国宪法第33条规定:“中华人民共和国公民在法律面前一律平等。”公民在法律面前一律平等,是我国公民的一项基本权利,也是社会主义法制的一项基本原则。平等权的含义包括:(1)公民平等地享有宪法和法律规定的权利,也都平等地履行宪法和法律规定的义务;(2)任何人的合法权益都一律平等地受到保护,对违法行为一律依法予以追究,绝不允许任何违法犯罪分子逍遥法外;(3)在法律面前,不允许任何公民享有法律以外的特权,任何人不得强迫任何公民承担法律以外的义务,不得使公民受到法律以外的处罚。这一宪法原则既包括司法平等,即公民在适用法律上一律平等,又包括公民在守法上一律平等。

平等权是资产阶级在反对封建等级特权的斗争中提出来的一项基本人权,并且在取得政权之后用法律的形式规定下来。最早确认这一原则的是法国1789年的《人权宣言》。它规定:“法律对于所有的人,无论是施行保护和处罚都是一样的。在法律面前,所有的公民都是平等的。”以后,一些其他资本主义国家也大都在宪法中肯定了这一原则。在资本主义宪法中,这项原则的含义包括三个方面:(1)公民在立法上的平等;(2)公民在适用法律上的平等;(3)公民在守法上的平等。应该说,平等权的提出和保护实践奠定了近现代民主立法法治的基础,具有历史的进步意义。

在我国,平等权的性质是适用法律平等和守法平等,而不是立法平等,这是社会主义平等权与资产阶级平等权的根本区别。按照马克思主义基本原理,国家和法都是统治阶级意志的集中体现,是阶级统治的工具,因而,所有的宪法和法律在制定的时候都只能体现统治阶级的意志和利益,在立法上统治阶级与被统治阶级是没有平等可言的。当法律制定出来以后,统治阶级则要求所有的人,包括统治阶级成员和被统治阶级成员都必须平等遵守,以保障统治阶级根本利益的实现。所以,平等权不是指立法平等,只能是也必须是适用法律平等和遵守法律平等。

(二)参政权

参政权,又称政治权利和自由,是指宪法规定的公民参与国家政治运作和社会政治生活,表达和实现个人政治愿望的权利。在近现代民主社会,参政权是公民基本权利的核心内容,是其他基本权利实现的政治保障,也是民主政治的基础。参政权的享有和实现,是人民当家做主的基本途径和具体表现。

在我国,公民的主体是人民,人民是国家的主人,通过民主选举组成人民代表大会行使管理国家的权力。公民个人享有参与政治方面的权利,是国家权力组成和运行的民主基础,标志着人民当家做主的地位。

依据我国宪法规定,公民的政治权利和自由主要有:

1. 选举权和被选举权

我国宪法第34条规定:“中华人民共和国年满十八周岁的公民,不分民族、种族、性别、职业、家庭出身、宗教信仰、教育程度、财产状况、居住期限都有选举权和被选举权;但是依照法律被剥夺政治权利的人除外。”选举权是公民依法享有选举代表机关代表和国家公职人员的权利,被选举权是公民依法享有被选举为代表机关代表和国家公职人员的权利。在我国,人民是国家的主人,人民有当家做主的权利,但并不是每一个人都直接行使国家权力,参与国家的重大决策和日常事务管理,而是采用选举的方式,选出代表自己意愿的代表参加各级国家权力机关管理国家,行使国家权力,实现人民民主专政。因此,选举权和被选举权是我国人民参加国家管理的一项最基本的手段,也是我国人民行使国家权力的基本形式,它直接体现了人民的国家主人翁的地位。因而,选举权和被选举权是人民参加管理国家最基本的一项政治权利。

2. 政治自由

我国宪法第35条规定:"中华人民共和国公民有言论、出版、集会、结社、游行、示威的自由。"从法律意义上说,自由就是可以做法律所许可的一切事情的权利,或者说,是可以做法律所不禁止的事情的权利。自由同权利都属于同质的东西,自由是权利的另一种表现形式。宪法所确认的这六项自由,是公民在法律范围内享有表达政治意愿、参加社会生活和政治生活的政治自由权利。政治自由是民主政治的基础,是公民参与国家管理和社会活动的基本形式。

(1)言论自由

言论自由是公民对于政治和社会的各项问题,有通过语言方式表达其思想和见解的自由。从广义上说,新闻、出版、绘画、著作等都是言论自由的一部分,是言论自由的扩展和延伸。语言是人们交流思想、传播信息的基本工具,是连接人群的纽带,言论自由在公民的各项自由权利中居于首要的地位。一个国家言论自由的程度从一个侧面反映了这个国家的民主化程度。

宪法和法律保护言论自由,是从近代资产阶级革命开始的。在英国,言论自由是一项普通法上的权利,1689年《权利法案》规定国会内的言论不受追究,此后,言论自由逐渐成为西方各国宪法普遍奉行的原则,1789年法国《人权宣言》宣布:"自由传达思想和意见是人类最宝贵的权利之一",美国宪法修正案第1条规定:国会不得制定剥夺人民言论自由的法律。第二次世界大战结束后,言论自由更成为一项重要的国际人权,1948年《世界人权宣言》确认:"人人有权享有主张和发表意见的自由;此项权利包括持有主张而不受干涉的自由,和通过任何媒介和不论国界寻求、接受和传递消息和思想的自由。"我国十分重视保障公民的言论自由,中华人民共和国成立后颁布的四部宪法都明确规定公民有言论自由,并且用法律形式确保公民言论自由权利的实现,其途径有:其一,人民群众有权对国家生活中的问题发表意见;其二,国家重大决策交由人民群众或人民代表讨论,例如,我国1982年宪法在修改过程中,全国人民进行了四个月的讨论,人民群众的许多意见都在宪法中得到了体现;其三,通过来信来访工作,使广大人民群众的意见能够直接转达到国家机关中去。随着社会主义民主的发展,实现公民言论自由的形式必将逐步完善,对公民言论自由的保障将进一步加强。

从法理和立法实践来看,任何自由都必须在法律的范围内行使,言论自由的司法限制涉及的主要问题是如何界定诽谤性言论、猥亵性言论、煽动性言论和挑衅性言论与正常言论的界限,以及如何在法律上设定合理的范围和尺度。我国公民的言论自由也同样应该在法律规定的范围内行使。这就是:其一,不得利用言论自由煽动群众反对政府,危害国家和社会安宁;其二,不得利用言论自由对他人的人格尊严进行侮辱诽谤。在我国的社会主义条件下,法律上的这种规定是保障言论自由的一种必要手段。

(2)出版自由

出版自由是公民有以出版物形式表达其思想和见解的自由。出版自由是言论自由的一种表现形式。它与言论自由的区别仅仅在于它是借助于公开发行的文字、图片、音像等的形式来表达思想和见解自由的。出版自由作为公民的一项基本权利,既是交流思想和见解的手段,也是进行思想教育和促进科学文化事业发展的一种手段。

出版自由也需要受到法律的限制,世界各国通常从内容和形式两方面制约出版自由,从内容上说,法律设定了两类限制:一是为了保障社会全体利益,如对煽动颠覆政府和淫秽内容的限制;二是为保障私人利益而对诽谤性言论等的限制。从形式上说,世界各国都建立了相应的管理制度。其一是预防制,这是一种事前干预的办法;其二是追惩制,这是事后发现违法予以法律追究的办法。现今英国、美国等许多国家大都采取追惩制。我国现在施行的是预防制和追惩制相结合的办法。在内容上,1997 年国务院制定的《出版管理条例》第 25 条列举了以下禁止出版的内容:反对宪法确立的基本原则的;危害国家的统一、主权和领土完整的;危害国家的安全、荣誉和利益的;煽动民族分裂、侵害少数民族风俗习惯、破坏民族团结的;泄露国家机密的;宣扬淫秽、迷信或者渲染暴力,危害社会公德和民族优秀文化传统的;侮辱或者诽谤他人的等。

(3)结社自由

结社自由是公民为一定宗旨,依照法定程序组织或者参加具有持续性的社会组织的自由。公民的结社因目的不同,可以分为两种:一是以营利为目的的结社。如商业结社中的公司、集团、中心等。此种结社通常由民法、商法、公司法等来调整。二是以非营利为目的的结社。其中又分为政治性结社,如组织政党、政治团体等;以及非政治性结社,如组织宗教、慈善、文化艺术等团体。

在我国,凡符合宪法和法律的规定,并履行一定的法律程序而组成的社会团体,都受到国家的保护。1998 年 10 月,国务院发布《社会团体登记管理条例》规定:本条例所称的社会团体,是指中国公民自愿组成、为实现会员共同意愿,按照其章程开展活动的非营利性社会组织。在我国除了中国共产党外,还有八个民主党派以及工会、青年团、妇女联合会等各种社会团体,不仅如此,为了繁荣科学和文化艺术,我国还有各种学会等学术团体。我国法律既保护人民享有结社自由,又禁止和取缔不法分子假借这种自由搞非法组织和破坏活动。

(4)集会、游行、示威自由

在公民的基本权利体系中,集会、游行、示威自由是公民表达其意愿的重要形式,直接反映了公民的宪法地位。

集会自由是公民为了共同的目的,临时集合在一定场所,讨论问题、交流思想或表达意愿的自由。集会自由是言论自由的延伸和扩展,通过集会可以扩大言论的影响,在集会时,经过讨论,可使有关问题深刻化、条理化,从而能够更好地实现言论自由所要达到的目的。

游行自由是公民有在公共道路或露天场所列队行进,表达其强烈的政治意愿或要求的自由。

示威自由是公民在公共道路或露天公共场所,以集会、静坐或游行等方式,为了表达抗议、支持、声援等的强烈意愿而聚集在一起,以显示决心和力量的自由。

集会、游行和示威,都是多数人集聚表达意愿的活动,共同之处是它们都是自由表达意愿。不同之处则是表达意愿的程度、方式和方法有所差异。一般来说,集会具有静态性特征,而游行、示威多为动态形式;集会的成员通常较为固定,而游行和示威参加或观看的人数众多,情绪感染性强,对社会影响较大。由于集会、游行和示威具有重大的政治和社会影响,绝大多数国家的宪法和法律都对集会、游行和示威自由权利的行使规定了严格的限制:在程序上要经过申报、审批,未经批准的则可被取缔;在范围上设置禁止游行的区域,对活动的时间、线路加以严格控制;在主体上可以禁止某些特定的党派、群体和个人参加;在制裁上,可以派警员随行,对出现违法行为的游行示威及时予以取缔,并可以处罚有关责任人员。

为了更好地保障公民行使集会、游行、示威的自由权利,维护社会安定团结,1989 年我国制定了《中华人民共和国集会游行示威法》,具体规定了集会、游行、示威的概念和标准;主管机关和具体管理程序和措施,如申请和获得许可的程序,对集会、游行、示威的场所、时间、行为的规范;以及违法行为应承担的法律责任,等等。《集会游行示威法》是实现宪法赋予公民集会、游行、示威自由权利的重要法律依据和法律保障,同时也是对滥用此项自由权利行为的必要限制。

3. 政治诉愿权

政治诉愿权,是公民依照宪法规定而享有的提出政治诉求和进行政治监督的权利。它既是国家一切权力属于人民的体现,也是公民作为国家管理活动的相对方对抗国家机关及其工作人员违法失职行为的有效手段。我国宪法第 41 条规定:“中华人民共和国公民对于任何国家机关和国家工作人员,有提出批评和建议的权利;对于任何国家机关和国家工作人员的违法失职行为,有向有关国家机关提出申诉、控告或者检举的权利,但是不得捏造或者歪曲事实进行诬告陷害。”公民通过这项权利的行使,既可对国家机关和国家工作人员实行监督,同时又可维护自己的合法权益,使其免遭国家机关和国家工作人员的不法侵害。

公民的政治诉愿权包括:批评、建议、申诉、控告、检举和取得赔偿的权利。

(1)批评和建议权

批评权是指公民对国家机关和国家工作人员在工作中的缺点和错误,有提出批评意见的权利。建议权,是指公民对国家机关和国家工作人员的工作提出合理的、建设性的意见的权利。在我国,公民行使批评权和建议权的途径是多种多样的,如公民可以通过新闻舆论、来信来访、座谈讨论等途径,对国家机关和国家工作人员的职务活动,进行监督、评议,防止国家机关和国家工作人员的官僚主义,提高工作效率,促使国家机关和国家工作人员更好地履行自己的职责。

(2)申诉、控告和检举权

申诉权是指有利害关系的公民不服国家机关的错误的决定或违法的判决,或由于自己的合法权益因国家机关工作人员的违法失职行为而受到损害,要求国家机关重新处理的权利。申诉可以分为诉讼上的申诉和非诉讼上的申诉两类。凡针对法院作出的已经生效的裁判提出的申诉属于诉讼上的申诉,其余的则为非诉讼上的申诉。

控告权是指公民对任何国家机关和国家工作人员的违法失职行为,有向有关机关进行揭发和指控的权利。

检举权是指公民对于违法失职的国家机关和国家工作人员,有向有关机关揭发事实,请求依法处理的权利。

控告和检举是公民同国家工作人员的违法失职行为作斗争的两种不同手段。控告人通常是因为自身的合法权益受到国家机关或国家机关工作人员的违法失职行为侵害遭受损失的公民,控告权是因涉及公民自身的合法权益而行使,是一种救济权利;而检举权通常是任何公民针对国家机关或国家机关工作人员的违法失职行为来行使的监督权利,检举人不一定是自身权益受到侵害,也可能与事件无关。

为了保障公民监督权的有效实现,宪法第41条第2款规定:“对于公民的申诉、控告或者检举,有关国家机关必须查清事实,负责处理。任何人不得压制和打击报复。”全国各级国家机关都设立专门的信访机构,在检察机关和审判机关还设立专门的申诉和控告机构,在刑事诉讼法和有关的法律中规定了公民行使申诉、控告和检举权的具体程序。同时宪法也规定公民在行使申诉、控告和检举权利的时候,“不得捏造或者歪曲事实进行诬告陷害”。

(3)取得赔偿权

取得赔偿权是指公民在受到国家机关错误的处罚而得到昭雪后,或者是在受到国家机关和国家工作人员侵权而得到纠正后,公民要求国家赔偿损害的权利。宪法第41条第3款规定:“由于国家机关和国家工作人员侵犯公民权利而受到损失的人,有权依照法律规定取得赔偿的权利。”取得赔偿权也是一种救济权利,权利救济是权利保障的最后手段,缺少了权利救济,权利也就无从谈起。1994年5月颁布的《中华人民共和国国家赔偿法》,对国家赔偿责任的构成、国家赔偿的范围以及赔偿的方式、计算标准都作出了具体的规定,为公民依法享有国家赔偿权利提供了具体的法律保障。

(三)人身权

人身权,又称人身自由权或个人活动自由权,它是公民参加各种社会活动、参加国家政治生活和享受其他权利自由的先决条件。公民失去了人身自由,其他权利自由也就无从谈起。因此,人身自由是公民最基本、最起码的权利。宪法确认并保护公民的人身自由权利,对于发挥公民建设社会主义的积极性、增强公民的法制观念,都有重要的意义。我国宪法规定的人身自由,包括人身自由不受侵犯,人格尊严不受侵犯,公民住宅不受侵犯,公民的通信自由和通信秘密受法律保护。

1. 人身自由

人身自由,又称身体自由,指公民的人身(包括身体和精神)不受非法搜查、拘留、限制和逮捕的权利。公民的人身自由权利是一种相对的权利,国家机关可以依照法定的程序进行限制或剥夺。根据宪法和法律的规定,在我国,任何公民非经人民检察院批准或决定,或者非经人民法院决定,并由公安机关执行,不受逮捕。《中华人民共和国刑事诉讼法》规定了我国享有逮捕拘留权的法定机关和法定程序。在我国,公安机关要求逮捕犯罪嫌疑人、被告人时,除在特殊情况下可以依照法律采取紧急措施先行拘留外,必须首先经过人民检察院批准或决定,或者人民法院决定。公安机关逮捕犯罪嫌疑人、被告人时必须持有逮捕证,并向被逮捕人宣布。公安机关、人民检察院或者人民法院应当把逮捕的原因和羁押的处所,在24小时以内告知被逮捕人的家属或者他的所在单位。人民法院、人民检察院、公安机关对于经人民检察院批准逮捕的人,必须在逮捕、拘留后24小时内进行讯问,当发现不应逮捕、拘留时,必须立即释放,并发给释放证明。如果是不批准逮捕的,公安机关应在接到通知后立即释放,并发给释放证明。

此外,宪法还规定,禁止非法拘禁或者以其他方法限制、剥夺公民的人身自由,禁止非法搜查公民身体。非法拘禁是指违反法律规定的程序,以拘留、监禁的方法剥夺或限制公民的人身自由。以其他方法限制、剥夺公民的人身自由,是指以非法管制、拘役、徒刑以及非法讯问、非法跟踪盯梢等方法限制、剥夺公民的人身自由。

非法搜查公民身体,是指司法机关违反法律规定的程序或者依法不享有搜查权的组织和个人,对公民的身体强行进行搜查。根据刑事诉讼法的规定,只有侦查人员在办理刑事案件的过程中,才可依其职权和法定程序对公民身体进行搜查,而且搜查妇女身体必须由女性工作人员进行。对非法逮捕、拘留和搜查公民身体的责任人,应由人民检察院追究法律责任;如果这种违法行为是出于陷害、报复、贪赃或者其他个人目的,则应追究刑事责任。

2. 人格尊严不受侵犯

人格尊严,是公民人身权利的重要组成部分。为了保障公民的人身自由权利,1982 年宪法对此做了专条规定:“中华人民共和国公民的人格尊严不受侵犯。禁止用任何方法对公民进行侮辱、诽谤和诬告陷害。”这是我国宪法第一次写明保护公民人格尊严的内容,它是对公民人身自由不受侵犯权利的补充和扩展。

公民的人格,就是公民作为人所必须具有的资格。从法律上讲,公民的人格,是指作为权利和义务主体的自主的资格。公民的人格尊严是指公民作为法律关系上主体的独立资格应当得到承认和尊重。在宪法上,人格尊严应当具有不可剥夺、不可转让和不受限制三方面特点。任何公民包括犯罪的公民,其人格都应受到国家和社会的尊重,可以被剥夺的公民权利中不包括人格尊严在内。公民个人也不能转让或放弃,不知自重、出卖自己人格的人,会受到舆论的谴责。人格尊严不同于其他的公民权利,它是内在的精神上的权利,对国家和社会不会构成任何明显的威胁,所以,法律无法也不可能对其进行限制。人格尊严在具体的部门法中,主要表现为人格权,如民法上的姓名权、名誉权、荣誉权、肖像权、隐私权等人身方面等权利。

3. 住宅不受侵犯

宪法规定:“中华人民共和国公民的住宅不受侵犯。禁止非法搜查或者非法侵入公民的住宅。”住宅是公民居住、生活和休息的场所,是人们劳动、就业、从事一切社会活动的基本条件。保护公民住宅不受侵犯,就是保护公民居住安全和进行私人生活的权利,这是公民享有人身自由权的基础和保障,有利于公民的学习、工作和生产,有利于公民对子女的培养和教育,也有利于社会的安定团结。

公民的住宅不受侵犯,应当包括三个方面的含义:(1)公民的住宅不得随意进入;(2)公民的住宅不得随意搜查;(3)公民的住宅不得随意查封。公安机关、检察机关为了收集犯罪证据、查获犯罪人,侦查人员需要对被告人以及可能隐藏罪犯或者犯罪证据的人的身体、物品、住所和其他有关的地方进行搜查时,必须严格依照法律规定的程序进行。为了保障公民住宅不受侵犯,我国刑法还具体规定:非法搜查他人身体、住宅,或者非法侵入他人住宅的,处 3 年以下有期徒刑或者拘役。司法工作人员滥用职权,犯前款罪的,从重处罚。上述这些规定,使公民的住宅受到更好的保护,公民的切身利益得到了有力的保障。

4. 通信自由和通信秘密受法律保护

宪法规定:“中华人民共和国公民的通信自由和通信秘密受法律的保护。除因国家安全或者追查刑事犯罪的需要,由公安机关或者检察机关依照法律规定的程序对通信进行检查外,任何组织或者个人不得以任何理由侵犯公民的通信自由和通信秘密。”

公民的通信自由和通信秘密,是指公民的通信(包括电报、电话、邮件和其他合法电子联系方式),他人不得隐匿、毁弃、拆阅或者窃听。隐匿或毁弃公民的信件、电报,就是对公民通信自由的侵犯;拆阅或者窃听公民的通讯内容,就是对公民通信秘密的侵犯。通信是公民进行社会交往的一种正常活动,也是公民日常生活中不可缺少的一项基本权利,保护这种权利对于维护正常的社会生活秩序和公民的切身利益非常重要。

同时,在法定条件下,公安机关和检察机关为了国家安全或者同罪犯作斗争的需要,可以依法对公民的通信进行检查,这是对公民通信自由和通信秘密的具体化保护的另一种方式,不仅为国家安全所必需,而且也符合广大人民群众的利益,但这种检查要有严格的程序控制,不得用于其他非法的目的。除此而外,我国的刑法、刑事诉讼法和邮政法等都对保护公民的通信自由和通信秘密规定了具体的措施。

(四)宗教信仰权

宗教信仰权,就是宪法规定的公民享有的选择和保持宗教信仰的自由。我国宪法第36条规定:“中华人民共和国公民有宗教信仰自由”,这是我国公民宗教信仰权的宪法依据。

宗教信仰自由的含义包括:(1)每个公民都有按照自己的意愿信仰宗教的自由,也有不信仰宗教的自由;(2)有信仰这种宗教的自由,也有信仰那种宗教的自由;(3)在同一宗教里,有信仰这个教派的自由,也有信仰那个教派的自由;(4)有过去不信教而现在信教的自由,也有过去信教而现在不信教的自由。

宗教是一种社会意识形态,就其本质来说,它是与马克思主义的世界观相对立的。我国宪法之所以规定宗教信仰自由是因为:第一,宗教是一种社会历史现象,有其产生的社会根源,有它发生、发展和消亡的过程。从认识根源上说,宗教是人类理性的有限性和世界的无限性紧张冲突的结果。在人类社会的早期,人们认识自然征服自然的能力十分低下,既无力抵御自然灾变,也无法解释诸多自然现象,只能从超自然的崇拜中寻求慰藉。即使在科技高度发达的当代社会,人类尚不能解释某些自然现象和控制自然过程,人生的终极关怀问题仍需要有信仰来解决。因此,宗教有其产生和存在的认识根源。从社会根源上说,剥削阶级社会的统治阶级不但要严格控制人的外在行为,而且试图控制人的内在精神活动,宗教就成为统治阶级控制人类心灵的手段,如同马克思所说:“宗教里的苦难既是现实苦难的表现,又是对这种苦难的抗议。宗教是被压迫生灵的叹息,是无情世界的感情,正像它是没有精神的制度的精神一样。宗教是人民的鸦片。”[5]在基本人权得到充分的宪法保障,统治者的权力受到宪法的限制以后,人类社会依然存在竞争,社会制度和人际关系也不可能尽善尽美,仍需要有调节精神活动的手段,因而,宗教有其长期存在的社会根源。这就要求马克思主义者应从实际出发,实事求是地对待宗教问题。第二,宗教信仰属于思想范畴的问题,是精神领域的现象。法律是人类行为的规范,只能规范人的外在行为,不能强制人的内心世界,国家既不可能也无必要用法律禁止人们对宗教的信仰。对待公民的思想认识问题,只能采取民主的方法、说服教育的方法去解决,绝不能强迫命令、粗暴压制。我们只能通过普及、提高文化科学知识,宣传马克思主义科学的世界观,不断提高公民的文化水平和思想觉悟,才能使人们从宗教的影响和束缚下逐步解放出来。第三,宗教的存在具有长期性、国际性、民族性和群众性的特点。我国的宗教有悠久的历史,佛教已有两千年左右的历史,道教有一千七百多年的历史,伊斯兰教有一千三百多年的历史。基督教在公元635年传入我国,后来中断了一段时间,到元朝,天主教一度传到我国,鸦片战争后有了较大发展。在我国,信仰伊斯兰教的有回族、维吾尔族、哈萨克族、乌孜别克族、塔吉克族等十个民族,约有一千多万人。佛教(包括喇嘛教)在蒙、藏、傣等少数民族中几乎是全民族信仰的宗教。佛教和道教在汉族中也有一定影响。所以,信仰宗教具有民族性和群众性的特点。同时,宗教也具有国际性,宗教在世界各地也都有广泛的社会影响。全世界约有三十亿人信仰宗教,占世界总人口的60%~70%。因此,正确处理好宗教问题,对于民族的团结、国家的统一和国际间的交往,都有重要意义。

宗教信仰自由作为公民的一项基本权利,受宪法和法律的保障,但同时也有法定的限制。宪法规定:“国家保护正常的宗教活动。”“任何国家机关、社会团体和个人不得强制公民信仰宗教或者不信仰宗教,不得歧视信仰宗教的公民和不信仰宗教的公民。”除宪法外,我国刑法、选举法和义务教育法等部门法律也具体规定了宗教信仰自由的保障。如刑法第251条规定:“国家机关工作人员非法剥夺公民的宗教信仰自由和侵犯少数民族风俗习惯,情节严重的,处2年以下有期徒刑或者拘役。”

对宗教信仰自由的限制则表现在:(1)“任何人不得利用宗教进行破坏社会秩

---

[5]《马克思恩格斯选集》(第1卷),人民出版社1972年版,第2页。

序、损害公民身体健康、妨碍国家教育制度的活动。”(2)“宗教团体和宗教事务不受外国势力的支配。”根据有关法规的规定,外国人不得在我国境内成立宗教组织、设立宗教办事机构、设立宗教活动场所或者开办宗教院校,不得在我国公民中发展教徒、委任宗教教职人员和进行其他传教活动。

(五)经济文化权

经济文化权,是指公民在社会生活中享有的物质利益和文化利益方面的权利。经济文化权在人类人权保障历史上出现较晚,最早确认这方面权利的宪法是1918年苏俄宪法和1919年德国魏玛宪法。经济文化权是公民生存质量和生活水平提高的基础,在基本权利立法体系中占有重要地位。我国宪法规定的公民经济类基本权利包括私有财产权、劳动权、休息权、物质帮助权和退休人员的生活保障权,文化类基本权利则包括受教育权和科研文化权。

1. 私有财产权

公民的私有财产权是公民对其合法财产享有的占有、使用、收益和处分的权利,包括公民的生活资料、生产资料和财产以外的其他物权、债权、知识产权等。确认和保护公民的财产不受非法侵犯,是发展生产、繁荣经济、富国强民的基本保障,也是社会发展必不可少的物质条件。宪法第13条规定:“公民的合法的私有财产不受侵犯”。“国家为了公共利益的需要,可以依照法律规定对公民的私有财产实行征收或者征用并给予补偿。”合法财产指公民通过合法劳动或其他方式获得的生活资料和生产资料,生活资料包括劳动和非劳动的薪金、储蓄、房屋、交通工具、债券、股票或租金收入以及其他日常生活用品的所有权。生产资料主要是指法律允许个人拥有的生产工具、原材料、劳动产品、牲畜和其他合法财产等。

宪法第13条还规定:“国家依照法律规定保护公民的私有财产权和继承权。”继承权是财产权的延伸,是公民私有财产转移的合法形式,要保护公民的财产权,就必须同时保护公民的继承权。为了保障公民的这一权利的实现,我国在1985年还制定了《中华人民共和国继承法》,具体规范了有关财产的继承制度,对公民财产继承权做了较为详尽的规定。我国宪法对公民私有财产权和私有财产继承权的保护,不仅有助于在市场经济条件下形成平等竞争的环境,使公民私有的财产及时转化为社会财富,而且有助于鼓励拥有财产的公民积极投资,推动市场经济的发展。同时,宪法2004年修正案确认公民的私有财产权,也是我国人权保障和立宪史上的里程碑,具有重要的现实意义和深远的社会影响。

2. 劳动的权利和义务

宪法第42条规定:“中华人民共和国公民有劳动的权利和义务。”公民的劳动权,是指有劳动能力的公民有获得劳动并按照劳动的数量和质量取得劳动报酬的权利。劳动权是人们赖以生存的基本权利,也是其他权利的基础。

世界上许多国家的宪法中都规定了公民的劳动权,劳动权最早是由法国工人阶级提出来的,1931 年法国里昂工人起义时,曾以“生活、工作或死亡”作为斗争的口号。到 1948 年,法国临时政府在 2 月 26 日发布的法令中才被迫承认劳动权。直到第二次世界大战后,劳动权才被多数国家所承认。但实际上对劳动权本身的定义是有差异的。

在我国,公民不仅为个人生活而劳动,而且也是为国家和社会而劳动。从国家方面来说,人民政府应该想尽一切办法,通过各种途径,创造劳动就业条件,并为劳动者提供安全生产的保障。宪法第 42 条还规定:“国家通过各种途径,创造劳动就业条件,加强劳动保护,改善劳动条件,并在发展生产的基础上,提高劳动报酬和福利待遇。”“国家对就业前的公民进行必要的劳动就业训练。”从公民方面来说,公民参加劳动,也是在为国家和社会创造物质财富,国家富裕了,公民个人的生活才能得到根本的物质保障。

公民积极参加劳动,既是一种权利,又是一项应尽的光荣职责。因此,宪法修正案第 10 条还规定:“劳动是一切有劳动能力的公民的光荣职责,国有企业和城乡集体经济组织的劳动者都应当以国家主人翁的态度对待自己的劳动,国家提倡社会主义劳动竞赛,奖励劳动模范和先进工作者,保护和奖励发明,提倡公民从事义务劳动。”此外,国家对就业前的公民,依法进行必要的劳动就业训练。城乡劳动者接受国家为他们的劳动所必需的教育和训练,既是他们的权利,也是他们的义务。

3. 劳动者的休息权

宪法第 43 条规定:“中华人民共和国劳动者有休息的权利。”休息权是指劳动者在享受劳动权的过程中,有为保护身体健康,提高劳动效率,根据国家的法律和制度的有关规定,而享有的休息和休养的权利。劳动者的休息权是和劳动者的劳动权密切相关的,休息权是劳动权的必要补充。宪法确认休息权的目的在于使劳动者的体力和精力得到恢复,以便更好地参加社会主义建设。同时,使劳动者有时间参加社会文化生活和国家政治生活,以及很好地安排家务、教育好下一代。

为了保障劳动者的休息权,宪法还规定:“国家发展劳动者休息和休养的设施,规定职工的工作时间和休假制度。”根据宪法的规定,国家 1994 年制定了《中华人民共和国劳动法》对劳动者的休息权做了明确的规定,主要的保障措施有:规定了劳动者的日劳动时间为 8 小时,周劳动时间为 40 小时;规定劳动者每周 2 天的公休假日,以及每年的法定节假日等;规定逐步创造和扩充劳动者休息和休养的设施等。

4. 退休人员的生活保障权

宪法第44条规定:“国家依照法律规定实行企业事业组织的职工和国家工作人员的退休制度。退休人员的生活受到国家和社会的保障。”退休制度是指国有和集体等企业、事业组织的职工和国家机关的工作人员达到一定年龄时,离开劳动或工作岗位进行休息或休养时,依据国家法律或者有关规定领取一定的离休金或退休金的制度。

国家实行退休制度,是为了适应企业、事业组织的广大职工和国家机关工作人员的生理发展规律的要求,保持职工、干部的换代、接班,以便使企业、事业单位和国家机关的生产、工作不致间断,并有秩序、有成效地得到发展的一项重要制度。宪法规定对广大职工和干部实行退休制度,是劳动者休息权的延伸,是在公民因年老、疾病等原因不适宜继续参加生产和工作的情况下,给予物质帮助权的补充,也是宪法第14条规定的社会保障制度的具体表现形式。目前,我国已经颁布了一系列法律、法规,对职工退休的年龄、条件和退休以后的工资待遇以及老干部离休后的生活待遇做了详细规定,以保障宪法规定的退休制度的具体贯彻和落实。

5. 物质帮助权

宪法第45条规定:“中华人民共和国公民在年老、疾病或者丧失劳动能力的情况下,有从国家和社会获得物质帮助的权利。”物质帮助权,是公民因失去劳动能力或者暂时失去劳动能力而不能获得必要的物质生活资料时有从国家和社会获得生活保障、享受集体福利的一种权利。

公民在特定情况下获得物质帮助权的具体表现是:(1)老年人的物质帮助权。一般来讲,国有企业、私营企业、集体企业、国家机关和各种事业单位的退休职工,可从国家和社会获得一定数量的退休金。农村的孤寡老人可获得“五保”帮助。近年来,少数富裕农村的老人,也开始享受养老金待遇。(2)患疾病公民的物质帮助权,我国公民在患病期间有从国家或社会获得医疗帮助和物质帮助的权利。(3)丧失劳动能力公民的物质帮助权。主要指残疾人的物质帮助权。对有一定劳动能力的盲、聋、哑和其他残疾人,国家和社会应在生活保障方面承担义务和责任。如国家和社会兴办专门学校,组织残疾人进行必要的文化科学知识学习,按照残疾人不同的生理情况,创造特别的劳动条件,使他们能够从事力所能及的劳动。对根本不能从事任何劳动和无固定社会依靠的残疾人,国家或社会则应采取措施,或给以固定生活救济,或指定法定监护人,或由民政部门照顾。1990年通过的《中华人民共和国残疾人保障法》,依照现行宪法的精神,把我国对残疾人的保护纳入了法制轨道。

此外,宪法还规定:“国家和社会保障残废军人的生活,抚恤烈士家属,优待军人家属。”烈军属、残废军人是我国社会主义建设事业的重要力量,他们和他们的家属为革命和建设事业流血牺牲,作出了重大贡献,国家和人民理应尊敬他们,并努力做好优抚工作,这对鼓舞士气,增强国防力量,对提高军烈属、残废军人、复员退伍军人的积极性,对提高广大群众的爱国主义思想有着重要意义。根据宪法的规定,我国兵役法对残废军人、退役军人、烈士家属,牺牲、病故军人家属,以及现役军人家属的优待和安置问题做了专门规定,从而在法律上具体保证了宪法这一规定的贯彻实施。

6. 受教育的权利和义务

宪法第46条规定:“中华人民共和国公民有受教育的权利和义务。”公民享有受教育的权利和义务,是指公民有在国家和社会提供的各类学校和机构中学习文化科学知识的权利,有在一定条件下依法接受各种形式的教育的义务。我国宪法之所以要规定公民有受教育的权利和义务,是因为:第一,公民接受教育是整个社会科学文化发展的基础。要提高科学文化的发展水平,促进科学技术的进步,首要的前提必须是广大人民群众有文化、有知识。而要做到这点,就必须大力发展教育事业,使人人都有接受教育的机会,否则,就无从谈及文化科学技术的发展。第二,公民接受教育是进行物质文明建设和精神文明建设的前提条件。教育是改造旧社会和建设新社会的有力工具,是培养人才、提高人才素质的基本方式和途径。积极提高公民的文化知识和科学技术水平,对于促进社会主义物质文明、政治文明和精神文明的建设有十分重要的意义。因此,一方面,国家有义务创办各种教育机构和文化设施,以保证公民享有受教育的权利;另一方面,公民个人也有义务通过接受各种形式的教育,去提高文化和业务水平,以适应国家现代化建设的需要。

公民有受教育的权利和义务的基本内容是:(1)学龄前儿童有接受学前教育的机会;(2)适龄儿童有接受初等教育的权利和义务;(3)公民有接受中等教育、职业教育和高等教育的权利和机会;(4)成年人有接受成人教育的权利;(5)公民有从集体经济组织、国家企业事业组织和其他社会力量举办的教育机构接受教育的机会;(6)就业前的公民有接受必要的劳动就业训练的权利和义务。

为了保障公民实现受教育的权利和义务,国家制定了一系列的法律,如《中华人民共和国教育法》《中华人民共和国义务教育法》《中华人民共和国教师法》《中华人民共和国义务教育法实施细则》等法律,以保障公民能够切实享有受教育的权利,履行受教育的义务。

7. 进行科学研究、文学艺术创作和其他文化活动的自由

宪法第47条规定:“中华人民共和国公民有进行科学研究、文学艺术创作和其他文化活动的自由。”

科学研究自由,是指我国公民在从事社会科学和自然科学的研究时,有选择科学研究课题、研究和探讨问题、交流学术思想、发表个人学术见解的自由。

文艺创作自由,是指公民有发挥个人的文学艺术创作才能,创作各种形式的文学艺术作品的自由。此外,根据宪法的规定,我国公民还享有从事体育活动以及有益于身心健康的文化娱乐活动等其他文化活动的自由。从事科学研究、文学艺术创作和其他文化活动,是公民在科学文化领域中的一项基本自由和权利,也是社会主义现代化建设的实际需要。

进行科学研究、发展科学事业,是建设社会主义现代化国家的关键。在人民民主专政的条件下,如果不提高科学技术水平,不大力发展生产力,那么,国家的实力就不可能得到加强,人民的物质文化生活就得不到改善,因而我们的社会主义政治制度和经济制度就不能充分巩固,国家的安全就没有可靠的保障。可见,大力发展科学文化事业,充分保证公民进行科学研究,是直接关系国家根本任务实现、国家发展目标实现的大问题。文学艺术创作和其他文化事业是社会主义精神文明建设的重要内容。保障公民的这项权利,对于发扬社会主义民主、实现社会主义现代化的宏伟目标有直接的、密切的关系。

为了保障公民上述自由权利的实现,宪法规定:"国家对于从事教育、科学、技术、文学、艺术和其他文化事业的公民的有益于人民的创造性工作,给以鼓励和帮助。"此外,国家还先后颁布了一些法律,如《中华人民共和国学位条例》《自然科学奖励条例》《发明奖励条例》等一系列法律法规,把鼓励措施具体化、制度化,从法律上进一步保证公民这项自由权利的实现。

(六)特殊主体保障权

1. 国家保护妇女的合法权利和利益

宪法第48条规定:"中华人民共和国妇女在政治的、经济的、文化的、社会的和家庭的生活等各方面享有同男子平等的权利。国家保护妇女的权利和利益,实现男女同工同酬,培养和选拔妇女干部。"宪法这一规定表明,国家重视对于妇女权利和利益的特殊保障,从根本上结束了妇女受压迫的地位,宪法所确认男女平等的基本原则,直接体现了党和国家对妇女权利和利益的特别关怀。

男女平等的程度是衡量一个国家民主程度的重要标尺,也是衡量一个国家人权实现的尺度。为了实现男女平等,国家颁布一系列体现男女平等原则的法律,如婚姻法、选举法、继承法等,从法律上保证了男女平等原则的实现。特别是1992年七届人大五次会议通过的《中华人民共和国妇女权益保障法》对妇女权益保障做了完整的、具体的规定,通过对妇女政治权利、文化教育权益、劳动权益、财产权益、人身权利、婚姻家庭权益的规定,以实现宪法对妇女合法权利和利益的保障。

2. 保护婚姻、家庭、母亲、儿童和老人

宪法第49条规定:“婚姻、家庭、母亲和儿童受国家的保护。”“禁止破坏婚姻自由,禁止虐待老人、妇女和儿童。”宪法的这些规定既是国家立法的依据,也是公民应当遵守的法律规范和道德准则。

婚姻是指男女双方在自愿结合的基础上,经国家婚姻登记机关登记批准而结成的夫妻关系。家庭是指由婚姻关系、血缘关系或收养关系而形成的人们共同生活的组织,是最基本的社会单位。家庭是婚姻的结果,婚姻是家庭的条件,国家保护婚姻家庭,就是指法律承认和保护合法的婚姻家庭关系,从而使社会获得稳定的社会关系基础,达到和谐与有序。国家承认和保护家庭关系,就是承认和保护夫妻双方以及家庭其他成员的合法权利和正当权利,同时也相应要求夫妻双方及家庭其他成员履行法定的义务。

在家庭关系中,宪法还规定禁止虐待老人、妇女和儿童,这是因为,保护老人、妇女和儿童的合法权益,体现了中华民族的传统美德,同时也承认作为社会关系中相对较弱的一方,享有国家特殊保护的权利和地位。为了切实保障老人和儿童的合法权益,国家分别于1991年和1996年制定了《中华人民共和国未成年人保护法》和《中华人民共和国老年人权益保障法》,形成了我国针对弱势人群的法律保护机制。

同时为了更好地关怀青少年和儿童的成长,1999年全国人大常委会制定了《中华人民共和国预防未成年人犯罪法》,保障未成年人的身心健康,培养他们良好的品行,使他们在品德、智力、体质等方面全面发展。

3. 保护华侨、归侨和侨眷的权利和利益

宪法第50条规定:“中华人民共和国保护华侨的正当的权利和利益,保护归侨和侨眷的合法的权利和利益。”这一规定体现了国家对广大华侨、归侨和侨眷的关怀和爱护。

华侨是侨居在外国的中国公民。我国华侨人数很多,目前大约有三千多万人,分布在世界各地。他们不仅是国家公民的重要组成部分,而且是我们发展同各国人民友谊的纽带。由于华侨身处国外,情况有些特殊,因此,国家一方面要求华侨遵守所在国法律,同所在国的人民和睦相处,为发展所在国的经济文化事业,为促进所在国人民同我国人民的友谊和国家之间的经济文化交流起积极的作用;另一方面,根据国际上的惯例,国家维护华侨的正当权利和利益,反对强迫华侨改变国籍,反对歧视和迫害华侨。对于一切反华、排华、迫害华侨和损害华侨正当权利和利益的行为,国家通过外交途径予以保护。

归侨是已经回到祖国定居的华侨。由于他们长期旅居国外,在生活习惯和其他方面都具有各自的特点,与国内居民有所不同,侨眷则是华侨在国内的亲属,包括华侨、归侨的配偶、血亲和其他亲属。他们家居两地,相互间既有家庭和亲属间的联系,又和祖国人民的命运紧密相连。因此,国家把归侨、侨眷的合法权益保护作为专门问题写入宪法,体现了国家对广大华侨、归侨和侨眷的关怀。1990 年第七届全国人大常委会通过的《中华人民共和国归侨侨眷权益保护法》,规定了较为完整的归侨、侨眷保护制度,并对他们的合法权益作出了明确的规定,从而使宪法第 50 条的这一规定在立法上得到了具体的实现。

二、基本义务

(一)维护国家统一和各民族团结

我国宪法第 52 条规定:"中华人民共和国公民有维护国家统一和全国各民族团结的义务。"国家的统一,民族的团结,这是我们的社会主义现代化建设事业取得胜利的基本保证,也是推进改革开放、建设有中国特色社会主义的根本前提。

维护国家统一的含义是指维护国家主权独立和领土完整。国家主权是国家最重要的属性,是指国家对外独立自主地处理本国内外事务、对内行使最高国家管理的权力。主权是国家固有的属性,其内容包括:(1)对内的最高权,即指国家对自己领土内的人和事务实行管辖的权力;(2)对外的独立权,即指国家自主地行使国家权力,不受任何外来干涉;(3)自卫权,即指为了维护政治独立和领土完整,国家对外来侵略或威胁进行防卫的权力。维护国家主权独立,就是说任何人都不得以任何方式把它割让或者从属于外国支配,也不允许任何人进行分裂、破坏或者危害国家政权的统一管辖权。

领土是处于国家主权支配下的地球上的特定部分,包括领土疆界以内的陆地、水域及其上空和底土。国家对本国的领土行使排他性的管辖权。对国家领土的任何侵犯,都是对国家主权的一种侵犯。台湾是我国神圣领土的一部分,凡是属于我国的领土,一寸也不能丢失,不能被分裂,不能被肢解,也不能被侵占。

宪法规定公民有维护国家统一的义务,就是指公民有责任维护国家主权、统一和领土完整,并要与破坏国家统一的言行进行斗争。宪法规定公民有维护全国各民族的团结的义务,是指每个公民都有责任维护各民族之间的平等、团结和互助关系,要同一切破坏民族团结和制造民族分裂的言行作斗争。民族团结、平等和共同繁荣,是关系到国家命运的重大问题。因此,每个公民必须自觉维护国家的统一和民族的团结,坚决同破坏祖国统一、破坏民族团结、制造民族分裂的行为作斗争。

(二)遵守宪法和法律,保守国家秘密,爱护公共财产,遵守劳动纪律,遵守公共秩序,尊重社会公德

宪法第 53 条规定:"中华人民共和国公民必须遵守宪法和法律,保守国家秘

密，爱护公共财产，遵守劳动纪律，遵守公共秩序，尊重社会公德。”这一基本义务的基本内容是：

1. 必须遵守宪法和法律

我国宪法和法律是全国各族人民意志和利益的集中体现，是保护人民、打击敌人、促进社会主义现代化建设的重要工具。宪法是国家的根本大法，它的权威关系到政治的安定和国家的命运，只有维护社会主义法制的统一和尊严，确保宪法和法律的实施，全国人民才有统一的行为准则，步调才能一致。社会主义现代化建设才能在安定的社会环境中胜利前进。因此，每一公民都必须将增强法制观念、自觉地遵守宪法和法律、维护宪法和法律的尊严，作为自己应尽的责任。

2. 保守国家秘密

国家秘密是指关系国家的安全和利益，依照法定程序确定，在一定时间内只限一定范围的人知悉的事项。保守国家秘密就是要保护国家秘密不被泄露和不被遗失。泄密行为直接危害国家和人民的根本利益，危害性极大，因此，加强保密工作，严守国家秘密是关系到国家安危的大事，是每个公民都必须严格履行的一项基本义务。1988 年全国人民代表大会常务委员会通过的《保守国家秘密法》，明确规定了国家秘密的级别、范围、保密制度和法律责任等，为公民履行该项义务提供了具体的法律依据。

3. 爱护公共财产

公共财产是全民所有制和集体所有制的财产。它是建设社会主义现代化国家的物质基础，也是人民物质文化生活得以不断提高的源泉和享受各种权利、自由的最根本的物质保证。宪法规定公民必须爱护公共财产，包括两个方面的内容：(1)所有公民都必须爱惜和维护国家的和集体的财产，对公共财产的任何侵犯和浪费都是对人民利益的极大损害；(2)当公共财产遭受破坏、损害的时候，每个公民都有责任维护和捍卫公共财产，同一切破坏公共财产的行为作斗争。

4. 遵守劳动纪律

劳动纪律是劳动者进行社会生产劳动中必须共同遵守的规章制度，是保证社会化大生产的正常进行、提高劳动效率、保护劳动者安全生产所必需的手段。社会主义的劳动纪律主要是靠劳动者的自觉遵守。落实这一宪法规定，除了加强政治思想教育和法纪教育外，对于严重违反劳动纪律的人，还应视情节轻重给予相应的经济、行政或纪律的惩处。

5. 遵守公共秩序

公共秩序即社会秩序，是统治阶级根据自己的意志和利益确立的人们在社会共同生活中必须遵守的基本社会生活规则，包括生产秩序、工作秩序、教学科研秩序和社会生活秩序。公共秩序由法律规定或确认,目的是保护国家、集体和个人利益,保障社会生活的正常运转。自觉遵守公共秩序既是一项法律义务,也是一种道德要求。对公民中少数扰乱公共秩序的行为,有的虽然还没有构成犯罪,但也必须给予社会舆论的谴责和行政纪律的约束。对那些严重扰乱和破坏社会公共秩序的行为,则应视其具体情节,依法给予处罚和制裁。

6. 尊重社会公德

社会公德是指人们在长期的社会生活中形成的、由统治阶级予以确定或认可的道德行为准则。道德是一种社会意识形态,是评价人们行为是非的标准之一。我国社会主义公德的基本要求是爱祖国、爱人民、爱劳动、爱科学、爱社会主义。宪法之所以把尊重社会公德作为公民的一项基本义务加以规定,就是因为它是我国社会主义精神文明的一个重要内容,而加强精神文明建设正是我国社会主义现代化建设不可缺少的重要方面。宪法这一规定表明,遵守社会公德既要靠道德力量来调整,也要靠法律力量来保障。

(三)维护祖国的安全、荣誉和利益

现行宪法第54条规定:“中华人民共和国公民有维护祖国的安全、荣誉和利益的义务,不得有危害祖国的安全、荣誉和利益的行为。”国家的荣誉关系到国家和民族的尊严,是爱国主义的集中表现。维护祖国的安全、荣誉和利益,一方面,要求每个公民承担爱国的基本义务;另一方面,也是对少数人谋求私利、崇洋媚外,不惜出卖国格,出卖国家利益的可耻行为的禁止性和限制性规定。在我国,国家利益、集体利益和个人利益是一致的,维护国家利益是公民的神圣职责,是义不容辞的责任。

(四)保卫祖国,依法服兵役和参加民兵组织

现行宪法第55条规定:“保卫祖国、抵抗侵略是中华人民共和国每一个公民的神圣职责。依照法律服兵役和参加民兵组织是中华人民共和国公民的光荣义务。”保卫祖国、抵抗一切外来侵略,是我们每一个公民的神圣职责,而依法服兵役和参加民兵组织是公民直接履行这一义务的实际行为。依据我国兵役法的规定,我国实行义务兵役制为主体的义务兵与志愿兵相结合、民兵与预备役相结合的兵役制度,我国公民,不分民族、种族、性别、职业、家庭出身、宗教信仰和教育程度,都有义务服兵役,但是依照法律被剥夺政治权利的人除外。

(五)依照法律纳税

现行宪法第56条规定:“中华人民共和国公民有依照法律纳税的义务。”税收是国家筹措资金的重要方式,是国民收入的重要来源,是国家宏观调控经济的重要

手段,具有强制性和无偿性的特点。公民的纳税义务对于发展国民经济有着非常重要的作用,它是国家财政收入的主要形式,是国家经济建设资金积累的重要来源,它还有调整宏观经济、平衡公民收入和完善国家的社会福利制度的作用。

我国的社会主义税收制度是“取之于民,用之于民”,纳税已成为绝大多数公民的自觉行为。公民纳税是以公民自觉性为基础,但又带有强制性,所有纳税单位和个人都必须自觉地履行这一宪法义务,任何偷税、漏税的做法都是错误的、违法的。

(六)其他方面的义务

除了上述列举的义务外,我国宪法还结合某些公民的基本权利规定了相应的基本义务:公民有劳动的义务;公民有受教育的义务;夫妻双方有实行计划生育的义务;父母有抚养教育未成年子女的义务,成年子女有赡养扶助父母的义务;等等。

第十四章　国家机构

第一节　国家机构概述

一、国家机构的概念和特点

国家机构是国家为了实现政治统治和政治管理的职能,依照宪法和法律的规定而设立的各类国家机关的总和。国家机构是国家形式的具体化,是国家政权的外在的物质的表现形式,体现和实现着国体的内在要求。从纵向来看,国家机构分为中央国家机关和地方国家机关;从横向来看,国家机构则包括立法机关、行政机关、司法机关和其他国家机关。

国家机构具有以下特点:

第一,鲜明的阶级性。国家机构是统治阶级为实现自己的使命而建立起来的国家组织,虽然有时它是由一个阶级单独建立的,有时,也可能是由几个阶级联合起来建立的,但是它的职责及其权力运作都反映着统治阶级的意志,具有不依人的意志为转移的阶级性。

第二,特殊的强制力。国家机构作为一种国家组织,代表国家执行国家职能,其行为是以国家的强制力作为后盾的,其中有些国家机构的本身就是暴力机关,例如军事机关、审判机关等,它保证统治阶级的意志得以贯彻实施。

第三,费用负担的全民性。国家机构的实质是为统治阶级服务的,但它的全部费用却是由全体社会成员负担的,这就是说统治阶级的成员要负担国家机构的费用,被统治阶级也是要负担国家的费用的。

第四,严密的组织体系。国家为了有效地调节各种社会关系,促进社会生产力的持续发展,必须建立具有严密组织的国家机关体系,既调整统治阶级内部的也调整统治阶级和被统治阶级以及其他方面的关系,使国家权力得以统一的、有效的行使。

第五,国家机构是一定历史范畴的产物。国家机构既不是从来就有的,也不是永恒存在的,它是社会发展到一定阶段的产物。国家产生以前不会产生作为国家标志的特有的国家机构,在国家消亡以后作为完成国家职能工具的国家机构也将随之消亡。

我国的国家机构是实现我国国家政治统治和政治管理职能的工具,它既具有其他国家国家机构的共同要素,也具有符合我国政治国情和社会国情的特点,是我国上层建筑的重要组成部分。从体系上讲,我国的国家机构由中央国家机关和地方国家机关组成。中央国家机关包括全国人民代表大会及其常务委员会、国家主席、国务院、中央军事委员会、最高人民法院和最高人民检察院;地方国家机关包括地方各级人民代表大会及其常务委员会、地方各级人民政府、地方各级人民法院和人民检察院,也包括在民族自治地方和特别行政区设立的各级各类国家机关。

二、我国国家机构的历史发展

(一)中华人民共和国成立初期的国家机构

1949 年召开的中国人民政治协商会议第一届全体会议在 9 月 29 日通过的《中国人民政治协商会议共同纲领》规定:“国家最高政权机关为全国人民代表大会。全国人民代表大会闭会期间,中央人民政府为行使国家政权的最高机关。”“在普选的全国人民代表大会召开以前,由中国人民政治协商会议全体会议执行全国人民代表大会的职权,制定中华人民共和国中央人民政府组织法,选举中央人民政府委员会,并付之以行使国家权力的职权。”《中华人民共和国中央人民政府组织法》规定:“中央人民政府委员会对外代表中华人民共和国,对内领导国家政权。”“中央人民政府主席,主持中央人民政府委员会会议,并领导中央人民政府委员会的工作。”“中央人民政府委员会组织政务院,以为国家政务的最高执行机关;组成人民革命军事委员会,以为国家军事的最高统辖机关;组织最高人民法院及最高人民检察署,以为国家的最高审判机关及检察机关。”

在地方,普选的人民代表大会召开以前,由地方各界人民代表会议代行地方各级人民代表大会的职权,由它选举产生地方各级人民政府委员会,作为地方人民代表会议闭会以后经常行使地方国家权力的机关。当时的地方人民法院和人民检察署都是同级人民政府的组成部分。中华人民共和国成立初期,在中央和省之间还设置有大行政区一级的行政区划,并设立大行政区军政委员会(个别地区称人民政府委员会),“是各大行政区所辖省(市)高一级的地方政权机关,并为中央人民政府政务院领导地方政府的代表机关”。1952 年 11 月,为减少机构层次,中央人民政府委员会决定大行政区的军政委员会(人民政府委员会)一律改为行政委员会,大区行政委员会是代表中央人民政府在各个地区领导与监督地方政府的机关,因而不再具有最高一级地方政权机关的性质。1954 年 6 月,中央人民政府决定撤销大行政区一级行政机构。

中华人民共和国成立初期设立的国家机构适应了当时的国情。对于实现党的政策,巩固和加强人民民主专政,对于发动群众参加社会改革,恢复国民经济等工作,都发挥了积极的重要的作用。

(二)1954 年宪法规定的国家机构

1954 年 9 月第一届全国人民代表大会第一次全体会议通过了我国的第一部宪法和全国人民代表大会、国务院、地方各级人民代表大会和地方各级人民政府、人民法院和人民检察院组织法并据以上法律建立起我国的国家机构体系。具体来讲:“全国人民代表大会是最高国家权力机关”,“是行使立法权的唯一机关”,由它选举产生全国人民代表大会常务委员会和中华人民共和国主席;“全国人民代表大会常务委员会是全国人民代表大会的常设机关”,它和国家主席结合起来行使国家元首权,我们的国家元首是集体的国家元首;国务院,“即中央人民政府,是最高国家权力机关的执行机关,是最高国家行政机关”;最高人民法院,行使最高国家审判权;最高人民检察院,行使最高国家法律检察权。1954 年宪法撤销了人民革命军事委员会的建制,设立了国防委员会,并规定由“国家主席统率全国武装力量,担任国防委员会主席”。

地方各级人民代表大会是地方各级国家权力机关。地方各级人民政府是地方各级国家行政机关,即地方各级人民政府。它在本级人民代表大会闭会期间,行使本级人民代表大会常设机关的职权。地方各级人民代表大会选举产生的地方各级人民法院和人民检察院是地方各级国家审判机关和地方各级行使法律检察权的机关。1954 年宪法还规定了民族自治机关既是地方国家政权机关又是行使民族自治权的行政机关。

1954 年宪法规定的国家机构,在坚持中华人民共和国成立初期国家机关建设经验的基础上又有了新的发展。国家机关实行民主集中制的原则,它使整个国家机构形成既有分工又互相配合的有机整体,统一行使国家权力,在共同执行人民民主专政的任务中,发挥了极为重要的作用,巩固了新生的人民民主政权。

(三)1975 年宪法和 1978 年宪法规定的国家机构

1975 年 1 月中华人民共和国第四届全国人民代表大会第一次会议通过的我国第二部宪法规定的国家机构是:全国人民代表大会是最高国家权力机关,地方各级人民代表大会是地方国家权力机关;国务院是中央人民政府;最高人民法院、地方各级人民法院和专门人民法院行使国家审判权;检察机关的职权由各级公安机关行使,检察和审理案件,都必须实行群众路线。这部宪法和 1954 年宪法相比较,对国家机构做了一些修改:其一,取消了中华人民共和国主席建制,由中共中央主席统率全国武装力量，由全国人大常委会行使国家元首权；规定各级革命委员会在国家机构体系中的地位，是地方各级人民代表大会的常设机关，同时，又是地方各级人民政府。其二，规定“政社合一”的人民公社是农村的基层政权组织。其三，撤销人民检察院建制，检察机关的职权由各级公安机关行使。这部宪法是在“文化大革命”中制定的，所以遗留下那个时代的时代特征，当然也遗留下了一些错误和不完善的地方。

1978 年 3 月第五届全国人代表大会第一次会议通过的我国第三部宪法是在对我国第二部宪法修改的基础上产生的宪法，所以，这部宪法和我国第二部宪法相比较变化不大。这部宪法恢复了人民检察院的建置并规定“最高人民检察院对于国务院所属各部门、地方各级国家机关、国家机关工作人员和公民是否遵守宪法和法律，行使检察权”。这一规定是对我国第一部宪法规定内容的恢复，为 1975 年宪法所没有。

（四）1982 年宪法规定的国家机构

1982 年 12 月 4 日第五届全国人民代表大会第五次会议通过的我国第四部宪法所规定的国家机构，对国家机构组织体系做了新的规定：(1) 扩大了全国人民代表大会常务委员会的职权，将直属于全国人民代表大会的一部分职权交由它的常委会行使；(2) 恢复了国家主席的建置，新设的国家主席和过去宪法规定的国家主席相比较，更加趋于超脱；(3) 设立中央军事委员会以代替过去国家主席统率全国武装力量的职权；(4) 县级以上设立各级审计机关；(5) 撤销了“政社合一”的人民公社体制，设立乡级政权。

三、我国国家机构的组织和活动原则

（一）民主集中制原则

我国现行宪法规定，“国家机构实行民主集中制原则”。“民主集中制”既是我国国家机构的组织原则，也是我国国家机构活动的基本原则。所谓“民主集中制”就是指在民主基础上的集中，在法制规范下的民主，即民主和集中的辩证统一。只有集中，没有民主，会成为专断；只有民主，没有集中，就会成为无政府主义。国家机构实行这一原则，就民主而言，发扬民主的过程就是实现一切权力属于人民原则的过程；就集中而言，实现集中的过程就是汇集多数人意见、形式统一意志的过程。正因如此，民主集中制根本不同于专制主义或官僚主义的集中制，也同无政府主义和极端民主化划清了界限。

我国国家机构实行民主集中制的原则，主要表现在：第一，在国家权力机关同人民群众的关系方面，现行宪法规定：“全国人民代表大会和地方各级人民代表大会由民主选举产生,对人民负责,受人民监督。”第二,在国家权力机关同其他国家机关的关系方面,现行宪法规定:“国家行政机关、审判机关、检察机关都由人民代表大会产生,对它负责,受它监督。”第三,在中央和地方国家机关的关系方面,现行宪法规定:“中央和地方的国家机构职权的划分,遵循在中央的统一领导下,充分发挥地方的主动性、积极性的原则。”

(二)联系群众,为人民服务的原则

我国的现行宪法规定:“一切国家机关和国家工作人员必须依靠人民的支持,经常保持同人民的密切联系,倾听人民的意见和建议,接受人民的监督,努力为人民服务。”宪法这一规定是由我国的国家性质所决定的,是国家机关实现其职能的必然要求。这一原则的具体要求是:第一,一切国家机关及其工作人员必须树立人民利益高于一切的观念,全心全意为人民服务,向人民负责,反对任何特权思想。第二,国家机关应当通过多种渠道和形式广泛吸收人民群众参与国家事务的管理,以保证绝对依照人民的意志处理国家事务。第三,国家机关及其工作人员必须坚持“从群众中来,到群众中去”的工作方法,注重调查研究,克服官僚主义。第四,有关国家机关对于公民提出的申诉、控告、检举,必须查清事实,负责处理,任何单位和个人不得压制和打击报复,以确保公民享有的民主监督权的充分实现。

(三)责任制的原则

我国宪法规定,一切国家机关实行工作责任制。根据我国国家机关性质的不同,责任制分为集体负责制和个人负责制两种形式。

集体负责制,又称合议制,是指国家机关在行使宪法和法律规定的职权时,对重大问题的决定由全体组成人员集体讨论,依照少数服从多数的原则作出决定,对所作出的决议由集体承担责任。集体负责制能更好地集思广益,充分发挥集体的智慧,克服主观性和片面性,防止个人独断专行或极少数人决定重大问题的现象出现。在我们国家实行集体负责制的国家机关有全国人民代表大会及其常务委员会、最高人民法院和最高人民检察院。

个人负责制,亦称首长负责制,是指国家机关在行使法定职权时,在充分发扬民主的基础上,由首长个人决定并承担相应责任的一种领导体制。这种责任制分工明确,权责相应,决策果断迅速,在执行决定时可以避免出现无人负责、推卸责任的现象,而且还能够发挥首长个人智慧和才能,提高工作质量和效率。根据我国宪法的规定,我国国家机关中行政机关和军事领导机关均实行首长负责制。我们的个人负责制是在相应会议集体讨论的基础上由首长个人决定的,所以它和首长专制划清了界限,与民主集中制并不矛盾。

（四）精简和效率的原则

我国现行宪法规定，一切国家机关实行精简的原则，不断提高工作质量和工作效率，反对官僚主义。精简和效率是我国国家机关组织活动的指导原则和行动准则。它的基本要求是：第一，根据实际需要科学地设置国家机构，通过法律定员、定岗、定编，切实贯彻精简原则。第二，实行工作责任制，明确规定各个国家机关及其工作人员的职责权限，使其各司其职，各尽其责，充分发挥工作人员的主观能动性。第三，进一步完善国家公务员制度，建立公务员录用、奖惩、考核、监督、退职、退休、淘汰制度，提高国家机关工作人员素质，适应现代化建设需要。第四，下放权力，发扬民主，充分调动每个工作人员的积极性，提高工作效率。

（五）社会主义法治原则

我国现行宪法规定："中华人民共和国实行依法治国，建设社会主义法治国家。"国家机构贯彻社会主义法治原则，就是要求一切国家机关和国家机关工作人员，都必须严格按照法律规定办事，使国家的法律在社会生活的各个方面得到正确的实施。国家机构的社会主义法治原则的内容包括立法、执法、守法和法律监督四个方面，即一切国家机关都要做到"有法可依，有法必依，执法必严，违法必究"。因此，国家立法机关在新的形势下要加速立法过程，完善立法制度，以适应建设社会主义法治国家和社会主义市场经济体制的需要。执法、守法是国家机构贯彻法治原则的中心环节，一切国家机关及其工作人员要在法律范围内依法行使职权，防止国家权力的滥用，坚决反对超越宪法和法律以外的特权。加强法律监督是实现法治原则必不可少的重大措施，各级国家权力机关要进一步按照宪法和法律赋予的职权，加强对行政、审判、检察机关的监督和制约，以保证其按照人民的意志进行活动。

国家机关按照法律办事，可以使各个国家机关在法律规定的职权范围内活动，行使职权时不受干扰，既可避免各机关之间的冲突，也可以避免或减少国家机关侵犯公民合法权益的事件的发生，同时，还不会因领导人的更换或注意力的变化而改变方针政策，有利于保证国家基本政策的稳定性和连续性，有利于整个社会的安定和发展。

第二节　全国人民代表大会及其常务委员会

一、全国人民代表大会

（一）全国人民代表大会的性质和地位

我国现行宪法规定："中华人民共和国全国人民代表大会是最高国家权力机

关”,是“行使国家立法权”的机关。作为最高国家权力机关的全国人民代表大会,是由全国人民在普选的基础上产生的代表组成的,所以只有它能集中地体现国家的一切权力属于人民,也只有它能集中代表全国各族人民的意志和利益,行使国家权力。

全国人民代表大会作为最高国家权力机关,在我国国家机构体系中居于最高地位,而其他国家机关都由它产生并对它负责,受它监督,行使它所赋予的一定的权力,因而,其他国家机关的权力都不能超越它的权力之上,也不能和它并列。全国人民代表大会通过的法律和决议,其他国家机关都必须遵照执行,都要保证它的实施。全国人民代表大会向全国人民负责,受全国人民监督。

(二)全国人民代表大会的组成和任期

全国人民代表大会由省、自治区、直辖市、特别行政区和军队选出的代表组成。各少数民族都应当有适当名额的代表。全国人民代表大会的代表以间接选举方式产生,代表名额以一定人口比例为基础,同时又适当照顾地区之间、城乡之间、汉族和少数民族之间的人口比例的差别。按照 2010 年 3 月第十一届全国人大第三次会议通过的新的选举法规定,全国人民代表大会代表名额不超过 3000 人,名额的分配由全国人大常委会依具体情况而定。全国人民代表大会代表名额,由全国人民代表大会常务委员会根据各省、自治区、直辖市的人口数,按照每一代表所代表的城乡人口数相同的原则,以及保证各地区、各民族、各方面都有适当数量代表的要求进行分配。少数民族的代表名额,由全国人大常委会参照少数民族的人口数和分布情况,分配给各省、自治区、直辖市。人口特少的少数民族在全国人民代表大会至少应有一名代表。香港、澳门特别行政区应选全国人大代表的名额和代表产生的办法,由全国人大常委会另行规定。

全国人民代表大会每届任期五年。为保证全国人大工作的整体延续性,我国现行宪法还规定,全国人民代表大会任期届满的两个月以前,全国人大常委会必须完成下届全国人民代表大会代表的选举。如果遇到不能选举的非常情况,由全国人大常委会以全体组成人员的 2/3 以上多数通过,可推迟选举,延长本届人民代表大会的任期。但在非常情况结束后一年内,必须完成下届全国人民代表大会代表的选举。

(三)全国人民代表大会的职权

全国人民代表大会是行使国家权力的最高机关。其性质和地位都是由其所行使的职权体现出来的。中华人民共和国成立以后产生的几部宪法对全国人民代表大会的职权是通过列举方式进行规定的。根据现行宪法的规定,我国全国人民代表大会的职权可以归纳为六个方面:

第一,修改宪法、监督宪法的实施。这是全国人大行使的宪法性职权,与普通的立法权的本质区别是,其地位要高于普通立法权,其程序也比普通立法严格得多。宪法是国家的根本法,它的根本性和最高性的特点,决定了全国人大的这种宪法性职权不能与普通的立法权相混淆。关于宪法修改的职权和程序,宪法第64条规定:"宪法的修改,由全国人民代表大会常务委员会或1/5以上的全国人民代表大会代表提议,并由全国人民代表大会以全体代表2/3以上的多数通过。"关于宪法监督实施的职权,全国人民代表大会主要通过以下形式行使:一是对法律进行合宪性审查;二是对全国人大常委会、国务院、中央军事委员会、国家监察委员会、最高人民法院和最高人民检察院的工作是否符合宪法进行审查;三是对重大违宪事件组织调查委员会进行调查,并根据调查委员会提出的报告作出处理决定。

第二,制定和修改基本法律。这是全国人民代表大会行使的国家立法权。立法权是指制定、修改和废除法律的权力。国家的法律可分为基本法律和法律,根据我国宪法第62条的规定,全国人民代表大会"制定和修改刑事、民事、国家机构的和其他的基本法律"。所谓"刑事法律",是指涉及犯罪、刑事处罚以及刑事处罚程序的法律。所谓"民事法律",是指涉及处理公民财产和亲属关系及其诉讼程序的法律。所谓"国家机构的法律",是指所有关于国家机关的选举、组织、职权及行使职权的程序和自治方面的法律等。所谓"其他的基本法律",是指涉及宪法规定的公民基本权利和义务的立法,重要的经济法、涉及国家公职人员权利义务方面的立法及其司法程序方面的法律。

第三,选举、决定和罢免最高国家领导人。这是全国人民代表大会行使的高级任免权。我国现行宪法规定,"全国人民代表大会选举中华人民共和国主席、副主席";"根据中华人民共和国主席提名,决定国务院总理;根据国务院总理的提名,决定国务院副总理、国务委员、各部部长、各委员会主任、审计长、秘书长的人选";"选举中央军事委员会主席,根据中央军事委员会主席提名决定中央军事委员会其他组成人选";"选举国家监察委员会主任";"选举最高人民法院院长和最高人民检察院检察长";"选举全国人民代表大会常务委员会组成人员"。宪法还规定全国人大有权罢免由它所产生的上述国家机关的领导人。上述任免都必须依法定程序进行。

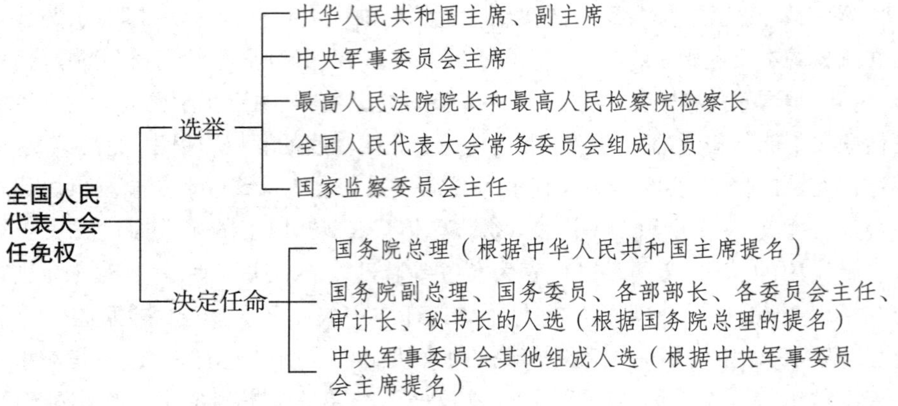

图14－1 全国人民代表大会任免权种类

第四,决定国家重大问题。这是全国人民代表大会行使的决定权。我国现行宪法规定,全国人大在审查和批准国民经济和社会发展计划以及计划执行情况的报告;审查和批准国家的预算和预算执行情况的报告;批准省、自治区和直辖市的建置;决定特别行政区的设立及其制度;决定战争与和平问题;等等。

第五,最高监督权。全国人民代表大会有权监督由其产生的其他国家机关的工作。我国现行宪法规定,全国人大常委会要对全国人大负责并报告工作;国务院要对全国人大负责并报告工作;中央军事委员会、国家监察委员会、最高人民法院和最高人民检察院也要对全国人大负责。

第六,其他应当由全国人大行使的职权。现行宪法规定,全国人大有权行使“应当由最高国家权力机关行使的其他职权”。这表明,凡是应当由最高国家权力机关作出的决定,尽管宪法未作明确规定,但全国人民代表大会仍然有权决定。这种灵活的规定既适应了时代发展要求,也适应了改革开放中随时出现新的问题的要求,同时,它也体现出我国全国人民代表大会至高无上的法律地位。

(四)全国人民代表大会的会议制度和工作程序

1. 会议制度

全国人民代表大会的工作方式主要是举行会议。我国现行宪法规定,全国人民代表大会会议每年举行一次,由全国人大常委会召集。依照全国人大议事规则规定每年的例会应在每年的第一季度举行。如果全国人大常委会认为必要,或者有1/5以上的全国人大代表提议,可以举行临时会议。会议通常公开进行;必要时,经主席团和各代表团团长会议决定,可以举行秘密会议。每届全国人大第一次会议,在本届全国人大代表选举完成后的两个月内,由上届全国人大常委会召集。

全国人大代表按原选举单位组成代表团;各代表团分别推选团长、副团长。代表团的任务和作用是在每次全国人大会议举行前,讨论全国人大常委会提出的关于会议的准备事项,会议期间对全国人大的各项议案进行审议,并由代表团团长或代表团推举的代表,在主席团会议上或大会全体会议上代表本团对审议的议案发表意见。

全国人大的会议形式有预备会议、全体会议和小组会议。预备会议在全国人大会议举行前,由全国人大常委会主持,选举本次大会主席团和秘书长,讨论本次会议的议程以及决定其他准备事项。一切准备就绪,就召开正式的人大会议,一般是全体会议和小组会议并行。小组会议进行审议和讨论,大会即全体会议听取报告或进行表决。

全国人大举行会议时,由会议主席团主持。主席团是临时性机构。主席团互推若干成员作为大会执行主席,轮流主持大会,同时主席团还互推若干成员担任常务主席,召集和主持主席团会议。

全国人大开会时,国务院和中央军委组成人员、国家监察委员会主任、最高人民法院院长和最高人民检察院检察长列席会议;其他国家机关、人民团体负责人,经主席团决定,可以列席全国人大会议。此外,每当全国人大开会时,全国政协也召开全体委员会议,并且全体委员集体列席全国人大会议,这是我国的宪法惯例。

2. 工作程序

根据现行宪法的规定,全国人大的工作程序可分为三大类,这就是:

(1)决议的程序

这是全国人民代表大会的主要工作形式。依照法律规定,其程序为:第一,议案的提出。全国人大主席团、全国人大常委会、全国人大各专门委员会、国务院、中央军委、国家监察委员会、最高人民法院、最高人民检察院,以及一个代表团或者30名以上的代表,都可以向全国人大提出属于全国人大职权范围内的议案;但修改宪法的议案,必须由全国人大常委会或者1/5以上全国人大代表提出。第二,议案的审议。对国家机关提出的议案,由主席团决定交各代表团审议,或交有关的专门委员会审议,提出报告,再由主席团决定提交大会表决;对代表团或者30名以上代表提出的议案,由主席团决定是否列入大会议程,或者先交有关的专门委员会审议,提出是否列入大会议程的意见,再决定是否列入大会议程。第三,议案的表决。议案审议结束后,由大会全体会议表决议案。法律和其他议案须经全国人民代表大会以全体代表的过半数通过;宪法的修正案须经由全国人民代表大会的全体代表的2/3以上多数通过。表决结果由会议主持人当场宣布。第四,议案的公布。议案通过后,依法予以公布。修改或制定的法律由国家主席发布命令公布;其他重要议案由全国人民代表大会会议主席团发布公告予以公布,或由国家主席发布命令予以公布。

(2)选举、决定和罢免国家高级领导人员的程序

全国人民代表大会选举和决定人选的程序,由全国人大针对本次会议的选举和表决事项制定具体的选举办法。

全国人大常委会委员长、副委员长和其他组成人员,国家主席、副主席,中央军委主席,国家监察委员会主任、最高人民法院院长和最高人民检察院检察长的人选,由大会主席团提名,经各代表团酝酿协商后,再由主席团根据多数代表意见,确定正式候选人;国务院总理的人选由国家主席提名,国务院副总理和其他组成人员由总理提名;中央军委副主席和委员的人选,由中央军委主席提名。提名人负责向大会介绍候选人情况,并对代表提出的问题作必要说明。对最高国家领导人的罢免,也必须依法定程序进行。全国人民代表大会三个以上代表团或者1/10以上代表可以提出对全国人大常委会组成人员,中华人民共和国主席、副主席,国务院总理及国务院其他组成人员,中央军委主席及其他组成人员,国家监察委员会主任、最高人民法院院长和最高人民检察院检察长的罢免案,交由大会主席团提请大会审议。

(3)关于质询程序

质询,是国家权力机关对于其他国家机关最严厉的监督形式。人大代表行使质询权也必须依照法定程序进行。根据宪法第73条和有关法律的规定,在全国人大会议期间,一个代表团或者30名以上的代表,可以书面提出对国务院或者国务院各部、各委员会的质询案,由主席团决定交受质询机关书面答复。或者由受质询机关的领导人在主席团会议上或者在有关的专门委员会会议上,作出口头答复。在主席团会议或者有关的专门委员会会议上答复的,提出质询案的代表团团长或者提出质询案的代表可以列席会议,发表意见。

二、全国人民代表大会常务委员会

(一)全国人大常委会的性质和地位

全国人民代表大会常务委员会是全国人民代表大会的常设机关,是全国人民代表大会闭会期间经常行使国家权力的机关,也是行使国家立法权的机关。

全国人大常委会隶属于全国人民代表大会,受全国人民代表大会的领导和监督,向全国人民代表大会负责并报告工作。全国人大有权撤销或改变它的不适当决定和有权罢免它的组成人员。

(二)全国人大常委会的组成和任期

根据我国现行宪法规定,全国人大常委会由委员长、副委员长若干人、秘书长

和委员若干人组成。他们从全国人大代表中选出,组成人员中应当有适当名额的少数民族代表。它的任期和全国人民代表大会任期相同,由每届全国人大第一次会议选举产生,行使职权到下届全国人民代表大会选出新的常委会为止。委员长、副委员长可以连选连任,但连续任职不得超过两届。

全国人大常委会组成人员均不得兼任国家行政机关、监察机关、审判机关和检察机关的职务。宪法的这一规定一方面有利于我国最高国家权力机关有效地行使职权,另一方面使全国人大常委会的组成人员能够集中精力履行自己的职责,同时也有利于实现最高国家权力机关对其他国家机关的有效监督。

(三)全国人大常委会的职权

第一,解释宪法,监督宪法的实施。宪法和其他普通法律一样,为了正确理解,准确执行,必要时还须对宪法作出具有法律效力的解释,即对宪法条文的含义、内容和界限进行说明。但是宪法是国家的根本法,对它的解释权只能由特定的具有权威性的国家机关来行使,我国现行宪法规定全国人大常委会行使宪法解释权,也监督宪法的实施。

第二,行使国家立法权及解释法律。全国人大常委会行使国家立法权。根据宪法规定:全国人大常委会有权"制定和修改除应由全国人民代表大会制定的法律以外的其他法律"。同时,在全国人大闭会期间,常委会有权"对全国人民代表大会制定的法律进行部分补充和修改,但是不得同该法律的基本原则相抵触"。这就从立法方面扩大了人大常委会的职权。

解释法律,指的是对于那些法律条文本身需要进一步明确界限或作补充规定的说明。全国人大常委会所解释的法律,并不限于它自己制定的法律,也包括由全国人民代表大会制定的法律。1981 年五届全国人大常委会第十九次会议通过的《关于加强法律解释工作的决议》规定:凡关于法律条文本身需要进一步明确界限或补充规定的,由全国人民代表大会常务委员会进行解释。这表明,我国法律的解释权只属于全国人民代表大会常务委员会。

第三,国家生活中某些重大问题的决定权。在全国人大闭会期间,全国人大常委会有权审查和批准国民经济和社会发展计划、国家预算在执行过程中所必须作的部分调整方案;决定同外国缔结的条约和重要协定的批准和废除;规定军人和外交人员的衔级制度和其他专门衔级制度,规定和决定授予国家的勋章和荣誉称号;决定特赦;决定战争状态的宣布;决定全国总动员或者局部动员;决定全国或者个别省、自治区、直辖市进入紧急状态;在特别行政区全国人大常委会有权宣布战争状态或因特区内发生特区政府不能控制的危及国家统一或安全的动乱而决定特区进入紧急状态。

第四，对最高国家机关领导人员的任免权。在全国人大闭会期间，根据国务院总理提名，决定部长、委员会主任、审计长、秘书长的人选；根据中共中央军事委员会主席的提名，决定中央军事委员会其他组成人员的人选；根据国家监察委员会主任的提请，任免国家监察委员会副主任、委员；根据最高人民法院院长的提请，任免最高人民法院副院长、审判员、审判委员会委员和军事法院院长；根据最高人民检察院检察长的提请，任免最高人民检察院副检察长、检察员、检察委员会委员和军事检察院检察长，并且批准省、自治区、直辖市人民检察院检察长的任免。

第五，对其他国家机关工作行使监督权。全国人大常委会监督国务院、中央军事委员会、国家监察委员会、最高人民法院和最高人民检察院的工作，撤销国务院制定的同宪法、法律相抵触的行政法规、决定和命令，撤销省、自治区、直辖市国家权力机关的同宪法、法律和行政法规相抵触的地方性法规和决议。

第六，全国人大授予的其他职权。全国人大常委会是全国人大闭会期间的常设机关。宪法的这种灵活规定，为全国人大常委会更好地行使职权提供了宪法依据。

(四)全国人大常委会的会议制度和工作程序

1. 全国人大常委会的会议制度

(1)常委会全体会议。会议由委员长、副委员长、委员和秘书长组成，由委员会主持召集，每两个月举行一次；有特殊需要时，可以临时召集会议。常委会举行会议时，国务院、中央军事委员会、国家监察委员会、最高人民法院、最高人民检察院的负责人须列席会议；各省、自治区、直辖市的人大常委会主任或副主任一人也须列席会议。

(2)委员长会议，由委员长、副委员长和秘书长组成。其主要任务是，决定常委会每次会议的会期，拟定会议议程草案；对提出的议案和质询案交由有关的专门委员会审议或提请常委会全体会议审议；指导和协调各专门委员会的日常工作；处理常委会其他重要日常工作。但委员长会议不能代替常委会行使职权。

2. 全国人大常委会工作程序

全国人大常委会的工作程序，是指全国人大常委会举行会议时，对法律案和其他议案的提出、审议、通过和公布的程序。在常委会会议期间，全国人大各专门委员会、国务院、中央军事委员会、国家监察委员会、最高人民法院、最高人民检察院以及常委会组成人员 10 人以上联名均可向常委会提出属于其职权范围内的议案。议案提出后，由委员长会议决定提请常委会会议审议，或先交由有关的专门委员会审议，提出报告后，再提请常委会审议。议案经过审议后，由常委会会议表决通过。法律案和其他议案必须由全体组成人员的过半数通过。法律案通过后由国家主席公布，其他议案由常委会自行公布。

三、全国人大各专门委员会

全国人民代表大会专门委员会分为两种：一种是常设性委员会；另一种是临时性委员会。

（一）常设性委员会

根据现行宪法规定，全国人大的专门委员会是从代表中选举产生的按照专业分工的工作机构。专门委员会受全国人大领导，在人大闭会期间，受全国人大常委会领导。各专门委员会不是独立行使职权的国家机关，对外不能发号施令，它只是帮助全国人大及其常委会研究、审议和拟定有关议案的辅助性机构。各专门委员会在讨论其所属的专门问题之后，虽然也作决议，但这种决议必须经过全国人民代表大会或全国人民代表大会常务委员会审议通过之后，才具有国家权力机关所作决定的效力。在此之前，它只是向全国人大或全国人大常委会提供审议的意见或报告。全国人大设立的专门委员会有：民族委员会、宪法与法律委员会、监察与司法委员会、财政经济委员会、教育科学文化卫生委员会、外事委员会、华侨委员会、环境与资源保护委员会、农业与农村委员会和社会建设委员会共十个专门委员会。

全国人大各专门委员会由主任委员、副主任委员和委员若干人组成。主任委员、副主任委员和委员人选，由主席团在代表中提名，大会通过。人大闭会期间，全国人大常委会可以补充任命专门委员会的个别副主任委员和委员。专门委员会根据工作需要，可由全国人大常委会任命若干非人大代表的专家为顾问。这些顾问可以列席专门委员会会议，发表建议和意见。全国人大设立的各专门委员会的任期，与全国人大每届任期相同。

全国人大各专门委员的主要工作任务有：审议全国人民代表大会主席团或全国人大常委会交付的议案；向全国人大主席团或全国人大常委会提出属于全国人大或全国人大常委会职权范围内同本委员会有关的议案；审议全国人大常委会交付的被认为同宪法、法律相抵触的国务院的行政法规、决定和命令；审议全国人大主席团或全国人大常委会交付的质询案，听取受质询机关对质询案的答复，必要时向全国人大主席团或全国人大常委会报告；对属于全国人大及全国人大常委会职权范围内同本委员会有关的问题进行调查研究、提出建议等。

（二）临时性委员会

临时性委员会，是指全国人民代表大会认为必要的时候，所组织的关于特定问题的调查委员会，它是最高国家权力机关的临时性的辅助工作机构。它的任期没有固定的时间，是根据所调查的任务而定。调查任务完成，临时机构的任期也就结束;调查任务没有完成,临时机构就继续存在下去,其任期不受每届人大任期的限制。

临时性委员会设立的程序是:其一,全国人民代表大会认为必要时,可以组织临时委员会;其二,全国人大主席团、三个以上的代表团或者1/10以上的代表联名,可以提议组织关于特定问题的调查委员会,由主席团提请大会全体会议决定。调查委员会由主任委员、副主任委员若干人和委员若干人组成。由主席团在代表中提名,提请大会全体会议通过,调查委员会可以聘请专家参加调查工作。

调查委员会进行调查的时候,一切有关的国家机关、社会团体和公民都有义务如实向它提供必要的材料。提供材料的公民要求调查委员会对材料来源保密的,调查委员会应当予以保密。调查委员会在调查过程中,可以不公布调查的情况和材料。

调查委员会应当向全国人民代表大会提出调查报告。全国人民代表大会根据调查委员会的报告,可以作出相应的决定。全国人民代表大会可以授权全国人大常委会在全国人大闭会期间,听取调查委员会的报告,并可以作出相应的决议,报全国人民代表大会下次会议备案。

四、全国人民代表大会代表

全国人民代表大会代表是最高国家权力机关的组成人员,他们是人民选派到最高国家权力机关的使者,是受人民的委托、按照人民的意志和利益、代表人民行使国家权力的,是最高国家权力机关的重要组成部分。

(一)全国人大代表的权利

根据现行宪法和《中华人民共和国全国人民代表大会和地方各级人民代表大会代表法》的规定,全国人民代表大会代表享有的权利主要有:

第一,出席全国人大会议,参与对重大问题的讨论决定。参加全国人大会议、行使全国人大代表的各项职权,是全国人大代表最重要的、最基本的权利与活动方式。代表法规定:代表应出席本级人民代表大会会议,依法行使代表的职权。全国人大代表参加全国人大全体会议、代表团全体会议、小组会议,审议列入大会议程的各项议案和报告,也可以被推选或者受邀请列席主席团会议、专门委员会会议并发表意见。

第二,提出议案。全国人大代表出席全国人大代表会议期间,有依照法律规定的程序,向会议提出修改宪法和属于全国人大职权范围内的议案,并对提交会议审议的议案进行讨论,参与表决。

第三,提出质询案或询问。依照法律规定,在全国人民代表大会会议期间,一个代表团或者30名以上的人民代表,可以书面提出对国务院及国务院各部、委的质询案,由主席团决定交受质询机关,受质询机关须在会议期间答复。此外,在全国人大审议议案时,代表可以向有关国家机关提出询问,由有关机关派人在人大代表小组或代表团会议上进行说明。

第四,人身特别保障权。全国人大代表非经全国人大会议主席团许可,在全国人大闭会期间非经全国人大常委会许可,不受逮捕和刑事审判。如果因为是现行犯被拘留,执行拘留的公安机关应当立即向全国人大主席团或全国人大常委会报告。

第五,言论免责权。根据宪法和代表法规定,全国人民代表大会代表在人民代表大会的各种会议上的发言和表决,不受法律追究。这样就能够排除他们的后顾之忧,使他们能够代表人民的意志畅所欲言地发表意见。

第六,享有适当的物质补助和便利。根据代表法规定,代表在执行代表职务时,根据实际需要享受适当补贴和物质上便利。由于我国人大代表是兼职的,国家还在时间、交通、通讯等方面为其尽可能地提供便利。

(二)全国人大代表的义务

根据现行宪法和代表法规定,全国人大代表在享受权利的同时,还必须履行相应的义务:

第一,出席全国人大会议,认真参与对国家事务的讨论和决定,积极参加代表的视察活动。

第二,模范地遵守宪法和法律,在自己参加的生产、工作和社会活动中协助宪法和法律的实施。

第三,保守国家秘密。

第四,接受原选举单位和群众的监督,同原选举单位和群众保持密切联系,注意倾听意见,尽可能多地列席原选举单位的人民代表大会会议。

第三节 中华人民共和国主席

一、国家主席的概念和历史沿革

中华人民共和国主席是我国国家机构的重要组成部分,是对外代表国家的独立的中央国家机关,依法与全国人大常委会结合行使国家元首职权。国家主席由全国人民代表大会选举产生,从属于全国人民代表大会。

我国宪法上的国家主席制度有一个逐渐演变和完善的历史过程。

中华人民共和国成立初期,根据《中央人民政府组织法》的规定,“在普选的全国人民代表大会召开前,由中国人民政治协商会议的全体会议执行全国人民代表大会的职权”,“选举中华人民共和国中央人民政府委员会,并付之以行使国家权力的职权”。“中央人民政府委员会组织政务院,以为国家政务的最高执行机关;组织人民革命军事委员会,以为国家军事的最高统辖机关;组织最高人民法院及最高人民检察署以为国家的最高审判机关及检察机关”,按照中央人民政府组织法规定,“中央人民政府委员会对外代表中华人民共和国,对内领导国家政权。”所以,中央人民政府委员会实际上就是我国的集体国家元首。中央人民政府委员会主席是中央人民政府委员会的组成部分,按照组织法规定中央人民政府委员会主席“主持中央人民政府委员会会议,并领导中央人民政府委员会的工作”;“政务院对中央人民政府委员会负责,并报告工作”,“在中央人民政府委员会休会期间,对中央人民政府主席负责,并报告工作”。

1954年宪法根据我国成立初期的经验并按照我国政权建设的实际需要,规定设置中华人民共和国主席。刘少奇代表中华人民共和国宪法起草委员会向第一届全国人民代表大会所作的《关于中华人民共和国宪法草案的报告》中指出:“我们的国家元首职权由全国人民代表大会所选出的全国人民代表大会常务委员会和中华人民共和国主席结合起来行使。我们的国家元首是集体的国家元首。同时,不论常务委员会或中华人民共和国主席,都没有超越全国人民代表大会的权力。”

1975年宪法取消了国家主席的建制。原来国家主席的职权改由中国共产党中央委员会和中国共产党中央委员会主席及全国人大常委会行使,所以,我国宪法仍然延续了集体元首的制度。这是按照“党的一元化领导”思想修改宪法的,所以,在新规定的我国国家元首制度上也体现了这一思想。1978年宪法,虽然对1975年宪法的规定有所修改,但是,仍然没有恢复国家主席的建制。所以,以上两部宪法都存在有“以党代政”的倾向。

1982年宪法恢复了国家主席设置。这是我国在新形势下完善国家机构体系的需要,有利于国家机关分工负责,更好地依法工作。

二、国家主席的产生和任期

根据我国现行宪法规定,中华人民共和国主席、副主席由全国人民代表大会选举产生。其产生的程序是:在充分协调的基础上,由每届全国人民代表大会第一次会议主席团提出国家主席、副主席的候选人名单,经各代表团充分酝酿协商后,再由会议主席团根据多数代表的意志,确定正式候选人,最后提请大会投票选举,获得全国人大代表过半数以上通过始得当选。现行宪法规定当选国家主席的条件有三:一是中华人民共和国公民;二是具有选举权和被选举权;三是45周岁以上。

国家主席、副主席的任期同全国人民代表大会相同,为五年。现行宪法还规定:“中华人民共和国主席缺位的时候,由副主席继任主席职位”;“副主席缺位的时候,由全国人民代表大会补选”;“主席、副主席缺位的时候,由全国人民代表大会补选;在补选以前,由全国人民代表大会常务委员会委员长暂时代理主席职位。”

三、国家主席的职权

第一,公布法律、发布命令权。法律经由全国人民代表大会或者全国人民代表大会常务委员会通过后,由国家主席公布。根据全国人大或全国人大常委会的决定,发布特赦令、宣布进入紧急状态、宣布战争状态和发布动员令。

第二,任免权。国家主席向全国人民代表大会提名国务院总理的人选;根据全国人大或全国人大常委会的决定任免国务院总理、副总理、国务委员、各部部长、各委员会主任、审计长、秘书长。

第三,外交权。中华人民共和国主席代表国家,进行国事活动,接受外国使节;根据全国人民代表大会常务委员会的决定,派遣和召回驻外全权代表,批准和废除同外国缔结的条约和重要协定。

第四,荣典权。国家主席根据全国人大常委会的决定,授予国家的勋章和荣誉称号,并享受对外交往中的最高礼遇。

宪法没有具体规定国家副主席的职权,但明确规定“副主席协助主席工作”。

四、现行宪法的国家主席制度的特点

与1954年宪法规定相比,现行宪法规定的国家主席制度具有以下特点:

第一,国家主席不再负有行政领导责任。现行宪法规定的国家主席和五四宪法规定的国家主席相比,不再担任最高国务会议主席职务,不参与行政工作,不负行政责任,国家的行政管理领导权由国务院行使。

第二,不再统帅武装力量。现行宪法设立中央军事委员会建置,“领导全国武装力量,是最高军事领导机关”。

第三,提高了当选年龄。现行宪法规定:“有选举权和被选举权的年满45周岁的中华人民共和国公民可以被选为中华人民共和国主席”。就当选年龄的规定较五四年宪法规定国家主席的当选年龄提高了10岁。这是因为国家主席要以国家最高代表的身份,在国内事务及国际交际中进行活动,他代表着国家的地位和尊严。这种重要职务,必须由政治上成熟、个人的阅历和经验十分丰富,且在国内外

享有较高声誉和威望的人担任。

第四节　国　务　院

一、国务院的性质和地位

"中华人民共和国国务院,即中央人民政府,是最高权力机关的执行机关,是最高国家行政机关。"宪法这一规定,表明了国务院的性质和它在国家机关体系中所处的地位。国务院是最高权力机关的执行机关,表明国务院从属于最高国家权力机关,它由最高国家权力机关产生,对它负责并报告工作,并接受它的监督。国务院是最高国家行政机关,又表明它在整个国家行政机关体系中居于最高地位,它统一领导所属各部、委和全国地方各级国家行政机关的工作,全国一切国家行政机关都必须服从国务院的统一领导,执行国务院的决定和命令。

二、国务院的组成和任期

根据宪法规定,国务院由总理、副总理若干人、国务委员若干人、各部部长、各委员会主任、审计长和秘书长组成。总理的人选由国家主席提名,由全国人大决定,再由国家主席任命。国务院其他组成人员根据总理的提名,由全国人大决定。在全国人大闭会期间,根据总理的提名,全国人民代表大会常务委员会有权决定国务院部长、委员会主任、审计长、秘书长的人选。

国务院的任期为5年,总理、副总理、国务委员连续任期不得超过两届。

三、国务院的领导体制和会议制度

(一)国务院的领导体制

我国现行宪法规定:"国务院实行总理负责制。各部、各委员会实行部长、主任负责制。"这是在总结我国成立以来行政机关建设的历史经验的基础上,将集体领导和个人负责有机地结合起来的一种领导体制,在一定的意义上它是民主集中制的一种表现形式,因为,它的首长负责是在一定会议讨论基础上的个人负责,它执行的法律、决议都是由国家最高权力机关用民主集中制的方式产生的,所以,也可以说它是一种间接的民主集中制的形式。

国务院的总理负责制,是指国务院总理对国务院的工作拥有最高决策权和最后决定权,同时负有相应的法律责任的制度。其内容包括以下四个方面:(1)总理领导国务院的工作,副总理、国务委员协助总理工作。(2)国务院颁布的行政法规、决议和命令、任免行政人员,以及向全国人大及其常委会提出的议案,都必须由总理签署。(3)总理提名国务院其他组成人员,统一领导国务院所属机构的工作。对国务院所属各部、各委员的设立、撤销或者合并,总理有提出权,决定权在全国人大或全国人大常委会。(4)总理召集和主持国务院全体会议和国务院常务会议,讨论国务院工作中的重大问题。在民主讨论的基础上,由总理作出最后决定。

国务院实行总理负责制,有利于加强国务院总理的责任心,有利于提高国务院工作效率,适应其组织领导社会主义现代化建设的需要。

(二)国务院的会议制度

国务院全体会议,由总理、副总理、国务委员、各部部长、各委员会主任、审计长、秘书长组成。国务院全体会议由于人员较多,一般每两个月召开一次,由总理或总理委托常务副总理召集。会议议题由总理确定。会议的主要任务是,决定和部署国务院的重要工作;讨论通过按照法律规定需要由国务院全体会议决定的事项,通报国内外的形势和协调各部门的工作等。

国务院常务会议,由总理、副总理、国务委员和秘书长组成。一般每星期召开一次。由总理或总理委托的常务副总理召集。会议议题由总理确定。会议的主要任务是:讨论国务院工作中的重大问题;讨论、通过提请全国人大或全国人大常委会审议的议案;讨论国务院发布的法规;讨论、决定各部门、各地区向国务院请示的重要事项;分析国内外形势,互通情况等。

四、国务院的职权

国务院的职权主要包括如下六项:

第一,根据宪法和法律,规定行政措施,制定行政法规,发布决定和命令。

第二,向全国人大和全国人大常委会提出议案。国务院所提议案的范围包括:法律案、预算案、任免案、条约案、国民经济和社会发展计划案,以及在国务院职权范围内,必须由最高国家权力机关审议和决定的其他事项。

第三,对所属各部、委和地方各级行政机关的领导、监督权。根据我国现行宪法规定:国务院规定各部和各委员会的任务和职责,统一领导各部和各委员会的工作,并且领导不属于各部和各委员会的全国性的行政工作;统一领导全国地方各级国家行政机关的工作,规定中央和省、自治区、直辖市的国家行政机关的职权的具体划分;改变或者撤销各部、各委员会发布的不适当的命令、指示和规章;改变或者撤销地方各级国家行政机关的不适当的决定和命令;审定行政机构的编制,依照法律任免、培训、考核和奖惩行政人员。

第四,对全国各项行政工作的管理权。我国现行宪法规定:编制和执行国民经济和社会发展计划和国家预算;领导和管理经济工作和城乡建设、生态文明建设;领导和管理教育、科学、文化、卫生、体育和计划生育工作;领导和管理民政、公安、司法行政等工作;管理对外事务,同外国缔结条约和协定;领导和管理国防建设事业;领导和管理民族事务,保障少数民族的平等权利和民族自治地方的自治权利;保护华侨的正当权利和利益,保护归侨和侨眷的合法的权利和利益;批准省、自治区、直辖市的区域划分,批准自治州、县、自治县、市的建置和区域划分;决定省、自治区、直辖市的范围内的部分地区进入紧急状态。

第五,对行政人员的任免、奖惩权。国务院有权按照宪法、国务院组织法、国家机关工作人员奖惩条例等有关法律,审定行政机关的编制,任免国家行政机关的领导人员,奖惩工作人员,培训、考核行政人员。

第六,国家最高权力机关授予的其他职权。由于国家行政事务复杂,为保证高效率进行管理,现行宪法规定了此项权利。这主要指全国人大及其常委会以决议形式将某些全国性行政工作任务或某些特别重要的临时性工作,交由国务院办理,例如六届人大三次会议决定,授权国务院在经济体制改革和对外开放方面,可以制定暂行规定或条例。

五、国务院的机构设置

(一)各部、各委员会

国务院所属的部和委员会是国务院为完成全国范围内的各项组织和管理任务而设立的分管某一方面行政管理工作的国务院工作部门,国务院管理全国性的行政工作主要由它们具体承担。各部设部长 1 人,副部长 2 至 4 人;各委员会设主任 1 人,副主任 2 至 4 人,委员 5 至 10 人。部长、主任由国务院总理提名,经全国人大或全国人大常委会决定,国家主席任命。部长和主任是国务院的组成人员,统一领导本部门的工作。各部、各委员会的设立、合并和撤销,由国务院总理提出意见或建议,由全国人民代表大会决定;在全国人大闭会期间由全国人大常委会决定。

各部、各委员会实行部长、主任负责制。根据宪法和《国务院组织法》规定,各部部长、各委员会主任领导本部门工作,召集和主持部务会议、委员会会议、委务会议,讨论本部门工作中的重大问题,签署上报国务院的重要请示、报告和下达的命令、指示。副部长、副主任协助部长、主任工作。部务会议由部长、副部长和其他成员组成;委员会会议由主任、副主任和委员组成。各部、委的职权,根据《国务院组织法》规定:各部、各委员会根据法律和国务院的行政法规、决定、命令,在本部门的权限内发布命令、指示和规章。

(二)审计机关

现行宪法规定,国务院设立审计机关,对国务院各部门和地方各级人民政府的财政收支,对国家的财政金融机构和企事业组织的财务收支,进行审计监督。这是根据社会主义现代化建设的需要而设立的,也是前几部宪法所没有的。

审计,是指审核会计的全部业务活动。我国的审计工作就是通过专门的审计机关,对我国国家机关及其他有关单位的财政财务收支、经济往来等进行审核和检验,以维护正常的财政经济秩序,严肃财政经济法纪,从而保障正常的财政活动,并为树立廉洁的政治风尚奠定良好的基础。为保障审计机关能够顺利地履行职责,我国现宪法还规定,"审计机关在国务院总理领导下,依照法律规定独立行使审计监督权,不受其他行政机关、社会团体和个人干涉。"

(三)直属机构

国务院根据工作需要和精简的原则,可以设立若干主管各项专门业务的直属机构。直属机构的设立由国务院决定,直属机构的负责人由总理任命,不属国务院组成人员,因此,直属机构的法律地位低于各部、委。当前国务院设立的直属机构有国家物价局、国家工商管理局、国家海洋局等二十多个直属单位。

此外,国务院还设有办公厅作为处理日常事务的内部机构,在国务院秘书长领导下开展工作。

第五节　中央军事委员会

一、中央军事委员会的性质和地位

中央军事委员会,是我国宪法规定的统一领导国家武装力量的中央国家机关,是我国国家机构体系的重要组成部分。

我国的最高军事领导机关自人民共和国建立以来几经变化。中华人民共和国成立初期,根据《共同纲领》和《中央人民政府组织法》规定:"中华人民共和国建立统一的军队,即人民解放军和人民公安部队,受中央人民政府人民革命军事委员会统率。"1954 年宪法规定:"中华人民共和国主席统率全国武装力量。"1975 年宪法和 1978 年宪法,在国家撤销国家主席建置以后规定:"中国共产党中央委员会主席统率全国武装力量。"

现行宪法在总结历史经验的基础上明确规定:"中华人民共和国中央军事委员会领导全国武装力量。"这一规定表明中央军事委员会是国家的最高军事领导机关,是中央国家机关的重要组成部分。中央军事委员会主席由全国人民代表大会选举产生并向它负责;全国人民代表大会有权罢免中央军事委员会主席和其他组成人员,所以,中央军事委员会从属于最高国家权力机关。

党领导军队,这是我党在长期革命斗争中形成的一条坚定不移的原则。现行宪法设立中华人民共和国中央军事委员会领导全国武装力量,是不是违反这一原则呢?其实并不违反,这是因为在设立国家中央军事委员会之后,党的中央军事委员会依然存在。党的中央军事委员会组成人员经过协商,由全国人民代表大会依照法定程序选举成为国家的中央军事委员会的组成人员,这就实现了党对军队的领导和国家对军队的领导的高度统一。

二、中央军事委员会的组成和任期

(一)中央军事委员会的组成

现行宪法规定:中央军事委员会由主席、副主任若干人、委员若干人组成。中央军事委员会主席由全国人民代表大会选举产生。全国人民代表大会根据中央军事委员会主席提名,决定中央军事委员会其他组成人员的人选。在全国人民代表大会闭会期间,根据中央军事委员会主席的提名,决定中央军事委员会其他组成人员的人选。全国人民代表大会有权罢免中央军事委员会主席和中央军事委员会其他组成人员。

(二)中央军事委员会的任期

中央军事委员会的任期同全国人民代表大会相同,均为5年。但是,由于中央军事委员会的特殊性,现行宪法对中央军事委员会主席连续任职的届数没有作出明确的限制,这是和我国其他国家机关任期存在的不同的地方。

三、中央军事委员会的领导体制

我国现行宪法规定,“中央军事委员会实行主席负责制”,中央军事委员会主席有权对中央军事委员会职权范围内的事项作出最后决策。中央军事委员会实行主席负责制是由军队的特殊性质所决定的,有利于加强全国武装力量的统一领导和指挥,有效、果断及时地作出决策,应付各种紧急军事情况,加强军事建设。

第六节　国家监察委员会

一、国家监察体制改革的重要意义

国家监察体制改革是党和国家政治体制改革的重要组成部分,是党的十八大以来反腐败斗争的制度举措。2016年12月25日,全国人民代表大会常务委员会颁布《关于在北京市、山西省和浙江省开展国家监察体制改革试点工作的决定》,

开启了国家监察体制改革的进程。2017 年 1 月,三个试点省市依法产生了本地方省级监察委员会,监察委员会主任由省级人民代表大会选举产生,监察委员会副主任和委员由监察委员会主任提名、人大常委会决定任命。2017 年 3 月底,试点省市完成省级监察委员会的转隶组建。2017 年 6 月底,试点省市完成县、区级监察委员会的组织和转隶工作。2017 年 12 月底,全国省级以下地方各级监察委员会挂牌成立。2018 年 3 月,国家监察委员会正式成立,并且完成了宪法相关条文的修改,国家监察体制改革顺利完成。

国家监察体制改革无论在理论上还是实践上,都具有重要的历史意义。

第一,改变了国家权力结构,形成了独立的国家监察权。从实践上讲,这是对我国人民代表大会制度的重要完善。按照我国宪法关于人民代表大会制度的规定,我国的国家权力体系是由人民选举产生人民代表组成国家权力机关人民代表大会,再由国家权力机关依法产生人民政府、人民法院和人民检察院,形成了人民代表大会之下的"一府两院"权力体系。而在国家监察体制改革以后,我国的国家权力体系就成为人民代表大会之下的"一府一委两院"体制,这是我国人民代表大会制度的重大变化。从理论上讲,国家监察体制改革也是对我国传统宪法学理论的重大创新。在立法、行政、司法三权之外,创立了国家监察权,丰富了国家权力构成理论,形成了中国宪法理论和宪法实践的"中国特色"。

第二,整合了监督资源,强化了监督权力。在我国以往的权力监督立法和监督实践中,对国家权力行使的监督是全方位、多渠道的。有党内监督、人大监督、行政监督、司法监督和社会监督。但存在的问题是,多头监督,权力分散,缺乏协调,效果不佳。这也是多年来腐败现象禁而不绝,在某些地区、某些层面甚至愈演愈烈的主要原因。此次国家监察体制改革,一是将监督权从实体权力上剥离开来,使其相对独立;二是将过去分散的监督权整合起来,合而为一,垂直领导,提高层次,提高了效能。

第三,党的监督法律化、全覆盖,加强了党的领导。过去党的监督只在党内发挥作用,与国家权力的其他监督形式缺乏有效地衔接,效力受到了极大的局限。此次国家监察体制改革,规定党的纪律检查委员会与国家的监察委员会合署办公,在职能上合而为一,扩大了党的监督的作用范围,强化了党的监督的效力。特别是监督范围和监督对象更加广泛,既包括所有国家机关工作人员,也包括各级党组织的公务人员,还包括全社会范围内的党员和参与公权力行使的其他人员,真正实现了对国家权力行使过程和人员的全覆盖,这是前所未有的。这样的改革,对于遏制权力腐败,规范权力运行,净化社会风气,构建风清气正的社会氛围,具有重要意义。

二、国家监察委员会的宪法性质和地位

在我国宪法关于国家机构的立法中,国家监察委员会专列一节,与全国人民代表大会、国家主席、国务院、中央军事委员会并列。这样规定,既体现了国家监察机关的重要性,也表明了该机构与其他中央国家机关的宪法关系。

根据宪法规定,中华人民共和国各级监察委员会是国家的监察机关。中华人民共和国设立国家监察委员会和地方各级监察委员会。监察委员会由下列人员组成:主任,副主任若干人,委员若干人。监察委员会主任每届任期同本级人民代表大会每届任期相同。国家监察委员会主任连续任职不得超过两届。

中华人民共和国国家监察委员会是最高监察机关。国家监察委员会领导地方各级监察委员会的工作,上级监察委员会领导下级监察委员会的工作。

国家监察委员会对全国人民代表大会和全国人民代表大会常务委员会负责。地方各级监察委员会对产生它的国家权力机关和上一级监察委员会负责。

监察委员会依照法律规定独立行使监察权,不受行政机关、社会团体和个人的干涉。

监察机关办理职务违法和职务犯罪案件,应当与审判机关、检察机关、执法部门互相配合,互相制约。

第七节　地方各级人民代表大会和人民政府

一、地方各级人民代表大会

(一)性质和地位

现行宪法规定:地方各级人民代表大会指省、直辖市、县、市、市辖区、乡、民族乡、镇的人民代表大会。地方各级人民代表大会是地方国家权力机关。它在整个国家机构体系中占有重要的位置,同全国人民代表大会一起构成了我国国家权力机关体系。

地方各级人民代表大会在地方国家机关体系中居于主导地位,在本行政区域内保证宪法、法律、行政法规的遵守和执行,依法决定本行政区域内的重大事项,同级人民政府、人民法院、人民检察院由它产生、对它负责、受它监督。地方各级人民代表大会统一行使本行政区域内的国家权力,不受同级其他国家机关的制约,也不允许同级其他国家机关与其保持权力平衡。

(二)组成和任期

地方各级人民代表大会由地方行政区域内人民选出的代表组成。省、直辖市、设区的市的人民代表,由下一级人民代表大会选举产生;县、不设区的市、市辖区、乡、民族乡、镇的人民代表,由选民直接选举产生。

为保证地方各级人民代表大会代表构成的科学性、合理性,法律规定各级人大代表组成的比例为:(1)县人民代表大会代表的名额,按照农村每一代表所代表的人口数4倍于城镇每一代表所代表的人口数的原则进行分配。在县的人民代表大会中,人口特少的乡、民族乡和镇,至少应有代表一人。县的行政区域内,镇的人口特别多的,或者不属于县级以下人民政府领导的企事业组织的职工人数在全县总人口中所占比例较大的,经省、自治区、直辖市人民代表大会常务委员会决定,农村每一代表所代表的人口数与城市每一代表所代表的人口数之比可以小于4:1,直至1:1。(2)直辖市、市、市辖区的农村每一代表所代表的人口数之比,应多于市区每一代表所代表的人口数。(3)省人民代表大会代表的名额,按照农村每一代表所代表的人口数4倍于城市每一代表所代表的人口数的原则进行分配。

地方各级人民代表大会代表名额,按照下列规定确定:(1)省、直辖市的代表名额基数为350名,省每15万人可以增加1名代表,直辖市25000人可以增加1名代表;人口数超过1亿的省,代表总名额不得超过1000名。(2)设区的市的代表名额基数为240名,每25000人可以增加1名代表,人口数超过1000万的,代表总名额不得超过650名。(3)县、不设区的市、市辖区的代表名额基数为120名,每5000人可以增加1名代表;人口数超过165万的,代表总名额不得超过450名;人口数不足5万的,代表总名额可以少于120名。(4)乡、民族乡、镇的代表名额基数为40名,每1500人可以增加1名代表,人口数超过9万的乡、民族乡的代表总名额不得超过100人;人口数超过13万的镇的代表总名额不得超过130名;人口数不足2万的乡、民族乡、镇的代表总名额可以少于40名。按照前面规定的地方各级人民代表大会的代表名额基数与按人口数增加的代表数相加,即为地方各级人民代表大会代表的总名额。聚居的少数民族多的省,经全国人大常委会决定,代表名额可以另加5%。聚居少数民族多或者人口居住分散的县、乡、民族乡,经省、自治区、直辖市的人大常委会决定,代表名额可以另加5%。

省、直辖市、设区的市和县、不设区的市、市辖区、乡、民族乡、镇的人民代表大会,每届任期均为5年。

(三)法定职权

地方各级人民代表大会的职权主要有:

第一,保证宪法、法律、行政法规的贯彻和执行。地方各级人民代表大会在本行政区域内,保证宪法、法律、行政法规的遵守和执行。

第二,决定地方性重大事务。地方各级人民代表大会有权讨论、决定本行政区域内的政治、经济、教育、文化、科学、卫生、民政、民族工作的重大事项。县以上地方各级人民代表大会还有权审查和批准本行政区域的国民经济计划和社会发展计划、预算以及它们的执行情况的报告;讨论和决定本行政区域工作中的重大事项。

第三,选举和罢免本级国家机关的负责人。地方各级人民代表大会分别选举本级人民政府的正、副首长。县以上地方各级人民代表大会还选举本级人大常委会的组成人员;选举本级监察委员会主任、本级人民法院院长和本级人民检察院检察长。地方各级人民代表大会对其所选举的人员有权随时罢免。

第四,监督权。地方各级人民代表大会监督本级人民政府、监察委员会、人民法院和人民检察院的工作。听取和审查本级人民政府的工作报告。县级以上人民代表大会听取和审查本级人民政府、人民法院和人民检察院的工作报告;有权改变本级人大常委会不适当的决定和命令;撤销本级人民政府不适当的决定和命令。乡、镇人民代表大会有权撤销本级人民政府不适当的决定和命令。

第五,省、自治区、直辖市和较大的市的人民代表大会可以制定地方性法规。省级人民代表大会制定和颁布的地方性法规,须报全国人民代表大会常务委员会备案;省、自治区人民政府所在地的市和国务院批准的较大的市的人民代表大会制定的地方性法规,须报省、自治区人大常委会批准后施行,并由其报全国人大常委会备案;设区的市的人民代表大会在不同宪法、法律、行政法规和本省、自治区的地方性法规相抵触的前提下,可以依照法律规定制定地方性法规,报本省、自治区人民代表大会常务委员会批准后施行。

第六,其他有关职权。地方各级人民代表大会有责任保护社会主义公共财产、公民个人合法财产不受侵犯,维护社会秩序,保障公民的民主自由权利,保障各种经济组织的合法权益,保障少数民族和妇女的合法权益等。

二、县级以上地方各级人大常委会

(一)性质和地位

县级以上地方各级人民代表大会设立常务委员会。它是本级人民代表大会的常设机关,是本级人民代表大会闭会期间经常行使地方国家权力的机关,是本级国家权力机关的组成部分。地方各级人大常务委员会从属于本级人民代表大会,对其负责并报告工作。

(二)组成和任期

省、直辖市、设区的市的人大常委会由主任、副主任若干人、秘书长、委员若干人组成；县、不设区的市、市辖区的人大常委会由主任、副主任若干人和委员若干人组成；其组成人员均于本级人大每届第一次会议上从代表中选举产生。常委会的组成人员不得担任国家行政机关、监察机关、审判机关和检察机关的职权。常委会的任期与本级人大的每届期相同。

（三）职权

第一，在本行政区域内，保证宪法、法律、行政法规和上级人大及其常委会决议的遵守和执行。

第二，本行政区域内重大事项决定权。讨论、决定本行政区域内各方面工作中的重大事项；决定本行政区域国民经济计划和预算的部分变更；决定授予本地方的荣誉称号。

第三，人事任免权。在本级人民代表大会闭会期间，决定本级人民政府副职领导人的个别任免；在本级人民政府正职领导人、监察委员会主任和人民法院院长、人民检察院检察长因故不能担任职务的时候，从相应的副职领导人中决定代理人选，决定代理检察长须报上一级人民检察院和人民代表大会常务委员会备案。常务委员会还有权任免本级人民政府秘书长、厅长、局长、主任、科长，报上一级人民政府备案；任免本级监察委员会副主任、委员；任免人民法院副院长、庭长、副庭长、审判委员会委员、审判员；任命人民检察院副检察长、检察委员会委员、检察员，批准下一级人民检察院检察长的任免。

第四，省、直辖市、省会城市和较大市的人大常委会可以制定地方性法规。省级人大常委会制定和颁布的地方性法规，须报全国人大常委会备案；省会城市和较大的市的人大常委会制定和颁布的地方性法规，须报省、自治区人大常委会批准施行并由其报全国人大常委会备案；设区的市的人民代表大会常务委员会在不同宪法、法律、行政法规和本省、自治区的地方性法规相抵触的前提下，可以依照法律规定制定地方性法规，报本省、自治区人民代表大会常务委员会批准后施行。

第五，监督权。监督本级人民政府、监察委员会、人民法院和人民检察院的工作。撤销本级人民政府不适当的决定和命令；改变或撤销下一级人民代表大会不适当决议。在常委会会议期间，省、设区的市人大常委会组成人员 5 人以上联名，县级人大常委会组成人员 3 人以上联名，可以向常委会书面提出对本级人民政府、人民法院、人民检察院的质询案。

第六，其他有关职权。如领导或主持本级人民代表大会代表的选举；在本级人民代表大会闭会期间，罢免或补选上一级人民代表大会的个别代表，召集本级人民代表大会会议；决定授予本地方的荣誉称号等。

三、地方各级人民政府

(一)性质和地位

根据宪法规定,我国地方各级人民政府指省、直辖市、县、市、市辖区、乡、民族乡、镇人民政府。地方各级人民政府是地方各级国家权力机关的执行机关,是地方各级国家行政机关。

地方各级人民政府是地方各级国家权力机关的执行机关,由本级国家权力机关产生并对其负责并报告工作,从属于本级国家权力机关。地方各级人民政府作为地方各级行政机关,还要对上级国家行政机关负责并报告工作,要执行上级国家行政机关的决定和命令,服从其领导。全国地方各级人民政府都是国务院统一领导下的地方国家行政机关,必须服从国务院的统一领导。

(二)组成和任期

省、直辖市、设区的市的人民政府分别由省长、副省长、市长、副市长和秘书长、厅长、局长、委员会主任等组成。

县、不设区的市、市辖区的人民政府分别由县长、副县长、市长、副市长、区长、副区长和局长、科长等组成。

乡、民族乡、镇的人民政府分别由乡长、副乡长、镇长、副镇长等组成。民族乡的乡长由建立民族乡的少数民族公民担任。

省长、副省长,市长、副市长,县长、副县长,乡长、副乡长,镇长、副镇长分别由本级人民代表大会选举产生。

新的一届人民政府领导人依法选举产生后,应当在两个月内提请本级人民代表大会常务委员会任命人民政府秘书长、厅长、局长、委员会主任、科长。

地方各级人民政府每届任期与本级人民代表大会每届任期相同。省、自治区、直辖市、设区的市、县、不设区的市、市辖区、乡、镇、民族乡的人民政府,任期均为5年。

(三)法定职权

地方各级人民政府的职权主要有:(1)执行本级权力机关的决议和上级行政机关的决定和命令,规定施行措施,发布决定和命令。(2)省、直辖市的人民政府,省、自治区人民政府所在地的市和经国务院批准的较大的市的人民政府,可以根据法律、行政法规,制定行政规章。(3)执行国民经济和社会发展计划和预算,管理本行政区域内的经济、教育、科学、文化、卫生、公安、民政、民族事务、环境保护、城乡建设、司法行政、计划生育等行政工作。(4)县级以上地方各级人民政府领导所属各工作部门的工作和下级人民政府的工作,撤销或改变其不适当的决定、命令、指示。(5)依照法律规定任免、培训、考核和奖惩国家行政机关工作人员。(6)依法保护社会主义公共财产,保护公民个人的合法财产,维护社会秩序,保障公民权利,保护妇女和少数民族的权利。(7)办理上级国家行政机关交办的其他事项,等等。

(四)领导体制

地方各级人民政府分别实行首长负责制,即实行省长、市长、县长、区长、乡长、镇长负责制。省长、市长、县长、区长、乡长、镇长分别主持地方各级人民政府的工作。

实行首长负责制,并不排除决策时要发扬民主,即行政首长在决策时,还必须依靠集体的智慧。这就是人民政府在决定重大问题时,先要召开一定的会议,在集体讨论基础上由首长个人作出决定。县级以上的地方各级人民政府会议分为全体会议和常务会议。全体会议由各级人民政府全体组成人员组成。省、直辖市、设区的市人民政府的常务会议,分别由省长、副省长,市长、副市长和秘书长组成。县、不设区的市、市辖区人民政府常务会议,分别由县长、副县长,市长、副市长,区长、副区长组成。省长、市长、县长、区长召集和主持本级人民政府的全体会议和常务会议。政府工作的重大问题须经政府常务会议或全体会议讨论决定。

(五)派出机构

根据地方组织法规定,省级和县级人民政府在必要的时候,经上级人民政府批准,可以设立若干派出机关。这些派出机关不是一级正式的政权机关,而是代表派出它的人民政府督促、检查、领导下一级人民政府工作的机构。根据我国有关法律规定,目前我国的派出机关是:

省人民政府在必要的时候,经国务院批准,可以设立若干行政公署,作为它的派出机关。

县人民政府在必要时,经省级人民政府批准,可设立若干区公所,作为它的派出机构。

市辖区、不设区的市人民政府,经上级人民政府批准,可以设立若干街道办事处,作为它的派出机构。

第八节　人民法院和人民检察院

一、人民法院

(一)性质和任务

根据我国宪法和《人民法院组织法》规定:“中华人民共和国人民法院是国家

的审判机关。”这一规定表明,我国的人民法院是专门行使国家审判权的机关。审判权是国家权力的重要组成部分,它是指由国家的专门机关审理和判决刑事、民事、行政等案件的权力。国家审判权只能由人民法院依法独立行使,不受任何行政机关、社会团体和个人的干涉。人民法院作为国家机关与其他国家机关一样,是我国人民民主专政的国家政权机构的组成部分,共同完成人民民主专政的任务。

人民法院的任务是审判刑事案件、民事案件、经济案件和其他案件,并通过审判活动,惩办一切犯罪分子,解决民事纠纷,以保卫人民民主专政制度,维护社会主义法制和社会秩序,保护社会主义全民所有制的财产和劳动群众集体所有制的财产,保护公民私人所有的合法财产,保护公民的人身权利、民主权利和其他权利,保障国家的社会主义革命和社会主义建设事业的顺利进行。同时,人民法院用它的全部活动教育公民忠于社会主义祖国,自觉地遵守宪法和法律。

(二)组织系统

我国人民法院以行政区划为基础,以便于审判工作的顺利进行和方便公民参加诉讼为原则而设置。根据我国现行宪法和人民法院组织法的规定,我国人民法院组织系统是最高人民法院、地方各级人民法院(高级人民法院、中级人民法院、基层人民法院)和专门人民法院(军事法院、海事法院和森林法院)。

最高人民法院设在首都北京。最高人民法院是国家最高审判机关。

地方各级人民法院是地方各级国家审判机关。我国地方各级人民法院分为高级人民法院、中级人民法院和基层人民法院。(1)高级人民法院,设在省、自治区、直辖市的高级人民法院,它是省一级的国家审判机关。(2)中级人民法院,是指设在省、自治区按地区设立和直辖市设立的中级人民法院,它是设立在地区一级的国家审判机关。(3)基层人民法院,是指设在县、自治县、不设区的市、市辖区的人民法院,它是县一级设立的国家审判机关。为方便公民进行诉讼和迅速处理案件,基层人民法院根据具体情况在本辖区内设立若干人民法庭作为派出机构。人民法庭的判决和裁定是基层人民法院的判决和裁定。

专门人民法院是在特定行业设立的对特定案件进行审判的人民法院。

(三)法定职权

根据我国现行宪法和人民法院组织法的规定,人民法院的职权是:

最高人民法院的职权是:(1)对全国性的重大刑事案件和在全国有重大影响的经济、民事和行政案件以及它认为应当由自己审理的案件有一审管辖权。(2)对不服高级人民法院的一审判决和裁定的案件有上诉管辖权。此外,它还审判最高人民检察院依审判监督程序提出的抗诉案件。(3)对地方各级人民法院已经发生法律效力的判决和裁定,如果发现有错误,有权提审或指令下级人民法院再审。(4)核准由高级人民法院复核后的死刑案件、高级人民法院判处死刑的一审案件、被告人不上诉的死刑案件和高级人民法院判处死刑的第二审案件。(5)对于在审判过程中如何具体应用法律的问题进行司法解释。(6)负责管理全国各级人民法院的设置、人员编制等司法行政工作。

高级人民法院的职权是:(1)对全省(自治区、直辖市)性的重大刑事案件或在本辖区内有重大影响的民事案件和行政案件有一审管辖权;(2)对不服中级人民法院和专门人民法院的一审判决和裁定的案件有上诉管辖权,此外,它还要审理省级人民检察院按照审判监督程序提出的抗诉案件;(3)对下级人民法院已经发生法律效力的判决和裁定,如果发现确有错误,有权提审或者指令下级人民法院再审。

中级人民法院的职权有:(1)对下列案件有一审管辖权:危害国家安全案件,可能判处无期徒刑、死刑的普通刑事案件,外国人犯罪的刑事案件,本辖区内重大的涉外民事案件,本辖区内有重大影响的民事案件,最高人民法院确定由中级人民法院管辖的民事案件,确认发明专利权的案件,海关处理的案件,对国务院各部门或者省、自治区、直辖市人民政府所作具体行政行为提起诉讼的行政案件,本辖区内重大、复杂的行政案件。(2)对不服基层人民法院一审判决和裁定的案件有上诉管辖权,同时对人民检察院提出抗诉的案件进行审理。(3)对基层人民法院已经发生效力的判决和裁定,如果认为确有错误,有权提审或者指令基层人民法院再审。

基层人民法院的职权是:(1)对刑事、民事、行政案件有一审管辖权,但法律规定由最高人民法院、高级人民法院、中级人民法院管辖的一审案件除外。(2)处理不需要开庭审判的民事纠纷和轻微的刑事案件。(3)指导本辖区内人民调解员和乡、镇司法助理员的工作,在上级司法行政机关规定的范围内管理司法行政工作。

专门人民法院的职权。专门人民法院,是在特定行业设立的对特定案件进行审判的人民法院。它不是按照行政区域设立,而是按照一定的行业领域设立的人民法院,如军事法院、海事法院、森林法院,所以它受理的案件也是与该行业工作有关的特定案件,它不受理其他普通的民事和刑事经济、行政等案件。

(四)领导体制

根据宪法和法律的规定,最高人民法院对全国人民代表大会和全国人民代表大会常务委员会负责并报告工作。地方各级人民法院对本级人民代表大会及其常务委员会负责并报告工作。最高人民法院统一监督地方各级人民法院和专门人民法院的审判工作,上级人民法院监督下级人民法院的审判工作。

最高人民法院是国家最高审判机关,它对地方各级人民法院和专门人民法院的审判监督表现在:(1)对高级人民法院和专门人民法院的判决和裁定的上诉案件和最高人民检察院按审判监督程序提出的抗诉案件,审查其判决和裁定在认定事实和适用法律上是否正确,予以维持或纠正;对下级人民法院的工作实行监督,以保证办案的质量。(2)对地方各级人民法院和专门人民法院已经生效的错误判决和裁定按审判监督程序有权提审或者指令下级人民法院再审。(3)可以判决或核准死刑案件。

上级人民法院对下级人民法院审判工作的监督具体表现在:(1)上级人民法院在必要的时候,可以审判下级人民法院管辖的第一审案件。(2)审判对下级人民法院的判决和裁定不服的上诉案件和抗诉案件。(3)对下级人民法院已经发生法律效力的判决和裁定,如果发现确有错误,有权提审或指令下级人民法院再审。(4)下级人民法院认为案件的案情重大、复杂需要由上级人民法院审判的第一审案件,可以报请上级人民法院审判。

(五)组成和任期

根据我国宪法和法律规定,最高人民法院院长由全国人民代表大会选举和罢免。最高人民法院副院长、庭长、副庭长、审判员、审判委员会委员和军事法院院长,由全国人民代表大会常务委员会根据最高人民法院院长的提请任免。

县级以上的地方各级人民代表大会选举和罢免本级人民法院院长。县级以上的地方各级人民代表大会常务委员会根据本级人民法院院长提请,任免各该级人民法院的副院长、庭长、副庭长、审判委员会委员、审判员。在人民法院院长因故不能担任职务的时候,从本级人民法院的副院职领导人员中决定代理院长的人选。

省、自治区、直辖市人民代表大会常务委员会根据主任会议的提名决定在省、自治区内按地区设立的中级人民法院院长和在直辖市内设立的中级人民法院院长的任免。

基层人民法院由法院院长一人、副院长和审判员若干人组成。设立刑事审判庭、民事审判庭、经济审判庭和其他审判庭等。审判庭设庭长、副庭长。中级人民法院、高级人民法院和最高人民法院分别由院长一人、副院长、庭长、副庭长和审判员若干人组成。中级人民法院设立刑事审判庭、民事审判庭、经济审判庭和其他审判庭。高级人民法院设立刑事审判庭、民事审判庭、经济审判庭,根据需要可以设立其他审判庭。最高人民法院设立刑事审判庭、民事审判庭、经济审判庭、行政审判庭、交通运输审判庭和其他需要设立的审判庭。

根据我国有关法律的规定,各级人民法院院长、副院长、庭长、副庭长、审判员和助理审判员必须是年满23周岁的有选举权和被选举权的中华人民共和国公民。这是因为审判工作是一项极其严肃、重要的工作,它不仅要求审判人员有一定的政治和业务水平，还要有一定的工作经验。此外，为了便于工作，各级人民法院还设有一定数量的书记员、执行员、法医和司法警察等人员。

根据宪法和人民法院组织法的规定：各级人民法院院长的任期同本级人民代表大会的任期相同，即最高人民法院院长、高级人民法院院长、中级人民法院院长以及县、市、市辖区人民法院院长和军事法院院长的每届任期均为5年。最高人民法院院长连续任职不得超过两届。

（六）审级制度

1. 审级制度

我国人民法院实行四级两审终审制。“四级”是指我国的人民法院分为四级，即最高人民法院、高级人民法院、中级人民法院和基层人民法院；“两审终审”，即每一案件须经两级人民法院审理方为终审判决的制度。在我国地方各级人民法院按照第一审程序对案件所作的判决和裁定，当事人可以按照法律规定的程序向上一级人民法院上诉；人民检察院可以按照法律规定的程序向上一级人民法院抗诉。上一级人民法院按照第二审程序进行审理，审理后的判决和裁定除由法律规定应由最高人民法院核准的死刑案件外，都是终审的判决和裁定，不得上诉。如果在上诉期限内不上诉或者不抗诉的案件，那第一审的判决和裁定就是终审的判决和裁定。中级人民法院、高级人民法院和最高人民法院审判的第二审案件的判决和裁定以及最高人民法院审判的第一审案件的判决和裁定，都是终审的判决和裁定，发生法律效力。

为了保证案件的正确处理，我国还设立了审判监督程序，即对已发生法律效力的错误判决和裁定通过审判监督程序纠正。我国设置的审判监督程序包括：(1)各级人民法院院长对本级法院作出的已发生法律效力的判决和裁定，如果发现在认定事实上或在适用法律上确有错误，必须提交审判委员会处理。(2)最高人民法院对各级人民法院，上级人民法院对下级人民法院已发生法律效力的判决和裁定，如果发现确有错误，有权提审或指定下级人民法院再审。(3)最高人民检察院对各级人民法院以及上级人民检察院对下级人民法院已发生法律效力的判决和裁定，如果发现确有错误的依照审判监督程序提出抗诉。(4)各级人民法院对于当事人提出的对已经发生法律效力的判决和裁定的申诉，应当认真负责处理。

审判监督程序充分体现了我国人民法院工作对人民高度负责的精神。

2. 审判委员会

我国各级人民法院设立的审判委员会是法院内部设立的实行民主集中制的工作机构。根据人民法院组织法规定：各级人民法院设立审判委员会，实行民主集中制。审判委员会的任务是总结审判经验、讨论重大的或者疑难的案件和其他审判工作中的重大问题。

地方各级人民法院的审判委员会委员，由院长提请本级人民代表大会常务委员会任免；最高人民法院的审判委员会委员，由最高人民法院院长提请全国人民代表大会常务委员会任免。

各级人民法院审判委员会会议由院长主持，本级人民检察院院长可以列席本级人民法院的审判委员会会议。

(七)审判工作原则

1. 公民在适用法律上一律平等原则

《人民法院组织法》规定："人民法院审判案件，对于一切公民，不分民族、种族、性别、职业、家庭出身、宗教信仰、教育程度、财产状况、居住期限，在适用法律上一律平等，不允许有任何特权。"这是我国公民的一项重要的政治权利，也是司法制度上的一项重要的法制原则。

2. 依法独立审判原则

我国现行宪法和《人民法院组织法》规定："人民法院依照法律规定独立行使审判权，不受行政机关、社会团体和个人干涉。"这一规定要求，人民法院审判案件必须以事实为依据，以法律为准绳，严格依法办事。对于来自行政机关、社会团体和个人对审判活动的非法干涉，要坚决予以抵制，以保证案件的正确处理，以维持法律的尊严和法制的统一。

人民法院独立审判，只服从法律，是为了排除各种非法阻力，以保证宪法和法律的正确实施，并非可以随心所欲，不受任何领导和监督，所以，我国宪法上规定的人民法院的独立审判地位与西方国家的"司法独立"是有本质区别的，我们是相对独立而不是绝对独立。人民法院坚持独立审判权的时候，要注意以下几点：(1)人民法院必须将自己的全部活动自觉地置于党的领导之下。只有坚持党从政治思想上，从路线、方针和政策上对人民法院进行领导，才能有正确的方向，才能不断地提高法院工作人员的政治和业务水平，才能够维护法制的统一和尊严。(2)人民法院全部活动都要对本级人民代表大会及其常务委员会负责，接受它的监督。(3)人民法院的审判工作也要接受上级人民法院和最高人民法院的监督。(4)人民法院的审判工作还必须接受人民检察院的监督和制约。

3. 公开审理原则

我国宪法和《人民法院组织法》规定："人民法院审理案件，除涉及国家机密、个人隐私和未成年人犯罪案件外，一律公开进行。"所谓"公开"就是指对当事人和其他诉讼参与人公开，向社会公开，即人民法院审理案件时允许群众旁听，允许新闻记者采访和报道。人民法院"公开审判"充分体现了我国人民法院的人民性质。

人民法院代表人民行使审判权,为确保案件审理的正确无误,就必须把审判活动直接置于人民群众的监督之下,这样既可以加强审判人员的责任心,提高办案质量,防止冤、假、错案的发生;又可以使旁听群众受到具体、生动、活灵活现的法制教育;还可以对犯罪分子起到威慑作用,预防和减少犯罪。

4. 被告人有权获得辩护原则

辩护权是宪法和法律赋予被告人保护自己合法权益的一种手段和权利,是指在诉讼过程中,被告人和他的辩护人有权根据事实和法律,提出证明被告人无罪、罪轻,或者要求免除、减轻其刑事处罚的权利。宪法规定:"被告人有权获得辩护。"《人民法院组织法》规定:"被告人除自己进行辩护外,有权委托律师为他辩护,可以由人民团体或者被告人所在单位推荐的或者经人民法院许可的公民为他辩护,可以由被告人的近亲属、监护人为他辩护。人民法院认为必要时,可以指定辩护人为他辩护。"法律的这一规定的目的在于,使人民法院在审判案件的过程中,通过诉讼双方的陈述和辩驳,能客观地、全面地弄清案情,正确地适用法律。这样既可以保证被告人的合法权益,又能准确打击犯罪,以维护法制的严肃性。

5. 回避原则

《人民法院组织法》规定:"当事人如果认为审判人员对本案有利害关系或其他关系不能公平审判,有权请求审判人员回避。""审判人员是否应当回避,由本院院长决定。""审判人员如果认为自己对本案有利害关系或者其他关系,需要回避,应报告本院院长决定。"院长的回避由审判委员会决定。这是保证诉讼活动正常进行、案件得到客观公正处理的一项司法诉讼原则。为保证这项原则的贯彻落实,我国《刑事诉讼法》规定审判人员、检察人员、侦察人员有下列情形之一的,应当自行回避,当事人及其法定代理人也有权要求他们回避:(1)是本案的当事人或者是当事人的近亲属的;(2)本人或他的近亲属和本案有利害关系的;(3)担任过本案的证人、鉴定人、辩护人或者附带民事诉讼当事人的代理人的;(4)与本案当事人有其他关系,可能影响公正处理案件的。

6. 合议制原则

这项原则是民主集中制的集体领导原则在司法审判活动中的体现。它在我国人民法院审理案件中的组织形式有两种:一为独任制,即由审判员一人审理案件;二为合议制,即由审判员或由审判员和人民陪审员若干人组成合议庭审理案件。根据有关法律规定,合议制是人民法院审理案件的基本组织形式。《人民法院组织法》规定:"人民法院审理第一审案件,由审判员组成合议庭或者由审判员和人民陪审员组成合议庭进行;简单的民事案件和轻微的刑事案件或法律另有规定的案件,可以由审判员独任审判。"除此之外,人民法院审判上诉和抗诉案件,必须由审判员组成合议庭进行。合议庭由院长或庭长指定审判员一人担任审判长;院长或庭长参加审理案件时,自己担任审判长。合议庭的组成人员享有同等权利,案件的处理由全体组成人员共同研究决定并且实行少数服从多数的原则。实行“合议制”可以发挥集体的智慧,体现司法民主,防止片面性,提高办案质量。

7. 各民族公民有权用本民族的语言文字进行诉讼原则

这项原则是民族平等原则在司法诉讼制度方面的体现。这项原则的具体内容是:各民族公民都有用本民族语言文字进行诉讼的权利。人民法院对于不通晓当地通用语言文字的诉讼参与人应当为他们配备翻译。在少数民族聚居或者多民族杂居的地区,应当用当地通用的语言文字进行审讯,用当地通用的文字发布判决书、布告或其他文件。

法律规定这项诉讼原则,不仅保证了各民族公民在诉讼上享有的平等权利和平等地位,也使人民法院能真正有效地维护各民族诉讼当事人的合法权益,有助于提高办案质量,加强人民法院与各族人民的联系,接受各族人民对审判过程的监督。

二、人民检察院

(一)性质和任务

根据宪法和《人民检察院组织法》规定:“中华人民共和国人民检察院是国家的法律监督机关”,是我国国家机构的重要组成部分,依法独立行使检察权。法律监督是统治阶级为维护自己的统治、统一实施法律而实行的一种专门监督。这种保障宪法和法律统一实施的权力,就是人们通常所说的检察权。

人民检察院的任务是通过行使检察权,镇压一切叛国的、分裂国家的和其他反革命活动,打击反革命分子和其他犯罪分子,维护国家的统一,维护人民民主专政制度,维护社会主义法制,维护社会秩序、生产秩序、工作秩序、教学科研秩序和人民群众生活秩序,保护社会主义的全民所有的合法财产和劳动群众集体所有的财产,保护公民私人所有的合法财产,保护公民的人身权利、民主权利和其他权利,保卫社会主义现代化建设的顺利进行。同时,人民检察院通过检察活动,教育公民忠于社会主义祖国,自觉地遵守宪法和法律,积极同违法行为作斗争。

(二)组织体系和领导体制

根据宪法和《人民检察院组织法》规定:人民检察院的组织系统是:中华人民共和国设立最高人民检察院、地方各级人民检察院和专门人民检察院。

地方各级人民检察院分为:(1)省、自治区、直辖市人民检察院;(2)省、自治区、直辖市人民检察分院,自治州和省辖市人民检察院;(3)县、自治县、市和市辖区人民检察院。

省一级人民检察院和县一级人民检察院根据工作需要，经本级人民代表大会常务委员会批准，可以在工矿区、农垦区、林区等区域设置人民检察院，作为自己的派出机构。

专门人民检察院包括：军事检察院、铁路运输检察院和其他专门人民检察院。

根据宪法和《人民检察院组织法》规定：我国人民检察院实行双重领导体制。(1)各级人民检察院要受本级人民代表大会及其常务委员会的领导，即最高人民检察院对全国人民代表大会和全国人民代表大会常务委员会负责并报告工作，地方各级人民检察院对本级人民代表大会及其常务委员会负责并报告工作；(2)上级人民检察院领导下级人民检察院的工作，最高人民检察院领导地方各级人民检察院和专门人民检察院的工作，上级人民检察院和下级人民检察院的关系是领导与被领导的关系。

人民检察院的这种双重领导体制是根据我国的实际情况，在总结中华人民共和国成立以来我国检察机关上下级之间关系的经验的基础上提出的。实行双重领导既有利于国家权力机关对检察机关的监督，又有利于检察机关有效地独立地行使检察权，还有利于处理上级和下级、中央和地方的检察机关的关系。

人民检察院内部的领导关系是：检察长统一领导检察院的工作。为贯彻民主集中制原则，在各级人民检察院设立检察委员会，由检察长、副检察长及部分检察员组成。其职责是在检察长主持下，讨论决定重大案件和其他重大问题。如果检察长在重大问题上不同意多数人的决定，可以报请本级人民代表大会常务委员会决定。

(三)组成和任期

根据宪法和《人民法院组织法》的规定：各级人民检察院由检察长一人、副检察长和检察员若干人组成。

最高人民检察院检察长由全国人民代表大会选举和罢免。最高人民检察院副检察长、检察委员会委员、检察员和军事检察院检察长由最高人民检察院检察长提请全国人民代表大会常务委员会任免。

省、自治区、直辖市的人民检察院检察长由省、自治区、直辖市人民代表大会选举和罢免；副检察长、检察委员会委员、检察员由省、自治区、直辖市人民检察院检察长提请本级人民代表大会常务委员会任免。省、自治区、直辖市的人民检察院检察长的任免，须报最高人民检察院检察长提请全国人民代表大会常务委员会批准。

自治州、省辖市、县、市、市辖区的人民检察院检察长由本级人民代表大会选举或罢免；副检察长、检察委员会委员和检察员由自治州、省辖市、县、市、市辖区人民检察院检察长提请本级人民代表大会常委会任免。自治州、省辖市、县、市、市辖区的人民检察院检察长的任免,须由上一级人民检察院检察长提请该级人民代表大会常务委员会批准。

省、县一级人民检察院在工矿区、农垦区、林区设置的人民检察院检察长、副检察长、检察委员会委员和检察员,均由派出它的人民检察院检察长提请本级人民代表大会常委会任免。

根据我国现行宪法规定,各级人民检察院的任期与本级人民代表大会每届任期相同,即最高人民检察院检察长,省、自治区、直辖市、自治州、县、市、市辖区的人民检察院检察长每届任期为5年。最高人民检察院检察长连续任职不得超过两届。全国和省、自治区、直辖市人民代表大会常务委员会根据本级人民检察院检察长的建议可以撤换下级人民检察院检察长、副检察长和检察委员会委员。地方各级人民检察院检察长因故不能担任职务时,可从副职领导人员中决定代理检察长,但须报请上一级人民检察院和人民代表大会常务委员会备案。

(四)职权和工作原则

1. 职权

人民检察院作为国家的法律监督机关,其职权主要是:法纪监督、侦查监督、支持公诉和审判监督、监所监督。

法纪监督的内容主要如下:(1)人民检察院对于叛国案、分裂国家案以及严重破坏国家政策、法律、法令、政令、统一实施的重大犯罪案件,行使检察权;(2)人民检察院对于直接受理的刑事案件,例如侵犯公民的人身权利、民主权利的案件以及认为需要由自己直接受理的其他案件进行侦查。这种普通法纪监督,是法纪监督中的经常性的工作。

侦查监督,是指人民检察院对于公安机关侦查的案件进行审查,决定是否逮捕和起诉;对于公安机关的侦查活动是否合法,实行监督。这就是说,人民检察院对于公安机关的监督是从立案侦查到侦查终结以至提起公诉之前这一阶段,都要实行监督。

支持公诉和审判监督,是指人民检察院要负责对刑事案件提起公诉和支持公诉,对于人民法院的审判活动是否合法,以及人民法院的判决、裁定是否正确实行监督。

监所监督,也称劳动改造监督,是指人民检察院对于刑事案件判决、裁定的执行和监狱、看守所、劳动改造机关活动是否合法,实施监督。

人民检察院所行使的以上四项职权,就是国家检察权的全部内容。按照法律监督的分类以上四点还可以归为两类:一是法纪监督;二是司法监督,司法监督包括侦查监督、审判监督和劳动改造监督。

2. 工作原则

根据我国宪法和《人民检察院组织法》的规定，人民检察院在工作中必须贯彻的原则是：

(1)公民在适用法律上一律平等原则。人民检察院在行使法律监督权时，对于任何公民在适用法律上一律平等，对于公民的权利依法予以平等保护，对于公民的违法犯罪活动依法进行平等追究，不允许有任何特权，也不允许有任何徇私舞弊。

(2)依法独立行使检察权原则。按照宪法和《人民检察院组织法》的规定，人民检察院依照法律规定独立行使检察权，不受行政机关、社会团体和个人的干涉。这是检察机关工作中的一项重要的法制原则，也是检察机关正确行使检察权的重要保证。这条规定的含义是指行使检察权必须以事实为根据，以法律为准绳，严格依法独立办案，不受来自其他方面的非法干扰。人民检察院独立行使检察权还要注意以下几点：一是独立行使检察权并不是要摆脱和削弱党对检察工作的领导，相反的，一定要坚持党对检察工作的领导，把全部检察工作自觉地完全地置于党的领导之下。二是独立行使检察权，也不是脱离国家权力机关的领导和监督，相反地，人民检察机关还要对本级人民代表大会及其常委会负责并报告工作。三是独立行使检察权并不意味着要脱离人民群众的监督，而要时刻倾听人民群众的意见，接受人民群众的监督。

(3)专门机关与群众路线相结合原则。党的一切工作是和贯彻群众路线分不开的。人民检察院为保证办案质量必须发扬党的这一优良传统，即贯彻群众路线，倾听群众意见，接受群众监督；当然，我们也要依靠专业机关的专门技术。只有把专门机关的专业技术和群众路线结合起来，检察机关的工作才能收到良好的效果，才能完成艰巨的任务。

(4)重证据不轻信口供原则。人民检察院在办理刑事案件时，必须认认真真地依照法定程序收集犯罪嫌疑人和被告人的各种证据，严禁以刑讯逼供手段收集证据。对于证据的认定和采信，一定要重事实不要轻信口供。只有被告人的陈述，没有其他的证据，人民检察院不能作出批准逮捕和起诉的决定，人民检察院的起诉书和其他有关司法文书必须有足够的证据，必须忠于事实真相。

(5)使用本民族语言文字进行诉讼原则。我国宪法和《人民检察院组织法》规定，人民检察院在办案过程中，对于不通晓当地语言文字的诉讼当事人，应当为他们提供翻译，在少数民族聚居区或者多民族杂居地区，人民检察院应当用当地通用的语言文字进行讯问，起诉书、布告或其他司法文书也应当使用当地通用的语言。

三、公安、监察、检察、法院四机关相互关系

我国现行宪法规定:"人民法院、人民检察院和公安机关办理刑事案件,应当分工负责,互相配合,互相制约,以保证准确有效地执行法律。"

"分工负责"是指公、检、法三机关依照法律规定的权限和程序,各司其职,各负其责,严格依照其分工履行职责。"互相配合",是指公、检、法三机关在分工的基础上,必须通力合作,互相支持,协调一致,共同完成打击刑事犯罪的任务。"互相制约",是指公、检、法三机关在分工的基础上,依照法律和有关制度的规定,互相监督,防止错案发生,保证准确有效地执行法律,打击刑事犯罪。

在办理具体刑事案件中,公、检、法三机关的关系表现在:

第一,公安机关负责刑事案件的侦查、拘留和预审,有提请批准逮捕的权力。公安机关要求逮捕人,应向人民检察院提出报批申请,由人民检察院审查批准;人民检察院对公安机关的侦查活动是否合法,有权监督;公安机关对检察机关不批准逮捕的决定,认为有错误时,可以要求复议,如果要求不被接受,可以向上一级检察机关报请复核,上级检察机关应将复核决定通知下级检察机关和公安机关执行。

第二,人民检察院负责决定批准逮捕、自行侦查和提起公诉。公安机关侦查终结的案件应报人民检察机关决定起诉或免予起诉。人民检察院审查后,认为需要补充侦查时,可以自行侦查或退回公安机关补充侦查。公安机关认为检察机关免予起诉的决定有错误时,可以要求复议,如果不被接受,可以提请上级人民检察机关复核。

第三,人民法院负责刑事案件的审理和判决。人民法院对于人民检察院提起公诉的案件,如果认为事实清楚,证据充分,应立即受理;反之,可以退回检察院补充侦查。检察院起诉的案件,应出庭支持公诉,并对法院的审判活动是否合法进行监督,同时对法院的判决和裁定认为有错误的也可以依法提出抗诉。

宪法第 127 条规定,"监察机关办理职务违法和职务犯罪案件,应当与审判机关、检察机关、执法部门相互配合,相互制约"。

四、司法改革与司法公正

国家司法权行使的最高目标是维护和实现社会公正,这也是我国国家司法权制度设计的出发点和根本要求。在我国,人民代表大会制度强调人民权力的最高性和统一性,由人民选举代表组成的全国人民代表大会和地方人民代表大会是国家权力机关,它不但依法行使立法权,而且还依法产生各级人民政府、各级人民法院和各级人民检察院,"一府两院"要对产生它的人大及其常委会负责并报告工作,要接受其法定监督。这表明,在我们国家,人民法院和人民检察院作为司法机

关不是完全独立的,也不是与立法机关和行政机关平起平坐、相互制衡的,而是首先要接受国家权力机关的法定监督,其次还要接受执政党的政治领导和政治监督。在这个前提下,我国宪法和法律保障司法机关在具体司法过程中依法独立行使审判权和检察权。

我国现阶段之所以提出司法改革的问题,主要是因为在人民法院审判权和人民检察院检察权行使的过程中还存在种种制度的和非制度的因素的干扰,导致宪法和法律规定的“相对独立”的司法活动不能有效进行,影响了司法公正。一是司法的“行政化”,即将司法机关和司法人员的管理等同于一般的公务员管理,没有突出司法人员的专业入职条件和专业管理要求,导致对司法过程的行政制约和行政干涉,降低了司法人员的专业素质和法治信仰;二是司法的“地方性”,即司法机关完全按照行政区划设立,地方司法机关与同级党政机关同级别同区域设立,其人、财、物的管理权限不独立,导致司法权力行使往往受到地方其他权力和利益的干扰,甚至形成司法上的地方保护主义,严重影响司法权依法公正行使;三是对司法的社会干扰,比如个别领导干部干预司法、新闻舆论绑架司法等。所以,必须通过司法改革来优化司法权力的制度设计和外部环境,实现宪法和法律赋予的司法相对独立和司法公正。我国司法改革的目的不是照搬西方模式搞“司法独立”,而是要解决我国现行体制下司法过程中的现实问题,实现十八届三中全会决定所要求的“让人民群众在每一个司法案件中都感受到公平正义”的司法改革目标。

党的十八届三中全会和四中全会高度重视司法改革问题,司法体制的优化措施相继出台,成为近期全社会关注的“亮点”和“热点”。

2013 年 11 月,十八届三中全会通过了《中共中央关于全面深化改革若干重大问题的决定》,其中关于司法体制改革推出重大部署。第一,改革司法管理体制,推动省以下地方法院、检察院人财物统一管理,建立与行政区划适当分离的司法管辖制度,减少对司法权行使的地方干扰因素。第二,优化司法职权配置,强化司法人员责任。决定要求改革审判委员会制度,完善主审法官、合议庭办案责任制,让审理者裁判、由裁判者负责。同时推进审判公开、检务公开,拓宽人民群众有序参与司法渠道。第三,推行司法队伍的专业化与职业化,建立符合职业特点的司法人员管理制度。要求健全法官、检察官、人民警察统一招录、有序交流、逐级遴选机制,完善司法人员分类管理制度,健全法官、检察官、人民警察职业保障制度。第四,完善人权司法保障制度,健全错案防止、纠正、责任追究机制,严禁刑讯逼供,废止劳动教养制度,健全社区矫正制度和法律援助制度。第五,加强律师职业道德建设,完善律师执业权利保障机制和违法违规执业惩戒制度,发挥律师在依法维护公民和法人合法权益方面的重要作用。

2014年10月,十八届四中全会通过《中共中央关于全面推进依法治国若干重大问题的决定》,又出台了一系列关于司法体制改革的新举措,使十八届三中全会决定中的要求更加具体化。第一,建立领导干部干预司法活动、插手具体案件处理的记录、通报和责任追究制度,对干预司法机关办案的给予党纪政纪处分,造成冤假错案或者其他严重后果的依法追究刑事责任;第二,完善司法体制,推动实行审判权和执行权相分离的体制改革试点,改革司法机关人财物管理体制,探索实行法院、检察院司法行政事务管理权和审判权、检察权相分离;第三,最高人民法院设立巡回法庭,审理跨行政区域重大行政和民商事案件,探索设立跨行政区划的人民法院和人民检察院,办理跨地区案件,目前最高人民法院已经在深圳和沈阳设立了巡回法庭;第四,改革法院案件受理制度,变立案审查制为立案登记制,对人民法院依法应该受理的案件,做到有案必立、有诉必理,保障当事人诉权;第五,健全司法机关内部监督制约机制,建立司法机关内部人员过问案件的记录制度和责任追究制度,完善主法官、合议庭、主任检察官、主办侦查员办案责任制,落实司法工作责任;第六,加强对司法活动的监督,构建开放、动态、透明、便民的阳光司法机制,推进审判公开、检务公开、警务公开、狱务公开;第七,继续推进司法队伍的正规化、专业化和职业化建设,完善法律职业准入制度,健全国家统一法律职业资格考试制度,建立法律职业人员统一职前培训制度,建立从符合条件的律师、法学专家中招录立法工作者、法官、检察官制度,建立法官、检察官逐级遴选制度,同时要建立健全司法人员履行法定职责保护机制,法官、检察官非因法定事由、非经法定程序不得被调离、辞退或者免职、降级;第八,加强法律服务队伍建设。加强律师队伍思想政治建设,把拥护中国共产党领导、拥护社会主义法治作为律师从业的基本要求。强化律师职业的准入、退出管理,严格执行违法违规执业惩戒制度。

2017年10月18日,中国共产党第十九次全国代表大会在北京隆重召开,习近平代表第十八届中央委员会向大会作报告,专题论述深化依法治国实践。他指出,“全面依法治国是国家治理的一场深刻革命,必须坚持厉行法治,推进科学立法、严格执法、公正司法、全民守法。成立中央全面依法治国领导小组,加强对法治中国建设的统一领导”,强调要“深化司法体制综合配套改革,全面落实司法责任制,努力让人民群众在每一个司法案件中感受到公平正义”。目前,我国各级人民法院和人民检察院已经全面完成司法员额制改革,新的司法责任制及其配套制度已经形成,司法体制改革正在稳步推进之中。

我们相信,中国的司法改革在党和国家的正确领导下,针对中国司法实践中存在的问题,将会稳步推进,取得预期的良好效果,建立起具有中国特色、能够真正实现司法公正的社会主义司法体系。